유튜브 선생님에게 배우는
유·선·배 요양보호사 합격노트

저자 직강 무료 동영상 강의 제공

빠른 합격을 위한 맞춤 학습 전략을
무료로 경험해 보세요.

혼자 하기 어려운 공부, 도움이 필요할 때	체계적인 커리큘럼으로 공부하고 싶을 때	온라인 강의를 무료로 듣고 싶을 때

김옥수 선생님의 쉽고 친절한 강의,
지금 바로 확인하세요!

너울샘 요양 TV

2026 시대에듀 유선배 너울샘의 요양보호사 합격모의고사 10회 + 핵심요약 합격노트

Always with you

사람의 인연은 길에서 우연하게 만나거나 함께 살아가는 것만을 의미하지는 않습니다.
책을 펴내는 출판사와 그 책을 읽는 독자의 만남도 소중한 인연입니다.
시대에듀는 항상 독자의 마음을 헤아리기 위해 노력하고 있습니다. 늘 독자와 함께하겠습니다.

저 자 김 옥 수

요양보호사 양성 교수로 17년째 재직하고 있는 요양보호사 전문가이다.
유튜브 '너울샘 요양 TV'를 통해 요양보호사를 꿈꾸는 수험생에게 합격의 문이
활짝 열리도록 노력하고 있다.

- **출간도서** : 『나는 강의하는 간호사입니다』, 『간호사, 다시 나를 돌보는 시간』
- **유튜브** : 너울샘 요양 TV
- **네이버 블로그** : 강의하고 글 쓰는 간호사
- **인스타그램** : @heavingsea_writing
- **브런치스토리** : 너울

자격증・공무원・금융/보험・면허증・언어/외국어・검정고시/독학사・기업체・취업
이 시대의 모든 합격! 시대에듀에서 합격하세요!
www.youtube.com ➡ '너울샘 요양 TV' 검색 ➡ 구독

PREFACE 머리말

17년 동안 요양보호사 양성 강의를 해왔고, 오늘도 동일하게 강의장에 서 있는 현직 강사입니다. 1만여 명의 제자들을 양성하며 어떻게 수업해야 수강생이 시험에 조금 더 쉽게 합격할 수 있을지 많은 고민을 하게 되었습니다.

'처음 가는 길이라 두려운 것이 아닙니다. 혼자라고 생각해서 두려운 것입니다. 두려움을 대신해 줄 수는 없으나 덜어줄 수는 있습니다. 함께 손을 잡고 걸어주는 누군가가 있다면…' 이 생각은 블로그와 유튜브에서 각각 요양보호사 시험 관련 글과 영상을 발행하는 너울샘이 되게 했습니다.

누군가는 많은 문제를 풀어봐야 합격할 수 있다고 하고, 누군가는 암기를 잘해야 합격할 수 있다고 말합니다. 각자 직접 경험한 이야기이니 모두 틀린 말은 아닙니다. 그러나 17년 동안 수많은 제자를 가르치며 알게 된 사실이 있다면 어떤 문제도 기본 개념에 대한 충분한 이해 없이는 쉽게 풀 수 없다는 것입니다. 본서의 핵심요약에는 표준교재에 수록된 내용 중 수험생이 주요하게 익혀야 할 개념들을 담았습니다. 이 내용을 충분히 숙지하는 것이 정답을 찾는 첫 번째 열쇠가 되어줄 것입니다.

두 번째 열쇠는 문제풀이 능력입니다. 문제풀이 능력은 무조건 많은 문제를 풀어본다고 해서 향상되는 것이 아닙니다. 한 문제를 풀더라도 정답의 이유와 오답의 이유를 정확히 인지할 때 비로소 만들어지는 능력입니다. 문제를 풀 때마다 놓치지 않아야 할 것이 오답의 이유를 알아내고자 하는 집착입니다.

본서는 정답에 대해서만 설명하는 간단한 해설서가 아닙니다. 문항마다 자세한 해설을 첨부하여 표준교재를 직접 찾아보지 않고도 오답의 이유까지 바로 확인할 수 있도록 구성하였습니다. 더하여 오답을 가지고 또 다른 문제유형에 접할 수 있는 법도 담았습니다(이 방법은 유튜브 '너울샘 요양 TV' 채널에서 해설 영상으로 전하겠습니다). 본서의 해설만으로 궁금증이 해결되지 않거나 추가 설명이 필요한 경우를 대비하여 유튜브 '너울샘 요양 TV' 채널에서 문제를 심도 있게 다루려고 하니, 이 부분도 참고해 주세요.

요양보호사가 되기 위해 넘어야 할 관문 중 하나가 시험이지만, 최선을 다해 열심히 시험을 준비하는 사람 앞에서는 그 문도 결국 활짝 열리기 마련입니다. 여러분과 합격의 열쇠를 함께 찾아가는 너울샘이 되겠습니다.

저자 너울샘 김옥수

시험안내

※ 다음 사항은 시행처인 한국보건의료인국가시험원에 게시된 시험정보를 바탕으로 작성되었습니다. 시험 전 최신 공고사항을 반드시 확인하시기 바랍니다.

유의사항

「노인복지법」 시행규칙 개정에 따라 요양보호사 교육과정이 변경되었으며, 교육과정 변경 전에 교육을 이수한 자(2023년 12월 31일 이전 이수자)는 2025년도 요양보호사 자격시험부터 응시할 수 없습니다.

준비물

신분증, 응시표

응시원서 접수안내

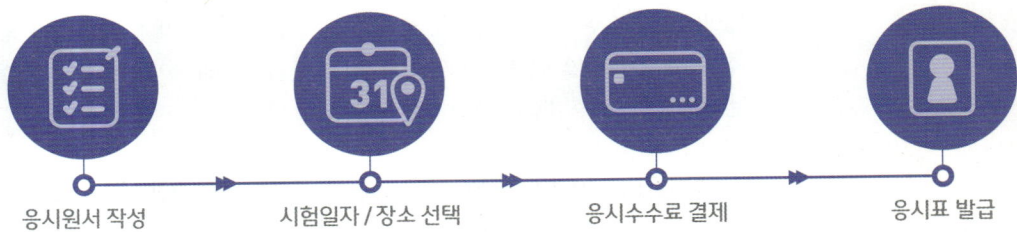

응시원서 작성 → 시험일자/장소 선택 → 응시수수료 결제 → 응시표 발급

① 인터넷 접수만 가능하며, 방문 및 우편으로는 접수가 불가합니다.
② 응시하고자 하는 시험일 7일 전까지 시험센터와 시험일, 시험시간(오전/오후)을 선택하여 결제를 완료해야 접수가 확정됩니다(응시수수료 : 32,000원).
③ 접수는 선착순이며, 시험센터 잔여 좌석수가 마감된 경우 접수기간 내라도 접수가 불가합니다.
④ 응시자는 본인이 접수한 시험일과 시험시간에만 응시가 가능합니다.
⑤ 응시원서 입력사항 : 사진, 주소, 연락처, 이메일, 응시자격, 교육기관, 이수시간, 이수기간, 응시지역

시험일정

구 분		일 정
시험시행	일 시	상시(시행계획 공고 참고)
	장 소	전국 시험센터
합격자 발표	일 시	상시(시험시행일 다음날 오전 10시 이후 발표 예정)
	방 법	국시원 상시(기간제)시험 홈페이지 → [합격자 조회]

🔲 시험방식

구 분	과 목	문제수/총점	배 점	문제형식
필기시험 (요양보호론)	• 요양보호와 인권 • 노화와 건강증진 • 요양보호와 생활지원 • 상황별 요양보호 기술	35문제/35점	문제당 1점	객관식 (5지 선다형)
실기시험	• 신체활동지원 서비스 • 가사 및 일상생활지원 서비스 • 상황별 요양보호지원 서비스	45문제/45점		

🔲 시험시간

구 분	입장 시작 시간	입장 완료 시간	중도 퇴실 가능 시간	시험시간
오 전	09:20~	~09:40	11:00~	10:00~11:30(90분)
오 후	12:50~	~13:10	14:30~	13:30~15:00(90분)

🔲 합격기준

❶ 필기시험과 실기시험에서 각각 만점의 60% 이상을 득점
❷ 응시자격이 없는 것으로 확인된 경우에는 합격자 발표 이후에도 합격 취소

🔲 참고사항

❶ 객관식(5지 선다형) 문제로, 데스크톱 PC(모니터, 마우스)를 이용하여 답안을 선택합니다.
❷ 응시자는 PC를 이용한 방식으로만 시험에 응시할 수 있으며, 별도의 종이문제지 및 OMR 답안카드를 제공하지 않습니다.
❸ 컴퓨터시험 가이드 동영상은 국시원 상시(기간제)시험 홈페이지 → [시험안내] → [상시 · 기간제 시험정보] → [요양보호사] → [응시자 유의사항]에서 확인할 수 있습니다.
❹ 컴퓨터시험을 사전에 체험할 수 있는 프로그램은 국시원 상시(기간제)시험 홈페이지 → [시험안내] → [CBT 체험하기] → [상시 · 기간제 CBT 체험하기] → [요양보호사 CBT 체험하기]에서 확인할 수 있습니다.

이 책의 구성과 특징

요양보호사 양성 표준교재 반영

수험생 여러분의 정확하고 효율적인 학습을 위하여 출제의 토대가 되는 요양보호사 양성 표준교재를 꼼꼼히 분석·반영하였습니다.

탄탄한 이론 학습을 돕는 핵심요약

요양보호사 양성 표준교재에서 수험생이 꼭 숙지해야 할 주요 내용을 일목요연하게 정리하였습니다. 명쾌한 설명과 깔끔한 구성이 체계적인 학습을 돕습니다.

합격의 공식 Formula of pass | 시대에듀 www.sdedu.co.kr

총 10회분의 합격모의고사 수록

전문가가 직접 출제한 모의고사 10회분을 풀어보며 쌓아온 실력을 세밀하게 점검하고 실전에 철저히 대비할 수 있습니다.

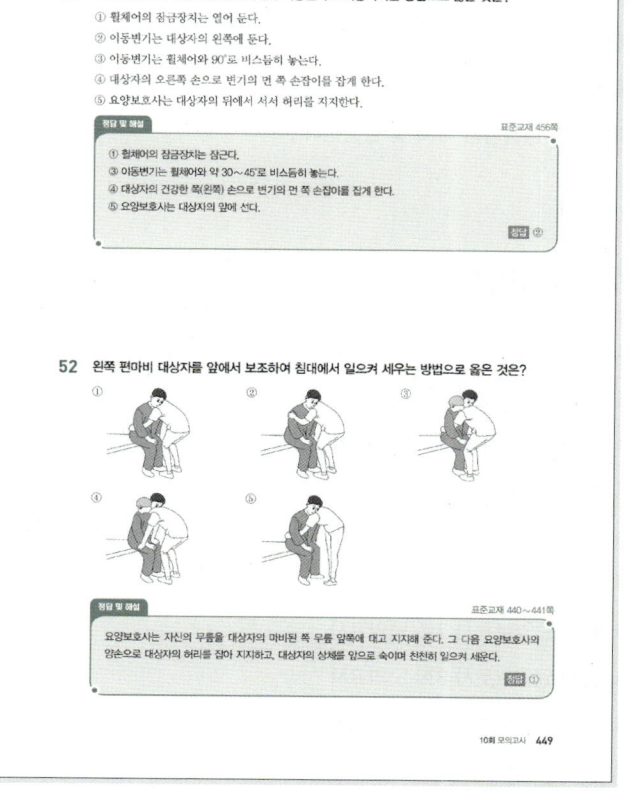

전문가의 합격 노하우를 담은 문제별 해설

꼼꼼하고 친절한 해설로 전문가의 합격 노하우를 전합니다. 해설과 함께 복습하며 헷갈리는 개념이나 틀린 문제를 모두 내 것으로 만드세요.

이 책의 차례

핵심요약

1장	요양보호 대상자 이해	4
2장	노인복지와 장기요양제도	6
3장	인권과 직업윤리	9
4장	요양보호사의 인권보호와 자기계발	12
5장	노화에 따른 변화와 질환Ⅰ	15
6장	노화에 따른 변화와 질환Ⅱ, 치매, 뇌졸중, 파킨슨 질환	18
7장	노인의 건강증진 및 질병예방	22
8장	의사소통과 정서지원	25
9장	요양보호 기록 및 업무보고	27
10장	신체활동지원Ⅰ	29
	신체활동지원Ⅱ	33
	신체활동지원Ⅲ	36
11장	가사 및 일상생활지원	40
12장	치매 요양보호	45
13장	임종 요양보호	50
14장	응급상황 대처 및 감염관리	52

10회 모의고사

너울샘 요양보호사 1회 모의고사	60
너울샘 요양보호사 2회 모의고사	100
너울샘 요양보호사 3회 모의고사	140
너울샘 요양보호사 4회 모의고사	180
너울샘 요양보호사 5회 모의고사	220
너울샘 요양보호사 6회 모의고사	261
너울샘 요양보호사 7회 모의고사	302
너울샘 요양보호사 8회 모의고사	342
너울샘 요양보호사 9회 모의고사	382
너울샘 요양보호사 10회 모의고사	424

너울샘 요양보호사

너울샘 요양보호사
핵심요약

1장 요양보호 대상자 이해 표준교재 14~34쪽

1절 노인과 노화과정

노인의 기여	경제적 기여	산업화 이룩
	정치적 기여	민주화에 기여
	사회적 기여	한류 형성
노인에 대한 보상	경제적 보상	공공시설 이용 요금 감면
	제도적 보상	사회보장제도, 노인복지관, 노인복지서비스
	정치적 보상	노인의 날, 어버이날 지정·기념
	지적·정신적 문화유산의 전수	정책자문, 기록물 등록, 문화재 보전
건강한 노화를 위한 노력	• 영양분 섭취 • 적절한 운동 • 사회적 관계 유지	

2절 노년기의 특성

신체적 특성	세포의 노화	뼈와 근육 위축
	면역능력의 저하	잠재하고 있던 질병 발생 시 치명적
	잔존능력의 저하	신체조직의 잔존능력 저하
	회복능력의 저하	사소한 원인으로도 중증에 이를 수 있음
	비가역적 진행	노력으로 막을 수 없음
심리적 특성	우울증 경향의 증가	식욕부진, 체중감소 등의 신체적 증상과 타인을 비난하는 행동
	내향성의 증가	• 심적 에너지가 내면으로 향함 • 사회적 활동이 감소함
	조심성의 증가	• 일의 결과를 중시함 • 중립을 지킴 • 매사에 신중함
	경직성의 증가	• 익숙함 고수 • 새로운 변화를 싫어함 • 융통성 저하
	생에 대한 회고의 경향	실패와 좌절에 담담해져 자아통합 가능
	친근한 사물에 대한 애착심	• 애착은 마음의 안락을 찾는 데 도움을 줌 • 자아정체감을 유지하려는 것
	유산을 남기려는 경향	자신의 흔적을 남기고자, 자신이 가치 있는 삶을 살았다는 것을 인정받고자 함
	의존성의 증가	신체적 기능의 저하로 신체적으로 의존하게 됨

사회적 특성	• 역할 상실 • 경제적 빈곤 • 유대감 상실 • 사회적 관계 위축
생애주기 특성	통합 대 절망

3절 가족관계 변화와 노인 부양

노인 가구 형태의 변화		기혼 자녀와 동거하는 세대 감소 및 혼자 살거나 노부부만 사는 세대 증가
가족관계의 변화	부부 관계	배우자의 상실은 가장 적응하기 어려운 사건
	부모-자녀 관계	• 자녀의 결혼으로 빈 둥지 증후군을 겪게 됨 • 최근에 자녀가 부모와 근거리에 살면서 부양하는 수정확대가족이 나타남
	고부·장서 관계	가치관과 세대 차이로 인해 빚어지는 갈등
	조부모-손자녀 관계	손자녀는 노년기에 활기와 탄력 제공
	형제자매 관계	과거의 경쟁심이나 갈등이 줄어들고 상호이해와 동조성이 강화되는 경향
노인부양 문제와 해결 방안	노인부양 문제	• 어느 사회에서 누구나 당면하는 문제 • 노인의 4고(苦) : 빈곤, 질병, 고독, 무위 • 재정적·신체적·심리적 지원 필요
	해결 방안	• 사회와 가족의 협력 • 세대 간의 갈등 조절 • 노인의 개인적 대처 • 노인복지정책 강화

4절 대상자 중심 요양보호

대상자를 대하는 원칙	대상자에게 해서는 안 되는 부정적 사례	• 무엇이든 강제로 하기 • 억제대를 하게 하기 • 부적절한 케어를 하기
요양보호 실천의 4가지 원칙	대면하기	같은 눈높이에서 눈을 맞추고 2초 이내에 인사하기
	말하기	• 대답이 없으면 3초 기다리기 • 아무 말도 안 하는 대상자에게도 말을 걸기 • 긍정형 문장으로 이야기하기
	접촉하기	천천히, 쓰다듬듯이, 감싸듯이 접촉하기
	일어서게 하기	최소 하루 20분 정도 서있거나 걷도록 돕기

2장 노인복지와 장기요양제도 표준교재 36~83쪽

1절 사회복지와 노인복지

사회복지의 개념과 범위	공공부조	최저생활을 보장하고 자활을 돕는 것이 목적
	사회보험	국민건강보험, 국민연금보험, 고용보험, 산업재해보상보험, 노인장기요양보험
	사회서비스	인간다운 생활 보장, 상담, 재활, 돌봄, 정보의 제공, 관련 시설의 이용 등을 위한 개별 서비스
노인복지의 원칙과 유형	노인복지의 원칙	독립의 원칙	• 일할 수 있는 기회를 갖거나, 다른 소득을 얻을 수 있어야 함 • 직장을 그만두는 것에 대한 결정에 참여할 수 있어야 함 • 적절한 교육과 훈련 프로그램에 접근할 수 있어야 함 • 가능한 한 오랫동안 가정에서 살 수 있어야 함
		참여의 원칙	• 사회에 통합되어야 함 • 지역사회를 위한 봉사 기회를 가져야 함 • 노인들을 위한 사회운동을 할 수 있어야 함
		보호의 원칙	• 가족과 지역사회의 보살핌과 보호를 받아야 함 • 건강보호 서비스를 이용할 수 있어야 함
		자아실현의 원칙	노인의 잠재력을 완전히 계발할 수 있는 기회가 있어야 함
		존엄의 원칙	• 존엄과 안전 속에서 살 수 있어야 함 • 공정하게 대우받아야 함
	노인복지사업 유형	치매 사업 및 건강보장 사업	치매안심센터, 치매공공후견사업, 노인실명예방사업, 노인 무릎인공관절 수술 지원, 노인 건강진단
		노인 사회활동 및 여가활동 지원	노인일자리 및 사회활동 지원사업, 노인자원봉사, 경로당, 노인복지관, 노인교실
		노인 돌봄 및 지원서비스	노인맞춤돌봄서비스, 독거노인·장애인 응급안전안심서비스, 독거노인 공동생활홈 서비스, 노인보호전문기관, 학대피해노인 전용쉼터, 결식 우려 노인 무료급식 지원

2절 노인장기요양보험제도

목적	고령이나 노인성 질병 등의 사유로 일상생활을 혼자서 수행하기 어려운 노인 등에게 신체활동 또는 가사활동지원 등의 장기요양급여를 제공하여 노후의 건강증진 및 생활안정을 도모하고 그 가족의 부담을 덜어줌으로써 국민의 삶의 질을 향상	
사업의 보험자 및 가입자	보험자	보험금을 지급하는 자 = 사업자 = 국민건강보험공단
	가입자	국내에 거주하는 국민, 체류하는 재외국민 또는 외국인으로 대통령령으로 정하는 사람
	장기요양보험사업은 보건복지부장관이 관장	

장기요양급여 대상자	• 65세 이상 + 질병을 가진 자 + 거동이 불편하거나 치매 등으로 인지가 저하되어 6개월 이상의 기간 동안 혼자서 생활하기 어려운 자 • 65세 미만 + 노인성 질병을 가진 자 + 거동이 불편하거나 치매 등으로 인지가 저하되어 6개월 이상의 기간 동안 혼자서 생활하기 어려운 자 ※ 노인성 질병 : 치매, 뇌혈관성 질환(지주막하출혈 포함), 파킨슨병 등 대통령령으로 정하는 질병	

장기요양인정 신청 및 판정 절차	• 인정신청 : 본인, 가족이나 친족, 이해관계인, 관할지역 사회복지전담공무원, 치매안심센터의 장, 시장·군수·구청장이 지정한 자(대리신청인의 경우 본인 또는 가족의 동의 필요함)
	• 방문조사 : 소정의 교육을 이수한 공단직원이 신청인의 거주지 방문
	• 등급판정 : 등급판정위원회에서 최종 판정하며, 신청서를 제출한 날부터 30일 이내에 완료함
	• 판정 결과
	  – 장기요양 1등급 : 95점 이상
	  – 장기요양 2등급 : 75점 이상~95점 미만
	  – 장기요양 3등급 : 60점 이상~75점 미만
	  – 장기요양 4등급 : 51점 이상~60점 미만
	  – 장기요양 5등급 : 45점 이상~51점 미만, 치매 환자
	  – 장기요양 인지지원등급 : 45점 미만, 치매 환자
	• 판정 결과 통보 : 유효기간은 최소 2년 이상~최대 4년 6개월까지 산정	

장기요양급여의 내용	재가급여	방문요양(가정), 방문목욕, 방문간호, 주·야간보호(일정 시간), 단기보호(일정 기간), 기타 재가급여(복지용구)
	시설급여	노인요양시설(10인 이상), 노인요양 공동생활가정(9인 이하, 가정과 같은 주거 여건)
	특별현금급여	가족요양비, 특례요양비, 요양병원간병비
장기요양기관의 비용 청구 및 지급	• 장기요양기관은 공단에 장기요양급여비용 청구 • 공단은 해당 장기요양기관에 지급	
재원조달	보험료	장기요양보험료와 건강보험료를 통합 징수 후 독립회계로 관리
	국가지원	보험료 예상 수입액의 20%를 국고에서 부담
	본인부담	• 재가급여를 이용하면 15%를 본인이 부담 • 시설급여를 이용하면 20%를 본인이 부담 • 저소득층, 의료급여수급권자 등은 40~60% 경감 • 국민기초생활수급권자는 본인부담금 없음 • 비급여 항목은 전액 본인부담 • 의사소견서, 방문간호사지시서 : 일반은 20%, 40~60% 경감자는 10%, 국민기초생활보장법상 의료급여자는 면제
장기요양서비스 이용 지원	• 장기요양인정서 • 개인별장기요양이용계획서 • 이용 절차 : 서비스 신청 및 상담 → 서비스 제공 계획수립 → 서비스 이용계약 체결 → 서비스 제공 → 모니터링 실시 → 서비스 종료 혹은 계속	

3절 요양보호 업무

요양보호 업무의 목적	• 장기요양 대상자들의 신체기능 증진 및 삶의 질 향상에 기여 • 대상자의 현재 기능 수준을 향상·유지하며 대상자에게 필요한 일상생활지원과 심리·정서적 지원을 통해 안락한 노후생활을 영위할 수 있도록 함		
요양보호 업무의 유형과 내용	표준 서비스 분류	신체활동지원	세면 도움, 구강청결 도움, 식사 도움, 몸단장, 옷 갈아입기 도움, 머리 감기 도움, 몸 씻기 도움, 화장실 이용하기, 이동 도움, 체위 변경, 신체기능의 유지·증진
		가사 및 일상생활지원	개인활동지원, 식사 준비, 청소 및 주변정돈, 세탁
		정서지원, 의사소통	의사소통 도움, 말벗, 격려 등
		인지지원 (인지관리지원, 인지활동지원)	인지행동 변화 관리 등 인지자극 활동, 일상생활 함께 하기
		방문목욕	입욕준비, 입욕 시 이동 보조, 몸 씻기(샤워 포함), 지켜보기, 목욕 기계 조작, 욕실 정리 등
		건강 및 간호관리	요양보호 업무에서 제외
		기능회복훈련	요양보호 업무에서 제외
		시설환경관리	침구·리넨 정리, 환경관리, 물품관리, 세탁물관리
요양보호 서비스 제공원칙 및 준수사항	요양보호사 금지행위		노인학대, 수급자 유인 알선행위, 본인부담금 면제 및 감경, 비밀누설, 부당수급 관련 행위, 급여제공자료 거짓 작성
요양보호사의 역할	숙련된 수발자		지식과 기술로 대상자의 불편함을 경감
	정보 전달자		정보 전달·보고
	관찰자		변화 관찰
	말벗과 상담자		의사소통
	동기 유발자		대상자가 능력을 최대한 발휘하도록 동기를 유발하며 지지
	옹호자		학대를 당하거나 소외되고 차별받는 대상자 입장에서 지지

3장 인권과 직업윤리 _{표준교재 86~114쪽}

1절 노인의 인권보호

인권의 의미	• 인권의 사전적 의미는 '사람이 사람답게 살기 위해 필요한 것으로서 당연히 인정된 기본적 권리' 또는 '인간이 자연인으로 누려야 할 당연한 권리'를 의미함 • 세계인권선언에서는 인권의 개념을 보다 적극적으로 해석하여 '인간의 권리(Right of man)'를 넘어 '인간이 되기 위한 권리, 인간이 가져야 할 당연한 권리'로 보고 있음(국가인권위원회, 2004)	
노인의 인권영역	건강권, 주거권, 인간존엄권 및 경제 · 노동권, 정치 · 종교 · 문화생활권, 교류 · 소통권, 자기결정권	
시설노인 인권보호	시설 정보에 대한 접근성을 보장받을 권리	• 카페, 블로그, 기관 홈페이지 등 온라인 매체에 정보 공개 • 안내책자 제공
	시설 입 · 퇴소, 일상생활, 서비스 이용, 제반 시설 활동 참여, 권리와 의무 등 시설 운영 전반에 관한 충분한 정보를 제공받을 권리	입소 계약과 관련된 정보, 운영 규칙 및 규정 제공
	노인 스스로 입소를 결정하며, 공정한 입소 계약을 맺을 권리	노인의 의사가 자유롭게 표현되고 존중되어야 함
	개별화된 서비스를 제공받고 선택할 수 있는 권리	• 노인의 욕구 파악 • 개인 물품 설치 및 이용 허용 • 개인적 생활스타일을 선택하거나 결정할 권리 보장
	안락하고 안전한 생활환경을 제공받을 권리	• 신체기능을 고려한 주거환경 제공 • 노인의 위생관리 • 비상연락망 준비 • 문제사례 : 침대 사용
	사생활과 비밀보장에 대한 권리	• 동의를 구하고 개인정보 사용 • 정보통신 기기 사용 및 우편물 수발신 허용 • 문제사례 : 전화, 사진
	존엄한 존재로 대우받을 권리	• 인권교육 이수 • 의사결정 과정에 노인 참여 • 문제사례 : 동료 노인을 때림
	차별 및 노인학대를 받지 않을 권리	• 차별 금지 • 학대피해노인 조치 • 의사에 반하는 노동행위 금지 • 문제사례 : 선물
	신체구속을 받지 않을 권리	• 격리나 억제 금지 • 문제사례 : 손과 발을 묶음
	건강한 생활을 위한 질 높은 생활서비스 및 보건의료서비스를 받을 권리	• 다양한 영양급식과 적절한 요양서비스 제공 • 종사자 직무훈련과 교육기회 부여 • 문제사례 : 파마약

시설노인 인권보호	시설 내·외부 활동 및 사회적 관계에 참여할 권리	• 자발적 모임 허용 • 시설 외부 지역사회 서비스 연계 • 문제사례 : 단풍 구경
	개인 소유의 재산과 소유물을 스스로 관리할 권리	• 개인 사물함 제공 • 요청이 있는 경우 재산을 시설에서 사용 가능하며, 이때 분기별 재정 사용 결과를 알려야 함 • 문제사례 : 통장
	이성교제, 성생활, 기호품 사용에 관한 자기 결정의 권리	노인의 욕구를 선입견 없이 수용
	시설 운영과 서비스에 대한 개인적 견해를 표현하고 해결을 요구할 권리	• 고충처리위원회 • 문제사례 : 식은 반찬
	노인 스스로 퇴소를 결정하고 퇴소 후 거주지를 선택할 권리	문제사례 : 전원

2절 노인학대 예방

노인학대 발생 원인	노인의 인구사회학적 특성 요인	성별, 연령, 학력, 결혼 상태 등
	노인의 건강, 경제, 심리적 기능 요인	의존성, 자아존중감 등
	가족상황적 요인	가족과의 동거 여부, 부양자의 특성, 자녀와의 관계 등
	사회관계망 요인	사회적 고립
	사회문화적 요인	사회서비스 체계의 인지 및 이용, 노인차별주의, 가족주의 등
노인학대 유형	신체적 학대	거주지 출입 통제, 단절, 노동 강요
	정서적 학대	사회관계 유지 방해, 접촉 기피
	성적 학대	성폭력, 성적 수치심을 주는 표현이나 행동
	경제적 학대	• 노동에 대한 대가를 지급하지 않음 • 소득이나 재산을 가로채거나 임의로 사용 • 재산 사용·관리에 대한 결정 통제
	방임	• 홀로 떠돌게 함 • 노인의 생활 관련 업무(세금 및 요금 납부)를 방치함 • 사회적 활동을 위한 경제적 지원을 하지 않음(용돈, 종교활동비, 경조사비)
	자기방임	노인 스스로 자신을 돌보지 않음
	유기	• 연락을 두절하거나 왕래를 하지 않음 • 낯선 장소에 버림

노인학대 예방을 위한 법적·제도적 장치	보건복지부	법·제도적 정책 수립
	시·도	시설에 확인 업무지도 및 감독
	시·군·구	학대행위자의 신분 요청에 협조
	노인보호전문기관	• 노인학대 사례의 신고 접수 • 학대사례 판정에 대한 자문
	노인복지시설	• 시설 내 노인학대 의심사례 및 학대사례 발견 시 노인보호전문기관 또는 수사기관에 신고 • 학대피해노인 및 학대행위자에 대한 상담 및 개입 협조
	사법경찰	• 현장조사 • 형사 재판을 요하는 사례에 대한 수사 전담
	의료기관	노인학대 판정을 위한 의학적 진단, 소견, 증언 진술
	법률기관	• 학대행위자에 대한 보호처분을 포함한 판정 • 후견인의 지정 • 피해 노인을 가족과 격리

4장 요양보호사의 인권보호와 자기계발 표준교재 116~158쪽

1절 요양보호사의 인권보호

요양보호사의 인권	평등권		고용형태, 연령, 성별, 학력, 출신지역 및 종교 등에서 차별받지 않아야 함
	노동 관련 권리		휴식 및 여가를 누릴 권리 보장, 노동시간의 합리적 제한, 동등한 노동에 대한 동등한 보수의 보장 필요
	자유권		의견과 표현의 자유를 누릴 권리 보장, 사상·양심·종교의 자유를 누릴 권리 보장 필요
요양보호사의 법적 권익보호	근로에 관한 보호	근로기준법	근로자의 기본적 생활 보장을 목적으로 함
	안전과 보건에 관한 보호	산업안전 보건법	산업재해를 예방하고 쾌적한 작업환경을 조성함으로써 근로자의 안전과 보건 유지·증진을 목적으로 함
		산업재해 보상보험법	산재근로자 보호의 주요 내용 : 재요양 및 휴업급여와 장해급여 지급에 지장받지 않음, 해고할 수 없음, 세금을 떼지 않음, 3년 혹은 5년간 급여를 받을 권리가 있음, 보험급여는 채권자가 건드릴 수 없음
	성희롱으로부터의 보호	성희롱 행위	언어적·육체적·시각적 행위
		성희롱 대처 방안	• 1년에 1번 이상 예방교육 실시 • 감정적 대응은 삼가고 단호히 거부의사 표시

2절 요양보호사의 직업윤리

직업윤리 원칙	• 차별 대우하지 않기 • 대상자의 자기 결정을 최대한 존중하기 • 자기관리를 철저히 하기 • 개인정보를 비밀로 유지하기 • 학대 발견 시 신고하기 • 물질적 보상을 받지 않기 • 상호 대등한 관계임을 인식하기
윤리적 태도	• 책임감을 갖고 업무 활동을 하기 • 자기계발 하기 • 법적·윤리적 책임을 다하기 • 사고 발생 시 시설장 또는 관리책임자에게 보고하기

3절 요양보호사의 건강 및 안전관리

근골격계 질환의 예방	근골격계 질환의 위험 요인	작업적 · 상황적 · 환경적 · 개인적 요인이 있음	

	근골격계 질환의 종류	• 어깨 통증
		• 손목 통증(수근관증후군)
		  − 엄지손가락과 둘째, 셋째, 넷째 손가락 피부의 감각이 둔해짐
		  − 손목을 손바닥 방향으로 힘을 주어 굽힐 때 악화
		  − 엄지손가락의 운동 기능장애
		  − 밤에 통증 악화
		  − 손을 털게 되면 저림과 통증이 일시적 완화
		• 요 통
		• 목 통증
		• 팔꿈치 통증	

	근골격계 질환의 치료	초기 치료	• 휴식 : 외상을 조절하고 추가적인 조직손상을 막기 위함 • 냉찜질 : 세포 대사과정을 늦춰 손상과 부종 감소 • 압박 : 축적되어 있는 부종 조절 • 올리기 : 손상 부위를 심장보다 높게 올려 부종 완화
		급성기 이후	온열치료, 전기광선치료, 견인 요법
	전신 스트레칭	• 같은 동작 5~10회 반복, 동작과 동작 사이 5~10초 쉼 • 스트레칭된 자세로 10~15초 정도 유지해야 효과를 볼 수 있음	
요양보호사의 감염 예방	일반적 감염 예방	기관에서 할 일	보호장구 지급, 예방접종, 건강검진, 감염 예방 교육
		요양보호사가 할 일	임신한 요양보호사는 수두나 풍진 등 선천성 기형을 유발할 수 있는 감염성 질환 대상자와 접촉하지 않기
	요양보호사에게 흔한 감염성 질환 예방	결 핵	• 잠복결핵 상태에서는 타인에게 옮지 않음 • 강산이나 알칼리에 잘 견디나 햇빛에 약해서 침구 등은 일광소독하는 것이 좋음
		독감(인플루엔자)	• 갑작스러운 발열 • 요양보호사는 일주일 정도 쉬어야 함
		노로바이러스 장염	• 오염된 음식물로 인한 감염 • 2~3일간은 요양업무를 중단하고 음식을 조리하지 않아야 함
		옴	• 감염된 옷 또는 침구와 접촉 시 발생 • 증상 유무와 상관없이 동시 치료 • 내의 및 침구류를 다리미로 다린 후 사용
		머릿니	• 감염자의 베개, 모자 등은 뜨거운 물에 세탁한 후 건조 • 감염자의 물건을 공동으로 사용하지 않기

요양보호사 직무 스트레스 관리와 자기효능감 증진	직무 스트레스 관련 요인	직무요구, 감정노동, 성희롱, 역할모호, 조직체계
	직무 스트레스 예방	근로시간 관리, 휴식 시간과 공간 제공, 업무지침 제공, 정기회의와 의사소통 체계 확보, 상사 지지, 동료 지원체계 지원, 교육, 근로조건 개선, 지침 준수
	직무 스트레스 대처방안	긴장이완기법, 호흡법, 심상훈련, 자신의 생각 변화(인지 수정)

5장 노화에 따른 변화와 질환 Ⅰ 표준교재 162~198쪽

1절 노화에 따른 변화와 노인성 질환의 특성

노인성 질환의 특성	단독으로 발생하는 경우는 드묾
	정상적인 노화과정과 구분하기 어려움
	원인이 불명확한 만성 퇴행성 질환이 대부분
	경과가 길고, 재발이 빈번하며, 합병증이 생기기 쉬움
	신장 기능 저하로 수분과 전해질의 균형이 깨지기 쉬움
	약물에 민감하게 반응해서 약물 중독 상태에 빠질 수 있음
	위험요인에 노출되었을 때 질병에 쉽게 걸림
	가벼운 폐렴, 설사 등에도 의식장애가 발생
	다양한 분야의 총체적 접근이 필요

2절 신체계통별 주요 질환

소화기계	노화에 따른 특성	신맛, 쓴맛을 더 잘 느끼게 됨	
	주요 질환	위 염	증상 : 식사 후 3~4시간이 지나 명치부위의 심한 통증
		위궤양	• 관련 요인 : 위 내 헬리코박터균에 의한 감염 • 증상 : 위 출혈, 위 협착, 위 천공 • 치료 및 예방 : 진통제를 먹어야 할 경우 점막 보호제 함께 복용
		위 암	증상 : 출혈, 토혈, 혈변
		대장암	• 관련 요인 : 저섬유소, 가공 정제된 저잔여식이 섭취 • 증상 : 장습관의 변화와 장폐색, 직장 출혈, 점액 분비
		설 사	치료 및 예방 : 지사제를 함부로 써서는 안 됨, 탈수 예방
		변 비	• 관련 요인 : 항암제, 마약성 진통제, 제산제 • 증상 : 복부 통증과 팽만감, 경련, 식욕 저하

호흡기계	노화에 따른 특성		기관지 내 분비물 증가
	주요 질환	독감 (인플루엔자)	• 증상 : 갑작스러운 발열, 두통, 전신 쇠약감, 마른기침, 인후통, 코막힘, 근육통 • 치료 및 예방 : 안정 취하기, 충분한 수분 섭취, 필요시 해열진통제나 처방받은 항바이러스제 복용, 매년 1회 예방접종
		만성기관지염	치료 및 예방 : 처방받은 거담제와 기관지확장제 사용, 갑작스러운 온도변화 피하기, 기관지 자극 감소시키기
		폐렴	관련 요인 : 흡인성 폐렴(이물질이 기도 내로 넘어가 기관지나 폐에 염증 유발)
		천식	• 관련 요인 : 긴장감, 꽃가루나 매연 및 차고 건조한 공기에 노출, 기후변화, 폐기능 감소 • 증상 : 숨을 내쉴 때 쌕쌕거리는 호흡음 • 치료 및 예방 : 운동하기 30분 전에 기관지확장제 사용, 담배·곰팡이를 피하기, 갑작스러운 온도변화 피하기
		폐결핵	• 증상 : 초기에는 무증상, 2주 이상의 기침과 흉통, 오후에 고열, 농흉과 객혈 • 치료 및 예방 : 결핵약 장기 복용, 주기적으로 간 기능 검사와 객담 검사 실시, 흉부 방사선 촬영 검진, 가래검사를 해서 조기발견, 기침 예절 지키기
심혈관계	노화에 따른 특성		근육이 두꺼워져서 탄력성이 떨어짐
	주요 질환	고혈압	• 치료 및 예방 : 염분을 하루에 6g 이하로 섭취 • 약물 치료에 대한 편견 : 증상이 없어도 혈압이 높으면 약물 치료를 해야 함, 무증상이 대부분이므로 의사의 처방이 있으면 약물 복용을 해야 함, 혈압이 조절되더라도 약을 끊으면 혈압이 다시 올라가므로 처방이 있으면 계속 복용해야 함
		동맥경화증	• 정의 : 동맥 혈관의 안쪽 벽에 지방이 축적되어 혈관 내부가 좁아지거나 막혀 혈액의 흐름에 장애가 생기고 혈관벽이 굳어지면서 발생함 • 증상 : 협심증, 심근경색증과 같은 관상동맥질환으로 흉통, 압박감
		심부전	정의 : 심장의 수축력이 저하되어 신체조직에 필요한 만큼의 충분한 혈액을 내보내지 못하는 상태
		빈혈	치료 및 예방 : 철분제와 철분의 흡수를 도와주는 비타민 C를 함께 복용, 식사 시 철분을 늘리기(굴, 달걀 노른자, 붉은 살코기, 콩류, 시금치)

근골격계	노화에 따른 특성		• 골반이 커짐 • 엉덩이와 허리의 피하지방 증가
	주요 질환	퇴행성 관절염	• 증상 : 아침에 일어나면 경직 현상이 있는데 30분 이내에 풀어짐 • 치료 및 예방 : 냉·온요법, 마사지, 물리치료, 수영, 평평한 흙길 걷기, 체조와 같은 운동
		골다공증	• 관련 요인 : 폐경, 저체중, 운동부족, 갑상선 및 부갑상선 질환, 흡연, 음주, 카페인 과다 섭취 • 치료 및 예방 : 칼슘 섭취, 의료기관에서 호르몬 치료, 비타민 D 섭취
		고관절 골절	증상 : 서혜부와 대퇴부의 통증
비뇨·생식기계	노화에 따른 특성		• 성적 욕구가 감소되는 것은 아님 • 잔뇨량 증가
	주요 질환	요실금	증상 : 복압성 요실금(기침, 웃음, 재채기, 달리기 등 복부 내 압력증가), 절박성 요실금(소변을 보고 싶다고 느끼자마자 소변 나옴), 역류성 요실금(소변이 가득 찬 방광에서 조금씩 넘쳐 흘러나옴)
		전립선 비대	• 관련 요인 : 남성 호르몬 감소, 여성 호르몬 증가 등 호르몬 불균형 • 증상 : 소변 줄기가 가늘어지고, 힘을 주어야 소변이 나옴

6장 노화에 따른 변화와 질환II, 치매, 뇌졸중, 파킨슨 질환 표준교재 199~250쪽

1절 신체계통별 주요 질환

	노화에 따른 특성		• 입가나 뺨에 털 증가 • 손톱·발톱이 딱딱하고 두꺼워짐

피부계	주요 질환	욕창	• 관련 요인 : 장기간의 와상 상태, 체중감소, 근육·지방 위축, 습기로 인한 피부 손상
			• 단계별 증상
			  – 1단계 : 피부가 분홍색이나 푸른색, 열감이 있음
			  – 2단계 : 물집이 생기고 조직이 상함
			  – 3단계 : 깊은 욕창이 생기고 괴사조직이 발생함
			  – 4단계 : 뼈와 근육까지 괴사 진행
			• 치료 및 예방
			  – 자세 변경(침대에서는 2시간마다, 의자에서는 1시간마다)
			  – 도넛 모양의 베개는 압박받는 부위의 순환을 저해하므로 사용하지 않기

		피부건조증	증상 : 노화에 따라 피부 외층이 건조해지며 거칠어짐

		대상포진	• 정의 : 과거에 수두 바이러스를 앓은 후 바이러스는 신경세포에 잠복해 있다가 신체 저항력이 약해지는 경우 신경과 신경이 분포하는 피부에 염증을 일으키는 질환
			• 증상 : 가려움, 피부저림이나 작열감을 포함한 발진, 수포, 통증
			• 치료 및 예방
			  – 신경통이 수개월에서 1년 이상 지속되므로 백신 투여로 세포성 면역 증강
			  – 병소가 퍼지거나 감염되지 않도록 긁지 않기
			  – 적절한 영양과 휴식으로 면역력 강화

		옴	• 증상 : 가려움증(특히 밤에 심함), 물집, 고름 • 치료 및 예방 : 증상 유무와 상관없이 접촉한 사람은 동시 치료하고, 옴 진드기가 활동적인 밤에 약을 바르고 다음 날 씻어내기
		머릿니	증상 : 머릿니가 물어 흡혈하므로 출혈과 가려움이 있음
		기저귀 피부염 (기저귀습진)	증상 : 엉덩이의 기저귀 접촉 부위에 생기는 경계가 분명한 병변
		지루성 피부염	증상 : 피지선의 활동이 증가된 부위에 발생
		간찰진	증상 : 피부가 접히는 부위에 발생하는 붉은 변화
		노인성 자반	증상 : 노화, 장기간의 자외선 노출, 강력한 스테로이드 연고 도포에 의해 출혈이 생기는 질환
		우정문신	증상 : 일제 강점기에서 6.25 전쟁 당시 10~20대 여성들 사이에 유행한 팔뚝 문신

신경계	노화에 따른 특성		단기기억은 감퇴하나 장기기억은 대체로 유지됨

	주요 질환	치매	• 증상 : 인지기능장애(기억력 저하, 언어 능력 저하, 지남력 저하, 시공간 파악 능력 저하, 실행 능력 기능 저하), 정신행동증상(우울증, 망상과 의심, 환각과 착각, 초조 및 공격성, 수면장애)
			• 단계별 특징과 증상
			   – 초기 : 새로운 것을 외우는 것이 어려움, 우울이나 짜증 또는 의심 증상이 나타나기 시작함
			   – 중기 : 환각, 망상, 배회 등의 정신행동증상이 심해짐
			   – 말기 : 정신행동증상은 오히려 줄어들고, 와상상태가 시작됨

		뇌졸중	• 후유증
			   – 반신마비 : 손상된 뇌의 반대쪽
			   – 전신마비 : 뇌간 손상
			   – 반신감각장애 : 손상된 뇌의 반대쪽
			   – 언어장애 : 좌측 뇌가 손상된 경우 실어증
			   – 두통 및 구토
			   – 의식장애 : 뇌간 또는 광범위한 뇌 손상
			   – 어지러움, 운동실조증 : 소뇌 손상
			   – 시력장애
			   – 삼킴장애
			   – 치매 : 비교적 갑자기 발생하는 혈관성 치매를 의심해 보아야 함
			• 치료 및 예방
			   – 약물요법 : 발생 4시간 이내 혈전용해제 사용 가능
			   – 뇌출혈의 전구 증상 관찰
			   – 초기부터 재활요법 병행하기
			• 전구증상
			   – 한쪽 팔다리 마비 또는 감각 이상
			   – 발음이 분명하지 않음
			   – 한쪽으로 넘어지려고 함
			   – 어지러움
			   – 복 시
			   – 심한 두통

		파킨슨 질환	• 증 상
			   – 운동증상 : 떨림, 행동 느려짐, 경직, 자세 불안정
			   – 비운동증상 : 신경 정신 이상, 수면 이상, 자율신경계 이상, 감각 이상, 인지기능 장애

감각기계	노화에 따른 특성		• 눈부심의 증가 • 외이도의 가려움과 건조증 증가 • 고막 두꺼워짐
	주요 질환	녹내장	• 증상 : 좁은 시야, 뿌옇게 혼탁한 각막, 안구 통증, 심하면 실명 • 일상생활에서의 주의사항 　- 목이 편한 복장 착용하기 　- 물구나무서기나 윗몸 일으키기 피하기 　- 고개를 숙인 자세로 하는 독서나 작업 피하기 　- 마음 편하게 하기 　- 기온 변화 유의하기 　- 두 눈 모두 정기 검사받기
		백내장	증상 : 동공의 백색 혼탁, 불빛 주위에 무지개가 보임, 낮과 밤에 불빛에서 눈부심
		노인성 난청	치료 및 예방 : 보청기 재활
내분비계	노화에 따른 특성		공복혈당 상승
	주요 질환	당뇨병	• 증상 : 다음증, 다뇨증, 다식증, 체중 감소, 발기부전, 질 분비물 및 질 감염의 증가, 상처 치유 지연, 감각 이상 및 저하 ※ 고혈당 : 배뇨증가, 체중감소, 피로감, 식욕증가 ※ 저혈당 : 땀을 많이 흘림, 두통, 시야 몽롱, 배고픔 • 치료 및 예방 　- 운동요법 : 식후 30분~1시간경 최소 30분, 일주일에 5회 이상 운동하기 　- 약물요법 : 인슐린 주사약은 입으로 복용하면 위장관에서 파괴되므로 반드시 주사로 주입하기 • 발 관리 원칙 　- 양말 착용하기 　- 발톱 일자로 자르기 　- 금연하기 　- 차갑거나 뜨거운 곳에 발 노출하지 않기 　- 혈압·혈당 관리 　- 주의 깊게 발 관찰하기 　- 발 씻고 말리기 　- 발 건조 예방하기

심리·정신계	주요 질환	우울증	• 증 상 　– 우울하고 슬픈 기분이 잦음 　– 불면 혹은 과도한 수면 　– 식욕 변화 　– 불 안 　– 초조 혹은 무기력 　– 죄의식 　– 절망감 ※ '우울증과 치매의 비교' 알아두기★(표준교재 222쪽) • 치료 및 예방 　– 정신건강의학과에 외래 방문하여 상담과 약물치료 병행하기 　– 대상자의 느낌, 분노를 인정하고 언어로 표현하기 　– 햇볕을 받으며 규칙적으로 운동하기
		섬 망	• 증 상 　– 의식 수준 변화 　– 주의력 감퇴 　– 수 시간이나 수일에 걸쳐 반복되는 호전과 악화 　– 지남력 저하 　– 인지장애 ※ '섬망과 치매의 비교' 알아두기★(표준교재 224쪽) • 치료 및 예방 　– 치료가 가능한 원인이면 우선적으로 치료하기 　– 지남력 유지(낮에 창문이나 커튼 열어두기, 사진·달력 가까이 두기) 　– 신체통합성 유지(능동적 관절운동, 목욕, 마사지 제공) 　– 개인의 정체성 유지(접촉하는 사람 수를 줄이고 가족 구성원이 방문하도록 격려하기) 　– 초조의 관리(단호하고 부드러운 목소리로 말하기) 　– 착각 및 환각 관리(경청하기, 현실을 확인할 수 있는 환경 조성하기) 　– 야간의 혼돈 방지(밤에는 커튼 치고 불 켜기) 　– 신체 균형 유지하기

2절 노인증후군과 노쇠

노인증후군의 종류	섬망, 노쇠, 근감소증, 실금, 변비, 낙상, 욕창, 기절, 보행기능 저하, 못 움직임, 식욕부진, 연하곤란, 노인학대, 저나트륨혈증, 탈수, 다약제복용, 우울증
노쇠와 시설입소	노쇠의 핵심 증상 : 근감소증(근력 감소, 보행능력 감소, 근육량 감소)

7장 노인의 건강증진 및 질병예방 표준교재 252~274쪽

1절 영양

주요 영양 문제	• 75세 이상 고령자의 에너지 섭취 부족 • 전체 에너지 섭취량 중 탄수화물 비중이 높음 • 비타민 A, 비타민 C, 비타민 D, 나이아신, 엽산, 칼슘을 필요량보다 부족하게 섭취 • 나트륨을 기준 이상 과다 섭취
한국인을 위한 식생활 지침	• 균형 있게 먹자 • 덜 짜게, 덜 달게, 덜 기름지게 먹자 • 물은 충분히 마시자 • 건강체중을 유지하자 • 아침식사를 꼭 하자 • 음식은 필요한 만큼만 마련하자 • 술은 절제하자

2절 운동

운동 관리	• 현재 운동 수준 평가 • 금기 질환, 투약 상황 확인 • 강도를 점차 올리기 • 준비운동과 마무리운동을 하기 • 빠르게 방향을 바꾸는 운동은 금지

3절 수면

수면 문제	• 수면 중에 자주 깸 • 수면량 감소 • 잠들기까지 오랜 시간이 걸림 • 졸림증이 많아짐

4절 성생활

성 문제	• 호르몬의 변화 • 질병 치료제가 성 활동을 방해 • 당뇨병 노인은 발기부전 경험 • 항염증성 약물이 성적 욕구를 감소시킴 • 뇌졸중 재발과 관련 없음 • 전립선 절제술은 발기하는 데 문제를 유발하지 않음 • 일부 항파킨슨 약물치료는 성적 욕구를 높여주지만 성생활 수행능력까지 높여주는 것은 아님
성생활 관리	성 기능에 영향을 미치는 약물이 많으므로 꼭 확인해야 함

5절 약물사용

노인 약물복용 원칙	• 남의 약을 먹거나 자기 약을 남에게 주지 않기 • 다른 병원·약국 방문 시 처방전을 보관하였다가 제시하기 • 약 복용시간 준수하기 • 약이 쓰다고 다른 것과 함께 복용하지 않기 • 약 삼키는 것이 힘들다고 쪼개서 복용하지 않기 • 복용 잊어버렸다고 두 배로 복용하지 않기 ※ 편의점에서 구입 가능한 비상약 : 해열진통제, 감기약, 소화제, 파스 ※ 분할, 분쇄 불가 약제 : 장용 코팅제(약효 저하), 서방제(부작용 증가)
부작용이 흔한 약물	• 소염진통제 : 위염, 위궤양을 일으키는 경우가 많아 속쓰림이 있을 때는 의사와 상의 • 당뇨병 약제 : 저혈당(피로, 불안, 초조, 두근거림, 빈맥, 식은땀, 감각저하, 오심) 증상 관찰하기 • 스테로이드제 : 장기적으로 사용 시 체중 증가, 정신장애, 섬망, 우울, 소화기 궤양, 당뇨병, 면역저하로 인한 감염병의 증가 문제 발생 • 수면제 등 신경정신계 약물 : 낙상, 배뇨장애, 변비 등의 위험이 있어 복용 후 특히 낙상 사고가 나지 않도록 주의
약 복용 시 주의해야 하는 음식	• 자몽주스 : 고지혈증약, 혈압약, 수면제 등 여러 약물과 상호작용이 있어 부작용 가능성이 높음 • 시금치 : 부정맥 등이 있을 때 와파린과 함께 먹으면 약의 효과를 줄일 수 있으므로 과량 섭취하지 않기 • 커피, 유제품, 인삼, 홍삼, 콜라, 술 : 예상하지 않았던 문제 발생 가능성이 있기 때문에 의사와 상의하기

6절 흡연과 음주

금연	※ '금연 후 시간 경과에 따른 신체적 변화' 알아두기★(표준교재 266쪽)
절주	과음하지 않고 술을 적당히 마시기 위한 권장사항 : 술을 마시면서 물을 함께 마시기, 술 대신 알코올이 들어가지 않은 음료 마시기, 안주를 함께 먹기

7절 예방접종

독감	매년 1회 접종
파상풍-디프테리아-백일해	이전에 백일해가 포함된 예방접종을 받지 않았거나 잘 모르는 경우, 한 번은 파상풍-디프테리아-백일해 백신을 접종하고, 이후 10년마다 파상풍-디프테리아 백신을 재접종할 것이 권유됨
폐렴구균	65세 이상에서 필요, 1회 접종
대상포진	60세 이상 성인은 1회 접종

8절 온열질환 및 한랭질환

온열질환	폭염 대응 안전수칙 준수 ※ '폭염에 의한 온열질환 응급조치' 알아두기★(표준교재 273쪽)		
	폭염 관련 질환	열사병	즉시 119 신고, 서늘한 곳으로 옮기기, 바람을 쐬어주기
		열탈진 (일사병)	서늘하고 통풍 잘 되는 장소에 옮겨주기, 염분과 수분 보충
		열경련	서늘하고 통풍 잘 되는 장소에 옮겨주기, 염분과 수분 보충, 근육 마사지 제공
한랭질환	한랭질환 예방수칙 준수		
	한랭 관련 질환	저체온증	즉시 119 신고, 따뜻한 장소로 이동, 옷 벗기고 담요 덮어주기, 의식이 있으면 따뜻한 음료와 초콜릿 제공
		동상	신속히 병원 방문, 따뜻한 장소로 이동, 동상 부위를 따뜻한 물에 담그기
		심혈관계·호흡기 질환, 낙상사고	추운 날에는 야외활동 자제하고 보온에 주의하기

8장 의사소통과 정서지원 표준교재 278~301쪽

1절 효과적인 의사소통과 정서지원

의사소통의 필요성	• 대상자 및 가족과 신뢰관계 형성 • 요양보호서비스에 필요한 정보 수집 • 대상자 이해, 서비스 질 향상 • 자신의 생각과 감정을 효과적으로 표현 • 타 전문직과의 원활한 업무 협조에 도움
의사소통의 유형	• 언어적 의사소통 • 비언어적 의사소통 ※ '비언어적 의사소통의 바른 태도' 알아두기★(표준교재 282쪽)
의사소통의 원칙	바이스텍의 7원칙 : 개별화, 의도적 감정 표현, 통제된 정서적 관여, 수용, 비심판적 태도, 이용자의 자기 결정, 비밀유지

효과적인 의사소통 방법		
	라포형성	
	경청	
	공감	상대방이 하는 말을 상대방의 관점에서 이해하고 감정을 함께 느끼며, 자신이 느낀 바를 전달하는 것을 의미 ※ 공감은 대상자와 요양보호사가 이야기를 나누는 형태의 지문이 시험에 출제되므로 연습 문항을 꼭 확인하기★(표준교재 286쪽)
	말하기	나-전달법 : 상대방을 비난하지 않고 상대방의 행동이 나에게 미친 영향에 초점을 맞추어 이야기하는 표현법(행동, 영향, 느낌, 바람의 단계로 구성) ※ 나-전달법은 대상자와 요양보호사가 이야기를 나누는 형태의 지문이 시험에 출제되므로 예시 문항과 연습 문항을 꼭 확인하기★(표준교재 288~289쪽)
	침묵	생각을 정리할 시간을 주기

2절 상황별 의사소통의 실제

의사소통장애가 있는 대상자와의 의사소통	노인성 난청 대상자	• 눈짓으로 신호를 주며 이야기 시작하기 • 몸짓, 표정으로 의미 전달하기 • 보청기를 착용할 때 입력은 크게, 출력은 낮게 조절하기 • 입 모양을 볼 수 있도록 시선 맞추기
	시각장애 대상자	• 사물의 위치는 시계 방향으로 설명하기 • 대상자를 중심으로 오른쪽, 왼쪽을 설명하기 • 신체 접촉을 하기 전에 말 건네기 • 이미지 전달이 어려우면 촉각으로 이해시키기
	언어장애 대상자	• 질문에 답변이 끝나기 전에 다음 질문을 하지 않기 • '예', '아니요' 등으로 짧게 대답하기 • 실물, 그림판, 문자판 등을 이용하기
	치매로 인한 장애 대상자	• 노인의 페이스에 맞추기 • 이해하기 쉬운 단어로 간결하게 전달하기 • 말보다 감정표현 자주 하기 • 그 사람다움을 소중히 하기 • 스킨십 자주 하기 ※ '치매 대상자와의 상황별 의사소통(망상, 환각, 배설행동, 배회, 공격성, 초조행동, 무감동, 우울, 불안, 섭식장애, 수면장애, 수집증, 성적 행동)' 꼭 확인하기★(표준교재 296~297쪽)

3절 여가활동 지원

여가활동의 유형	자기계발 활동	독서, 서예교실, 악기 연주 등
	가족 중심 활동	가족 소풍, 가족과의 대화, 외식 나들이 등
	종교참여 활동	교회 · 사찰 · 성당 가기 등
	사교오락 활동	영화 · 연극 · 음악회 · 전시회 관람 등
	운동 활동	체조, 가벼운 산책 등
	소일 활동	텃밭 야채 가꾸기, 신문 보기, 텔레비전 시청, 종이접기, 퍼즐놀이 등

9장 요양보호 기록 및 업무보고 _{표준교재 304~347쪽}

1절 요양보호 관찰과 기록

요양보호 기록 목적		• 질 높은 서비스를 제공 • 요양보호사 활동 입증 • 요양보호서비스 연속성 유지 • 시설장 및 관련 전문가에게 중요한 정보 제공 • 내용과 방법에 대한 지도 및 관리에 도움 • 가족과 정보 공유를 통한 원활한 의사소통 • 요양보호서비스의 표준화와 요양보호사의 책임성 제고
요양보호 기록 방법	요양보호사가 작성하는 기록지	급여제공기록지, 상태기록지, 사고보고서, 인수인계서
	스마트 장기요양 사용법	• 인지활동형 방문요양 서비스 기록인 경우 종료 태그 전송 시 인지자극, 일상생활 함께하기만 입력 • 방문목욕서비스 기록인 경우 차량 이용 시 차량번호 입력, 목욕은 40분 이상 제공 시 전송 가능, 2인 이상의 요원이 10분 이내 태그 인식

	요양보호 기록의 원칙	• 객관적인 사실을 그대로 기록
		• 육하원칙을 바탕으로 기록
		• 과정과 결과를 정확하게 기록
		• 미루지 않고 그때그때 신속하게 작성
		• 공식화된 용어 사용
		• 간단명료하게 기록
		• 기록자를 명확하게 작성
		• 구체적으로 기록
		  – '많이', '오래전', '오랜만에', '심하다' 등 애매한 표현 피하기
		  – 모두 숫자로 기입

2절 업무보고

업무보고의 중요성			• 요양보호 서비스 질 향상 • 타 전문직과의 업무협조 및 의사소통을 원활하게 함 • 사고에 신속하게 대응하며 피해 최소화
업무보고 방법	보고 원칙		• 객관적인 사실 보고 • 육하원칙에 따라 보고 • 신속하게 보고 • 중복되지 않게 보고
	보고 시기		상태 변화가 있을 때, 서비스 추가나 변경이 필요할 때, 새로운 정보를 파악했을 때, 새로운 업무방법을 찾았을 때, 업무를 잘못 수행했을 때, 사고가 발생했을 때
	보고 형식	구두보고	• 상황이 급하거나 사안이 가벼울 때 사용 • 신속하게 보고할 수 있다는 장점은 있으나, 정확한 기록을 남길 수 없다는 단점이 있음
		서면보고	• 숫자나 지표가 필요할 때, 자료로 보존할 때 사용 • 정확한 기록을 남길 수 있다는 장점은 있으나, 신속하게 보고할 수 없다는 단점이 있음
		전산망보고	능숙하게 사용할 수 있으면 시간을 절약할 수 있고, 실시간 보고가 가능함

3절 사례관리지원과 업무회의

사례관리와 협업	사례관리 과정에서 요양보호사의 역할 : 사례회의에 참석하여 수급자의 주된 욕구 사정 결과를 전달받고, 수급자의 욕구에 따른 급여제공계획을 작성하기 위한 과정에 참여
사례회의	대상자의 상황과 제공되는 서비스를 점검하고 평가하여 대상자의 욕구에 맞는 서비스를 제공하기 위한 회의
월례회의	요양보호사들이 정보와 경험을 서로 공유하고, 장기요양기관이 요양보호사들에게 업무에 관련된 정보를 전달하거나 요양보호사들로부터 애로사항을 듣기 위해 개최하는 회의

10장 신체활동지원 I 표준교재 350~393쪽

1절 식사와 영양 요양보호

섭취 요양보호의 일반적 원칙	노인 영양관리		• 첨가당, 포화지방, 나트륨, 가공육 등의 섭취 절제하기 • 다양한 식품을 골고루 섭취하는 균형 잡힌 식생활을 하기
	식사 자세	올바른 식사 자세	• 식탁의 윗부분이 가슴과 배꼽 사이에 오도록 하기 • 발바닥이 바닥에 닿도록 하기
		앉은 자세	깊숙이 앉고, 팔꿈치를 올릴 수 있도록 하기
		침대에 걸터앉은 자세	• 발바닥이 바닥에 닿도록 하기 • 왼쪽이나 오른쪽 또는 앞뒤에 쿠션 대주기
		침대머리를 올린 자세	• 침대를 약 30~60° 높이기 • 머리는 앞으로 숙이고 턱을 당기기
		편마비 대상자 자세	건강한 쪽을 밑으로 하여 옆으로 누운 자세 취하기(안정감이 있고 지지가 됨)

식사 돕기	기본 원칙		• 식사 전 가벼운 산보로 식욕 증진하기
			• 식사 집중 환경 조성하기
			• 다양한 음식을 조금씩 준비하여 반찬의 색깔을 보기 좋게 하기(식욕 증진)
			• 사레 예방
			  – 배와 가슴 부위 압박 피하기
			  – 식사 전 물, 차로 목을 축이고 식사하기
			  – 적은 양을 입에 넣어주기
			  – 식사 중 질문하지 않기

	식사돕기 자세		• 상체를 약간 숙이고 턱을 당긴 자세 취하기 • 의자에 앉을 수 없다면 침대머리를 30~60°가량 상승시킨 자세 취하기 • 음식물은 대상자로부터 약 30cm 거리에 두고 내려다볼 수 있게 배치하기 • 대상자의 눈높이에 맞추어 나란히 앉기(마주 앉으면 근육의 긴장도가 높아짐)
	돕는 방법		• 마비가 있는 대상자는 건강한 쪽을 아래로 하여 옆으로 눕히고 마비된 쪽을 베개로 지지하기 • 숟가락 끝부분을 입술 옆쪽에 대고 숟가락 손잡이를 머리 쪽으로 약간 올려 음식을 입에 넣어 주기 • 숟가락을 뺄 때는 윗입술을 스치듯이 하면서 빼기 • 마비된 쪽의 입가에 흐르는 음식물은 자연스럽게 닦아주기

경관영양 돕기	기본 원칙	• 시작과 끝을 알리기 • 영양액은 체온 정도의 온도가 적절함 • 비위관이 막히거나 새거나 역류하면 간호사에게 즉시 보고하기 • 너무 천천히 주입하면 음식이 상할 수 있고, 너무 진한 농도로 주입하거나 빠르게 주입하면 설사나 탈수를 유발할 수 있음 • 영양주머니는 매번 세척하기 • 1분에 50mL 이상 주입하지 않기
	돕는 방법	• 거동이 어려운 대상자는 오른쪽으로 눕히기(위의 모양이 왼쪽으로 기울어져 있어 오른쪽으로 누우면 기도로의 역류 가능성이 줄어듦) • 영양액은 위장보다 높은 위치에 걸기 • 토하거나 청색증이 나타나면 비위관 튜브를 잠근 후 시설장이나 책임자에게 보고하기 • 식사가 끝나면 상체를 높이고 30분 정도 앉아 있도록 하기

2절 투약 돕기

경구약 복용	가루약	숟가락을 이용하여 약간의 물에 녹인 후 투약하거나 바늘을 제거한 주사기를 이용하여 녹인 가루약을 흡인 후 입안으로 조금씩 주입하기
	알 약	• 약병에서 약 뚜껑으로 옮긴 후 손으로 만지기 • 손으로 만진 약은 약병에 다시 넣지 않기 • 개수가 많은 경우 2~3번으로 나누어 투약하기
	물 약	• 뚜껑을 열어 뚜껑의 위가 바닥으로 가도록 놓고 계량컵을 눈높이로 들어 처방된 양만큼 따르기 • 약을 따르기 전에 약물을 흔들어 섞고, 색이 혼탁하거나 변한 약은 버리기 • 라벨이 젖지 않도록 용액 병의 라벨이 붙은 쪽을 잡고, 라벨의 반대쪽 방향으로 용액을 따르기 • 약의 용량이 적을 때는 바늘을 제거한 주사기를 이용하기
안약 투여	안 약	• 대상자의 아래 눈꺼풀(하안검)의 중앙이나 외측으로 1~2cm 높이에서 안약 용액을 투여하기 • 점적이 끝난 후 비루관을 잠시 가볍게 눌러 안약이 코 안으로 흘러 내려가는 것을 막아주기
	안연고	• 처음 나오는 것은 거즈로 닦아 버리기 • 아래 눈꺼풀(하안검)을 잡아당겨 아래 결막낭 위에 튜브를 놓고 안쪽에서 바깥쪽으로 안연고를 2cm 정도 짜 넣기 • 눈을 감고 안구를 움직이게 하기

귀약 투여	• 대상자가 치료할 귀를 위쪽으로 하여 편안한 자세를 취하도록 하기 • 손으로 약병을 따뜻하게 하거나 약병을 잠깐 온수에 담그기 • 귓바퀴를 후상방으로 잡아당겨 약물 투여가 쉽도록 한 후 측면을 따라 정확한 방울 수의 약물을 점적하기 • 약 5분간 누워 있도록 하기 • 작은 솜을 15~20분 동안 귀에 느슨하게 끼워 놓았다가 제거하기 • 귀약이 너무 차거나 뜨거우면 내이를 자극하여 오심, 구토, 어지러움을 일으킬 수 있음
주사 주입	• 수액병은 대상자의 심장보다 높게 유지하기 • 주사 부위가 붓거나 붉게 되거나 통증이 있는 경우 조절기를 잠근 후 즉시 시설장이나 관리책임자에게 보고하기 • 간호사가 바늘을 제거한 후에는 1~2분간 알코올 솜으로 지그시 누르고 절대 비비지 않기(비비면 피멍이 들기 때문)
약 보관	• 치매 대상자의 약은 안전한 곳에 보관하고 가능하면 약이 든 상자에 잠금장치를 하기 • 알약은 건조한 곳에 햇빛을 피해 보관하기 • 가루약은 물기가 없는 숟가락을 사용하기 • 시럽제는 서늘한 곳에 직사광선을 피해 보관하기 • 안약, 귀약은 상온의 그늘진 곳에 보관하기

3절 배설 요양보호

화장실 이용 돕기	기본 원칙	안전한 환경을 조성하기

	돕는 방법	• 편마비인 경우 휠체어는 건강한 쪽으로 30~45° 비스듬히 붙이기
		• 갑자기 대상자를 일으키면 혈압이 떨어지고 어지러울 수 있으니 잠시 침대에 앉아 있게 하기
		• 화장실 밖에서 기다릴 때는 중간중간 말을 걸어 상태를 살피기
		• 보고해야 할 배설물 상태
		   – 탁하거나 뿌연 소변
		   – 거품이 많이 나는 소변
		   – 색이 진하거나 냄새가 심한 소변
		   – 소변에 피가 섞여 나오거나 푸른 빛의 소변
		   – 피가 섞여 나와 선홍빛이거나 검붉은 대변
		   – 심하게 묽거나 점액질이 섞여 있는 대변

침상 배설 돕기	기본 원칙	배변 후 뒤처리할 때는 앞에서 뒤로 닦아 감염을 예방하기
	돕는 방법	• 배설 시 소리 나는 것에 부담을 느끼지 않도록 변기 안에 화장지를 깔고 텔레비전이나 음악을 틀기 • 대상자가 협조할 수 있는 경우 무릎을 세우고 엉덩이를 들게 한 상태로 방수포를 깔거나 변기를 밀어 넣기 • 협조할 수 없는 경우 옆으로 돌려 눕힌 후 방수포를 깔거나 변기를 대주기 • 침대 머리 쪽을 올려주어 배에 힘을 주기 쉬운 자세를 취하게 하기 • 배설물에 특이사항이 있는 경우 버리지 말고 시설장이나 간호사에게 직접 보여주거나 양상을 정확히 기록하여 보고하기

이동변기 사용 돕기	기본 원칙	• 배설이 어려운 경우 미지근한 물을 항문이나 요도에 끼얹어 변의를 자극하기 • 이동변기는 매번 깨끗이 씻어 사용하기
	돕는 방법	• 침대 높이와 변기 높이는 같도록 맞추기 • 변기 밑에 미끄럼방지매트를 깔아주기 • 따뜻한 물로 변기를 미리 데워두기 • 편마비인 경우 이동변기는 건강한 쪽으로 30~45° 비스듬히 붙이기 • 배설 중에는 하반신을 수건이나 무릎덮개로 덮어주기 • 대상자 손에 묻은 잔변물이나 세균이 신체 감염을 일으킬 수 있으니 물과 비누로 손을 씻게 하기
기저귀 사용 돕기	기본 원칙	기저귀를 쓰게 되면 기저귀에 의존하게 되어 스스로 배설하던 습관이 사라지고 치매 증상 및 와상 상태가 더욱 심해질 수 있으므로 부득이한 경우에만 사용하기
	돕는 방법	• 허리를 들 수 있는 대상자는 무릎을 세우고 똑바로 누운 상태에서 허리를 들게 하여 협조하에 교환하기 • 허리를 들 수 없는 대상자는 옆으로 돌려 눕혀 기저귀를 교환하기 • 배설물이 보이지 않도록 기저귀의 바깥면이 보이게 말아 넣기
유치도뇨관의 소변주머니 관리	기본 원칙	• 소변주머니를 방광보다 높게 두지 않기(역류에 의한 감염 예방) • 소변량과 색깔은 2~3시간마다 확인하기 • 요양보호사는 유치도뇨관 교환 또는 삽입, 방광 세척은 하지 않기(의료행위에 해당함)
	돕는 방법	• 유치도뇨관이 막히거나 꼬여서 소변이 제대로 배출되지 않으면 방광에 소변이 차서 아랫배에 팽만감·불편감이 있고 아플 수 있음 • 삽입하고 있어도 자유로운 움직임이나 보행이 가능함 • 소변을 비울 때는 소변기에 소변을 받은 후 배출구를 잠그고 알코올 솜으로 소독한 후 제자리에 꽂기 • 소변 색이 탁하거나 소변량이 적어진 경우, 소변이 도뇨관 밖으로 새는 경우 시설장이나 간호사에게 보고하기
	요루 관리	• 복벽에 만든 구멍으로 소변을 배출하게 됨 • 우측 하복부에 위치함 • 요루주머니의 1/3~1/2 정도가 차면 비움 • 주 2회에서 3회 정도 교환함 • 충분한 수분을 섭취하게 함 • 샤워 시에는 주머니를 착용하거나 떼어도 괜찮음(물이 들어가지 않음) • 통 목욕 시에는 소변을 비우고 주머니를 착용함
	장루 관리	• 장루란 복벽을 통하여 대변을 배설시키기 위해 만든 인공항문임 • 배설물이 주머니에 1/3~1/2 정도 채워지면 비움 • 주 1회 정도 주기로 교환함 • 장루를 가지고 있는 수급자는 규칙적인 장운동을 위해 적절한 식사·간식을 섭취해야 함 • 통 목욕 시 주머니를 착용하도록 해야 하며 주머니 교환일에 목욕하는 것이 좋음

10장 신체활동지원 II 표준교재 394~435쪽

4절 개인위생 및 청결관리

구강 청결 돕기	입안 헹구기	식 전	• 구강 건조 방지 • 타액·위액 분비 촉진 • 식욕 증진
		식 후	• 구강 내 음식물 제거 • 음식물로 인한 질식 예방
	입안 닦아내기		윗니와 잇몸을 닦고 아랫니와 잇몸을 닦기
	칫솔질하기		• 적당량의 치약을 사용하기 • 잇몸에서 치아 쪽으로 회전하면서 쓸어내리기(치아 표면이 마모되고 구강 점막이나 잇몸이 닳아져 시리게 됨, 칫솔질의 자극에 의해 구토나 질식이 일어날 수 있음) • 혈액응고장애 대상자는 치실을 사용하지 않기(출혈 위험성) • 매 식사 후 30분 이내 3분간, 그리고 잠자기 전 닦기
	의치 손질하기		• 최소한 하루 8시간은 의치를 빼놓아 잇몸의 압박을 줄이기 • 헹굴 때는 찬물을 사용하기 • 세면대 안에 종이수건이나 물수건을 깔고 의치 용기에서 의치를 꺼내기 • 부분 의치인 경우 클래스프를 손톱으로 끌어 올려 빼기 • 의치를 세척할 때는 의치세정제를 사용하기(주방세제를 대신 사용할 수 있음) • 뜨거운 물에 삶거나 표백제를 사용하면 변형될 수 있음 • 보관할 때는 의치세정제나 물이 담긴 용기에 넣어 뚜껑을 덮어 보관하기 • 먼저 위쪽 의치를 빼기 • 윗니를 끼울 때는 엄지가 입안으로 들어가게 해서 한 번에 끼우기 • 아랫니는 검지가 입안으로 향하게 하여 아래쪽으로 밀어 넣기
두발 청결 돕기	머리 감기 도움		• 목욕의자에 앉아 머리를 숙이게 하기 • 머리를 숙이기 힘든 경우 샤워캡을 씌우고, 귀에 물이 들어가지 않도록 귀마개나 귀막이 솜으로 양쪽 귀를 막기 • 머리와 두피를 손가락 끝으로 마사지하기
	침대에서 머리 감기기		• 침대모서리에 머리가 오도록 몸을 비스듬히 하기 • 목욕담요를 덮고 이불은 허리까지 접어 내리기 • 침대에서 머리를 감길 때는 방수포를 깔아 시트가 젖지 않게 하기
	드라이샴푸 이용하기		• 물을 사용할 수 없거나 신체적으로 움직이기 힘들 때 사용 • 드라이샴푸를 바른 후 마른 수건으로 충분히 닦아내기
	머리 손질하기		• 빗질은 매일 하기 • 머리카락이 엉켰을 때는 물을 적신 후에 손질하기 • 두피에서 모발 끝 쪽으로 빗기
손발 청결 돕기			• 손톱은 둥글게, 발톱은 일자로 자르기 • 손톱이나 발톱이 살 안쪽으로 파고들었거나 발톱 주위 염증이나 감염 등 이상이 있는지 살피기

회음부 청결 돕기		• 회음부는 요도 → 질 → 항문 순서로 되어 있음 • 앞쪽에서 뒤쪽으로 닦기 • 위쪽에서 아래쪽으로 닦기 • 누워서 무릎을 세우게 하고 목욕담요를 마름모꼴로 펴서 대상자의 몸과 다리를 덮기
세면 돕기		• 눈은 안쪽에서 바깥쪽으로 닦기 • 안경을 사용하는 경우 하루에 한 번 이상 닦거나 물로 씻어 깨끗하게 하기 • 귀지는 의료기관에서 제거하기 • 이마는 머리 쪽으로 쓸어 올리며 닦기 • 옆으로는 눈 밑 → 코 → 뺨 쪽으로, 아래로는 입 주위 → 턱을 닦기 • 이마는 머리 쪽으로 쓸어 올리며 닦고 귀의 뒷면 → 귓바퀴 → 목 순서로 닦기(눈 → 코 → 뺨 → 입 주위 → 이마 → 귀 → 목)
면도 돕기		• 피부와 45° 정도의 각도를 유지하며 짧게 나누어 일정한 속도로 면도하기 • 면도 전 따뜻한 물수건으로 덮어 두어 건조함을 완화시키기 • 수염 강도가 약한 볼 부위부터 얼굴 가장자리 → 목, 입 주위 → 턱밑 → 콧수염 등 수염의 강도가 강한 부위 순서로, 수염이 자란 방향으로 실시하기 • 비누, 면도크림, 젤을 바를 때는 수염이 난 방향과 반대로 발라주는 것이 수염을 세워주므로 면도에 수월함
목욕 돕기	몸 씻기 도움	• 물 온도는 35℃를 유지하기 • 몸 헹구기 : 목욕의자에 앉아 발 → 다리 → 팔 → 몸통 순서로 물을 적시기
	통 목욕 돕기	• 요양보호사의 손등으로 물의 온도를 확인하기 • 다리 → 팔 → 몸통의 순서로 물로 헹구고 회음부를 닦아내기 • 편마비 대상자는 욕조에 들어가기 전에 욕조 턱 높이와 의자 높이를 같게 맞추기 • 건강한 쪽 다리 → 마비된 쪽 다리 순서로 옮겨 놓게 하기 • 욕조에 있는 시간은 5분 정도로 하기 • 욕조에서 나올 때 건강한 쪽 다리 → 마비된 쪽 다리 순서로 나오기 • 말초에서 중심 방향을 닦기
	침상목욕 (전신 및 부분 닦기)	• 몸 씻기 시간은 20~30분 이내로 하기 • 몸 닦기 : 얼굴 → 목 → 손가락 → 손 → 팔 → 가슴 → 배 → 발가락 → 발, 다리 → 등 → 둔부 → 음부 순서로 닦기 • 눈 주변은 비누를 사용하지 않기 • 눈은 안쪽에서 바깥쪽으로 닦기 • 한 번 사용한 수건의 면은 다시 사용하지 않기 • 얼굴 닦기 : 눈 → 코 → 뺨 → 입 주위 → 이마 → 귀 → 목 순서로 닦기 • 양쪽 상지는 손끝에서 겨드랑이 쪽으로 닦기(정맥 혈액을 심장 쪽으로 밀어 올리는 데에 도움이 되기 때문) • 유방은 원을 그리듯이 닦기 • 복부는 배꼽을 중심으로 시계 방향으로 닦기(장운동을 활발하게 하여 배변에 도움이 됨) • 양쪽 하지는 발끝에서 허벅지 쪽으로 닦기 • 목 뒤에서 둔부까지 닦기

옷 갈아입기 도움	편마비나 장애가 있는 경우	• 입을 때 : 불편한 쪽부터 입기 • 벗을 때 : 건강한 쪽부터 벗기
	수액이 있는 경우 상의 갈아입기	• 입을 때 : 마비된 팔 → 수액 → 건강한 팔 순서로 입기 • 벗을 때 : 건강한 팔 → 수액 → 마비된 팔 순서로 벗기 ※ 수액은 항상 가운데★ ※ 단추 있는 옷을 입고 수액 맞기
	앞이 막힌 상의 갈아입기	• 입을 때 : 마비된 팔 → 머리 → 건강한 팔 순서로 입기 • 벗을 때 : 건강한 팔 → 머리 → 마비된 팔 순서로 입기 ※ 머리는 항상 가운데★
	하의 갈아입기	• 입을 때 : 마비된 쪽부터 입기 • 벗을 때 : 건강한 쪽부터 벗기

10장 신체활동지원 III 표준교재 436~508쪽

5절 체위변경과 이동

일반적 원칙	올바른 신체정렬 방법	• 대상자의 몸 가까이에서 잡고 보조하기 • 발을 적당히 벌리고 서서 한 발은 다른 발보다 앞에 놓아 지지면을 넓히기 • 무릎을 굽히고 중심을 낮게 유지하기 • 다리와 몸통의 큰 근육을 사용하기
침대 위에서의 이동 돕기 ※ 그림을 꼭 확인하기★ (표준교재 437~441쪽)	침대 위·아래 쪽으로 이동하기	• 매트는 수평으로 하기 • 대상자의 무릎을 세워 발바닥을 침대에 닿게 하기 • 협조할 수 있는 경우 침대 머리 쪽 난간을 잡게 한 후 "하나, 둘, 셋"의 신호를 하여 같이 이동하고자 하는 방향으로 이동하기 • 협조할 수 없는 경우 침대 양쪽에 한 사람씩 마주 서서 한쪽 팔은 머리 밑에 넣어 어깨와 등 밑을, 다른 팔은 둔부와 대퇴부 밑에 넣어 반대편 사람과 손을 잡고 신호에 맞추어 두 사람이 동시에 이동하고자 하는 방향으로 옮기기
	침대 오른쪽 또는 왼쪽으로 이동하기	• 이동하고자 하는 쪽에 서기 • 두 팔을 가슴 위로 포개기 • 상반신과 하반신을 나누어 이동시키기 • 한 손은 목에서 겨드랑이, 다른 한 손은 허리 아래를 받쳐 상반신을 이동시키기 • 허리와 엉덩이 아래에 손을 넣고 하반신을 이동시키기
	옆으로 눕히기	• 돌려 눕히려고 하는 쪽에 서기 • 돌려 눕히려는 쪽으로 머리를 돌리기 • 눕히려는 쪽의 손을 올리거나 양손을 가슴에 포개기 • 돌려 눕는 방향과 반대쪽 발을 다른 쪽 발 위에 포개기 또는 무릎을 굽혀 주기 • 반대쪽 어깨와 엉덩이에 손을 대고 옆으로 돌려 눕히기
	상체 일으키기 — 편마비 대상자	• 대상자의 건강한 쪽에 서기 • 마비된 손을 가슴 위에 올려놓기 • 양쪽 무릎을 굽혀 세운 후 어깨와 엉덩이 또는 넙다리를 지지하여 요양보호사 쪽으로(마비된 쪽이 위로 오게) 돌려 눕히기 • 요양보호사의 팔을 대상자의 목 밑에 넣어 손바닥으로 등과 어깨를 지지하고, 반대쪽 손은 엉덩이 또는 넙다리를 지지하여 일으켜 앉히기 • 대상자가 건강한 손으로 짚고 일어날 수 있게 하기
	상체 일으키기 — 하반신 마비 대상자	• 대상자 가까이에 서서 대상자의 양쪽 무릎을 굽혀 주거나 편안하게 놓아두기 • 대상자가 일어나고자 하는 방향으로 상체를 돌려 손으로 짚고 일어날 수 있도록 어깨를 지지하여 주기 • 필요시 요양보호사는 한쪽 팔로 대상자의 어깨 밑을 받쳐주기

	일으켜 세우기	앞에서 보조하는 경우	• 대상자 발을 무릎보다 살짝 안쪽으로 옮겨주기 • 요양보호사의 무릎으로 마비된 쪽 무릎 앞쪽에 대고 지지하여 주기 • 양손은 허리를 잡아 지지하고 대상자의 상체를 앞으로 숙이며 일으켜 세우기
		옆에서 보조하는 경우	• 대상자의 발을 무릎보다 뒤쪽에 놓기 • 대상자의 마비된 쪽 가까이에 서고, 발을 마비된 발 바로 뒤에 놓기 • 한 손은 마비된 대퇴부를 지지하고, 다른 한 손은 대상자의 반대쪽 허리를 부축하여 일으켜 세우기
침대에서의 체위 변경 ※ '자세에 따라 욕창이 잘 생기는 신체부위' 그림 확인하기 (표준교재 444쪽)	바로 누운 자세 (앙와위)		휴식하거나 잠을 잘 때 자세
	반 앉은 자세 (반좌위)		숨차거나 얼굴을 씻을 때, 식사 시나 위관 영양을 할 때 자세
	엎드린 자세 (복위)		• 등에 상처가 있거나 등 근육을 쉬게 해줄 때 자세 • 아랫배와 발목 밑에 작은 베개 등을 받치면 허리와 넓다리의 긴장을 완화할 수 있음 ※ 그림 확인하기(표준교재 443쪽)
	옆으로 누운 자세 (측위)		둔부의 압력을 피하거나 관장할 때 자세
휠체어 이동 돕기	휠체어 기본 조작법	휠체어 펴기	잠금장치를 잠그기 → 팔걸이를 펼치기 → 시트를 눌러서 펴기
		휠체어 접기	잠금장치를 잠그기 → 발 받침대를 올리기 → 시트를 들어 올리기 → 팔걸이를 접기
	휠체어 상황별 조작법	엘리베이터에 타고 내릴 때	뒤로 들어가서 앞으로 밀고 나오기
		도로 턱이나 문턱을 오를 때	앞바퀴 → 뒷바퀴 순서로 오르기
		도로 턱이나 문턱을 내려갈 때	뒤로 돌려 뒷바퀴 → 앞바퀴 순서로 내려놓기
		오르막길을 갈 때	지그재그로 밀고 올라가기
		내리막길을 갈 때	뒤로 돌려 지그재그로 내려가기
		울퉁불퉁한 길을 갈 때	앞바퀴를 들어 올린 상태로 이동하기
	바닥에서 휠체어로 이동		• 휠체어를 건강한 쪽에 비스듬히 놓기 • 불편한 쪽 어깨와 허리를 받치기 • 엉덩이를 들어 허리를 펴게 하기 • 건강한 쪽 무릎을 세우게 하기 • 천천히 휠체어에 앉히기

휠체어 이동 돕기	휠체어에서 바닥으로 이동		• 대상자의 마비된 쪽 옆에서 어깨와 몸통을 지지하기 • 건강한 쪽 팔을 뻗어 바닥을 짚게 하기 • 건강한 쪽 다리에 힘을 주어 바닥으로 내려앉게 하기(대상자가 이동하는 동안 상체를 지지하기)
	침대에서 휠체어로 이동		• 휠체어를 건강한 쪽에 비스듬히 놓기 • 건강한 쪽 손으로 팔걸이를 잡게 하기 • 몸을 회전하면서 휠체어에 앉히기
	휠체어에서 침대로 이동 (두 사람이 대상자를 이동)		• 침상과 평행하게 휠체어를 붙여놓기 • 키가 크고 힘센 사람이 대상자 뒤에 서서 겨드랑이 아래로 팔을 집어넣어 대상자의 팔을 안쪽에서 바깥쪽으로 붙들기 • 다른 한 사람은 대상자의 종아리 아래, 다른 한 손은 대퇴 아래에 집어 넣기 • "하나, 둘, 셋" 구령과 함께 들어 올리기
	휠체어에서 이동변기로 이동		건강한 쪽에 이동변기를 휠체어와 30~45°로 비스듬히 놓기
보행 돕기	일반적 보행 돕기	부축하며 걷기	대상자 옆에 서서 팔로 허리를 껴안듯이 잡고 반대편 손으로 요양보호사의 어깨 위에 있는 대상자의 손을 잡고 걷기
		따라 걷기	• 비스듬히 약 50cm 뒤에서 속도에 맞춰 걷기 • 지팡이를 이용해서 걷는 경우 건강한 손으로 지팡이를 사용하도록 하기 • 앞으로 비스듬히(발 앞 15cm, 바깥쪽 15cm 지점) 지팡이 끝을 내밀기 • 지팡이 길이는 바닥면에서 둔부까지 맞추기
	계단 오르내리기	올라갈 때	• 지팡이가 없는 경우 : 건강한 쪽 손으로 계단 손잡이를 잡고 건강한 쪽 다리 → 불편한 쪽 다리 • 지팡이가 있는 경우 : 지팡이 → 건강한 쪽 다리 → 불편한 쪽 다리
		내려갈 때	• 지팡이가 없는 경우 : 건강한 쪽 손으로 계단 손잡이를 잡고 불편한 쪽 다리 → 건강한 쪽 다리 • 지팡이가 있는 경우 : 지팡이 → 불편한 쪽 다리 → 건강한 쪽 다리
	보행기 사용		팔꿈치가 30°로 구부러지도록 보행기 손잡이를 엉덩이 높이로 조절
		다리가 모두 약한 경우	보행기 → 오른발 → 왼발
		한쪽 다리만 약한 경우	약한 다리 + 보행기 → 건강한 다리

6절 복지용구

구입품목 (10종)	이동변기, 목욕의자, 성인용보행기, 안전손잡이, 미끄럼방지용품(미끄럼방지매트, 미끄럼방지액, 미끄럼방지양말), 간이변기(간이대변기, 간이소변기), 지팡이, 욕창예방방석, 자세변환용구, 요실금팬티
대여품목 (6종)	수동휠체어, 전동침대, 수동침대, 이동욕조, 목욕리프트, 배회감지기
구입 또는 대여품목 (2종)	욕창예방매트리스, 경사로(실내용, 실외용)

11장 가사 및 일상생활지원 표준교재 510~568쪽

1절 식사관리

식사관리의 기본	대상자 특징과 식사관리의 원칙	• 에너지 요구량 감소 • 소화능력 감소 • 저작 불편 • 침 분비 감소 • 감각기능 퇴화 • 식욕 저하
	주요 영양소 섭취 현황 및 사용방안	• 칼슘과 리보플라빈, 비타민 A, 비타민 C, 티아민과 철분은 부족한 상태임 • 나트륨은 과잉 섭취 상태임 • 에너지 필요량은 감소하지만 단백질 필요량이 크게 변하지 않으므로 단백질 함량이 높은 식품을 이용 • 만성질환 관리를 위해 동물성 포화지방과 콜레스테롤이 많은 식품은 제한적으로 사용
음식 조리방법	다양한 조리방법	• 생채나 샐러드는 식초나 소스로 무치기 • 나물은 들기름이나 참기름을 이용해서 지용성 비타민을 섭취하기 • 당근, 호박, 고추, 토마토 등은 기름에 볶으면 소화 흡수율이 높아짐 • 채소는 삶으면 부드러워지고 육류는 오래 삶으면 부드러워지나, 생선은 질기고 딱딱해짐 • 노인은 소화력이 낮아 기름기가 적은 조리방법을 선택하는 것이 좋으므로 튀기기는 추천하지 않음
	나트륨을 줄이는 조리방법	• 생채나 겉절이 이용하기 • 양배추나 오이 등으로 만든 김치를 이용하기 • 간을 맞출 때 소금보다 간장을 이용하기 • 음식 온도가 높으면 짠맛을 잘 느끼지 못하므로 음식이 약간 식은 후 간을 맞추기
	영양 밀도를 높이는 조리방법	• 나물무침에 삶아서 으깬 두부를 넣어 단백질을 강화하기 • 생선조림에 우유를 활용하면 칼슘을 강화하면서 비린내를 줄이고 염도를 낮출 수 있음
주요 질환별 식사관리	당뇨병 대상자 식사관리	• 설탕이나 꿀 등 단순당의 섭취를 주의하기 • 곡류, 우유류, 과일통조림류, 달콤한 차류는 주의해야 할 식품임 • 대부분의 채소류는 자유롭게 섭취할 수 있으나 예외도 있음(고춧잎, 쑥, 단호박, 풋마늘, 당근, 도라지, 연근, 우엉, 매생이)
	고혈압 대상자 식사관리	• 칼륨을 충분히 섭취하기(나트륨 배설을 돕고 세동맥을 확장시켜 혈압을 낮추는 효과가 있음) • 신선한 채소와 과일, 감자에 칼륨이 많음 • 칼슘을 충분히 섭취하기 • 카페인 함유 음료, 알코올 섭취를 제한하기

주요 질환별 식사관리	저작 및 연하곤란 대상자 식사관리	• 밥을 국이나 물에 말아 먹지 않기 • 국수류는 적당한 크기로 잘라 먹기 • 과일류는 숟가락으로 긁어 먹기 • 유제품류는 마시는 형태보다 떠먹는 형태를 선택하기 • 식사 후 바로 눕지 말고 30분 정도 똑바로 앉아 있기
	변비 대상자 식사관리	통곡류, 생과일, 우유와 발효 유제품을 섭취하기
	골다공증 대상자 식사관리	• 칼슘, 식물성 단백질을 섭취하기 • 비타민 D는 장에서 칼슘의 흡수를 높여줌 • 칼슘 배출을 촉진하는 과다한 탄산음료, 카페인, 알코올 섭취는 줄이기

2절 식품·주방위생관리

식중독 예방 6대 수칙		• 손 씻기 • 익혀 먹기(육류, 생선류, 달걀은 중심 온도 75℃에서 1분 이상, 조개류 등 어패류는 85℃에서 1분 이상) • 끓여 먹기 • 세척·소독하기 • 구분 사용하기 • 보관온도 지키기(냉장고는 5℃ 이하, 냉동고는 -18℃ 이하로 유지하기, 조리한 음식은 실온에서 2시간 이상 방치하지 않기)
식품의 위생관리	안전한 장보기	• 구입 순서 : 냉장이 필요 없는 식품 → 채소 및 과일 → 냉장·냉동 가공식품 → 육류 → 어패류 → 즉석식품 • 구입한 식품을 장바구니에 담을 때는 고기, 생선, 채소, 과일을 각각 포장하여 서로 닿지 않도록 주의하기 • 장보는 시간은 1시간 이내로 하기
	식품별 보관방법	• 생선류 : 내장을 제거하고 흐르는 물에 씻어 냉장·냉동 보관하기 • 달걀 : 씻지 않은 상태로 전용 용기에 담아 냉장 보관하기 • 두부 : 찬물에 담가 냉장 보관하기
	냉장·냉동 식품 보관	• 냉장실 용기 사이를 띄어 놓기 • 조리한 음식과 날음식은 구분하기 • 뜨거운 음식은 충분히 식힌 후 냉장고에 넣기 • 오래 보관할 식품은 문 쪽보다 안쪽에 보관하기
	안전한 조리	• 생으로 먹는 채소와 과일은 100ppm 소독액으로 소독하기 • 냉동식품은 상온에서 해동하거나 따뜻한 물로 해동하지 않기(식중독균 증식) • 급하게 해동할 경우 물이 닿지 않도록 밀봉한 후 흐르는 찬물에서 해동하기 • 냉동채소나 만두 등은 냉동상태로 조리와 해동을 함께하기

식기 및 주방의 위생관리	위생관리 방법	• 찬장, 조리대 냄새나 곰팡이는 희석한 알코올로 닦아 없애기 • 냉장고는 월 1회 청소하기 • 분리할 수 있는 서랍, 선반은 따뜻한 비눗물로 세척 후 깨끗하고 마른 천으로 건조하기 • 수세미는 스펀지형보다 그물형이 위생적

3절 의복 및 침상 청결관리

침상 청결관리	이불	• 양모, 오리털 이불은 그늘에서 말리기 • 이불커버는 감촉이 좋은 면제품이 좋음
	요	단단하고 탄력성과 지지력이 뛰어나며 습기를 배출할 수 있는 것이 적합
	리넨류	두껍고 풀을 먹이거나 재봉선이 있는 리넨류는 욕창의 원인이 되므로 피하기
	베개	• 습기를 흡수하지 않고 열에 강하며 촉감이 좋은 재질을 사용하기 • 메밀껍질이나 식물의 종자로 만들어진 베개가 좋음 • 척추와 머리가 수평이 되는 높이가 좋음 • 감염 대상자는 모포와 베개에 커버를 씌워 커버만 매일 교체하기

4절 세탁하기

세탁 방법	애벌빨래	의복과 옷감에 생긴 얼룩을 제거하기 • 커피 얼룩 : 식초와 주방세제를 1:1 비율로 섞어서 칫솔로 얼룩 부분을 살살 문질러 제거한 후 충분히 헹구거나 탄산수에 10분 정도 담가둔 후 세탁하기) • 땀 얼룩 : 과탄산소다와 주방세제를 1:1로 넣어 2~3시간 담가둔 후 헹구기 • 립스틱 얼룩 : 클렌징폼을 사용하거나 화장솜에 아세톤을 묻혀 얼룩을 지운 후 중성세제로 세탁하기 • 파운데이션 얼룩 : 알코올이 함유된 화장수를 사용하기 • 튀김기름 얼룩 : 주방용 세제를 사용하기 • 혈액이나 체액 얼룩 : 찬물로 닦고 더운물로 헹구기
	본 세탁	반드시 세탁표시에 따라 세탁하기
	삶기	뚜껑을 덮고 삶기
	탈수하기	약하게 표시는 손으로 약하게 짜거나 세탁기에서 단시간에 짜야 함
	헹구기	냄새가 심한 세탁물은 헹군 다음 붕산수에 담가두었다가 헹구지 않고 탈수하기
	건조하기	• 흰색 면직물 : 햇볕에 건조하기 • 합성섬유 의류, 색상·무늬가 있는 의류 : 그늘에 건조하기 • 니트류(스웨터 등) : 채반 등에 펴서 말리기 • 청바지류 : 뒤집어 말리고 지퍼를 열어두기
	세탁 후 관리	• 다리미가 앞으로 나갈 때는 뒤에 힘을 주고, 뒤로 보낼 때는 앞으로 힘을 주기 • 방충제는 한 가지씩만 사용하고 공기보다 무거우므로 보관용기의 위쪽 구석에 넣어두기

5절 외출동행 및 일상업무 대행

외출 동행	동행 전	목적지 파악하고 장비 점검하기
	동행 중	보폭을 작게 하고 계단은 쉬어가기
	동행 후	만족 여부 확인하기
병원 동행	동행 전	진료 시 필요한 신분증과 진료비 준비하기
	동행 중	보충 설명하기
	동행 후	만족 여부 확인하기
일상업무 대행	대행 전	준비해야 할 자료, 경비 점검하기
	대행 중	• 대상자와 업무 담당자 연계하기 • 사적인 업무를 병행하지 않기
	대행 후	만족 여부 확인하기

6절 주거환경관리

안전한 주거환경 조성	현 관	• 조명은 현관 밖과 발밑을 비출 수 있게 설치하기 • 문고리는 열고 닫기가 용이하도록 막대형으로 설치하기 • 현관에서 안전하게 신발을 신고 벗을 수 있도록 의자를 놓기
	부엌, 식당	식탁은 다리 간격이 넓은 것을 선택하고, 높이는 앉아서 다리를 충분히 움직일 수 있는 공간이 확보되어야 함
	화장실, 욕실	• 높이가 낮은 욕조가 사용하기 편함 • 욕조 바닥에는 미끄럼방지매트를 깔아 낙상 예방하기 • 습기가 많은 장소이므로 사용하지 않는 낮에는 환기하기
	계 단	• 한 번 쉴 수 있는 장소가 있으면 좋음 • 계단을 내려갈 때 그림자가 생기지 않도록 발밑에 조명 설치하기
쾌적한 주거환경 조성	환 기	• 하루에 2~3시간 간격으로 3번, 최소한 10~30분 창문을 열어 환기하기 • 바람이 대상자에게 직접 닿지 않도록 주의하기
	실내온도	• 국소난방보다는 전체난방이 바람직함 • 겨울에는 실내온도 유지를 위해 보조 난방기구를 갖추면 좋음
	실내습도	40~60%가 적합함
	조 명	• 배설물 등을 치울 때 간접조명보다는 배설물 확인이 쉬운 직접조명으로 전체를 환하게 하기 • 야간에는 화장실, 계단, 복도 등 넘어질 위험이 있는 장소에는 조명을 켜기

청결한 주거환경 조성	청소하기	• 노인은 호흡기의 면역이 저하되어 있으므로 실내 청소를 할 때는 진공청소기나 젖은 걸레로 먼지를 제거하기 • 양변기에 물때가 끼었을 때는 솔에 식초를 묻혀 변기 안쪽으로 닦기 • 쓰레기통에서 냄새가 나는 경우 식초를 수세미에 묻혀서 닦아낸 후 물로 헹구기
	물품 및 주변정돈	귀중품은 대상자나 가족의 책임하에 정리 정돈하기
치매노인 환경 지원 지침	지남력 지원	이름표, 큰 시계나 달력 등을 걸어두기
	기능적인 능력 지원	스스로 활동할 수 있는 환경 만들기
	환경적 자극의 질과 조정	환경적 자극(새소리, 음식 냄새 혹은 꽃향기, 실내는 나무나 부드러운 소재로 꾸미기)의 질을 높이기
	안전·안심을 위한 지원	걸려 넘어질 위험이 있는 바닥의 턱을 없애기
	생활의 지속성을 위한 지원	• 익숙한 생활방식대로 살 수 있게 지원하기 • 사진이나 개인물품으로 자기다움을 표현할 수 있도록 하기
	자기 선택을 위한 지원	머무르고 싶은 공간을 자신이 선택할 수 있도록 하기
	사생활 확보를 위한 지원	방에서 개인적인 생활을 할 수 있도록 지원하기
	대상자의 교류를 위한 지원	만남을 유도하는 공간을 만들기

12장 치매 요양보호 표준교재 572~641쪽

1절 치매 대상자와 가족

치매 가족이 느끼는 부담의 종류		• 정서적 부담 • 신체적 부담 • 가족관계의 부정적 변화 • 시간적 제약과 사회활동의 제한 • 경제적 부담
치매 가족과의 의사소통 기법	공감	'~해서 마음이 아팠겠군요', '~해서 힘이 드셨군요'와 같이 상대방이 말한 내용과 그에 대한 감정을 정확하게 표현해 주는 것이 좋음
	관심 전달	상대방이 말할 때 시선을 맞추는 행동이나 고개를 끄덕이는 긍정의 표현들로 상대방의 말에 경청·공감하고 있음을 나타낼 수 있음
	조언 및 정보 제공	필요로 하는 적절한 정보를 알려주고, 결정은 가족 스스로 하게 하며, 가족의 대상자 돌보는 능력을 최대한 지지하는 태도를 유지하는 것이 좋음
	나-메시지 전달법	• 상대방의 행동이 다른 사람에게 어떻게 받아들여졌는지를 객관적으로 인식할 수 있게 함 • 자신의 행동에 대한 판단이나 비판이 없기 때문에 이야기를 덜 방어적으로 받아들이게 됨
	힘 돋우기 - 격려하기	칭찬하고 인정해주기
	힘 돋우기 - 희망 부여	비슷한 상황을 잘 극복한 다른 가족의 긍정적인 사례 등을 전해 주는 것은 가족들에게 동질감을 느끼게 하여 그들이 희망을 찾는 데 도움이 될 수 있음

2절 치매 대상자의 일상생활지원

약물요법	• 약물을 복용하여 증상을 늦추면 대상자가 살아있는 동안 치매증상으로 고생하는 기간이 줄어들며 가족들의 수발부담도 줄어듦 • 약물을 처음 복용할 때, 약물을 변경했을 때, 용량을 늘렸을 때는 부작용을 면밀히 관찰하기
일상생활 돕기 기본원칙	• 치매 대상자를 존중하기 • 규칙적인 생활을 하게 하기 • 남아있는 기능은 최대한 살리기 • 상황에 맞는 요양보호를 하기 • 항상 안전에 주의하기
식사 돕기	• 그릇은 접시보다 사발을 사용하기 • 소금이나 간장 같은 양념은 식탁 위에 두지 않기 • 음식의 온도를 미리 확인하기 • 손잡이가 크거나 손잡이에 고무를 붙인 약간 무거운 숟가락을 사용하기 • 한 가지 음식을 먹고 난 후 다른 음식을 내어주기

배설 돕기		• 화장실을 알기 쉽게 표시해 두기 • 고무줄 바지를 입도록 하기 • 낮에는 기저귀를 사용하지 않는 것이 좋음 • 실금한 경우 　– 배뇨관리로는 소변을 볼 때 방광을 확실히 비우게 하기 위해 배뇨 후 몸을 앞으로 구부리도록 도와주거나 치골상부를 눌러주기 　– 낮에는 2시간, 밤에는 4시간 간격으로 배뇨하게 하기
개인위생 돕기	목욕	• 강요하지 말고 단순화하기 • 욕실 내에 혼자 머무르게 하지 않기 • 해야 할 일을 한 가지씩 제시하기 • 물에 대한 거부반응을 보이면 작은 그릇에 물을 떠서 장난하게 하기 • 발목 정도 높이의 물을 미리 받은 후 욕조에 들어가게 하기
	구강위생	• 치약은 삼켜도 상관없는 어린이용을 사용하기 • 양치한 물을 뱉지 않는 경우 입안에 칫솔이나 숟가락을 넣고 말을 건네어 뱉어지게 하기 • 의치는 대상자가 협조를 잘 할 수 있는 시간을 택해 닦아주기 • 치아가 없는 경우 식후에 물이나 차를 마시게 하기
	옷 입기	• 혼란을 예방하기 위해 색깔이 요란하지 않고 장식이 없는 옷을 선택하기 • 속옷부터 입는 순서대로 옷을 정리해 놓아주기 • 앞뒤를 구분하지 못하는 경우에는 뒤바꿔 입어도 무방한 옷을 입게 하기 • 자신의 옷이 아니라고 하면 옷 라벨에 이름을 써 두기
운동 돕기		• 대상자와 시간을 같이 보내며 친숙해진 뒤 운동을 시켜야 함 • 심장에서 멀고 큰 근육인 팔다리에서 시작하여 진행하기 • 매일 같은 시간대에 같은 길을 걸으면서 일정한 순서대로 풍경들을 말해주면 혼란을 막고 초조감을 줄일 수 있음
안전과 사고 예방	방과 주변	• 난간, 출입구 등에는 야간등을 설치하는 것이 좋음 • 위험한 물건은 발견할 수 없는 곳에 보관하기 • 유리문이나 큰 유리창에는 눈높이에 맞춘 그림을 붙여 유리라는 것을 알게 하기
	화장실	• 화장실 전등은 밤에도 켜두기 • 중증치매의 경우 펌프식의 손세정제를 이용하도록 하기 • 화장실 문은 밖에서도 열 수 있는 것으로 설치하기
	욕실	• 온수가 나오는 수도꼭지는 빨간색으로 표시하기 • 치매 대상자가 놀라지 않도록 거울이나 비치는 물건은 없애거나 덮개를 씌우기

3절 치매 대상자의 정신행동증상 대처

반복적 질문이나 행동	• 주의를 환기하기(치매 대상자가 좋아하는 음식을 주기, 좋아하는 노래를 함께 부르기, 과거의 경험 또는 고향과 관련된 이야기를 나누기, 콩 고르기, 나물 다듬기, 빨래 개기 등 단순하게 할 수 있는 일거리 제공) • 무리하게 중단시키지 말고 그냥 놔두어도 됨
음식섭취 관련 정신행동증상	• 화를 내거나 대립하지 않기 • "지금 준비하고 있으니까 조금만 기다리세요."라고 친절하게 이야기하기 • 그릇의 크기를 조정하여 식사량을 조정하기 • 치매 대상자가 위험한 물건을 빼앗기지 않으려고 하는 경우 치매 대상자가 좋아하는 다른 간식과 교환하기 • 금방 식사한 것을 알 수 있도록 먹고 난 식기를 그대로 두거나 매 식사 후 달력에 표시하게 하기
수면 장애	• 밤낮이 바뀌어 조는 경우 말을 걸어 자극을 주기 • 잠에서 깨어나 외출하려고 하면 요양보호사가 동행하기
배회	• 신체적 욕구를 우선적으로 해결해 주기 • 집 안에서 배회하는 경우 배회코스를 만들어 주기 • 창문 등 출입이 가능한 모든 곳의 문을 잠그기 • 텔레비전이나 라디오를 크게 틀어 놓지 않으며, 집 안을 어둡게 하지 않기
의심, 망상, 환각	• 치매 대상자가 보고 들은 것을 부정하거나 다투지 않기 • 잃어버린 물건에 대한 의심을 부정하거나 설득하지 말고 함께 찾아보기 • 동일한 물건을 잃어버리는 경우 준비해 두었다가 대상자가 물건을 찾도록 도와주기
파괴적 행동	• 규칙적인 일상생활을 하도록 활동을 구성하여 자신의 활동을 예측하게 하기 • 대상자의 수준에 맞는 의사결정권을 주기 • 행동이 진정된 후 왜 그랬는지 질문하거나 이상행동에 대해 상기시키지 않기 • 이상행동을 보이는 경우 조용한 장소에서 쉬게 하기
석양증후군	• 요양보호사가 충분한 시간을 가지고 대상자와 함께 있기 • 좋아하는 소일거리를 주거나 애완동물과 함께 즐거운 시간을 갖게 하기 • 대상자를 밖으로 데려가 산책을 하게 하기 • 텔레비전을 켜놓거나 조명을 밝게 하는 것이 도움이 됨
부적절한 성적 행동	• 보통 성 자체에는 관심이 없다는 것을 인식하기 • 부적절한 성적 관련 행동 요인을 관찰하기 • 옷을 벗거나 성기를 노출하는 경우 당황하지 말고 옷을 입혀주기 • 성적으로 관심을 보이면 공공장소에 가는 것은 삼가고, 방문객을 제한하여 사고를 예방하기

4절 치매 대상자와의 의사소통

의사소통의 기본 원칙	언어적인 의사소통	• 신체적 상태를 파악하고 구체적으로 질문하기(예 신체 부위를 짚어가며 "어깨가 아프세요?") • 존중하는 태도와 관심을 가지고 긍정적으로 말하기 • 대상자가 이해할 수 있도록 말하고 안심하도록 함께하기 • 대상자의 속도에 맞추고 반응을 살피기 • 어린아이 대하듯 하지 않고 정중하게 대하기[예"밥 맛있어?"(×) / "식사는 맛있게 하셨나요?"(○)] • 반복적으로 설명하기(예"왜?"라는 이유를 묻는 질문보다는 "네", "아니요"로 간단히 답할 수 있도록 질문하기) • 대상자를 인격적으로 대하기(예대상자가 좋아하는 존칭을 사용하기, 듣고 있다고 생각하며 말하기) • 간단한 단어 및 이해할 수 있는 표현을 사용하기(예한 번에 한 가지씩 질문하되 간단명료하게 하기, 대명사보다는 이름을 사용하여 의사소통하기) • 대상자에게는 한 번에 한 가지씩 설명하기(예 "식사하세요", "양치하세요", "외출해요"와 같이 차례대로 이야기하기) • 가까운 곳에서 얼굴을 마주보고 말하기(예 1m 이내에서 말하는 것이 좋음) • 항상 현재 상황을 알려주기(예 "아침 8시예요", "아침 식사하세요", "밤 10시예요", "주무세요") • 일상적인 어휘를 사용하기(예 유행어나 외래어를 사용하지 않기, 고향 사투리로 말을 걸어 보는 것은 좋은 방법이 될 수 있음) • 과거 회상을 유도하기(예 "어르신, 함경도에서는 겨울에 무엇을 하고 노셨어요?")
	비언어적인 의사소통	• 언어적 표현 방법과 적절한 비언어적 표현 방법을 같이 사용하기(예 세수했는지 물어볼 때 세수하는 몸동작을 하면서 질문하기) • 신체적인 접촉을 사용하기 • 비언어적인 표현방법을 관찰하기 • 필요하면 글을 써서 의사소통하기 • 언어 이외의 다른 신호를 말과 함께 사용하기 • 대상자의 행동을 복잡하게 해석하지 않기
치매 단계별 의사소통 문제	중 기	명칭실어증
	말 기	무언증, 앵무새처럼 상대방의 말을 그대로 따라 함
치매 단계별 의사소통 방법	중 기	• 친숙한 물건을 활용하기 • '그' 혹은 '그 사람'과 같은 불특정 인칭대명사 대신 이름을 사용하기 • 물건마다 이름표를 붙이기
	말 기	• 응답하지 않더라도 계속해서 이야기하기 • 모든 것을 듣고 있다고 가정하기 • 방 안에 아무도 없는 것처럼 이야기하지 않기 • 이름을 부르면서 시작하고 요양보호사 자신의 이름을 말하기 • 대화가 끝난 뒤에는 항상 마무리 인사를 하기

5절 인지자극 훈련

인지기능에 문제가 없는 대상자	• 가정환경 수정 • 뇌 건강 일기 쓰기 : 지남력, 단기기억, 의사표현 증진 • 날짜 계산기 : 계산력, 기억력 증진 • 얼굴 삼행시 : 기억력, 창의력, 언어능력, 집행능력 증진 • 손가락 낭독회 : 주의집중력, 억제력, 소근육 증진
경증 인지기능 장애 대상자	• 환경 수정 • 여러 가지 단어 말하기 : 언어의 유창성과 자발성 증진 • 그림과 숫자 짝지어 기억하기 : 기억력 증진 • 물건 보며 과거 회상하기 • 똑같이 그리기 • 점선으로 옮겨 그리기 • 손 모양 똑같이 만들기 : 운동능력과 일상생활에 필요한 손동작 훈련 • 선 따라 그리기
중증 인지기능 장애 대상자	• 환경 수정 • 흩어진 낱글자로 단어 만들기 : 언어 및 기억, 관리능력 증진 • 악기 연주하기 : 주의력, 표현력 및 기억력 증진, 정서적 안정, 감정 정화 • 선 따라 그리고 찢기 • 따라 그리기 • 인사말 연결하기 : 언어적 자극

13장 임종 요양보호 표준교재 644~654쪽

1절 임종기 단계별 지원

임종 적응 단계	부 정	• 사실로 받아들이려 하지 않을 수 있음 • "아니야. 나는 믿을 수 없어."와 같은 표현을 자주 하기도 함
	분 노	"나는 아니야. 왜 하필이면 나야." 혹은 "왜 지금이야."와 같은 표현을 하고 어디에서나 누구에게나 불만스러운 면을 찾으려 함
	타 협	"그래, 내게 이런 일이 벌어졌어. 하지만…"과 같은 표현을 하며 삶이 얼마간이라도 연장되기를 희망함
	우 울	• 자신의 근심과 슬픔을 더 이상 말로 표현하지 않고 조용히 울기도 함 • 성급하게 위로하기보다는 잘 들어주고 이해해 주는 것이 보다 중요할 수 있음
	수 용	• 임종 전까지 찾아올 수도 있지만 그렇지 않은 경우도 있음 • 사랑하는 사람들과 마지막 시간을 보내는 것이 포함됨
임종기 상담기술		임종에 대한 태도·감정을 달라지게 하는 요인 : 죽음의 경험, 성격 특성, 종교적 신념, 문화적 배경

2절 임종 대상자 지원 및 가족 요양보호

임종 징후		• 시력이 감소함 • 근육의 긴장감이 감소함 • 혈압이 감소함 • 피부가 차갑고 창백해짐 • 말이 어눌해짐 • 체온이 상승 또는 저하함 • 맥박이 빨라지고 약해짐 • 실금 또는 실변을 함
신체·정신적 변화에 대한 요양보호	구강과 코 주변 관리	구강 관리를 자주 실시하고 입술과 콧구멍에는 필요시 윤활제를 바르기
	피부 관리	• 실금 또는 실변에 대비해서 방수포를 깔고 필요시 기저귀를 착용하도록 하기 • 혈액순환 저하로 담요를 덮어서 따뜻하게 해주기 • 단, 전기기구는 사용하지 않기
	통증 조절	의사의 처방에 따라 통증 조절을 위한 약물 처방이 이루어질 수 있도록 하기
	호흡 조절	• 무호흡과 깊고 빠른 호흡이 교대로 나타날 수 있음 • 상체와 머리를 높여주고 대상자의 손을 잡아주는 것은 도움이 됨
	소화기능 변화	• 억지로 먹이려고 하지 말아야 함 • 작은 얼음 조각이나 주스 얼린 것 등을 입안에 넣어주는 것은 도움이 될 수 있음
	신장기능 변화	소변량이 점차 줄어들게 됨
	환경관리	• 평소에 좋아하는 물건이나 사진 등을 머리맡에 두어 친숙함을 느낄 수 있도록 하기 • 평소에 좋아하는 음악을 틀어두는 것도 좋음 • 주기적으로 환기를 시켜 답답하지 않도록 하기

신체·정신적 변화에 대한 요양보호	정서적·영적 지원	• 대상자가 이야기를 시작하면 주의를 집중해서 경청하기 • 만나고 싶어 하는 사람이 있음을 표현하면 가족에게 알리고 정서적으로 고립되지 않도록 돕기
임종 후 요양보호		• 죽음은 결코 응급상황이 아님 • 자연스럽게 겪어나갈 수 있도록 가족들을 지지하고 도와야 함
가족에 대한 요양보호	사별 전 가족 요양보호	• 가족들이 교대로 대상자 곁에 함께 있을 수 있도록 하기 • 집안의 행사가 있다면 간단한 이벤트를 준비하도록 하기
	사별 후 가족 요양보호	• 애도는 정상반응이며, 향후 마음을 치유하는 데 필수적임 • 사람마다 애도 반응이 다를 수 있음을 이해하기 • 우울증 증상이 심하거나 애도반응이 1개월 이상 지속될 경우 심리상담을 받아보거나 정신건강의학과 의사를 만나도록 권유하기

3절 임종 대상자의 권리

품위 있는 삶과 죽음의 권리		• 치료를 거부할 권리 • 원하는 사람을 만날 수 있는 권리 • 사생활을 침해받지 않을 권리
사전연명의료 의향서 작성		• 19세 이상의 사람은 누구나 작성할 수 있음 • 단, 등록기관을 통해 작성·등록된 사전연명의료의향서만이 법적 효력을 인정받을 수 있음 • 언제든지 내용을 변경하거나 철회하는 것이 가능함 • 법적 효력은 말기 환자 또는 임종과정에 있는 환자에 한하여 적용함 • 작성했더라도 이 문서가 모든 의료기관에 자동으로 연동되는 것은 아님 • 연명의료 중단이나 호스피스·완화의료 이용을 원할 경우 환자의 가족들은 이 사실을 의료기관에 별도로 전달해야만 함 • 국립연명의료관리기관 홈페이지에 접속하면 가족에 한하여 연명의료에 관한 대상자의 결정 내용을 열람할 수 있음 • 임종과정에 있는 환자에게 심폐소생술, 혈액 투석, 항암제 투여, 인공호흡기 착용, 체외생명유지술, 수혈, 혈압상승제 등 치료효과 없이 임종기간만 연장하는 의학적 시술은 중단함 • 통증완화를 위한 의료행위와 영양분, 물, 산소의 단순 공급은 보류하거나 중단할 수 없음
호스피스· 완화의료 이용	입원형	• 별도의 독립병동이나 시설에서 소정의 훈련을 이수한 전문인력에 의해 임종관리 서비스가 제공됨 • 암 질환에 한하여 이용할 수 있음
	가정형	• 의사, 간호사 또는 사회복지사의 가정 방문을 통해 관련된 서비스가 제공됨 • 연명의료결정법에 규정된 암, 후천성면역결핍증, 만성폐쇄성 폐질환, 만성 간경화 환자만이 이용할 수 있음
	자문형	• 외래 진료를 보듯이 환자가 방문하는 형태 • 연명의료결정법에 규정된 암, 후천성면역결핍증, 만성폐쇄성 폐질환, 만성 간경화 환자만이 이용할 수 있음

14장 응급상황 대처 및 감염관리 표준교재 656~683쪽

1절 위험 및 위기대응

의학적 위기상황에 대한 대처법		• 상황을 판단하라
		• 대상자를 살펴보라
		• 응급처치를 실시하라
		  – 위기징후가 관찰되면 전문적인 치료가 필요함
		  – 위기징후 : 상당한 출혈, 의식의 변화, 호흡 불안정, 피부색의 변화, 신체 일부가 부풀어 오름, 심한 통증
		• 가족 또는 기관장에게 보고하라

재난상황에 대한 대처	화재	• 불길이 천장까지 닿지 않는 불이면 소화기나 물양동이를 활용해서 진화를 시도하기 • 계단으로 이동하기 • 최대한 자세를 낮추면서 움직이기 • 한 손으로 벽을 짚으며 이동하기 • 소화기 사용방법 : 안전핀을 뽑기 → 노즐을 잡고 불 쪽을 향하기 → 손잡이를 움켜쥐기 → 분말을 고루 쏘기
	수해와 태풍	• 상수도 오염에 대비해 욕조에 물을 받아두기 • 차량 이동 중이라면 속도를 줄이고 미리 연료를 채워두기 • 침수가 우려되는 낮은 지대를 피하고 하천변, 산길, 공사장, 가로등, 신호등, 전신주 근처, 방파제 옆으로는 이동하지 않기 • 홍수로 밀려온 물에 몸이 젖었다면 비누를 이용하여 깨끗이 씻기
	지진	• 탁자 아래로 들어가 몸을 보호하고 탁자 다리를 꼭 잡기 • 탁자가 없을 경우 머리를 팔로 감싸서 보호하는 자세를 취하고 웅크린 채로 대기하기 • 창문 근처 등 깨지거나 떨어지기 쉬운 곳은 피하기 • 흔들림이 멈추면 전기와 가스를 차단하고 문을 열어 출구를 확보하기 • 계단을 이용하여 신속하게 건물 밖으로 이동하기 • 라디오 안내 방송에 따라 대피장소로 이동하기
	정전 및 전기사고	• 전기에 의존하는 필수 의료장비가 중단될 경우 119에 신고하여 긴급후송을 준비하기 • 전기쇼크를 입은 사람이 있다면 전류가 차단될 때까지 접촉해서는 안 됨 • 녹아버린 냉동식품은 재냉동하지 않고 버리기

2절 감염예방 및 관리

감염의 6가지 연결고리	미생물	세균, 미생물, 곰팡이, 기생충	
	저장소	• 사람의 몸, 동물, 음식, 물, 토양 • 어둡고 습기 찬 곳에서 번식함	
	탈출구	• 기침이나 재채기, 신체 분비물, 대변 • 탈출한 미생물은 잠재적으로 다른 사람에게 전파될 가능성을 갖고 있음	
	전파방법	직접 접촉경로	• 손과 손을 접촉 • 밀집된 공간에서 기침을 하는 행동 등
		간접 접촉경로	• 침구에 묻은 대변, 기침한 손수건, 가래가 묻은 휴지, 상한 음식, 더러운 물, 오염된 주삿바늘, 모기, 곤충, 동물 등
	침입구	• 코, 입, 눈, 피부, 비뇨생식기, 항문 • 상처가 난 피부, 대변이 묻은 여성의 회음부, 면역이 저하된 사람의 코와 입	
	민감한 대상자	현재 시점에 감염되지 않았지만 향후 감염될 가능성이 높은 대상자군	
감염예방을 위한 일반적 원칙	감염관리를 위한 표준적 예방법 • 장갑 착용 전후 손을 씻기 • 사용한 장갑으로 깨끗한 물건을 만지지 않기 • 오물을 만진 후 즉시 장갑을 벗기 • 장갑을 벗은 즉시 손을 씻기 • 혈액, 체액, 분비물, 배설물이 몸에 닿을 것으로 예상되면 일회용 가운을 착용하기 • 만일 대상자가 감염성 질환에 이환되었다면 일회용 방수성 가운을 착용하기 • 혈액, 체액, 분비물, 배설물 등이 몸에 닿을 것으로 예상된다면 마스크와 보안경 또는 안면보호구를 착용하기		
올바른 손 씻기 방법	• 흐르는 물로 양손을 적신 후, 손바닥에 충분한 양의 비누를 묻히기 • 6단계에 맞게 30초 이상 구석구석 꼼꼼하게 닦기		
마스크와 개인보호구의 착용	오염된 물질이 묻었을 때 어떻게 해야 하나요?	• 경우에 따라 고무장갑을 착용하는 것이 적당할 수 있음 • 혈액이나 체액이 바닥에 쏟아졌을 경우 표백제(락스)와 물을 1:9로 혼합한 용액을 사용하여 닦기 • 혈액이나 체액이 옷이나 침구에 쏟아진 경우 탈색을 초래할 수 있으므로 표백제(락스)는 사용하지 않기 • 세탁물을 문질러서 손세탁 후 비표백세제를 사용하여 세탁기를 돌리기 • 혈액이나 체액이 깨진 유리에 묻은 경우 일반쓰레기로 처리해서는 안 됨	
	일회용 방수성 가운은 어떻게 착용하나요?	일회용 방수성 가운 꺼내기 → 일회용 방수성 가운 펼치기(가운 안쪽이 몸을 향하게 펼쳐 어깨부분 잡기) → 일회용 방수성 가운 입기(머리, 팔 순서로 가운 안으로 넣어 입기) → 일회용 방수성 가운 정리하기(어깨 정리, 허리끈 묶기, 비닐장갑 착용)	

흔한 감염성 질환 관리	결 핵	• 충분한 영양섭취 등 면역력 유지를 위해 노력하기 • 결핵에 걸린 사람과 접촉한 것이 확인되었다면 병원 또는 보건소에 방문하여 검사받도록 하기 • 결핵균은 공기를 통해 직접전파가 가능하므로 6개월 이상 완치판정을 받기 전까지는 마스크를 착용하고 돌봄을 제공하는 것이 바람직함 • 결핵에 걸린 대상자의 물건을 함께 사용하는 것은 괜찮음 • 햇빛에 약해서 직사광선을 쪼이면 수 분 내에 사멸하므로 침구류는 일광소독 하는 것이 좋음
	독 감	• 병이 회복될 즈음에 다시 열이 나고 누런 가래가 생기면 폐렴이 의심되므로 병원에 방문하여 진료받기 • 요양보호사는 일주일 정도 쉬어야 함
	코로나-19	• 증상 : 발열, 오한, 인후통, 두통, 근육통, 피로, 기침, 호흡곤란 등 • 감염증이 발생한 환자는 최소 7일 이상 자택에서 자가격리 기간을 가져야 함 • 일부 환자들은 장기간 후유증을 겪기도 함 • 후유증 : 후각 또는 미각장애, 피로, 집중력 저하, 계속되는 기침 등
	노로바이러스 장염	• 오염된 음식을 통해 감염됨 • 감염된 대상자의 구토물에 의한 이차감염도 흔함 • 장관감염증 집단발생의 가장 흔한 원인으로 꼽힘 • 증상이 경미하더라도 2~3일간은 업무를 중단하고 음식을 조리하지 않기 • 어패류는 반드시 익혀서 먹기
	옴	• 감염력이 높은 감염성 피부질환 • 여름철 발생이 가장 많음 • 직접접촉과 간접접촉 모두에 의해 전파됨 • 가려움증은 야간에 특히 심함 • 옴 대상자와 접촉한 사람은 증상유무와 상관없이 동시 치료를 함 • 내의와 침구류를 뜨거운 물로 10~20분간 삶아서 빨고 세탁 후 3일 이상 사용하지 않기 • 세탁이 어려운 경우 3일간 햇빛에 쬐도록 널거나 다리미로 다린 후 사용하기
	이	• 머릿니는 두피 주위 머리카락을 잡고 삶 • 사면발이는 음모에 서식함 • 일년 중 언제나 발생 가능함 • 대상자가 사용한 베개, 수건, 스카프, 모자 등은 뜨거운 물에 세탁하여 건조해서 사용해야 함 • 바닥이나 소파 등에 남아있을 수도 있으므로 진공청소기를 이용하여 깨끗이 청소하기

3절 응급처치

질 식	• 기도폐색이 발생하면 자신의 목을 조르는 자세를 하며 괴로운 표정을 지음 • 의식이 있고 숨을 쉬고 있다면 강하게 기침을 하여 이물질을 뱉어내도록 하기 • 의식을 잃고 더 이상 말을 하거나 숨을 쉬지 못한다면 즉시 119에 신고하여 전문적인 도움을 받을 수 있도록 하기 • 응급처치 : 하임리히법을 적용하기(대상자의 등 뒤에 서기 → 배꼽과 명치 중간에 주먹 쥔 손을 감싸기 → 양손으로 복부의 윗부분을 후상방으로 힘차게 밀어 올리기) • 질식이 지속되고 의식을 잃어버린다면 천천히 바닥에 눕히고 심폐소생술을 실시하기
급성 저혈압 (쇼크)	• 대량출혈, 심근경색, 심한 감염증 등에 의해 발생함 • 피부색이 하얗게 또는 파랗게 변하고 손발이 차가워지며 호흡수가 증가. 혈압은 낮아지고 맥박은 상승함 • 응급처치 : 119에 즉시 신고하기 → 천장을 바라보는 자세로 눕히기 → 입에서 혈액 또는 토사물이 나온다면 고개를 옆으로 돌리기 → 발아래 베개나 이불 등을 받쳐서 다리가 30cm 정도 올라가도록 하기 → 주변에 자동혈압계가 있다면 신속하게 혈압과 맥박을 측정하기 → 상황이 종료될 때까지 물이나 음식을 주어서는 안 됨 ※ 다리를 높인 자세로 누우면 어떠한 일이 발생하는가? 심장과 뇌로 향하는 혈액량이 증가함
출 혈	• 장갑을 착용하고 출혈부위를 노출하기 • 출혈량이 적다면 멸균거즈를 활용하여 상처를 압박하기 • 출혈량이 많다면 깨끗한 수건이나 옷을 활용하여 압박하기 • 출혈량이 너무 많다면 두 번째 패드를 덧대서 계속해서 압박하기(첫 번째 패드를 제거해서는 안 됨) • 만일 쇼크가 의심되는 상황이라면 다리를 높이는 자세로 눕히기
경 련	• 주변에 뾰족한 물건은 치우기 • 경련이 발생한 시각을 기록해 두기 • 베개를 받쳐 머리의 손상을 보호하기 • 상의를 느슨하게 하기 • 질식 예방을 위해 고개를 옆으로 돌리기 • 억제를 시도해서는 안 됨 • 대상자의 입에 무언가를 물리는 행위는 금지
약물 중독	• 만일 입에서 거품이나 토사물이 나온다면 고개를 옆으로 돌리기 • 복용한 것으로 의심되는 물질이 있다면 용기째 119대원에게 전달하기
화 상	• 통증이 없어질 때까지 화상 부위를 15분 이상 찬물에 담그기 • 화상 부위에 얼음이나 얼음물을 직접 대는 것은 권장하지 않음 • 간장, 기름, 된장, 핸드크림 등은 절대 바르면 안 됨 • 반지, 팔찌, 귀고리 등이 있다면 신속하게 미리 벗겨내기
골 절	• 대상자를 안정시키고 스스로 움직이지 않도록 하기 • 손상 부위에 반지나 팔찌 등이 있다면 미리 벗겨내기

4절 심폐소생술

심폐소생술의 단계	1	반응 확인	어깨를 가볍게 두드리면서 "괜찮으세요?"라고 질문하면서 반응을 확인하기
	2	도움 요청과 119 신고	• 주변에 아무도 없는 경우 직접 119에 신고하기 • 119 신고전화를 끊지 않고 상담요원의 지시에 따르는 것이 중요함
	3	호흡 확인	• 환자의 얼굴과 가슴을 10초 이내로 관찰하기 • 일반인은 비정상적인 호흡 상태를 정확하게 평가하기 어렵기 때문에 구급상황요원의 지시에 따라 확인하는 것이 바람직함
	4	가슴압박 30회 시행	• 단단하고 평평한 바닥에 등을 대고 눕히기 • 가슴뼈(흉골) 아래쪽 절반 부위에 깍지를 낀 두 손의 손바닥 뒤꿈치를 대기 • 손가락이 가슴에 닿지 않도록 주의하기 • 분당 100~120회의 속도와 약 5cm 깊이로 강하고 빠르게 시행하기
	5	회복자세	• 가슴압박 소생술을 시행하던 중 환자가 소리를 내거나 움직이면 호흡도 회복되었는지 확인하기 • 회복되었다면 옆으로 눕혀(우측위) 기도가 막히는 것을 예방하기
자동심장충격기 사용 순서	1	전원 켜기	• 심정지 환자에게만 사용하기 • 심폐소생술 시행 중에 자동심장충격기가 도착하면 지체 없이 적용해야 함
	2	두 개의 패드 부착	• 패드1 : 오른쪽 빗장뼈 아래 • 패드2 : 왼쪽 젖꼭지 아래 중간 겨드랑선
	3	심장리듬 분석	"분석 중"이라는 음성 지시가 나오면 심폐소생술을 멈추고 대상자에게서 손을 떼기
	4	심장충격 시행	심장충격 버튼을 누르기 전에는 반드시 다른 사람이 환자에게서 떨어져 있는지 확인하기
	5	즉시 심폐소생술 다시 시행	• 심장충격기는 2분마다 심장리듬을 분석함 • 119 구급대가 현장에 도착할 때까지 지속되어야 함

합격의 공식 시대에듀

우리 인생의 가장 큰 영광은
결코 넘어지지 않는 데 있는 것이 아니라
넘어질 때마다 일어서는 데 있다.

– 넬슨 만델라 –

너울샘 요양보호사
10회 모의고사

너울샘 요양보호사 1회 모의고사

01 다음에서 설명하는 노년기의 심리적 특성으로 옳은 것은?

- 심적 에너지가 내면으로 향해 간다.
- 사회적 활동이 감소한다.

① 우울증 경향의 증가
② 내향성의 증가
③ 조심성의 증가
④ 경직성의 증가
⑤ 유산을 남기려는 경향

정답 및 해설
표준교재 20~21쪽

① 불면증, 식욕부진과 같은 신체적 증상을 호소하고, 타인을 비난하는 행동을 보인다.
③ 일의 결과를 중시하고 중립을 지킨다. 또, 결단이 느려지고 매사에 신중해진다.
④ 익숙하고 습관적인 태도나 방법을 고수한다. 새로운 변화를 싫어한다.
⑤ 세상에 다녀갔다는 흔적을 남기고자 한다.

정답 ②

02 노년기의 신체적 특성으로 옳은 것은?

① 가역적 진행
② 회복능력의 증가
③ 잔존능력의 증가
④ 면역능력의 증가
⑤ 세포의 노화

정답 및 해설
표준교재 19쪽

① 비가역적 진행
② 회복능력의 저하
③ 잔존능력의 저하
④ 면역능력의 저하

정답 ⑤

03 사회복지 분야 중 생활이 어려운 사람에게 필요한 급여를 제공하여 최저생활을 보장하고 자활을 돕는 제도는?

① 공공부조
② 국민건강보험
③ 국민연금보험
④ 고용보험
⑤ 산업재해보상보험

정답 및 해설

표준교재 37쪽

② 국민건강보험은 국민의 질병, 부상에 대한 예방, 건강증진에 대하여 보험급여를 제공함으로써 국민보건 향상과 사회보장 증진에 기여한다.
③ 국민연금보험은 국민의 노령, 장애 또는 사망에 대하여 연금 급여를 제공함으로써 국민의 생활안정과 복지 증진에 기여한다.
④ 고용보험은 실업의 예방, 고용의 촉진 및 근로자의 직업능력 개발과 향상을 꾀하고 근로자가 실업한 경우 생활에 필요한 급여를 제공하여 근로자의 생활 안정과 구직활동을 촉진한다.
⑤ 산업재해보상보험은 근로자의 업무상 재해를 신속하고 공정하게 보상하며, 재해근로자의 재활 및 사회 복귀를 촉진한다.

정답 ①

04 노인복지사업 유형 중 치매 사업 및 건강보장 사업에 해당하는 것은?

① 노인자원봉사
② 치매공공후견사업
③ 경로당
④ 노인복지관
⑤ 노인보호전문기관

정답 및 해설

표준교재 40~44쪽

①·③·④ 노인 사회활동 및 여가활동 지원
⑤ 노인 돌봄 및 지원서비스

정답 ②

05 다음에서 설명하는 장기요양급여의 내용으로 옳은 것은?

> 장기요양요원이 목욕설비를 갖춘 장비를 이용하여 수급자의 가정 등을 방문하여 목욕을 제공한다.

① 방문요양
② 주·야간보호
③ 단기보호
④ 방문간호
⑤ 방문목욕

정답 및 해설　　　　　　　　　　　　　　　　　　　표준교재 55쪽

① 방문요양은 수급자의 가정을 방문하여 신체활동 및 가사활동 등을 지원하는 것이다.
② 주·야간보호는 수급자를 하루 중 일정 시간 동안 장기요양기관에 보호하여 신체활동지원 및 심신기능의 유지·향상을 위한 교육·훈련 등을 제공하는 것이다.
③ 단기보호는 수급자를 보건복지부령으로 정하는 범위 안에서 일정 기간 동안 장기요양기관에 보호하여 신체활동 지원 및 심신기능의 유지·향상을 위한 교육·훈련 등을 제공하는 것이다.
④ 방문간호는 간호사 등이 의사, 한의사 또는 치과의사 지시서에 따라 수급자의 가정을 방문하여 간호, 진료의 보조, 요양에 관한 상담 또는 구강위생 등을 제공하는 것이다.

정답 ⑤

06 다음에서 설명하는 노인장기요양보험 표준서비스 유형은?

> • 행동변화 감소 도움 및 대처
> • 인지자극활동 및 인지기능향상 프로그램 등을 제공

① 인지지원서비스
② 신체활동지원서비스
③ 가사 및 일상생활지원서비스
④ 기능회복훈련서비스
⑤ 정서지원 및 의사소통 도움

정답 및 해설　　　　　　　　　　　　　　　　　　　표준교재 64~66쪽

인지지원서비스는 인지관리지원, 인지활동형 프로그램 제공 등의 서비스를 포함한다.

정답 ①

07 요양보호 서비스 제공 시 준수 사항으로 옳은 것은?

① 대상자의 성격, 습관은 서비스 제공 개시 후에 알아도 된다.
② 대상자의 능력을 최대한 활용하면서 서비스를 제공한다.
③ 서비스를 제공하기 전에 충분히 설명했다면 동의는 필요 없다.
④ 대상자에 대해 알게 된 정보는 동료에게 공개해도 된다.
⑤ 일상생활지원서비스는 가족도 포함이 된다.

정답 및 해설 표준교재 77쪽

① 대상자의 성격, 습관은 서비스 제공 개시 전에 확인한다.
③ 서비스를 제공하기 전에 충분히 설명 후 동의하면 서비스를 제공한다.
④ 대상자에 대해 알게 된 비밀을 누설해서는 안 된다.
⑤ 요양보호사의 모든 서비스는 대상자에게만 제공한다.

정답 ②

08 노인복지시설 생활노인의 신체 및 정신건강을 유지하고, 적절한 치료를 받을 권리, 적절한 재활치료 서비스를 받을 권리에 해당하는 노인의 인권영역은?

① 건강권
② 주거권
③ 인간존엄권 및 경제·노동권
④ 정치·종교·문화생활권
⑤ 자기결정권

정답 및 해설 표준교재 87~88쪽

② 쾌적한 환경에서 생활할 권리, 편리한 환경에서 생활할 권리, 서비스 접근이 높은 환경에서 생활할 권리
③ 인격적 존중을 받을 권리, 차별받지 않고 평등한 처우를 받을 권리, 강제 노동을 거부할 권리
④ 자유로운 정치적 의사를 표현할 권리, 다양한 여가 및 문화생활 서비스를 받을 권리
⑤ 입·퇴소 과정에서의 자기결정권, 사생활 보장 및 비밀보장의 권리

정답 ①

09 다음 내용에 해당하는 시설 생활노인의 권리는?

> • 시설을 방문한 경우 안내책자 등을 제공하며, 질문에 친절하고 성실히 임해야 한다.
> • 혼란을 야기할 수 있는 허위정보를 제공해서는 안 된다.

① 존엄한 존재로 대우받을 권리
② 시설 정보에 대한 접근성을 보장받을 권리
③ 건강한 생활을 위한 질 높은 생활서비스 및 보건의료서비스를 받을 권리
④ 신체구속을 받지 않을 권리
⑤ 시설 운영과 서비스에 대한 개인적 견해를 표현하고 해결을 요구할 권리

정답 및 해설 표준교재 90쪽

카페, 블로그, 기관 홈페이지 등 온라인 매체를 통해 정보를 상시 공개하도록 노력해야 한다. 또한, 정보 제공에 의해 제3자의 피해가 발생하지 않는 범위에서 성실히 답해야 한다.

정답 ②

10 치료 및 생존 유지에 필요한 약물로부터 단절이 되어 생존을 위협하는 노인학대 유형은?

① 유 기
② 경제적 학대
③ 방 임
④ 정서적 학대
⑤ 신체적 학대

정답 및 해설 표준교재 105~106쪽

노인의 신체적 생존을 위협할 수 있는 행위는 신체적 학대이다. 세부 학대 내용으로 기본 생존 유지에 필요한 장치(난방, 가스, 전기, 수도), 식사 또는 음료를 보관하는 물품(밥통, 냉장고), 식사 또는 음료, 약물로부터의 단절이다.

정답 ⑤

11 다음에서 설명하는 노인학대 유관기관은?

> • 노인학대 사례의 신고 접수
> • 신고된 시설학대 사례에 확인 개입

① 의료기관　　　　　　　　　② 사법경찰
③ 보건복지부　　　　　　　　④ 노인보호전문기관
⑤ 법률기관

정답 및 해설　　　　　　　　　　　　　　　　　　표준교재 113쪽

① 의료기관은 노인학대 판정을 위한 의학적 진단, 소견, 증언 진술을 한다.
② 사법경찰은 노인학대 신고사례에 대한 현장조사, 형사재판을 요하는 사례에 대한 수사를 전담한다.
③ 보건복지부는 노인보호 업무와 관련한 법·제도적 정책 수립, 노인복지시설에 대한 행정·재정적 지원을 한다.
⑤ 법률기관은 피해노인의 법률적 보호 및 학대행위자에 대한 보호처분을 포함한 판정, 후견인의 지정, 피해노인과 가족 간 격리 등을 수행한다.

정답 ④

---

12 요양보호사의 기본적 생활을 보장, 향상하며 균형 있는 국민경제의 발전에 기여하는 것을 목적으로 임금 및 근로시간, 취업규칙에 대한 내용이 명시되어있는 법은?

① 산업안전보건법　　　　　　② 산업재해보상보험법
③ 근로기준법　　　　　　　　④ 노인장기요양보험법
⑤ 국민건강보험법

정답 및 해설　　　　　　　　　　　　　　　　　　표준교재 117쪽

① 산업안전보건법은 산업재해를 예방하고 쾌적한 작업환경을 조성함으로써 근로자의 안전과 보건을 유지·증진함을 목적으로 한다.
② 산업재해보상보험법은 근로자의 업무상 재해를 신속하고 공정하게 보상하며, 재해근로자의 복지를 증진하기 위하여 제정되었다.
④ 노인장기요양보험법은 고령이나 노인성 질병 등의 사유로 일상생활을 혼자서 수행하기 어려운 노인 등에게 신체활동 또는 가사활동지원 등의 장기요양급여를 제공하여 노후의 건강증진 및 생활안정을 도모하고 국민의 삶의 질을 향상하는 것이 목적이다.
⑤ 국민건강보험법은 국민의 질병·부상에 대한 예방·진단·치료·재활과 출산·사망 및 건강증진에 대하여 보험급여를 실시함으로써 국민보건 향상과 사회보장 증진에 이바지함을 목적으로 한다.

정답 ③

13 다음에 해당하는 성희롱 유형은?

- 음란한 농담, 음탕하고 상스러운 이야기
- 성적인 정보를 의도적으로 유포하는 행위

① 언어적 성희롱
② 시각적 성희롱
③ 육체적 성희롱
④ 사회적 성희롱
⑤ 위계적 성희롱

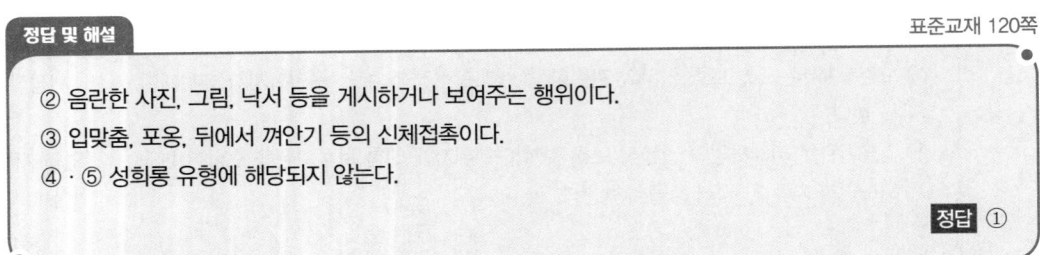

14 요양보호사의 직업윤리에 대한 설명으로 옳은 것은?

① 대상자의 연령에 따라 서비스 내용을 다르게 한다.
② 대상자와 수직적인 관계를 유지한다.
③ 친근감을 표현하기 위해 반말을 사용한다.
④ 서비스에 대한 작은 물질적 보상은 받는다.
⑤ 업무상 알게 된 개인정보를 비밀로 유지한다.

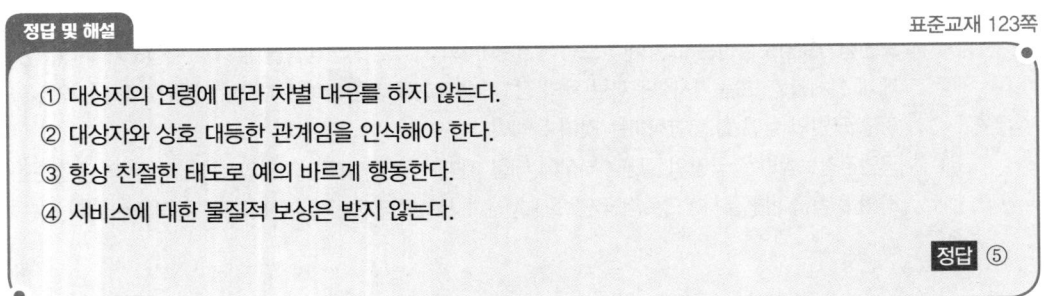

15 다음 상황에서 요양보호사의 대처 방법으로 옳은 것은?

> 근무시간에 대상자가 알코올(술)을 같이 마시자고 요청한다.

① 직업윤리에 위배된다고 하며 정중히 거절한다.
② 한 잔만 마시겠다고 대답한다.
③ 가족에게 이야기하지 않으면 같이 마시겠다고 대답한다.
④ 술을 같이 마실 수 있는 다른 사람을 찾아준다고 대답한다.
⑤ 센터장님에게 보고하겠다고 말한다.

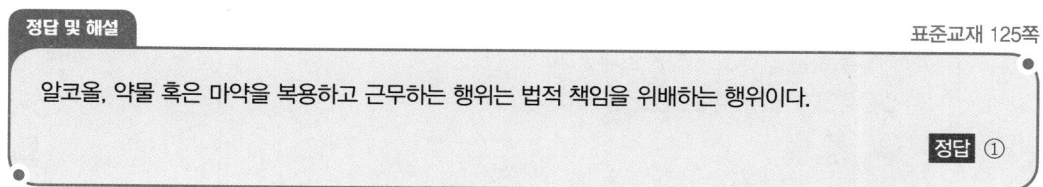

정답 및 해설　　표준교재 125쪽

알코올, 약물 혹은 마약을 복용하고 근무하는 행위는 법적 책임을 위배하는 행위이다.

정답 ①

16 요양보호사의 근골격계 질환이 발생되는 위험한 환경은?

① 평평한 바닥
② 적절한 계단높이
③ 밤 근무 시 밝은 조명
④ 정리 정돈이 잘 된 작업장
⑤ 물기가 있는 바닥

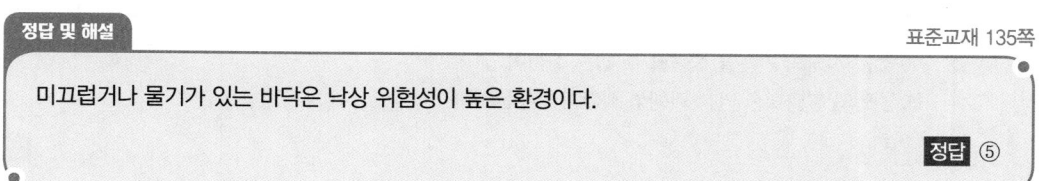

정답 및 해설　　표준교재 135쪽

미끄럽거나 물기가 있는 바닥은 낙상 위험성이 높은 환경이다.

정답 ⑤

17 요양보호사의 감염예방을 위한 방법으로 옳은 것은?

① 결핵이 의심되는 경우 보호마스크를 착용하지 않는다.
② 임신한 요양보호사는 풍진 대상자와 접촉해도 된다.
③ 기침을 하는 경우 코와 입을 손으로 가리고 한다.
④ 인플루엔자 예방접종은 10년마다 실시한다.
⑤ 감염예방에 대한 직원 교육을 한다.

> **정답 및 해설** 표준교재 148쪽
>
> ① 보호마스크와 장갑을 착용한다.
> ② 임신한 요양보호사가 풍진·수두 대상자와 접촉하면 태아의 선천성 기형을 유발할 수 있다.
> ③ 기침을 하는 경우 코와 입을 소매로 가리고 한다.
> ④ 인플루엔자 예방접종은 매년 실시한다.
>
> 정답 ⑤

18 노인성 질환의 특성으로 옳은 것은?

① 의학, 간호학의 접근만으로도 충분하다.
② 가벼운 폐렴, 설사 등에도 의식장애가 발생한다.
③ 혈액순환의 증가로 욕창이 잘 발생하지 않는다.
④ 증상, 경과, 예후 등에서 젊은 사람의 기준을 적용할 수 있다.
⑤ 원인이 명확한 만성 퇴행성 질환이 대부분이다.

> **정답 및 해설** 표준교재 162~163쪽
>
> ① 다양한 분야의 총체적 접근이 필요하다.
> ③ 혈액순환의 저하로 욕창이 잘 발생한다.
> ④ 젊은 사람의 기준을 적용할 수 없는 질환이 많다.
> ⑤ 원인이 불명확한 만성 퇴행성 질환이 대부분이다.
>
> 정답 ②

19 노화에 따른 특성 중 소화기계 변화로 옳은 것은?

① 맛을 느끼는 세포수가 늘어난다.
② 짠맛과 단맛을 잘 느낀다.
③ 타액과 위액의 분비가 증가한다.
④ 섬유식이의 섭취 부족으로 변비가 생기기 쉽다.
⑤ 소화능력이 증가한다.

정답 및 해설 표준교재 164쪽

① 맛을 느끼는 세포수가 줄어든다.
② 짠맛과 단맛에 둔해진다.
③ 타액과 위액의 분비가 저하된다.
⑤ 소화능력이 저하된다.

정답 ④

20 노화에 따른 특성 중 호흡기계 변화로 옳은 것은?

① 콧속의 점막이 건조해진다.
② 폐 순환량이 증가한다.
③ 호흡근육이 증가한다.
④ 섬모운동의 활동성이 증가된다.
⑤ 기관지 내 분비물이 감소된다.

정답 및 해설 표준교재 173쪽

② 폐 순환량이 감소한다.
③ 호흡근육이 위축된다.
④ 섬모운동의 활동성이 저하된다.
⑤ 기관지 내 분비물이 증가한다.

정답 ①

21 노화에 따른 감각기계의 변화로 옳은 것은?

① 후각세포가 증가한다.
② 구강점막의 재생이 빠르다.
③ 눈물 양이 증가한다.
④ 동공의 지름이 늘어난다.
⑤ 외이도의 가려움과 건조증이 증가한다.

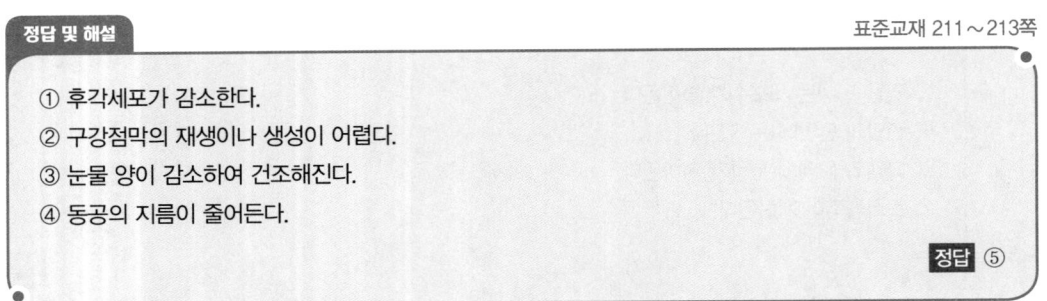

정답 및 해설   표준교재 211~213쪽

① 후각세포가 감소한다.
② 구강점막의 재생이나 생성이 어렵다.
③ 눈물 양이 감소하여 건조해진다.
④ 동공의 지름이 줄어든다.

정답 ⑤

22 노화에 따른 내분비계의 변화로 옳은 것은?

① 뇌하수체, 부신호르몬은 노화에 따라 감소한다.
② 인슐린에 대한 민감성이 증가한다.
③ 공복혈당이 상승한다.
④ 갑상선호르몬 분비량이 증가한다.
⑤ 기초대사율이 증가된다.

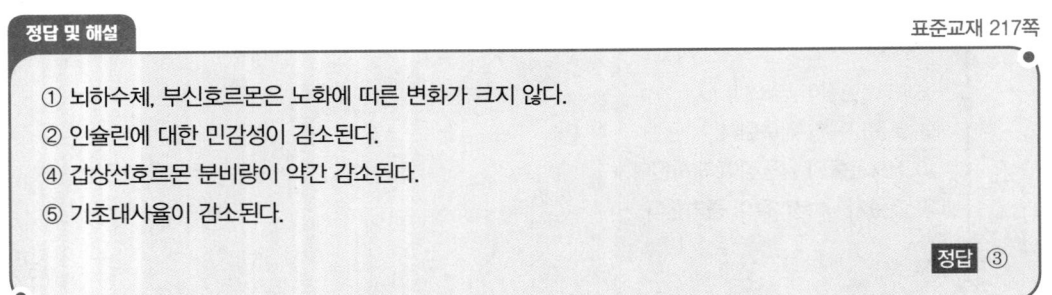

정답 및 해설   표준교재 217쪽

① 뇌하수체, 부신호르몬은 노화에 따른 변화가 크지 않다.
② 인슐린에 대한 민감성이 감소된다.
④ 갑상선호르몬 분비량이 약간 감소된다.
⑤ 기초대사율이 감소된다.

정답 ③

23 위궤양의 발생과 관련된 요인으로 옳은 것은?

① 헬리코박터균에 의한 감염
② 규칙적인 식습관
③ 충분한 수면
④ 심신 안정
⑤ 금 연

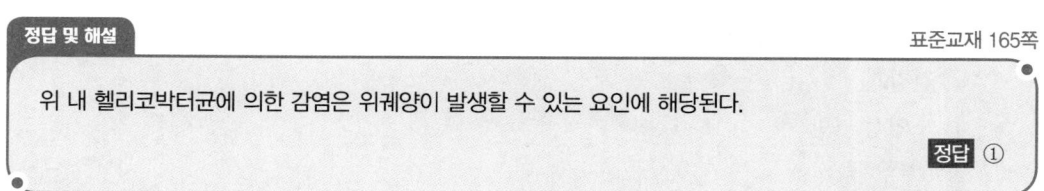

정답 및 해설   표준교재 165쪽
위 내 헬리코박터균에 의한 감염은 위궤양이 발생할 수 있는 요인에 해당된다.
정답 ①

24 식사 후 3~4시간이 지나 배가 고프기 시작할 때 명치부위의 심한 통증을 느끼는 질환으로 옳은 것은?

① 변 비
② 십이지장궤양
③ 위 염
④ 위궤양
⑤ 위 암

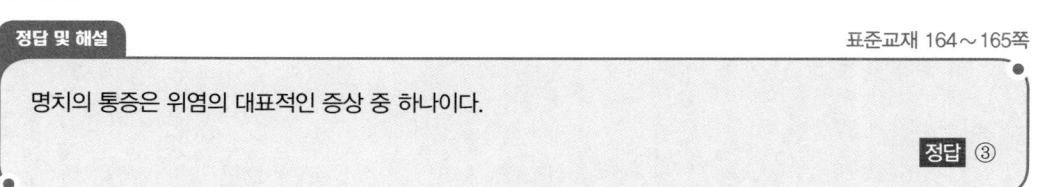

정답 및 해설   표준교재 164~165쪽
명치의 통증은 위염의 대표적인 증상 중 하나이다.
정답 ③

25 감각기계 질환 중 백내장은 눈의 어느 부위가 혼탁해져서 발생하는 질환인가?

① 수정체
② 망 막
③ 공 막
④ 각 막
⑤ 홍 채

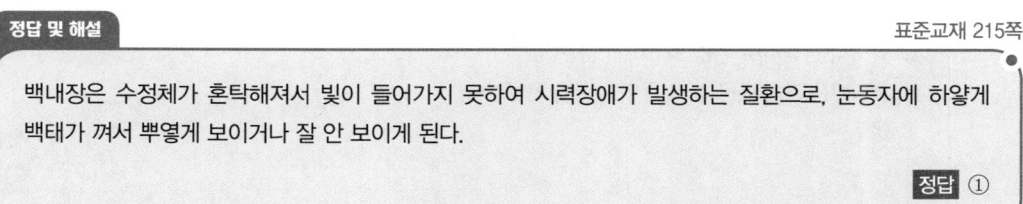

정답 및 해설   표준교재 215쪽
백내장은 수정체가 혼탁해져서 빛이 들어가지 못하여 시력장애가 발생하는 질환으로, 눈동자에 하얗게 백태가 껴서 뿌옇게 보이거나 잘 안 보이게 된다.
정답 ①

26 기저귀를 착용하고 있는 대상자가 대소변에 오래 접촉하여 기저귀 접촉부위에 생기는 경계가 분명한 병변을 나타내는 질환은?

① 지루성 피부염
② 욕 창
③ 기저귀피부염(기저귀습진)
④ 간찰진
⑤ 노인성 자반

정답 및 해설　　　　　　　　　　　　　　　　　　　　　　　표준교재 207쪽

① 지루성 피부염은 피지선의 활동이 증가된 부위에 발생한다.
② 욕창은 병상에 누워있는 대상자의 바닥면과 접촉되는 피부가 혈액을 공급받지 못해 괴사되는 상태이다.
④ 간찰진은 피부가 접히는 부위에 발생하는 붉은 변화이다.
⑤ 노인성 자반은 노화, 장기간의 자외선 노출, 강력한 스테로이드 연고 도포에 의해 출혈이 생기는 질환이다.

정답 ③

27 위염이 있는 대상자를 돕는 방법으로 옳은 것은?

① 하루 정도 금식하여 위의 부담을 줄인다.
② 금식 후에는 일반식을 바로 먹는다.
③ 불규칙적인 식사로 위를 자극한다.
④ 처방받은 항생제를 복용한다.
⑤ 적정한 음주는 도움이 된다.

정답 및 해설　　　　　　　　　　　　　　　　　　　　　　　표준교재 165쪽

② 금식 후에는 유동식을 섭취 후 된죽을 먹는다.
③ 규칙적인 식사로 위를 자극하지 않는다.
④ 처방받은 제산제, 진정제 등의 약물을 사용한다.
⑤ 금주한다.

정답 ①

28 만성기관지염으로 치료받는 대상자를 돕는 방법으로 옳은 것은?

① 뜨거운 음식을 권장한다.
② 감염의 전파를 예방한다.
③ 갑작스러운 온도 변화는 피한다.
④ 운동하기 30분 전에 기관지확장제를 투여한다.
⑤ 주기적으로 간 기능 검사를 받는다.

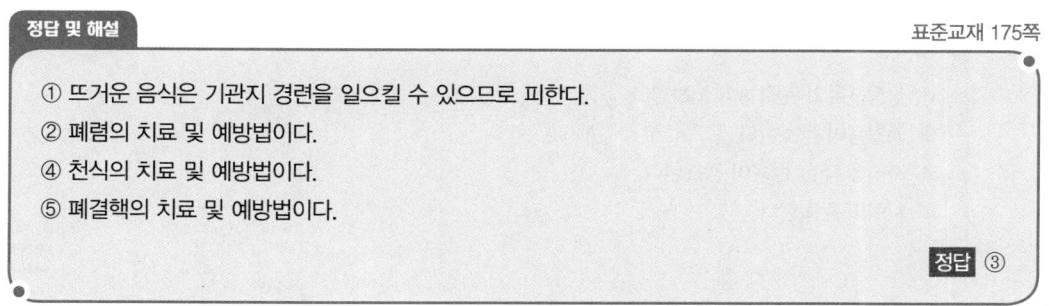

정답 및 해설 — 표준교재 175쪽

① 뜨거운 음식은 기관지 경련을 일으킬 수 있으므로 피한다.
② 폐렴의 치료 및 예방법이다.
④ 천식의 치료 및 예방법이다.
⑤ 폐결핵의 치료 및 예방법이다.

정답 ③

29 노인의 건강증진을 위한 식생활 지침으로 옳은 것은?

① 음식은 한꺼번에 많이 준비해 두고 먹는다.
② 아침에는 금식한다.
③ 채소와 과일은 일주일에 한 번만 먹는다.
④ 짜고, 달고, 기름지게 먹는다.
⑤ 금기가 아니면 물을 충분히 마신다.

정답 및 해설 — 표준교재 253쪽

① 음식은 먹을 만큼만 준비한다.
② 아침식사를 꼭 한다.
③ 채소와 과일은 매일 섭취한다.
④ 덜 짜고, 덜 달고, 덜 기름지게 먹는다.

정답 ⑤

30 노인이 운동하기 어려워지는 문제로 옳은 것은?

① 심장근육의 탄력성이 증가한다.
② 폐활량이 증가한다.
③ 관절이 움직이는 범위가 줄어든다.
④ 자극에 대한 반응이 증가한다.
⑤ 시력이 증가한다.

31 만 65세 이상 노인이 매년 1회 받아야 하는 예방접종으로 옳은 것은?

① 폐렴구균
② 디프테리아
③ 파상풍
④ 인플루엔자
⑤ 대상포진

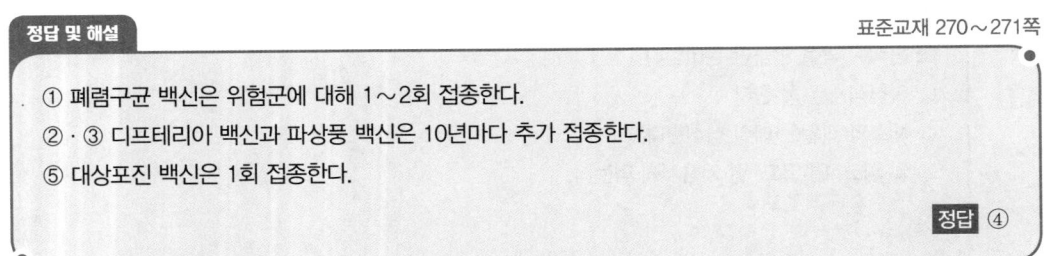

32 요양보호 업무 후 진행하는 기록의 목적으로 옳은 것은?

① 요양보호서비스의 표준화에 도움이 된다.
② 대상자의 책임성을 높인다.
③ 다른 대상자와 정보공유를 하는 데 도움이 된다.
④ 가족으로부터 지도 및 관리를 받을 때 도움이 된다.
⑤ 요양보호 업무에 대한 부담을 줄인다.

정답 및 해설 표준교재 306~307쪽

② 요양보호사의 책임성을 높인다.
③ 대상자의 가족과 정보공유를 한다.
④ 관리자로부터 지도 및 관리를 받을 때 도움이 된다.
⑤ 업무 부담은 기록을 어려워하는 이유이다.

정답 ①

33 다음에서 설명하는 업무보고 형식은?

- 신속하게 보고할 수 있다.
- 결론부터 보고하고, 경과와 상태 등을 보고한다.
- 상황이 급한 경우 사용한다.

① 서면보고
② 구두보고
③ 주간보고
④ 전산망보고
⑤ 월간보고

정답 및 해설 표준교재 338쪽

구두보고는 상황이 급하거나 가벼울 때 많이 이용하며, 신속하게 보고할 수 있다는 장점은 있으나 정확한 기록을 남길 수 없다는 단점이 있다.

정답 ②

34 임종과정에서 나타나는 신체적 변화로 옳은 것은?

① 소변량이 증가한다.
② 음식이나 수분 섭취량이 늘어난다.
③ 피부가 붉어진다.
④ 무호흡과 깊고 빠른 호흡이 교대로 나타난다.
⑤ 청각이 소실되어 소리를 듣지 못한다.

> **정답 및 해설**   표준교재 648~650쪽
> ① 소변량이 줄어든다.
> ② 음식이나 수분 섭취량이 감소한다.
> ③ 피부는 하얗게 혹은 파랗게 변한다.
> ⑤ 청각은 마지막까지 유지되므로 정상 톤으로 말하도록 한다.
>
> **정답** ④

35 사전연명의료의향서 작성 및 등록에 관한 설명으로 옳은 것은?

① 말기환자나 17세 이상인 사람이 작성할 수 있다.
② 사전연명의료의향서를 작성하였어도 심폐소생술은 시행한다.
③ 말기환자가 고통을 이겨낼 방법이 없을 경우 의사의 도움을 받는 안락사와 같다.
④ 한번 작성한 내용은 변경하거나 철회할 수 없다.
⑤ 사전연명의료의향서를 작성했다고 해도 의료기관에 연동되는 것은 아니다.

> **정답 및 해설**   표준교재 653~654쪽
> ① 사전연명의료의향서는 대한민국에 거주하는 19세 이상인 사람이 작성할 수 있다.
> ② 심폐소생술, 혈액 투석, 항암제 투여, 인공호흡기 착용을 중단한다.
> ③ 사전연명의료의향서는 안락사와 다르다.
> ④ 사전연명의료의향서는 언제든지 변경하거나 철회할 수 있다.
>
> **정답** ⑤

36 편마비 대상자의 식사 돕기 방법으로 옳은 것은?

① 음식을 마비된 쪽으로 넣어준다.
② 마비된 쪽을 밑으로 하여 눕힌다.
③ 배 부위와 가슴을 압박하지 않는 옷을 입힌다.
④ 식후 입안의 건강한 쪽에 찌꺼기가 있는지 확인한다.
⑤ 신맛이 강한 음식으로 식욕을 돋운다.

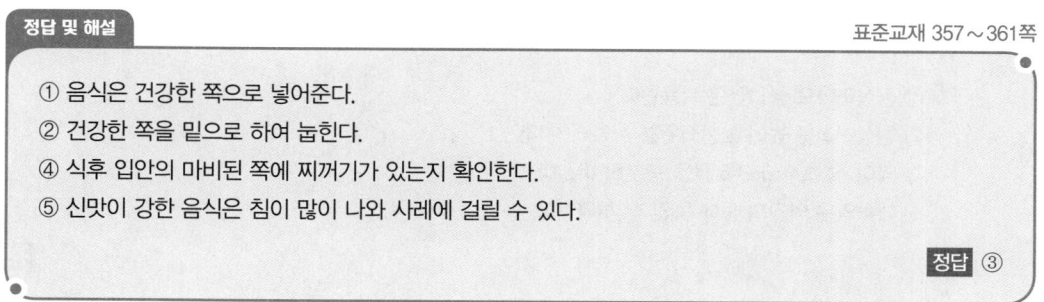

정답 및 해설   표준교재 357~361쪽

① 음식은 건강한 쪽으로 넣어준다.
② 건강한 쪽을 밑으로 하여 눕힌다.
④ 식후 입안의 마비된 쪽에 찌꺼기가 있는지 확인한다.
⑤ 신맛이 강한 음식은 침이 많이 나와 사레에 걸릴 수 있다.

정답 ③

37 의식이 없는 대상자의 경관영양 돕기 방법으로 옳은 것은?

① 식사의 시작과 끝을 알린다.
② 영양주머니는 1일 1회 세척한다.
③ 비위관이 새는 경우 비위관을 제거한다.
④ 영양액의 온도는 차갑게 준비한다.
⑤ 주입 후 30분 정도 똑바로 눕혀둔다.

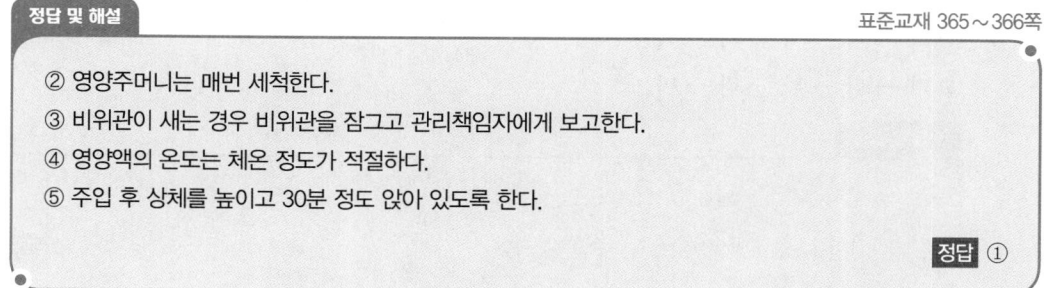

정답 및 해설   표준교재 365~366쪽

② 영양주머니는 매번 세척한다.
③ 비위관이 새는 경우 비위관을 잠그고 관리책임자에게 보고한다.
④ 영양액의 온도는 체온 정도가 적절하다.
⑤ 주입 후 상체를 높이고 30분 정도 앉아 있도록 한다.

정답 ①

38 경구약을 복용하는 대상자 돕기 방법으로 옳은 것은?

① 금식인 경우에는 혈압약도 복용을 중단한다.
② 천장을 쳐다보고 똑바로 눕힌 자세로 복용한다.
③ 물은 약을 삼킬 정도의 적은 양만 제공한다.
④ 알약은 약병에서 약 뚜껑으로 옮긴 후에 손으로 옮긴다.
⑤ 가루약은 봉지를 열어 가루 상태로 복용한다.

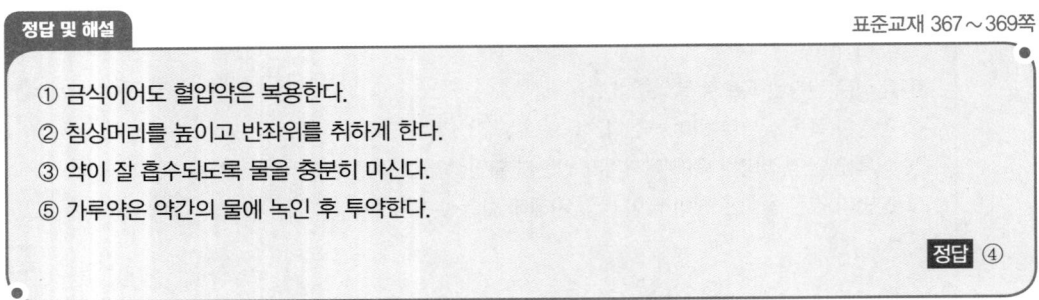

정답 및 해설 표준교재 367~369쪽

① 금식이어도 혈압약은 복용한다.
② 침상머리를 높이고 반좌위를 취하게 한다.
③ 약이 잘 흡수되도록 물을 충분히 마신다.
⑤ 가루약은 약간의 물에 녹인 후 투약한다.

정답 ④

39 대상자가 화장실 변기를 사용하여 배설할 때 돕는 법을 순서대로 나열한 것은?

가. 대상자를 변기 앞까지 이동한 후 건강한 다리를 축으로 방향을 바꿔준다.
나. 팔을 목에 두르도록 한 뒤, 천천히 일으켜 세운다.
다. 변기에 앉힌 후 두 발이 바닥을 올바로 딛고 있는지 확인한다.
라. 편마비인 경우 한 손으로 허리를 지지한 상태에서 다른 손으로 바지를 내린다.
마. 용무를 마치면 건강한 쪽 발을 살짝 뒤로 당기도록 한 후 다리 사이에 발을 집어넣는다.

① 가 → 라 → 마 → 다 → 나
② 가 → 나 → 다 → 라 → 마
③ 가 → 라 → 다 → 마 → 나
④ 가 → 나 → 마 → 라 → 다
⑤ 가 → 다 → 나 → 라 → 마

정답 및 해설 표준교재 390쪽

정답 ③

40 간이변기를 사용하여 침상에서 배설하는 대상자를 돕는 방법으로 옳은 것은?

① 변기는 차가운 물에 담가 두었다가 침대 옆에 놓는다.
② 침대를 올려주어 배에 힘을 주기 쉬운 자세를 취한다.
③ 바지를 내린 후 허리 아래 부분을 무릎덮개로 덮어준다.
④ 배설 후 물티슈로 뒤에서 앞으로 닦아준다.
⑤ 주변을 조용하게 해준다.

> **정답 및 해설**
> 표준교재 379~381쪽
>
> ① 대상자의 피부와 근육이 차가운 변기에 닿으면 수축하여 변의가 감소될 수 있다.
> ③ 허리 아래 부분을 무릎덮개로 늘어뜨려 덮은 후 바지를 내린다.
> ④ 앞에서 뒤로 닦아 감염을 예방한다.
> ⑤ 배설 시 소리 나는 것에 부담을 느끼지 않도록 변기 안에 화장지를 깔고 텔레비전을 켜거나 음악을 틀어 놓는다.
>
> **정답** ②

41 이동변기를 사용하여 배설하는 대상자를 돕는 방법으로 옳은 것은?

① 찬물을 항문이나 요도에 끼얹어 변의를 자극한다.
② 이동변기는 하루에 한 번 씻어 사용한다.
③ 이동변기의 높이는 침대보다 낮은 위치에 둔다.
④ 편마비의 경우 이동변기는 건강한 쪽에 둔다.
⑤ 배설물에서 심한 악취가 나면 바로 버린다.

> **정답 및 해설**
> 표준교재 382~384쪽
>
> ① 찬물은 변의를 감소시키므로 미지근한 물을 사용한다.
> ② 이동변기는 매번 씻어 사용한다.
> ③ 이동변기의 높이는 침대의 높이와 같게 한다.
> ⑤ 이상 징후이므로 간호사에게 보여주거나 양상을 정확히 기록하여 보고한다.
>
> **정답** ④

42 기저귀를 사용하는 대상자를 돕는 방법으로 옳은 것은?

① 몇 번 실금을 한 경우 바로 기저귀를 사용하게 한다.
② 기저귀를 교환할 때마다 피부손상과 욕창을 관찰한다.
③ 기저귀는 정해진 시간에 교환한다.
④ 둔부에 발적이 생기면 연고를 발라준다.
⑤ 회음부는 뒤에서 앞으로 닦는다.

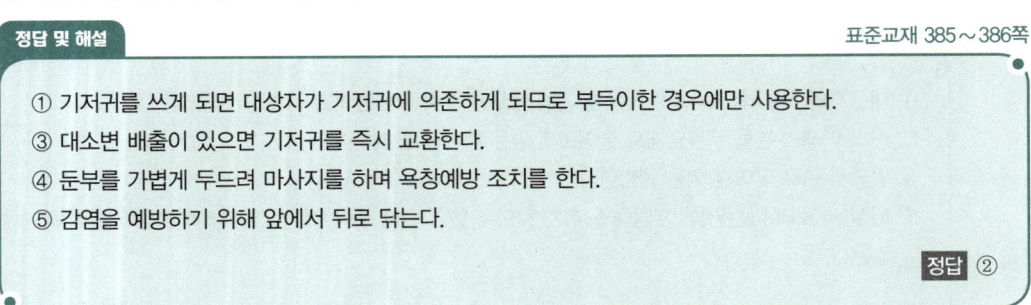

정답 및 해설 표준교재 385~386쪽

① 기저귀를 쓰게 되면 대상자가 기저귀에 의존하게 되므로 부득이한 경우에만 사용한다.
③ 대소변 배출이 있으면 기저귀를 즉시 교환한다.
④ 둔부를 가볍게 두드려 마사지를 하며 욕창예방 조치를 한다.
⑤ 감염을 예방하기 위해 앞에서 뒤로 닦는다.

정답 ②

43 유치도뇨관을 삽입하고 있는 대상자의 소변주머니 관리방법으로 옳은 것은?

① 소변량과 색깔은 8시간마다 확인한다.
② 소변주머니는 방광보다 높은 위치에 둔다.
③ 수분 섭취는 제한한다.
④ 요양보호사가 유치도뇨관의 교환을 해준다.
⑤ 소변량이 적어진 경우 간호사에게 보고한다.

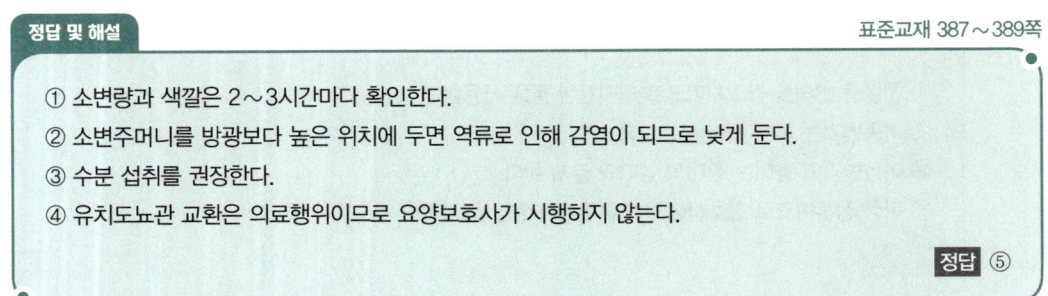

정답 및 해설 표준교재 387~389쪽

① 소변량과 색깔은 2~3시간마다 확인한다.
② 소변주머니를 방광보다 높은 위치에 두면 역류로 인해 감염이 되므로 낮게 둔다.
③ 수분 섭취를 권장한다.
④ 유치도뇨관 교환은 의료행위이므로 요양보호사가 시행하지 않는다.

정답 ⑤

44 의식이 없는 대상자의 입안 닦아내기를 할 때 주의사항 및 방법으로 옳은 것은?

① 입천장이 헌 경우 연고를 발라준다.
② 똑바로 누운 자세를 취한다.
③ 아래쪽 잇몸과 이를 먼저 닦는다.
④ 칫솔을 물에 적셔 사용한다.
⑤ 잇몸, 입천장, 혀 등이 헐지 않았는지 관찰한다.

> **정답 및 해설** 표준교재 396~397쪽
>
> ① 입천장이 헌 경우 시설장이나 간호사에게 보고한다.
> ② 상반신을 높이고 고개를 약간 숙인다.
> ③ 윗니와 잇몸을 먼저 닦는다.
> ④ 거즈를 감은 설압자 또는 일회용 스펀지 브러시를 사용한다.
>
> **정답** ⑤

45 대상자의 의치를 관리하는 방법으로 옳은 것은?

① 위쪽 의치를 먼저 빼서 의치 용기에 넣는다.
② 의치는 뜨거운 물에 삶아 소독한다.
③ 의치는 알코올이 담긴 용기에 보관하여 변형을 막는다.
④ 의치는 24시간 착용한다.
⑤ 윗니를 끼울 때는 검지가 입안으로 들어가게 하여 한 번에 끼운다.

> **정답 및 해설** 표준교재 399~401쪽
>
> ② 의치를 뜨거운 물에 삶으면 변형될 수 있다.
> ③ 의치는 의치세정제나 물이 담긴 용기에 보관한다.
> ④ 자기 전에는 의치를 빼서 보관한다.
> ⑤ 윗니를 끼울 때는 엄지가 입안으로 들어가게 하여 끼운다.
>
> **정답** ①

46 대상자의 머리 손질하기 방법으로 옳은 것은?

① 빗질은 일주일에 한 번씩 하는 것이 좋다.
② 머리카락이 엉켰을 경우 짧게 잘라준다.
③ 두피에서부터 모발 끝 쪽으로 빗는다.
④ 똑바로 누워있는 자세로 시행한다.
⑤ 두피 자극을 위해 머리카락을 세게 잡아당기며 빗질한다.

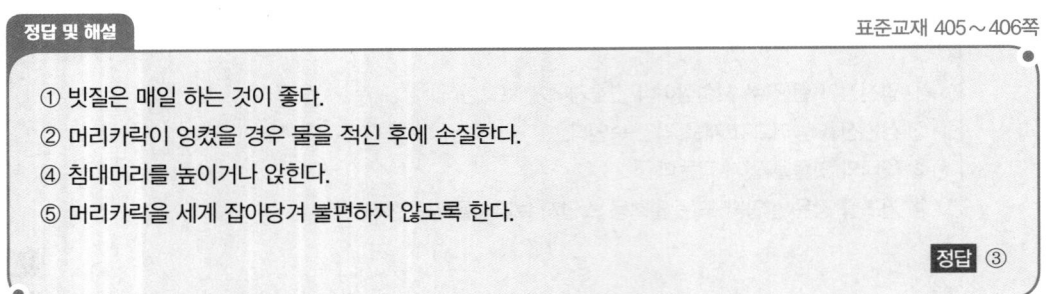

정답 및 해설　　　　　　　　　　　　　　　표준교재 405~406쪽

① 빗질은 매일 하는 것이 좋다.
② 머리카락이 엉켰을 경우 물을 적신 후에 손질한다.
④ 침대머리를 높이거나 앉힌다.
⑤ 머리카락을 세게 잡아당겨 불편하지 않도록 한다.

정답 ③

47 대상자의 세면 돕기 방법으로 옳은 것은?

① 눈곱이 있는 쪽 눈부터 먼저 닦아준다.
② 귀이개로 귀지를 제거한다.
③ 눈의 바깥쪽에서 안쪽으로 닦아준다.
④ 안경을 사용하는 경우 안경을 하루에 한 번 이상 물로 씻어 깨끗하게 한다.
⑤ 눈 주변은 비누를 사용하여 닦아준다.

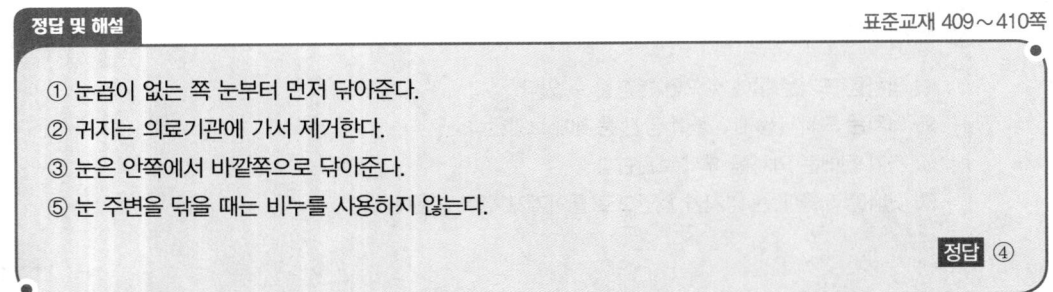

정답 및 해설　　　　　　　　　　　　　　　표준교재 409~410쪽

① 눈곱이 없는 쪽 눈부터 먼저 닦아준다.
② 귀지는 의료기관에 가서 제거한다.
③ 눈은 안쪽에서 바깥쪽으로 닦아준다.
⑤ 눈 주변을 닦을 때는 비누를 사용하지 않는다.

정답 ④

48 침상에 누워 지내는 대상자의 침상목욕 돕기 방법으로 옳은 것은?

① 겨드랑이 쪽에서 손끝 쪽으로 닦는다.
② 유방은 위에서 아래로 닦는다.
③ 복부는 배꼽을 중심으로 시계 반대 방향으로 닦는다.
④ 등과 둔부는 둔부에서 목 뒤로 닦는다.
⑤ 식사 직후에는 목욕을 피한다.

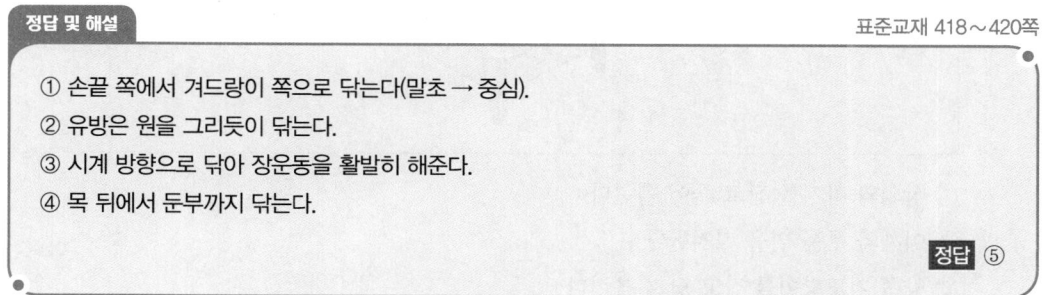

정답 및 해설 · 표준교재 418~420쪽

① 손끝 쪽에서 겨드랑이 쪽으로 닦는다(말초 → 중심).
② 유방은 원을 그리듯이 닦는다.
③ 시계 방향으로 닦아 장운동을 활발히 해준다.
④ 목 뒤에서 둔부까지 닦는다.

정답 ⑤

49 대상자의 체위변경 시 신체손상을 예방하기 위한 올바른 신체정렬 방법은?

① 다리와 몸통의 큰 근육을 사용한다.
② 무게 중심을 상체에 둔다.
③ 허리를 굽히고 무릎은 편다.
④ 안정성과 균형을 위하여 두 발은 붙인다.
⑤ 대상자로부터 몸을 멀리 둔다.

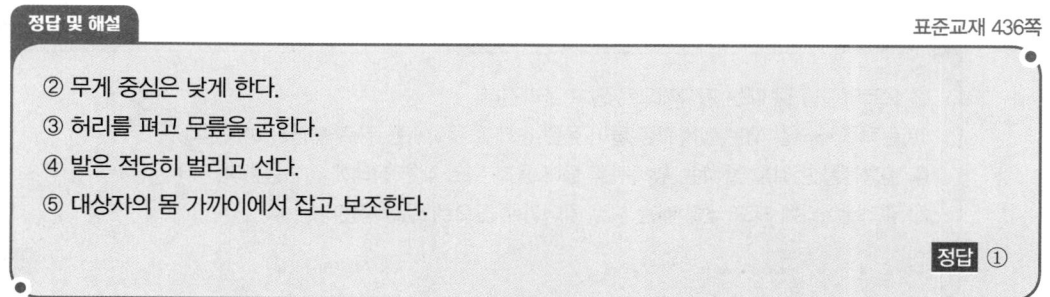

정답 및 해설 · 표준교재 436쪽

② 무게 중심은 낮게 한다.
③ 허리를 펴고 무릎을 굽힌다.
④ 발은 적당히 벌리고 선다.
⑤ 대상자의 몸 가까이에서 잡고 보조한다.

정답 ①

50 다음 그림과 같이 협조가 가능한 대상자가 발쪽으로 내려가 있을 때 머리 쪽으로 이동하는 방법으로 옳은 것은?

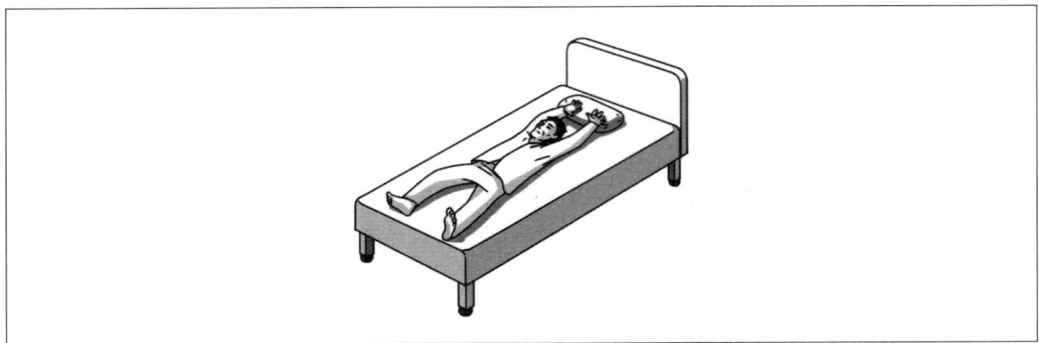

① 상의와 바지를 잡고 들어 올린다.
② 어깨와 무릎 밑을 지지한다.
③ 양쪽 겨드랑이를 잡고 당겨 올린다.
④ 침대 머리 쪽 난간을 잡게 한 후 "하나, 둘, 셋" 신호를 하여 같이 이동한다.
⑤ 어깨와 대퇴 밑을 지지하여 올린다.

정답 및 해설 표준교재 437쪽

협조가 가능한 대상자에게 침대 머리 쪽 난간을 잡게 한 후 "하나, 둘, 셋" 신호를 하여 이동하고자 하는 방향으로 같이 이동한다.

정답 ④

51 휠체어로 이동 시 작동법으로 옳게 짝지어진 것은?

① 문턱을 오를 때 : 앞바퀴를 들어 문턱을 오른다.
② 오르막길을 갈 때 : 앞바퀴를 들어 올려 뒤로 젖힌 상태에서 이동한다.
③ 문턱을 내려갈 때 : 뒷바퀴를 들어 올린 상태로 내려놓는다.
④ 울퉁불퉁한 길을 갈 때 : 지그재그로 밀고 간다.
⑤ 엘리베이터에 타고 내릴 때 : 앞으로 밀고 들어가서 뒤로 나온다.

정답 및 해설 표준교재 450쪽

② 오르막길을 갈 때는 지그재그로 밀고 올라간다.
③ 문턱을 내려갈 때는 앞바퀴를 들어 올린 상태로 뒷바퀴를 뒤로 빼면서 이동한다.
④ 울퉁불퉁한 길을 갈 때는 앞바퀴를 들어 올려 뒤로 젖힌 상태에서 이동한다.
⑤ 엘리베이터에 타고 내릴 때는 뒤로 들어가서 앞으로 밀고 나온다.

정답 ①

52 편마비 대상자를 침대에서 휠체어로 옮기는 순서로 옳은 것은?

> 가. 휠체어를 대상자의 건강한 쪽에 비스듬히 놓는다.
> 나. 몸을 돌려 침대 아래로 내린다.
> 다. 건강한 다리를 축으로 삼아 휠체어 쪽으로 몸을 돌려준다.
> 라. 다리 사이에 발을 집어넣고, 바지 뒤춤을 잡고 구호에 맞게 일어선다.
> 마. 건강한 손으로 침대 바닥을 지지하도록 한다.

① 가 → 다 → 라 → 나 → 마
② 가 → 나 → 라 → 마 → 다
③ 가 → 나 → 마 → 라 → 다
④ 가 → 다 → 나 → 라 → 마
⑤ 가 → 라 → 다 → 나 → 마

정답 및 해설   표준교재 453쪽

정답 ③

53 혼자서 보행하기 어려운 대상자를 부축하며 걷는 방법으로 옳은 것은?

① 대상자 뒤에 서서 양손으로 허리를 잡고 걷는다.
② 대상자 옆에 서서 팔로 허리를 껴안듯이 잡고 반대편 손으로 요양보호사의 어깨 위에 있는 대상자 손을 잡고 걷는다.
③ 대상자 앞에 서서 양손으로 어깨를 잡고 걷는다.
④ 대상자 옆에 서서 팔로 가슴을 껴안듯이 잡고 반대편 손으로 요양보호사의 손을 잡고 걷는다.
⑤ 대상자 앞에 서서 양손으로 손목을 잡고 걷는다.

정답 및 해설   표준교재 463쪽

정답 ②

54 노인장기요양보험 급여 복지용구 중 대여품목에 해당하는 것은?

①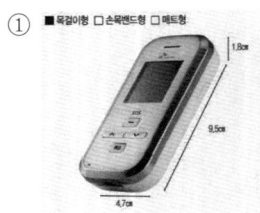
배회감지기

②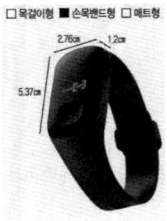
간이변기

③
안전손잡이

④
이동변기

⑤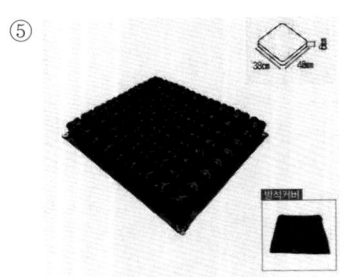
욕창예방방석

정답 및 해설

표준교재 471쪽

복지용구의 종류
- 구입품목 : 이동변기, 목욕의자, 성인용 보행기, 안전손잡이, 미끄럼방지용품(미끄럼방지매트, 미끄럼방지액, 미끄럼방지양말), 간이변기(간이대변기·소변기), 지팡이, 욕창예방방석, 자세변환용구, 요실금팬티
- 대여품목 : 수동휠체어, 전동침대, 수동침대, 이동욕조, 목욕리프트, 배회감지기
- 구입 또는 대여품목 : 욕창예방매트리스, 경사로(실내용, 실외용)

정답 ①

55 재가 대상자의 식사 준비를 돕는 방법으로 옳은 것은?

① 식욕을 돋우기 위해 조미료를 넣어 무침을 한다.
② 식단은 요양보호사가 단독으로 작성한다.
③ 생선은 오래 삶고 육류는 단시간에 익힌다.
④ 소화에 도움이 되는 튀기기 조리방법을 주로 선택한다.
⑤ 침 분비가 감소하므로 재료가 촉촉하도록 국물이 있는 조리법을 선택한다.

> **정답 및 해설** 　　　　　　　　　　　　　　표준교재 526~529쪽
>
> ① 식욕을 돋우기 위해 식초나 소스로 무침을 한다.
> ② 식단은 대상자와 함께 정한다.
> ③ 육류는 오래 삶으면 부드러워지지만, 생선은 오래 삶으면 질기고 딱딱해진다.
> ④ 노인은 지방질의 소화력이 낮으므로 기름기가 적은 조리방법이 적당하다.
>
> **정답** ⑤

56 대상자의 의복과 옷감에 생긴 얼룩을 제거하는 방법으로 옳은 것은?

① 얼룩이 묻었을 때는 비비는 것이 좋다.
② 얼룩이 생기면 시간을 두었다가 세탁하는 것이 좋다.
③ 튀김기름 얼룩은 알코올을 몇 방울 떨어뜨리고 비벼서 제거한다.
④ 혈액이나 체액은 더운물로 닦고 찬물로 헹군다.
⑤ 커피 얼룩은 식초와 주방세제를 1:1로 섞어서 칫솔로 얼룩부분을 제거한다.

> **정답 및 해설** 　　　　　　　　　　　　　　표준교재 549~550쪽
>
> ① 비비면 얼룩 부위를 넓게 퍼지게 하고 옷감 손상을 일으킨다.
> ② 얼룩이 생긴 즉시 빨리 처리하는 것이 좋다.
> ③ 튀김기름 얼룩은 주방세제로 제거한다.
> ④ 혈액이나 체액은 찬물로 닦고 더운물로 헹군다.
>
> **정답** ⑤

57 대상자와 병원진료를 동행하는 방법으로 옳은 것은?

① 대상자의 건강상태, 복약상태를 보호자에게 확인한다.
② 업무 동행 중 요양보호사의 사적인 업무를 병행한다.
③ 도보 시 보폭은 크게, 계단을 오를 때는 쉬지 않고 올라가게 한다.
④ 차량을 이용할 때 요양보호사는 대상자의 몸과 최대한 거리를 둔다.
⑤ 보호자의 욕구를 확인하여 사전에 외출계획을 세운다.

정답 및 해설 표준교재 555~556쪽

② 요양보호사의 사적인 업무는 병행하지 않는다.
③ 도보 시 보폭은 작게, 계단을 오를 때는 쉬면서 이동한다.
④ 차량을 이용할 때 요양보호사는 대상자의 몸과 밀착시켜 안전하게 이동한다.
⑤ 대상자의 욕구를 확인하여 사전에 외출계획을 세운다.

정답 ①

58 대상자의 안전한 주거환경으로 옳은 것은?

① 전기코드는 거실 중앙에 늘어지게 둔다.
② 조명은 현관 밖과 발밑을 비출 수 있게 설치한다.
③ 햇빛을 차단하기 위해 창가에 물건을 둔다.
④ 식탁다리의 간격이 좁은 것을 선택한다.
⑤ 욕실의 안전손잡이는 대상자의 마비가 있는 쪽으로 설치한다.

정답 및 해설 표준교재 559~561쪽

① 전기코드는 벽 쪽으로 고정시켜 통행에 불편함이 없도록 한다.
③ 햇빛을 차단하지 않도록 창가에 물건을 두지 않는다.
④ 식탁다리의 간격은 넓은 것이 좋다.
⑤ 대상자의 마비가 없는 쪽으로 설치한다.

정답 ②

59 치매 대상자의 신체 및 정신장애 정도, 가족의 부양태도나 부양방법에 대한 의견 차이와 의사소통 부족이 가족의 갈등이 되어 나타나는 부담은?

① 정서적 부담
② 신체적 부담
③ 가족관계의 부정적 변화
④ 시간적 제약과 사회활동의 제한
⑤ 경제적 부담

정답 및 해설　　　　　　　　　　　　　　　표준교재 574~575쪽

가족관계 질의 변화, 가족 갈등, 부정적 가족관계의 영향은 가족관계의 부정적 변화에 해당하는 부담이다.

정답 ③

60 치매 대상자의 일상생활 돕기 기본원칙으로 옳은 것은?

① 정면에서 야단치거나 부정한다.
② 주변 환경을 주기적으로 바꾸어 준다.
③ 요양보호사의 근무형태에 맞는 일정을 만들어 규칙적으로 생활하게 한다.
④ 치매가 있으면 전적 돌봄을 받아야 한다고 안내한다.
⑤ 대상자에게 위험이 될 만한 물건은 없앤다.

정답 및 해설　　　　　　　　　　　　　　　　　표준교재 581쪽

① 정면에서 야단치거나 부정하거나 무시하지 않는다.
② 대상자의 생활 자체를 소중히 여기고 환경을 바꾸지 않는다.
③ 대상자에게 맞는 일정을 만들어 준다.
④ 할 수 있는 일들은 스스로 하도록 하여 남아있는 기능을 유지하게 한다.

정답 ⑤

61 치매 대상자의 개인위생 돕기 방법으로 옳은 것은?

① 치매 대상자가 목욕물의 온도를 확인하게 한다.
② 양치한 물을 뱉지 않는 경우 요양보호사가 입을 벌려 뱉어지게 한다.
③ 장식이 있는 옷을 입혀준다.
④ 치약은 삼켜도 상관없는 어린이용을 사용한다.
⑤ 욕조 안에 물을 가득 받은 후 대상자를 입욕시킨다.

정답 및 해설 표준교재 586~588쪽

① 요양보호사가 미리 목욕물의 온도를 확인한다.
② 입안에 칫솔이나 숟가락을 넣고 말을 건네어 물이 뱉어지게 한다.
③ 혼란 예방을 위해 장식이 없는 옷을 입혀준다.
⑤ 발목 정도 높이의 물을 미리 받은 후 입욕하게 한다.

정답 ④

62 치매 대상자가 짐을 싸다 풀어 놓기를 반복하는 행동을 할 때 대처 방법은?

① 빨래 개기를 도와달라고 부탁한다.
② 짐을 싸서 어디 가실 거냐고 물어본다.
③ 아무 말 하지 않고 멈출 때까지 기다린다.
④ 청소하기 힘이 드니 그만하라고 말하고 중단시킨다.
⑤ 짐 싸는 일을 도와드리겠다고 한다.

정답 및 해설 표준교재 593쪽

반복 질문이나 반복 행동을 하는 경우 주의 환기법을 적용해 본다. 콩 고르기, 나물 다듬기, 빨래 개기와 같이 단순하게 할 수 있는 일거리를 제공한다.

정답 ①

63 다음과 같은 상황에서 요양보호사의 적절한 반응은?

> 치매 대상자 : "아들이 주고 간 돈이 없어졌어. 누가 훔쳐 갔어."
> 요양보호사 : (   )

① "어르신, 제가 찾는 거 도와드릴게요. 저랑 같이 찾아봐요."
② "어르신, 다른 사람 의심하면 안 됩니다."
③ "지난번에 아들이 왔을 때는 돈 안 드리고 갔잖아요."
④ "아드님이 다음에 오시면 없어진 것까지 더 달라고 할게요."
⑤ "저는 안 가져갔습니다."

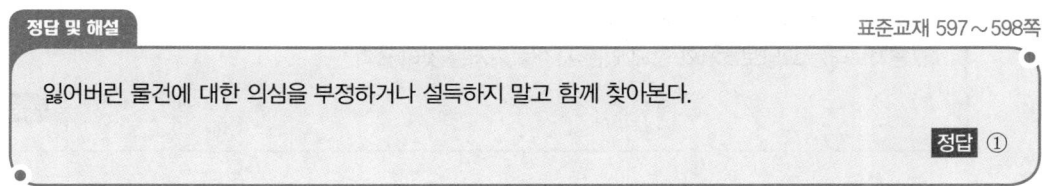

정답 및 해설　　표준교재 597~598쪽
잃어버린 물건에 대한 의심을 부정하거나 설득하지 말고 함께 찾아본다.
정답 ①

64 치매 대상자가 갑자기 화를 내면서 요양보호사를 꼬집으려고 하는 경우 대처 방법으로 옳은 것은?

① 왜 꼬집으려 하는지 이유를 물어본다.
② 갑자기 움직이지 않고 천천히 안정된 태도로 움직인다.
③ 손을 움직이지 못하게 억제대로 묶는다.
④ 큰소리로 그만두라고 말한다.
⑤ 계속 공격적으로 행동하면 일을 그만두겠다고 말한다.

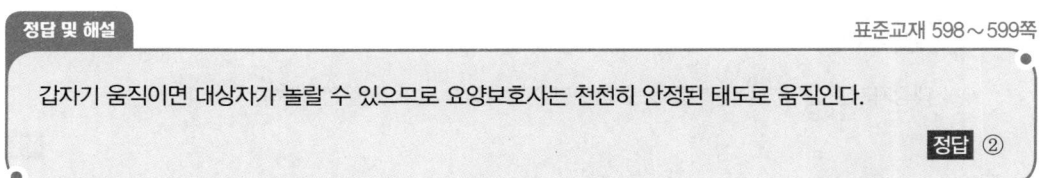

정답 및 해설　　표준교재 598~599쪽
갑자기 움직이면 대상자가 놀랄 수 있으므로 요양보호사는 천천히 안정된 태도로 움직인다.
정답 ②

65 해 질 녘이 되면 방을 서성이다 문을 덜거덕거리는 치매 대상자를 돕는 방법은?

① 문을 덜거덕거리지 못하게 팔을 잡는다.
② 텔레비전을 끄고 조용한 환경을 만들어 준다.
③ 커튼을 쳐서 실내를 아늑하게 만들어 준다.
④ 애완동물과 함께 즐거운 시간을 갖게 한다.
⑤ 혼자 쉴 수 있는 공간을 제공한다.

> **정답 및 해설** 　　　　　　　　　　　　　　　표준교재 600쪽
> ① 신체적 제한은 행동을 악화시키므로 하지 않는다.
> ② 텔레비전은 켜놓는 것이 도움이 된다.
> ③ 조명을 밝게 하는 것이 도움이 된다.
> ⑤ 혼자보다는 요양보호사와 함께 있는 시간을 가지는 것이 좋다.
>
> **정답** ④

66 요양보호사가 출근해서 현관문을 열 때마다 재가 치매 대상자가 바지를 벗고 나오는 행동을 할 때 대처 방법은?

① 바지를 입으라고 소리친다.
② 문을 닫고 집으로 돌아간다.
③ 당황하지 않고 옷을 입혀준다.
④ 가족에게 알리고 서비스를 중단하겠다고 말한다.
⑤ 부끄러운 행동이라고 비난한다.

> **정답 및 해설** 　　　　　　　　　　　　　　　표준교재 601쪽
> 대상자가 옷을 벗거나 성기를 노출하는 경우 당황하지 말고 옷을 입혀준다.
>
> **정답** ③

67 치매 대상자와 효과적으로 의사소통하는 방법으로 옳은 것은?

① 큰 목소리와 높은 톤으로 이야기한다.
② 부정형 문장과 긍정형 문장을 함께 사용한다.
③ 친근감을 표현하기 위해 반말을 사용한다.
④ 한 번에 한 가지씩만 질문한다.
⑤ '왜'라는 이유를 묻는 질문을 한다.

정답 및 해설

표준교재 605~610쪽

① 큰 목소리나 높은 톤으로 말하면 대상자는 말하는 사람이 화가 난 것으로 여길 수 있다.
② 부정형 문장보다는 긍정형 문장을 사용한다.
③ 치매 대상자를 대할 때는 반드시 존칭어를 사용한다.
⑤ '왜'라는 이유를 묻는 질문보다 '네', '아니요'로 간단히 답할 수 있는 질문을 한다.

정답 ④

68 치매 대상자의 계산력과 기억력을 향상하기 위한 프로그램으로 적절한 것은?

① 뇌 건강 일기 쓰기
② 악기 연주하기
③ 날짜 계산기
④ 손가락 낭독회
⑤ 여러 가지 단어 말하기

정답 및 해설

표준교재 623쪽

① 지남력, 단기 기억력, 의사표현력 증진
② 주의력, 소근육 기능, 표현력, 기억력 증진
④ 주의 집중력, 억제력, 소근육 증진
⑤ 언어의 유창성 증진

정답 ③

69 대상자와의 비언어적 의사소통 기법으로 옳은 것은?

① 적절한 시선의 움직임으로 눈맞춤을 한다.
② 대화하는 동안 머리를 계속 끄덕인다.
③ 몸을 앞으로 구부리는 태도를 유지한다.
④ 잦은 헛기침을 반복한다.
⑤ 대상자보다 눈높이를 높인다.

> **정답 및 해설**   표준교재 281~282쪽
>
> ② 지나친 머리 끄덕임은 바람직하지 않은 태도이다.
> ③ 대상자를 향해 약간 기울인 자세가 바람직하다.
> ④ 잦은 헛기침을 반복하는 것은 바람직하지 않은 태도이다.
> ⑤ 대상자와 같은 눈높이가 바람직하다.
>
> 정답 ①

70 다음 대화에서 요양보호사의 공감적 반응으로 옳은 것은?

| 대 상 자 : "지난번 요양보호사는 노래를 잘 불러줘서 재미있었는데…"
| 요양보호사 : (   ) |

① "이전 요양보호사가 노래를 잘 불렀나 봐요. 저도 노력해 볼게요."
② "그렇게 말하시니 제가 조금 서운하네요."
③ "저는 노래를 못 부르니 잘 부르는 요양보호사로 바꿔 드릴게요."
④ "저는 노래 부르기보다 더 잘할 수 있는 것이 있어요."
⑤ "다른 어르신은 노래 안 불러드려도 저를 좋아하시던데요."

> **정답 및 해설**   표준교재 286~287쪽
>
> 공감이란 상대방이 하는 말을 상대방의 관점에서 이해하고, 감정을 함께 느끼며 자신이 느낀 바를 전달하는 것을 의미한다.
>
> 정답 ①

71 노인성 난청이 있는 대상자와 의사소통하는 방법으로 옳은 것은?

① 큰 소리로 이름을 부르며 이야기를 시작한다.
② 보청기를 착용할 때 입력은 낮게 조절한다.
③ 입을 크게 벌리며 정확하게 말한다.
④ 메시지를 큰 소리로 빠르게 말한다.
⑤ 몸짓은 사용하지 않는다.

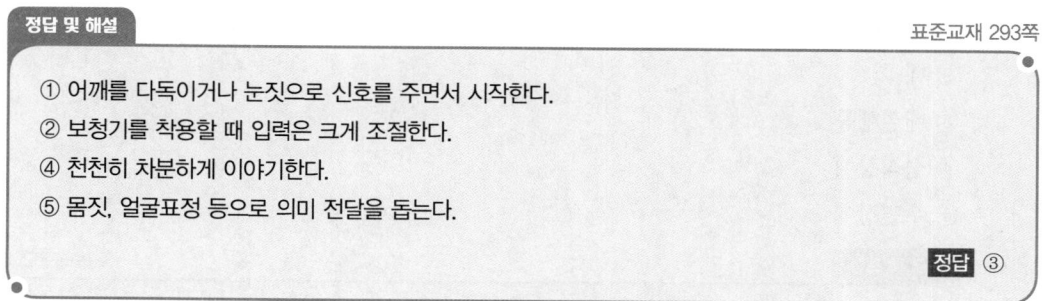

표준교재 293쪽

① 어깨를 다독이거나 눈짓으로 신호를 주면서 시작한다.
② 보청기를 착용할 때 입력은 크게 조절한다.
④ 천천히 차분하게 이야기한다.
⑤ 몸짓, 얼굴표정 등으로 의미 전달을 돕는다.

정답 ③

72 다음과 같은 방법으로 의사소통해야 하는 대상자는?

• 대상자의 생활리듬에 맞춘다.
• 말보다 감정표현을 자주해야 한다.
• 손과 어깨 등을 부드럽게 스킨십한다.

① 시각장애 대상자
② 노인성 난청 대상자
③ 언어장애 대상자
④ 치매로 인한 장애 대상자
⑤ 관리능력 장애 대상자

표준교재 294~295쪽

정답 ④

73 다음과 같은 대처와 의사소통을 해야 하는 치매 대상자의 상황으로 옳은 것은?

- 화를 내지 않고 따듯하게 수용하기
- 자존감 지켜주기
- 수치심 감소를 위해 충분히 설명하기
- 세심한 주의를 기울여 청결 유지하기

① 망 상
② 배 회
③ 배설행동
④ 섭식장애
⑤ 수면장애

정답 및 해설 표준교재 296~297쪽

지남력 약화, 실금에 대한 수치심, 돌봄 제공자의 관심 부족, 노화로 인한 신체적 변화 등이 원인이 된 배설행동의 대처 및 의사소통 방법이다.

정답 ③

74 장기요양 현장에서 발생할 수 있는 위험 및 위기대응 대처 방법으로 옳은 것은?

① 가장 먼저 응급처치를 실시한다.
② 대상자를 흔들며 의식 상태를 확인한다.
③ 응급상황이 종료된 경우 기록문서는 작성하지 않는다.
④ 구급대원이 도착할 때까지 상황별 응급처치를 실시하도록 한다.
⑤ 119에 신고하고 전화는 바로 끊는다.

정답 및 해설 표준교재 656~658쪽

① 어떠한 일이 일어났는지 상황을 파악하는 것이 가장 먼저 해야 하는 일이다.
② 가볍게 두드리며 의식 상태를 확인한다.
③ 위기상황에 대한 기록문서를 작성하도록 한다.
⑤ 구급대원이 끊어도 좋다고 할 때까지는 먼저 끊지 않는다.

정답 ④

75 화재 예방 및 대처 방법으로 옳은 것은?

① 기름을 사용하여 요리하는 경우 잠시 주방을 떠나도 된다.
② 난로 곁에 세탁물을 널어놓는다.
③ 계단이 아닌 엘리베이터로 이동해야 한다.
④ 옥상 출입문은 안전을 위해 항상 닫혀 있어야 한다.
⑤ 최대한 자세를 낮추면서 움직인다.

> **정답 및 해설** 표준교재 658~659쪽
> ① 요리하는 동안은 주방을 떠나지 않는다.
> ② 불이 붙는 물건은 난로 곁에서 치운다.
> ③ 엘리베이터가 아닌 계단으로 이동해야 한다.
> ④ 옥상 출입문은 항상 열려 있어야 한다.
>
> **정답** ⑤

76 감염예방을 위한 손 씻기 방법으로 옳은 것은?

① 손 소독제를 사용하는 것으로 올바른 손 씻기를 대체할 수 있다.
② 세면대에 물을 담아서 씻는다.
③ 손을 씻은 후 젖은 수건으로 닦는다.
④ 장갑을 착용했더라도 손은 씻는다.
⑤ 반지나 팔찌는 착용을 권장한다.

> **정답 및 해설** 표준교재 665~668쪽
> ① 손 소독제 사용은 올바른 손 씻기를 대체할 수 없다.
> ② 손 씻기는 흐르는 물로 한다.
> ③ 젖은 수건에는 세균이 서식할 수 있으니 깨끗한 수건 또는 핸드드라이어로 손을 건조해 준다.
> ⑤ 추가적인 오염 장소를 제공하기 때문에 반지나 팔찌 착용을 권장하지 않는다.
>
> **정답** ④

77 급성 저혈압(쇼크)에 대처하는 방법으로 옳은 것은?

① 입에서 토사물이 나오면 똑바로 눕힌다.
② 머리를 베개나 이불로 받쳐서 상승시킨다.
③ 상황이 종료되면 물이나 음료를 준다.
④ 대량출혈, 심근경색, 심한 가려움증 등에 의해 발생한다.
⑤ 혈압과 맥박 측정은 의료행위이므로 요양보호사는 하지 않는다.

> **정답 및 해설** 표준교재 674쪽
>
> ① 입에서 토사물이 나오면 고개를 옆으로 돌린다.
> ② 발아래를 베개나 이불로 받쳐서 다리가 30cm 올라가게 한다.
> ③ 기도흡인의 위험이 있으므로 물이나 음료는 주지 않는다.
> ⑤ 요양보호사가 자동혈압계를 사용하는 것은 가능하니 신속하게 혈압과 맥박을 측정한다.
>
> **정답** ④

78 다음 중 질식이 의심되어 하임리히법으로 응급처치해야 할 대상자는?

① 몸이 뻣뻣해지고, 호흡곤란을 일으킨다.
② 말을 하지 못하거나 숨을 쉬지 못한다.
③ 배를 움켜잡고 괴로운 얼굴표정을 한다.
④ 두 손을 머리에 올리며 통증을 호소한다.
⑤ 입에서 토사물이 나온다.

> **정답 및 해설** 표준교재 673쪽
>
> 하임리히법은 기도폐색이 확인되는 경우에만 실시하도록 한다. 그렇지 않은 상황에서 복부압력을 높이면 늑골골절 또는 내부장기가 손상된다. 기도폐색이 발생하게 되면 자신의 목을 조르는 자세를 하며 괴로운 표정을 짓는다. 갑작스러운 기침을 할 수 있으며, 때때로 숨을 쉴 때 목에서 이상한 소리가 들릴 수도 있다.
>
> **정답** ②

79 대상자가 요양원 정원을 산책하던 중 넘어져서 다리에 출혈이 발생한 경우 대처 방법은?

① 멸균거즈를 이용하여 압박한다.
② 압박붕대를 꽉 조여 감는다.
③ 맨손으로 출혈부위를 만진다.
④ 비눗물로 씻겨준다.
⑤ 지혈대로 묶어 준다.

> **정답 및 해설**
> 표준교재 675쪽
>
> ② 압박붕대는 꽉 조이지 않게 해서 혈액순환이 유지되게 한다.
> ③ 장갑을 낀 후 출혈부위를 만진다.
> ④ 생리식염수를 사용한다.
> ⑤ 지혈대 사용은 지혈의 최후수단으로 사용해야 하기 때문에 신중해야 한다.
>
> 정답 ①

80 심정지 대상자에게 심폐소생술을 하는 순서로 옳은 것은?

① 도움요청과 119 신고 → 반응확인 → 가슴압박 → 호흡확인
② 반응확인 → 도움요청과 119 신고 → 가슴압박 → 호흡확인
③ 호흡확인 → 가슴압박 → 도움요청과 119 신고 → 반응확인
④ 반응확인 → 도움요청과 119 신고 → 호흡확인 → 가슴압박
⑤ 가슴압박 → 반응확인 → 도움요청과 119 신고 → 호흡확인

> **정답 및 해설**
> 표준교재 679~681쪽
>
> 정답 ④

너울샘 요양보호사 2회 모의고사

01 다음에서 설명하는 노년기의 심리적 특성으로 옳은 것은?

- 시청각 및 지각능력과 자신감이 감퇴하기 때문에 발생한다.
- 질문이나 문제에 대해 대답을 할지 망설이거나 하지 못한다.

① 생에 대한 회고의 경향 ② 내향성의 증가
③ 조심성의 증가 ④ 경직성의 증가
⑤ 친근한 사물에 대한 애착심

정답 및 해설 표준교재 20~21쪽

① 지나온 일생을 떠올려 보게 된다. 실패와 좌절에 담담해져 자아통합을 가능하게 한다.
② 심적 에너지가 내면으로 향한다.
④ 익숙하고 습관적인 태도나 방법을 고수한다. 새로운 변화를 싫어한다.
⑤ 애착은 지나온 과거를 회상하거나 마음의 안락을 찾는 데 도움을 준다.

정답 ③

02 노년기의 사회적 특성으로 옳은 것은?

① 유대감의 상실 ② 역할 확대
③ 경제적 풍요 ④ 사회관계 확대
⑤ 고독감과 우울감 감소

정답 및 해설 표준교재 21~22쪽

② 역할 감소
③ 경제적 빈곤
④ 사회관계 위축
⑤ 고독감과 우울감 증가

정답 ①

03 국제연합이 채택한 노인을 위한 유엔의 원칙 중 다음에 해당하는 것은?

- 사회에 통합되어야 하고, 지식과 기술을 젊은 세대와 공유하여야 한다.
- 노인들을 위한 사회운동을 하고 단체를 조직할 수 있어야 한다.

① 독립의 원칙
② 보호의 원칙
③ 자아실현의 원칙
④ 참여의 원칙
⑤ 존엄의 원칙

정답 및 해설 표준교재 38~39쪽

① 노인 본인의 소득과 지역사회 지원을 통해 식량, 건강서비스를 이용할 수 있어야 한다. 일할 기회를 갖거나 다른 소득을 얻을 수 있어야 한다.
② 노인의 자율과 보호를 높이는 사회적·법률적인 서비스를 이용할 수 있어야 한다.
③ 노인의 잠재력을 완전히 계발할 수 있어야 한다.
⑤ 존엄과 안전 속에서 살 수 있어야 하며, 착취와 육체적·정신적 학대로부터 자유로워야 한다.

정답 ④

04 학대피해노인에 대한 일정기간 보호조치 및 심신 치유 프로그램을 제공하는 노인복지사업 유형은?

① 학대피해노인 전용쉼터
② 노인보호전문기관
③ 노인맞춤돌봄서비스
④ 결식 우려 노인 무료급식 지원
⑤ 독거노인 공동생활홈 서비스

정답 및 해설 표준교재 44쪽

② 노인보호전문기관은 노인학대 예방 및 노인인식 개선 등을 통해 노인의 삶의 질 향상을 도모하기 위한 사업이다.
③ 노인맞춤돌봄서비스는 일상생활 영위가 어려운 취약노인에게 적절한 돌봄 서비스를 제공하여 안정적인 노후생활보장, 노인의 기능·건강 유지 증진 및 악화를 예방하기 위한 사업이다.
④ 결식 우려 노인 무료급식 지원은 가정 형편이 어렵거나 부득이한 사정으로 식사를 거를 우려가 있는 노인들에게 무료로 식사를 제공하고, 그 이상의 일정한 경제적 능력을 갖춘 노인들에게는 실비로 식사를 제공할 수 있도록 지원하는 사업이다.
⑤ 독거노인 공동생활홈 서비스는 공동생활 공간 운영을 통한 독거노인 고독사, 자살 예방 및 공동체 형성을 목적으로 하는 사업이다.

정답 ①

05 노인장기요양보험제도의 보험자 및 가입자에 대한 설명으로 옳은 것은?

① 노인장기요양보험제도의 보험자는 국내에 거주하는 국민이다.
② 노인장기요양보험사업은 국민건강보험공단이 관장한다.
③ 노인장기요양보험의 가입자로 국내에 체류하는 재외국민은 해당되지 않는다.
④ 노인장기요양보험금을 지급하는 곳은 근로복지공단이다.
⑤ 노인장기요양보험의 보험자는 국민건강보험공단이다.

정답 및 해설   표준교재 49쪽

① 노인장기요양보험의 보험자는 국민건강보험공단이다.
② 노인장기요양보험사업은 보건복지부장관이 관장한다.
③ 노인장기요양보험의 가입자는 국내에 거주하는 국민, 국내에 체류하는 재외국민 또는 외국인으로서 대통령령으로 정하는 사람이다.
④ 노인장기요양보험금을 지급하는 곳은 국민건강보험공단이다.

정답 ⑤

06 요양보호서비스 원칙을 준수한 요양보호사는?

① 대상자가 서비스 추가 요청을 해서 요양보호사가 단독처리했다.
② 대상자가 변을 배출하지 못해서 관장을 했다.
③ 대상자가 기침을 지속적으로 해서 목욕 시행을 미루었다.
④ 대상자가 손주의 간식을 만들어 달라고 요청해서 만들어 주었다.
⑤ 업무 중 알게 된 대상자의 비밀을 동료와 공유했다.

정답 및 해설   표준교재 77쪽

① 대상자가 서비스 추가 요청을 한 경우 관리책임자에게 보고한다.
② 관장은 의료행위이므로 하지 않는다.
④ 모든 서비스는 대상자에게만 제공한다.
⑤ 대상자의 비밀을 누설하여서는 안 된다.

정답 ③

07 요양보호사가 숙련된 수발자 역할을 수행한 것은?

① 대상자의 식사량이 갑자기 감소해서 관리책임자에게 전달한다.
② 공감기법을 활용하여 대상자와 의사소통한다.
③ 대상자의 잔존능력을 활용하여 스스로 행동하게 한다.
④ 대상자의 투약 여부를 관찰한다.
⑤ 능숙한 요양보호서비스에 대한 기술로 대상자의 불편함을 경감한다.

> **정답 및 해설** 표준교재 80~81쪽
>
> ① 정보 전달자 역할
> ② 말벗과 상담자 역할
> ③ 동기 유발자 역할
> ④ 관찰자 역할
>
> **정답** ⑤

08 다음 내용에 해당하는 시설 생활노인의 권리는?

- 노인의 욕구를 파악하고 그 내용을 기반으로 돌봄 계획을 수립한다.
- 생활실에 노인 개인물품을 설치하거나 이용하는 것을 허용해야 한다.

① 존엄한 존재로 대우받을 권리
② 개별화된 서비스를 제공받고 선택할 수 있는 권리
③ 스스로 입소를 결정하며 공정한 계약을 맺을 권리
④ 신체구속을 받지 않을 권리
⑤ 건강한 생활을 위한 질 높은 생활서비스 및 보건의료서비스를 받을 권리

> **정답 및 해설** 표준교재 92쪽
>
> 시설 생활노인에게 개인적인 생활스타일(헤어스타일, 의복)을 선택하거나 결정할 수 있는 권리를 보장해야 한다. 시설 내 서비스의 내용을 사전에 설명하되, 강요나 강압이 아닌 자유 선택에 의해 진행되어야 한다.
>
> **정답** ②

09 노인학대의 발생 요인으로 옳은 것은?

① 사회적으로 고립된 경우
② 신체적 건강상태가 좋은 경우
③ 자녀와의 관계가 원만한 경우
④ 자립성이 높은 경우
⑤ 자아존중감이 높은 경우

> **정답 및 해설** 표준교재 102~103쪽
>
> 노인이나 부양자가 사회적으로 고립이 되면 이웃, 친구, 친척 또는 전문가의 도움이 필요한 상황에서도 활용할 수 있는 사회지지망이 없어서 노인학대가 발생하는 원인이 된다.
>
> **정답** ①

10 노인이 친구나 친척들과 만나거나 연락하는 것을 방해하고, 노인의 친구나 친지 등이 방문하는 것을 싫어하는 노인학대 유형은?

① 유 기
② 경제적 학대
③ 성적 학대
④ 정서적 학대
⑤ 신체적 학대

> **정답 및 해설** 표준교재 107쪽
>
> 노인의 사회관계 유지를 방해하는 것은 정서적 학대에 해당한다.
>
> **정답** ④

11 다음에서 설명하는 노인학대 예방을 위한 유관기관은?

> • 노인학대 신고사례에 대한 현장조사
> • 노인학대 행위자의 형사재판을 요하는 사례에 대한 수사 전담

① 의료기관
② 사법경찰
③ 보건복지부
④ 노인보호 전문기관
⑤ 법률기관

정답 및 해설　　　　　　　　　　　　　　　　　　표준교재 113쪽

① 의료기관은 노인학대 판정을 위한 의학적 진단, 소견, 증언 진술을 한다.
③ 보건복지부는 노인보호 업무와 관련한 법·제도적 정책 수립, 노인복지시설에 대한 행정·재정적 지원을 한다.
④ 노인보호 전문기관은 노인학대 사례의 신고접수, 신고된 시설학대 사례에 확인 개입을 협조한다.
⑤ 법률기관은 피해 노인의 법률적 보호 및 학대행위자에 대한 보호처분을 포함한 판정, 후견인의 지정, 피해노인과 가족 격리 등을 수행한다.

정답 ②

12 산업재해를 예방하고 쾌적한 작업환경을 조성하기 위해서 요양보호사에게 안전에 대해 교육하고, 건강장해를 예방하기 위하여 필요한 보건조치가 명시된 법은?

① 산업재해보상보험법
② 근로기준법
③ 성폭력방지법
④ 국민건강보험법
⑤ 산업안전보건법

정답 및 해설　　　　　　　　　　　　　　　　　　표준교재 118~119쪽

산업안전보건법은 산업재해를 예방하고 쾌적한 작업환경을 조성함으로써 근로자의 안전과 보건을 유지·증진함을 목적으로 한다.

정답 ⑤

13 대상자가 요양보호사에게 성희롱을 할 때 대처 방법으로 옳은 것은?

① 단호히 거부의사를 표현한다.
② 요양보호 업무를 중단하고 대상자의 집을 나온다.
③ 감정적으로 대응한다.
④ 아무런 반응을 보이지 않는다.
⑤ 성희롱하는 이유를 물어본다.

정답 및 해설 표준교재 121쪽

성희롱에 대한 요양보호사의 대처
- 감정적인 대응은 삼가고, 단호히 거부의사를 표현한다.
- 모든 피해사실에 대하여 기관의 담당자에게 보고하여 기관에서 적절한 조치를 취하게 한다.
- 평소 성폭력에 대한 충분한 예비지식과 대처 방법을 숙지한다.

정답 ①

14 요양보호사가 지켜야 할 직업윤리로 옳은 것은?

① 대상자의 성격에 따라 서비스 내용을 다르게 한다.
② 대상자와 상호 대등한 관계임을 인식한다.
③ 기관의 지침을 우선으로 서비스를 제공한다.
④ 경제적으로 어려운 대상자의 본인부담금을 할인해 준다.
⑤ 서비스 시간의 추가 요청이 있는 경우 단독처리한다.

정답 및 해설 표준교재 123~126쪽

① 대상자를 차별 대우하지 않는다.
③ 대상자의 자기결정권을 최대한 존중한다.
④ 본인부담금을 할인해서는 안 된다.
⑤ 대상자와 별도의 서비스 계약을 해서는 안 된다.

정답 ②

15 다음 상황에서 요양보호사의 대처 방법으로 적절한 것은?

> 대상자의 가족이 물질적 보상을 하려고 한다.

① 작은 보상이니 받아둔다.
② 센터장님께 비밀로 하면 받는다고 말한다.
③ 직업윤리에 위배된다고 하며 거절한다.
④ 고민해 보겠다고 하며 대답을 피한다.
⑤ 동료에게 물어보겠다고 한다.

정답 및 해설   표준교재 123쪽

대상자로부터 서비스에 대한 물질적 보상을 받지 않는다.

정답 ③

16 수근관증후군에 대한 설명으로 옳은 것은?

① 손목을 손등 방향으로 힘을 주어 굽힐 때 악화된다.
② 손을 털어도 저림과 통증은 완화되지 않는다.
③ 새끼손가락에 통증이 있다.
④ 밤에 통증이 악화된다.
⑤ 손등을 맞대고 밀면 저림 증상이 완화된다.

정답 및 해설   표준교재 138~139쪽

① 손바닥 방향으로 힘을 주어 굽힐 때 악화된다.
② 손을 털게 되면 저림과 통증이 일시적으로 완화된다.
③ 엄지손가락의 반쪽과 첫째, 둘째, 셋째, 넷째 손가락과 이와 연결된 손바닥 피부의 감각이 둔해진다.
⑤ 손등을 맞대고 밀면 저림 증상이 심해진다.

정답 ④

17 다음에서 설명하는 직업성 감염질환은?

> • 갑작스러운 발열(38℃ 이상), 인후통의 증상이 나타난다.
> • 증상이 생긴 후 요양보호사는 일주일 정도 쉬어야 한다.

① 결 핵
② 노로바이러스 장염
③ 옴
④ 머릿니
⑤ 독감(인플루엔자)

표준교재 149~150쪽

정답 ⑤

18 노인성 질병의 특성으로 옳은 것은?

① 초기진단이 매우 쉽다.
② 신장의 소변농축 능력과 배설능력이 증가한다.
③ 경과가 짧고 재발되지 않는다.
④ 원인이 불명확한 급성 퇴행성 질환이 대부분이다.
⑤ 단독으로 발생하는 경우는 드물다.

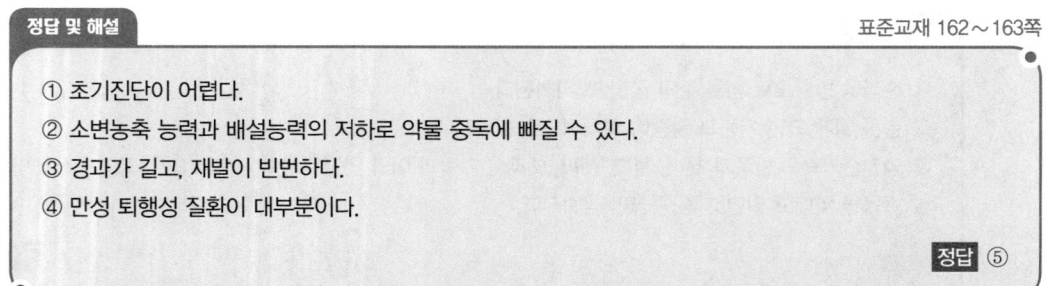

표준교재 162~163쪽

① 초기진단이 어렵다.
② 소변농축 능력과 배설능력의 저하로 약물 중독에 빠질 수 있다.
③ 경과가 길고, 재발이 빈번하다.
④ 만성 퇴행성 질환이 대부분이다.

정답 ⑤

19 노화에 따른 호흡기계의 변화로 옳은 것은?

① 수분함유량의 증가로 콧속 점막이 촉촉해진다.
② 폐포의 탄력성이 저하된다.
③ 호흡 근력이 강해진다.
④ 기침반사가 증가한다.
⑤ 미세물질들을 잘 걸러낸다.

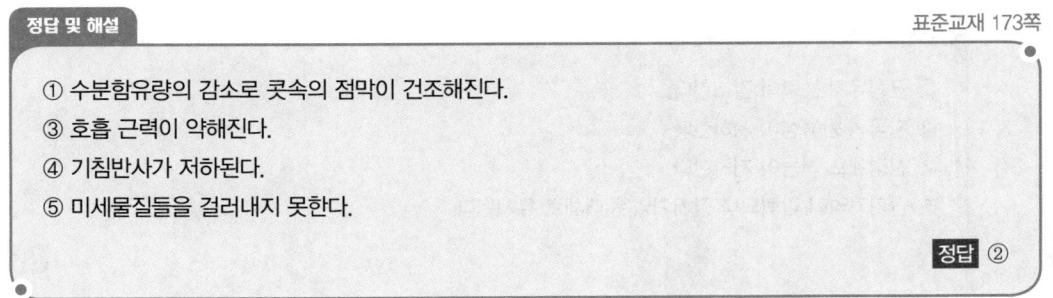

① 수분함유량의 감소로 콧속의 점막이 건조해진다.
③ 호흡 근력이 약해진다.
④ 기침반사가 저하된다.
⑤ 미세물질들을 걸러내지 못한다.

정답 ②

20 노화에 따른 심혈관계의 특성으로 옳은 것은?

① 최대 심박출량 증가
② 심장근육의 탄력성 증가
③ 기립성 저혈압이 발생함
④ 심박동수 증가
⑤ 심장근육이 얇아짐

① 최대 심박출량 감소
② 심장근육의 탄력성 저하
④ 심박동수 감소
⑤ 심장근육이 두꺼워짐

정답 ③

21 노화에 따른 신경계의 변화로 옳은 것은?

① 균형유지 능력 향상
② 자극의 반응성 증가
③ 신경세포의 기능 증가
④ 정서 조절 불안정
⑤ 장기기억의 감퇴

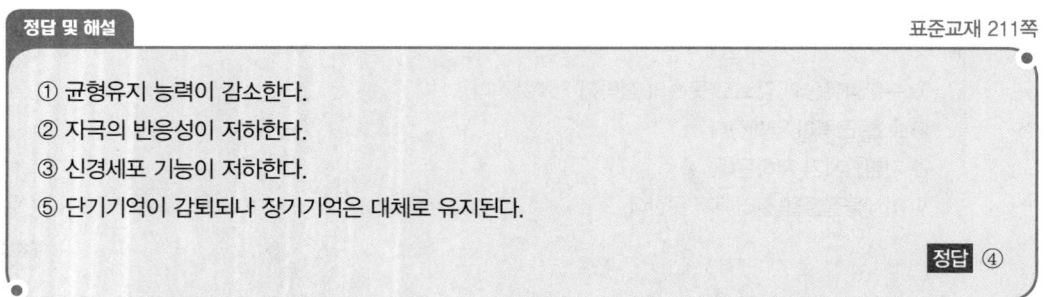

정답 및 해설 표준교재 211쪽
① 균형유지 능력이 감소한다.
② 자극의 반응성이 저하한다.
③ 신경세포 기능이 저하한다.
⑤ 단기기억이 감퇴되나 장기기억은 대체로 유지된다.

정답 ④

22 노화에 따른 시각계의 변화로 옳은 것은?

① 색의 식별능력이 증가한다.
② 눈부심이 없다.
③ 각막반사가 증가되어 손상에 예민해진다.
④ 지방이 증가하며 눈꺼풀의 탄력이 유지된다.
⑤ 빛 순응의 어려움이 생긴다.

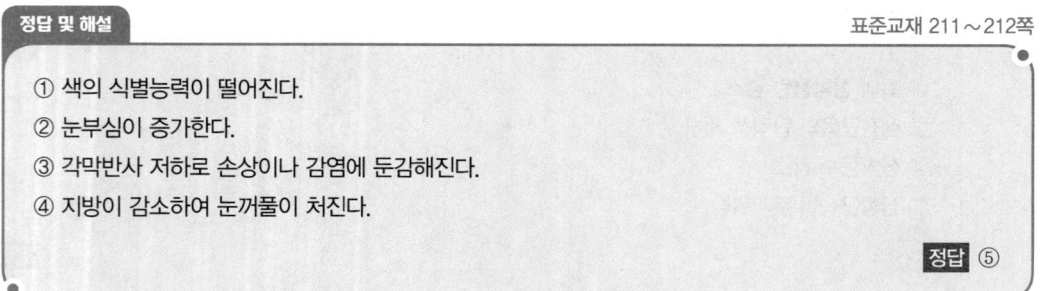

정답 및 해설 표준교재 211~212쪽
① 색의 식별능력이 떨어진다.
② 눈부심이 증가한다.
③ 각막반사 저하로 손상이나 감염에 둔감해진다.
④ 지방이 감소하여 눈꺼풀이 처진다.

정답 ⑤

23 대장암의 관련 요인에 해당하는 것은?

① 고잔여식이 섭취
② 하루 6~8잔의 생수 마시기
③ 생채소, 생과일 섭취
④ 매일 알코올 섭취
⑤ 금 연

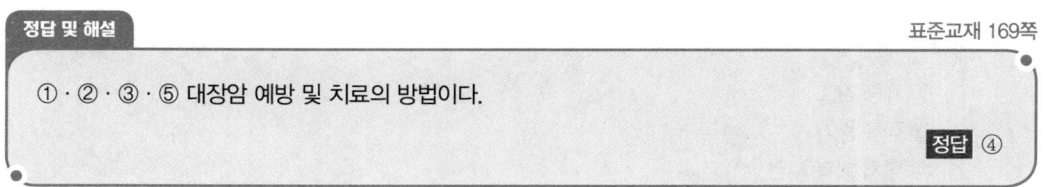

정답 및 해설 표준교재 169쪽

①·②·③·⑤ 대장암 예방 및 치료의 방법이다.

정답 ④

24 호흡기계 질환인 천식의 증상으로 옳은 것은?

① 숨을 내쉴 때 쌕쌕거리는 호흡음
② 체중 감소
③ 앉은 자세 호흡
④ 혈액성 가래
⑤ 오후에 나타나는 발열

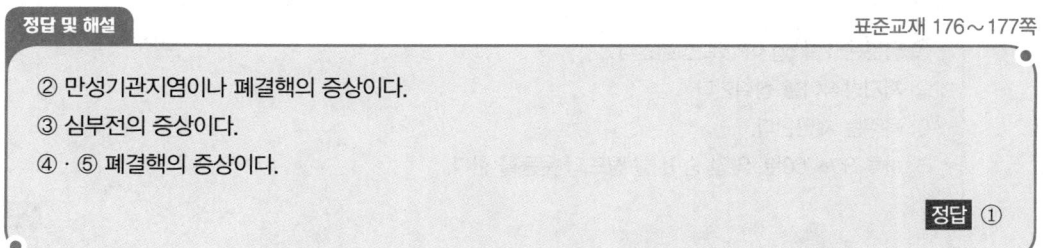

정답 및 해설 표준교재 176~177쪽

② 만성기관지염이나 폐결핵의 증상이다.
③ 심부전의 증상이다.
④·⑤ 폐결핵의 증상이다.

정답 ①

25 당뇨병의 증상으로 옳은 것은?

① 체중 증가
② 질 감염의 증가
③ 식욕 감소
④ 빠른 상처 회복
⑤ 소변량 감소

정답 및 해설 표준교재 218쪽

① 체중 감소
③ 식욕 증가
④ 상처 회복 지연
⑤ 소변량 증가

정답 ②

26 고혈압 대상자의 관리 방법으로 옳은 것은?

① 하루에 6g 이상의 염분을 섭취한다.
② 고지방식이 섭취를 늘린다.
③ 표준체중을 유지한다.
④ 알코올 섭취를 늘린다.
⑤ 하루 1시간 이상 고강도 운동을 한다.

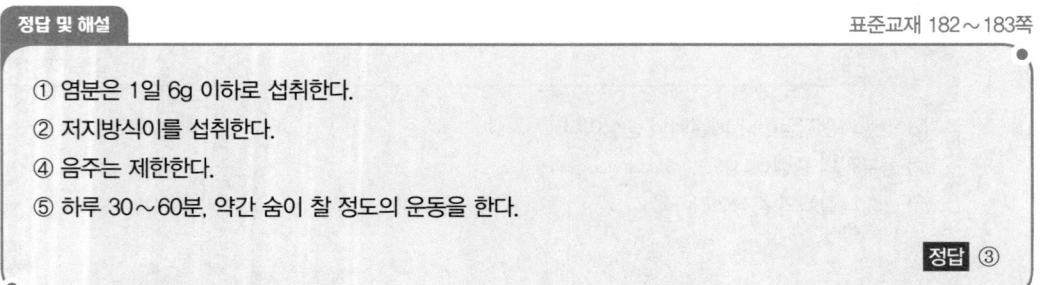

정답 및 해설 표준교재 182~183쪽

① 염분은 1일 6g 이하로 섭취한다.
② 저지방식이를 섭취한다.
④ 음주는 제한한다.
⑤ 하루 30~60분, 약간 숨이 찰 정도의 운동을 한다.

정답 ③

27 골다공증 대상자를 돕는 방법으로 옳은 것은?

① 체중부하운동을 하게 한다.
② 음식으로 비타민 A를 섭취하게 한다.
③ 커피나 탄산음료를 자주 마시게 한다.
④ 음주를 권장한다.
⑤ 물리치료를 받게 한다.

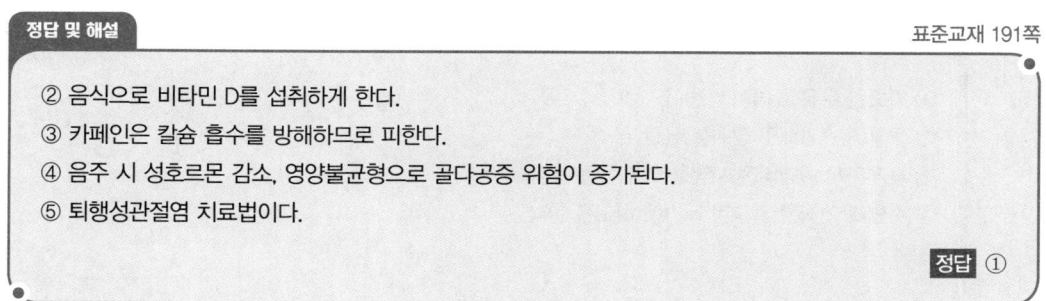

정답 및 해설 표준교재 191쪽

② 음식으로 비타민 D를 섭취하게 한다.
③ 카페인은 칼슘 흡수를 방해하므로 피한다.
④ 음주 시 성호르몬 감소, 영양불균형으로 골다공증 위험이 증가된다.
⑤ 퇴행성관절염 치료법이다.

정답 ①

28 녹내장 대상자의 일상생활 주의사항으로 옳은 것은?

① 녹내장이 있는 한쪽 눈만 검사를 받는다.
② 윗몸 일으키기는 피하도록 한다.
③ 목을 감싸주는 복장을 한다.
④ 고개를 숙인 자세로 책을 읽는다.
⑤ 안압을 낮추기 위해 물구나무서기를 한다.

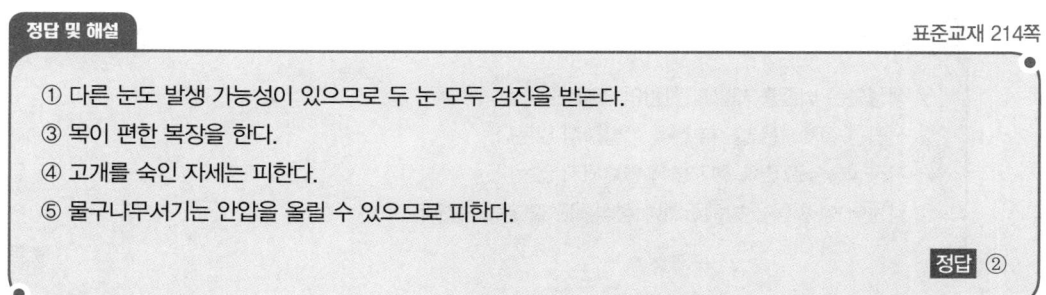

정답 및 해설 표준교재 214쪽

① 다른 눈도 발생 가능성이 있으므로 두 눈 모두 검진을 받는다.
③ 목이 편한 복장을 한다.
④ 고개를 숙인 자세는 피한다.
⑤ 물구나무서기는 안압을 올릴 수 있으므로 피한다.

정답 ②

29 노인의 수면관리 방법으로 옳은 것은?

① 공복감으로 잠이 안 오는 경우 식사를 제공한다.
② 카페인이 함유된 음료는 오후에 제공한다.
③ 늦게까지 텔레비전 시청을 같이 한다.
④ 수면과 기상은 상태에 따라 변동성 있게 한다.
⑤ 매일 규칙적으로 적당한 운동을 하게 한다.

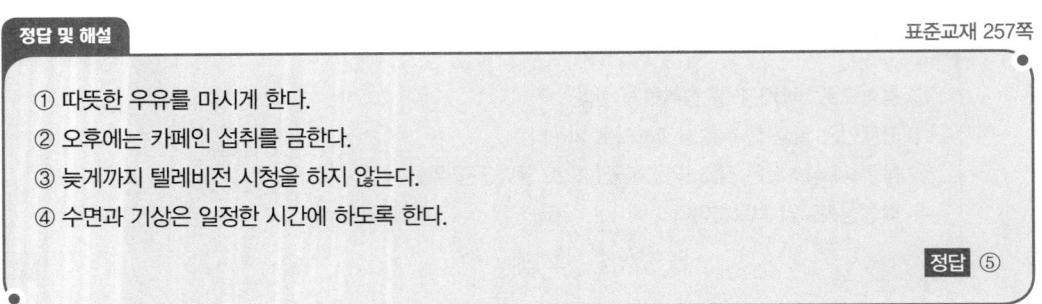

정답 및 해설 표준교재 257쪽

① 따뜻한 우유를 마시게 한다.
② 오후에는 카페인 섭취를 금한다.
③ 늦게까지 텔레비전 시청을 하지 않는다.
④ 수면과 기상은 일정한 시간에 하도록 한다.

정답 ⑤

30 노인이 되면 발생하는 성문제로 옳은 것은?

① 성생활은 뇌졸중 재발과 관련이 있다.
② 전립선 절제술은 발기부전을 유발한다.
③ 자궁적출술은 성기능을 변화시킨다.
④ 약물과 성적 욕구는 관련이 없다.
⑤ 남성 노인은 성적 자극에 반응이 지연된다.

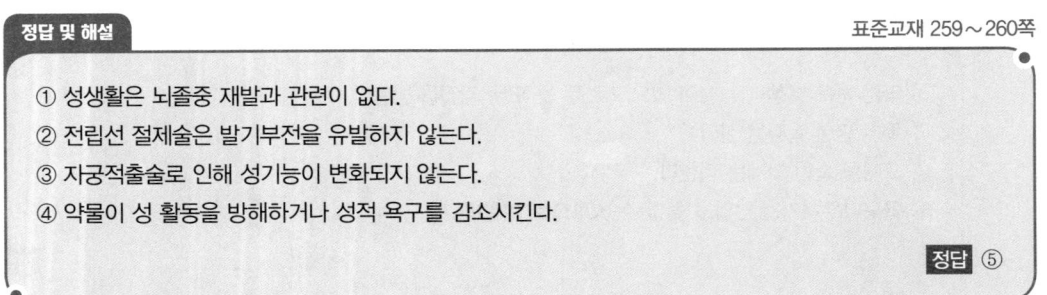

정답 및 해설 표준교재 259~260쪽

① 성생활은 뇌졸중 재발과 관련이 없다.
② 전립선 절제술은 발기부전을 유발하지 않는다.
③ 자궁적출술로 인해 성기능이 변화되지 않는다.
④ 약물이 성 활동을 방해하거나 성적 욕구를 감소시킨다.

정답 ⑤

31 65세 이상 노인에게 권장하는 예방접종의 종류와 주기에 대한 설명으로 옳은 것은?

① 5년마다 디프테리아 백신을 추가 접종한다.
② 3년마다 인플루엔자 백신을 접종한다.
③ 10년마다 파상풍 백신을 추가 접종한다.
④ 매년 백일해 백신을 접종한다.
⑤ 2년마다 대상포진 백신을 접종한다.

정답 및 해설　　　　　　　　　　　　　　　표준교재 270~271쪽

① 디프테리아 백신은 1차 기본접종 이후 10년마다 추가 접종한다.
② 인플루엔자 백신은 매년 접종한다.
④ 백일해가 포함된 예방접종을 받지 않았거나 잘 모르는 경우, 한 번은 파상풍 – 디프테리아 – 백일해 백신으로 접종하는 것이 좋다.
⑤ 대상포진 백신은 1회 접종한다.

정답 ③

32 장기요양기관에서 요양보호사가 작성하는 기록의 종류로 옳은 것은?

① 급여제공계획서
② 사례회의록
③ 간호일지
④ 욕구사정
⑤ 장기요양급여 제공기록지

정답 및 해설　　　　　　　　　　　　　　　표준교재 308~309쪽

요양보호사가 작성하는 기록의 종류에는 장기요양급여 제공기록지, 상태기록지, 사고보고서, 인수인계서가 있다.

정답 ⑤

33 요양보호 업무를 진행하면서 반드시 기관에 보고해야 하는 상황은?

① 계절이 지난 신발이 정리되어 있지 않았다.
② 예기치 못하게 뜨거운 물에 화상을 입었다.
③ 대상자 자녀가 오랜만에 전화를 했다.
④ 계획된 서비스대로 진행했다.
⑤ 대상자의 식사량이 평상시와 같았다.

> **정답 및 해설**
> 표준교재 337~338쪽
>
> 사고가 발생했거나 발생할 뻔했을 때, 업무를 잘못 수행했을 때, 새로운 업무방법을 찾았을 때, 새로운 정보를 파악했을 때, 서비스를 추가하거나 변경할 필요가 있을 때, 대상자의 상태에 변화가 있을 때 반드시 기관에 보고해야 한다.
>
> **정답** ②

34 다음에서 설명하는 임종 적응 단계는?

- "아니야, 나는 믿을 수 없어."라는 표현을 한다.
- 다시 회복될 수 있다고 믿고 싶어 한다.

① 부 정
② 분 노
③ 타 협
④ 우 울
⑤ 수 용

> **정답 및 해설**
> 표준교재 644~645쪽
>
> ② "나는 아니야. 왜 하필이면 나야." 혹은 "왜 지금이야."와 같은 표현을 하며 불만스러운 면을 찾으려고 한다.
> ③ 삶이 얼마간이라도 연장되기를 희망한다.
> ④ 자신의 근심과 슬픔을 더 이상 말로 표현하지 않고 조용히 울기도 한다.
> ⑤ 마지막 정리의 시간을 보내기도 한다.
>
> **정답** ①

35 임종을 앞두고 사별 전, 후 가족 요양보호로 옳은 것은?

① 가족의 우울증 증상이 심해도 시간이 지나면 해결되니 지켜보라고 한다.
② 아무 판단 없이 마음의 아픔을 들어 줄 사람이 필요할 수 있다.
③ 사람마다 애도하는 반응은 모두 같다.
④ 사별 전 대상자 의식이 저하되므로 친지나 지인의 방문을 제한한다.
⑤ 대상자가 생각을 정리할 수 있도록 혼자 두는 시간을 늘려준다.

> **정답 및 해설** 표준교재 651쪽
>
> ① 심리상담을 받거나 정신건강의학과 의사를 만나도록 격려한다.
> ③ 신경이 날카로워지거나 반대로 아무 생각 없이 반응하는 등 애도반응은 다름을 이해한다.
> ④ 방문을 받을 수 있도록 허용한다.
> ⑤ 혼자 있으면 불안해할 수 있으므로 가족들이 교대로 대상자 곁에 함께 있을 수 있도록 한다.
>
> **정답** ②

36 스스로 먹을 수 있는 대상자의 식사를 돕는 방법으로 옳은 것은?

① 사레 예방을 위해 물기가 없는 음식을 제공한다.
② 식사 전에 '아에이오우' 운동을 하여 씹는 기능과 삼키는 기능을 자극한다.
③ 요양보호사는 대상자와 마주보며 앉는다.
④ 편식이나 과식하지 않도록 음식을 먹여준다.
⑤ 음식은 최대한 빨리 먹을 수 있도록 도와준다.

> **정답 및 해설** 표준교재 363쪽
>
> ① 물기가 없는 음식(마른 음식 : 김, 뻥튀기)은 피해야 한다.
> ③ 마주 앉으면 근육의 긴장도가 높아지므로 나란히 앉아야 한다.
> ④ 원하는 음식은 직접 먹도록 한다.
> ⑤ 급하게 먹지 않도록 수저를 상에 놓거나 말을 걸어 먹는 속도를 조절한다.
>
> **정답** ②

37 연하곤란이 있는 대상자의 경관영양 돕기 방법으로 옳은 것은?

① 영양액은 위장보다 낮은 위치에 건다.
② 대상자가 토하는 경우 비위관을 제거한다.
③ 진한 농도의 영양액을 준비한다.
④ 1분에 50mL 이상 주입한다.
⑤ 영양주머니는 매번 세척한다.

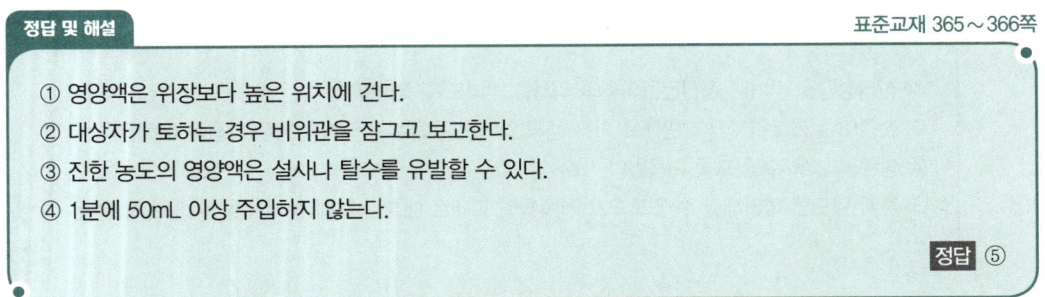

38 대상자에게 안약을 투여하는 방법으로 옳은 것은?

① 생리식염수에 적신 멸균솜으로 눈 바깥쪽에서 안쪽으로 닦아준다.
② 상안검 밑부분에 거즈를 댄다.
③ 결막낭을 노출하여 하안검의 중앙이나 외측으로 안약 용액을 투여한다.
④ 각막에 직접 점안한다.
⑤ 안약 튜브의 높이는 5~6cm가 되게 한다.

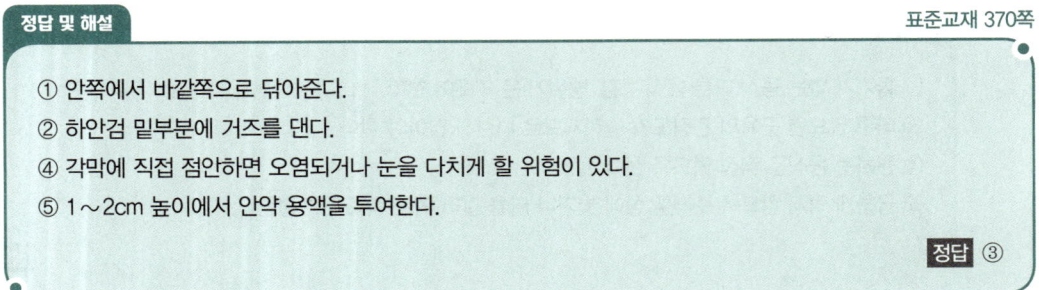

39 오른쪽 편마비 대상자가 휠체어를 이용하여 화장실을 안전하게 다녀올 수 있게 돕는 방법으로 옳은 것은?

① 휠체어를 대상자의 오른쪽에 놓는다.
② 대상자의 왼손으로 휠체어의 팔걸이를 잡도록 한다.
③ 오른손으로 왼쪽 손과 발을 움직여 스스로 자세를 잡도록 격려한다.
④ 휠체어에 앉아 있을 때는 잠금장치를 열어둔다.
⑤ 화장실의 조도는 낮게 유지한다.

> **정답 및 해설**
> 표준교재 375~377쪽
>
> ① 휠체어는 대상자의 건강한 쪽(왼쪽)에 둔다.
> ③ 건강한 쪽(왼손)으로 마비된 쪽(오른쪽) 손과 발을 움직여 자세를 잡는다.
> ④ 낙상예방을 위해 앉아 있을 때도 잠금장치는 잠근다.
> ⑤ 화장실은 밝게 유지한다.
>
> **정답** ②

40 침상에서 배설하는 대상자를 돕는 방법으로 옳은 것은?

① 대상자가 협조 가능한 경우 옆으로 눕혀서 변기를 대준다.
② 물티슈로 닦고 수분을 남겨 피부건조를 예방한다.
③ 따뜻한 물로 변기를 데워 놓는다.
④ 침대를 평평하게 유지하여 배에 힘을 주기 쉬운 자세를 취한다.
⑤ 시계 반대 방향으로 복부 마사지를 해준다.

> **정답 및 해설**
> 표준교재 379~381쪽
>
> ① 협조 가능한 경우 요양보호사가 허리 밑에 한 손을 넣어 대상자가 둔부를 들게 하고, 다른 손으로 변기를 밀어 넣는다.
> ② 물기가 남아있으면 피부손상을 일으킬 수 있으므로 마른 수건으로 물기를 닦아준다.
> ④ 침대의 머리 부분을 올려주는 자세를 취한다.
> ⑤ 시계 방향으로 마사지를 해준다.
>
> **정답** ③

41 편마비 대상자의 이동변기 사용을 돕는 방법으로 옳은 것은?

① 이동변기는 마비된 쪽에 둔다.
② 이동변기 앞에 미끄럼방지매트를 깔아준다.
③ 이동변기의 높이는 침대보다 높게 한다.
④ 배설 중에는 하반신을 수건으로 덮어준다.
⑤ 이동변기의 배설물은 하루 동안 모았다가 처리한다.

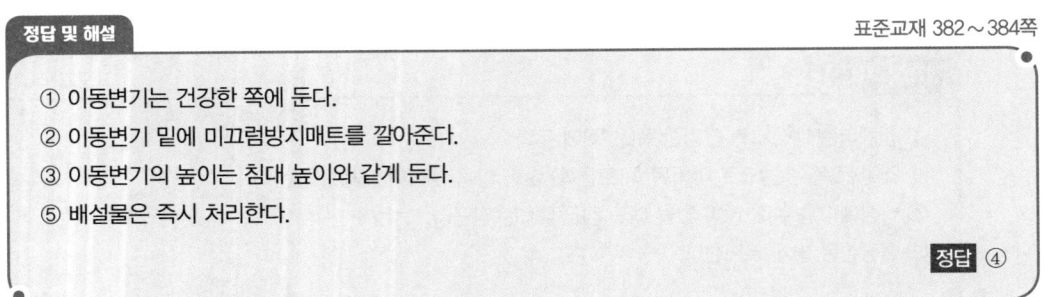

정답 및 해설 표준교재 382~384쪽

① 이동변기는 건강한 쪽에 둔다.
② 이동변기 밑에 미끄럼방지매트를 깔아준다.
③ 이동변기의 높이는 침대 높이와 같게 둔다.
⑤ 배설물은 즉시 처리한다.

정답 ④

42 대상자의 기저귀 교환 방법으로 옳은 것은?

① 윗옷을 목까지 올리고 바지를 내린다.
② 둔부 주변에 발적이 보이면 온찜질을 해준다.
③ 기저귀의 안쪽 면이 보이도록 말아 넣는다.
④ 허리를 들 수 있는 경우 옆으로 눕혀서 교환한다.
⑤ 마른 수건으로 물기를 닦아 말린다.

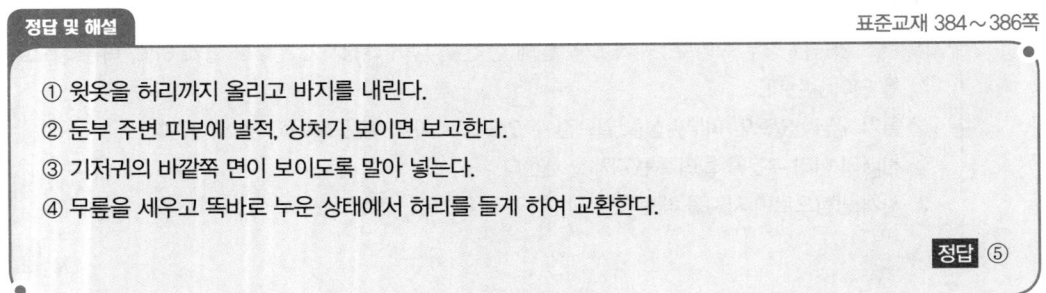

정답 및 해설 표준교재 384~386쪽

① 윗옷을 허리까지 올리고 바지를 내린다.
② 둔부 주변 피부에 발적, 상처가 보이면 보고한다.
③ 기저귀의 바깥쪽 면이 보이도록 말아 넣는다.
④ 무릎을 세우고 똑바로 누운 상태에서 허리를 들게 하여 교환한다.

정답 ⑤

43 유치도뇨관을 삽입하고 있는 대상자의 감염을 예방하기 위한 방법으로 옳은 것은?

① 수분 섭취량을 줄인다.
② 소변주머니를 비운 후 배출구는 바닥에 닿게 둔다.
③ 소변주머니를 세척하여 재사용한다.
④ 소변주머니를 방광보다 낮게 둔다.
⑤ 소변주머니를 8시간마다 비워준다.

정답 및 해설 표준교재 387~388쪽

소변주머니가 방광보다 높이 있으면 소변이 역류하여 감염의 원인이 된다.

정답 ④

44 식전 입안 헹구기의 효과로 옳은 것은?

① 구강 내 음식물 제거
② 음식물로 인한 질식 예방
③ 타액 분비 촉진
④ 입안 염증 예방
⑤ 구토 예방

정답 및 해설 표준교재 394쪽

식전 입안 헹구기는 구강 건조를 막고, 타액이나 위액 분비를 촉진하여 식욕을 증진한다.

정답 ③

45 대상자의 두발 청결 돕기 방법으로 옳은 것은?

① 머리와 두피를 손톱으로 마사지한다.
② 마른 수건으로 물기를 제거한 후 자연건조한다.
③ 식사 후에 머리를 감긴다.
④ 모발 끝에서 두피 쪽으로 빗질해준다.
⑤ 머리를 감기 전에 소변이나 대변을 보도록 한다.

정답 및 해설 표준교재 402~405쪽

① 손톱이 아닌 손가락 끝으로 마사지한다.
② 헤어드라이어로 머리를 말린다.
③ 공복이나 식후에는 머리 감기를 피한다.
④ 두피에서 모발 끝 쪽으로 빗는다.

정답 ⑤

46 대상자의 손발 청결 돕기 방법으로 옳은 것은?

① 주기적으로 오일이나 로션을 사용한다.
② 침구는 피부에 자극이 없는 모직제품을 사용한다.
③ 손톱은 일자로 자른다.
④ 발톱은 둥글게 자른다.
⑤ 발톱 주위 염증이 있으면 연고를 발라준다.

정답 및 해설 표준교재 406~407쪽

② 침구는 피부에 자극이 없는 면제품을 사용하는 것이 좋다.
③ 손톱은 둥글게 자른다.
④ 발톱은 일자로 자른다.
⑤ 발톱 주위 염증이 있으면 시설장이나 간호사에게 보고한다.

정답 ①

47 대상자의 통 목욕 돕기 방법으로 옳은 것은?

① 목욕물의 온도는 20℃ 내외로 맞춘다.
② 팔 → 몸통 → 다리 순서로 물로 헹군다.
③ 편마비 대상자는 마비된 쪽 손으로 손잡이를 잡고 욕조에 입욕하게 한다.
④ 욕조에 있는 시간은 5분 정도로 한다.
⑤ 욕조 안에서 머리를 감긴다.

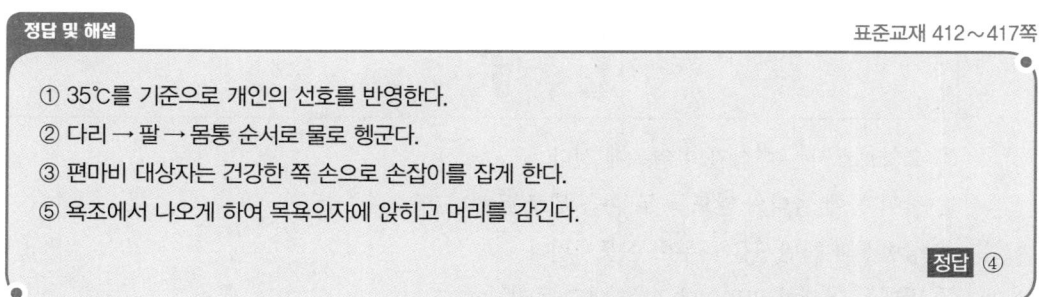

정답 및 해설   표준교재 412~417쪽

① 35℃를 기준으로 개인의 선호를 반영한다.
② 다리 → 팔 → 몸통 순서로 물로 헹군다.
③ 편마비 대상자는 건강한 쪽 손으로 손잡이를 잡게 한다.
⑤ 욕조에서 나오게 하여 목욕의자에 앉히고 머리를 감긴다.

정답 ④

48 왼쪽 편마비 대상자에게 앞이 막힌 상의를 입히는 순서로 옳은 것은?

① 오른쪽 팔 → 머리 → 왼쪽 팔
② 오른쪽 팔 → 왼쪽 팔 → 머리
③ 머리 → 왼쪽 팔 → 오른쪽 팔
④ 왼쪽 팔 → 오른쪽 팔 → 머리
⑤ 왼쪽 팔 → 머리 → 오른쪽 팔

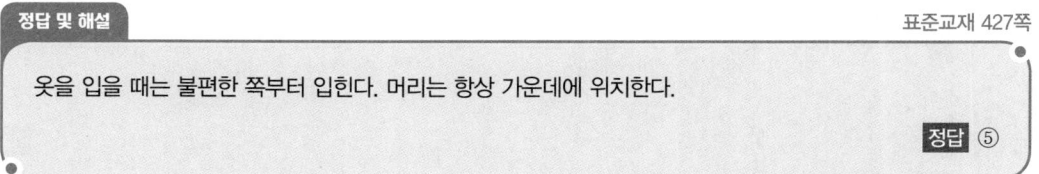

정답 및 해설   표준교재 427쪽

옷을 입을 때는 불편한 쪽부터 입힌다. 머리는 항상 가운데에 위치한다.

정답 ⑤

49 침상 목욕 돕기를 위해 중앙에 있는 대상자를 오른쪽으로 이동하는 방법으로 옳은 것은?

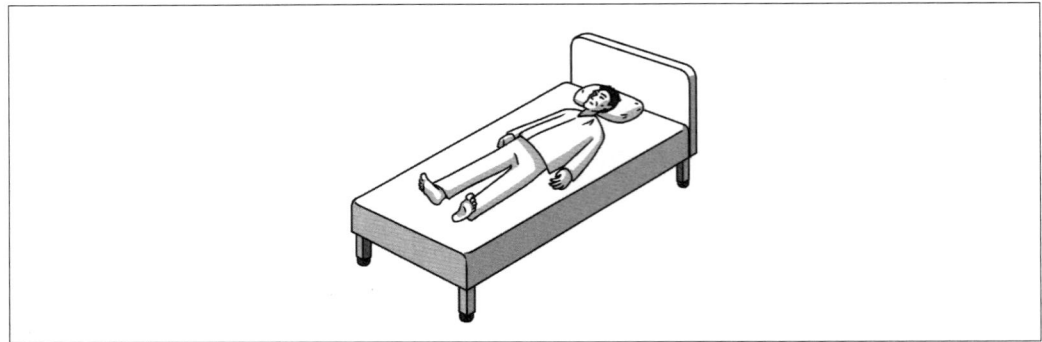

① 요양보호사는 대상자의 왼쪽에 선다.
② 팔이 몸에 눌리지 않도록 두 손을 위로 올린다.
③ 상반신과 하반신을 나누어 이동시킨다.
④ 반대쪽 어깨와 엉덩이에 손을 대고 돌려 눕힌다.
⑤ 하반신은 엉덩이와 무릎 아래에 손을 넣고 이동시킨다.

정답 및 해설   표준교재 438쪽

① 요양보호사는 이동하고자 하는 쪽(오른쪽)에 선다.
② 두 팔을 가슴 위에 포갠다.
④ 옆으로 눕히기의 돕는 방법이다.
⑤ 하반신은 허리와 엉덩이 아래에 손을 넣고 이동시킨다.

정답 ③

50 대상자가 복위를 취하는 경우 허리와 넙다리의 긴장을 완화하기 위해 베개를 받쳐주는 위치로 옳은 것은?

① 아랫배 – 발목 밑   ② 아랫배 – 무릎 밑
③ 무릎 밑 – 발목 밑   ④ 가슴 밑 – 아랫배
⑤ 가슴 밑 – 발목 밑

정답 및 해설   표준교재 443쪽

정답 ①

51 다음 그림과 같이 휠체어를 타고 있는 대상자가 문턱을 내려가는 방법으로 옳은 것은?

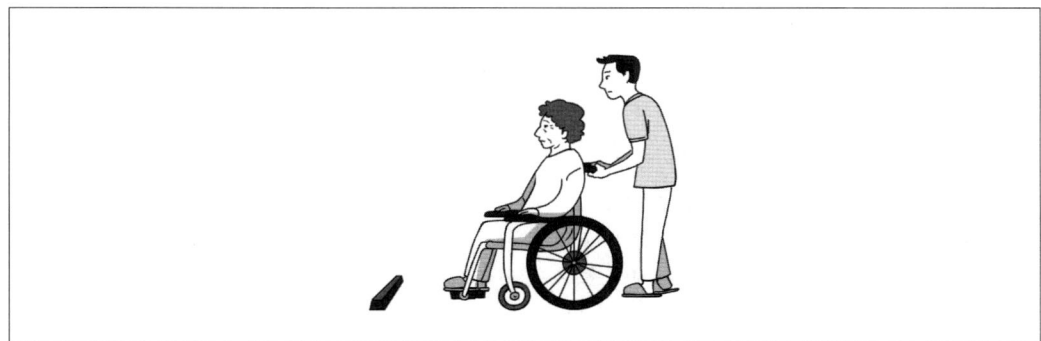

① 휠체어를 뒤로 돌려 지그재그로 내려간다.
② 휠체어를 뒤로 돌려 뒷바퀴를 내려놓고 앞바퀴를 내려놓는다.
③ 휠체어를 앞으로 하여 지그재그로 내려간다.
④ 휠체어를 앞으로 하여 앞바퀴를 내려놓고 뒷바퀴를 내려놓는다.
⑤ 앞바퀴를 들어 올려 뒤로 젖힌 상태에서 이동한다.

정답 및 해설   표준교재 450쪽

정답 ②

52 휠체어에 앉아 있는 편마비 대상자를 자동차로 이동시키는 순서로 옳은 것은?

가. 휠체어를 자동차와 비스듬히 놓는다.
나. 대상자의 엉덩이부터 시트에 앉게 한다.
다. 요양보호사의 무릎으로 대상자의 마비 측 무릎을 지지한다.
라. 양쪽 발이 바닥을 지지할 수 있도록 내려놓는다.
마. 대상자 다리를 한쪽씩 올려놓는다.

① 가 → 라 → 나 → 다 → 마   ② 가 → 나 → 다 → 라 → 마
③ 가 → 나 → 라 → 마 → 다   ④ 가 → 다 → 나 → 라 → 마
⑤ 가 → 라 → 다 → 나 → 마

정답 및 해설   표준교재 457쪽

정답 ⑤

53 오른쪽 편마비 대상자가 지팡이 없이 계단을 올라갈 때 순서로 옳은 것은?

① 왼쪽 손으로 계단 손잡이를 잡고 왼쪽 다리 → 오른쪽 다리 순으로 오른다.
② 왼쪽 손으로 계단 손잡이를 잡고 오른쪽 다리 → 왼쪽 다리 순으로 오른다.
③ 오른쪽 손으로 계단 손잡이를 잡고 왼쪽 다리 → 오른쪽 다리 순으로 오른다.
④ 오른쪽 손으로 계단 손잡이를 잡고 오른쪽 다리 → 왼쪽 다리 순으로 오른다.
⑤ 계단 손잡이를 잡지 않고 왼쪽 다리 → 오른쪽 다리 순으로 오른다.

정답 및 해설 표준교재 466쪽

지팡이 없이 계단을 올라갈 때는 건강한 쪽으로 계단 손잡이를 잡고 건강한 쪽 다리부터 계단을 딛는다. 건강한 쪽 다리에 체중을 실어 불편한 쪽 다리를 계단으로 올린다.

정답 ①

54 다음 그림과 같은 휠체어를 안전하게 사용하는 방법으로 옳은 것은?

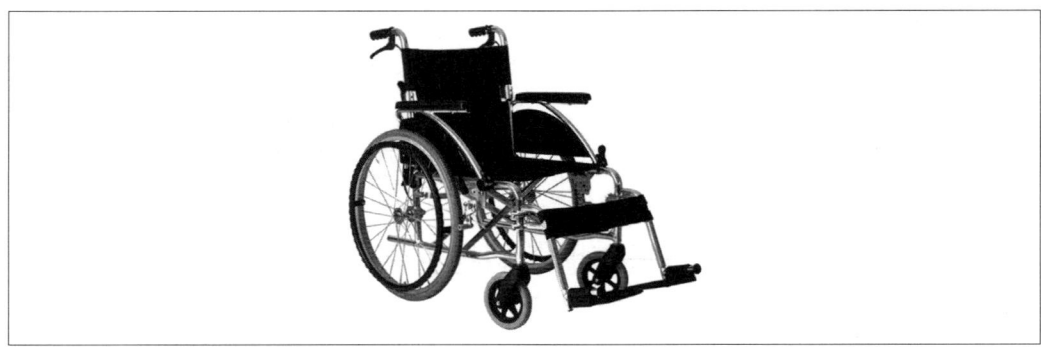

① 휠체어를 사용하지 않을 때는 잠금장치를 열어둔다.
② 접은 상태에서 보관한다.
③ 타이어 공기압은 엄지손가락으로 눌렀을 때 들어가지 않아야 한다.
④ 볼트는 헐거운 상태로 사용한다.
⑤ 2단 잠금장치는 완만한 평지를 이동할 때 사용한다.

정답 및 해설 표준교재 479~480쪽

① 휠체어를 사용하지 않을 때는 잠금장치를 잠가둔다.
③ 타이어 공기압은 엄지손가락으로 눌렀을 때 0.5cm 정도 들어가는 상태가 적당하다.
④ 각종 볼트가 헐겁지 않게 수시로 점검한다.
⑤ 2단 잠금장치는 경사로를 내려갈 때나 미끄러운 바닥을 이동할 때 사용한다.

정답 ②

55 골다공증 대상자의 식사관리 방법으로 옳은 것은?

① 칼륨을 충분히 섭취한다.
② 우유 및 유제품은 일주일에 1회 이상 섭취한다.
③ 술은 성호르몬을 증가시키므로 섭취한다.
④ 칼슘 흡수를 도와주는 비타민 D가 풍부한 식품을 섭취한다.
⑤ 나트륨은 칼슘 배설을 감소시키므로 절인 음식을 권장한다.

> **정답 및 해설**   표준교재 534~535쪽
>
> ① 칼슘을 충분히 섭취한다.
> ② 우유와 유제품은 하루 1회 이상 섭취한다.
> ③ 술은 성호르몬을 감소시키므로 금주하도록 한다.
> ⑤ 나트륨은 칼슘 배설을 촉진하므로 가능한 한 싱겁게 섭취한다.
>
> **정답** ④

56 대상자의 의복관리 방법으로 옳은 것은?

① 속옷은 2~3일에 한 번씩 갈아입는 것이 좋다.
② 새로 구입한 의류는 세탁 없이 바로 입는다.
③ 의류가 많이 손상된 경우 대상자의 동의 없이 버린다.
④ 면직물에는 방충제를 넣는다.
⑤ 저녁에 외출하는 경우 부분적이라도 밝은색이 들어간 옷을 입는다.

> **정답 및 해설**   표준교재 546~547쪽
>
> ① 속옷은 매일 갈아입는 것이 좋다.
> ② 새로 구입한 의류는 한 번 세탁 후 입는다.
> ③ 의류를 버릴 때는 대상자에게 반드시 동의를 구한다.
> ④ 모직물에 방충제를 넣는다.
>
> **정답** ⑤

57 다음 중 치매노인 환경지원 지침에 맞는 좋은 환경을 조성한 경우는?

① 큰 시계나 달력은 잘 보이지 않는 곳에 걸어둔다.
② 공간 구분을 위해 바닥의 턱을 높이 쌓아둔다.
③ 대상자가 머무르고 싶은 공간을 선택할 수 있도록 한다.
④ 사진이나 개인물품은 가져오지 않게 한다.
⑤ 외부의 경치가 보이지 않도록 창문은 설치하지 않는다.

> **정답 및 해설** 표준교재 567~568쪽
>
> ① 시계나 달력은 보이는 곳에 걸어둔다.
> ② 바닥의 턱을 없애 잠재적 위험 요인을 최소화한다.
> ④ 사진이나 개인물품으로 자기다움을 표현할 수 있도록 한다.
> ⑤ 외부의 경치 등 시각적 자극을 통해 대상자가 환경에 적응할 수 있도록 돕는다.
>
> **정답** ③

58 다음에서 설명하는 의사소통 기법은 치매 대상자의 가족과 신뢰를 쌓아가며 긍정적인 관계를 형성하기 위한 기법 중 어떤 상담 기법에 해당하는 것인가?

- "~ 때문에 그러시는 거군요."와 같이 상대방이 말한 내용이나 감정을 알아준다.
- 상대방의 말을 주의 깊게 듣고 있다는 것을 전해준다.
- 고개를 끄덕이거나 손을 잡아주는 등의 비언어적 행동을 표현한다.

① 공 감
② 관심 전달
③ 조언 및 정보 제공
④ 나 – 메시지 전달법
⑤ 힘 돋우기

> **정답 및 해설** 표준교재 576~577쪽
>
> 보기의 예는 자신의 관점이 아닌 이야기하는 상대방의 관점을 최대한 이해하고 공감하려는 자세들이다.
>
> **정답** ①

59 치매 대상자의 식사를 돕는 방법으로 옳은 것은?

① 씹는 행위를 잊어버린 대상자에게는 음식을 갈아서 제공한다.
② 색깔이 있는 플라스틱제품보다는 투명한 유리제품을 사용한다.
③ 소금 같은 양념은 식탁 위에 둔다.
④ 앞치마보다는 턱받이를 입혀준다.
⑤ 가벼운 숟가락을 준다.

> **정답 및 해설** 표준교재 582~584쪽
>
> ② 유리제품보다는 플라스틱제품을 사용한다.
> ③ 양념은 식탁 위에 두지 않는다.
> ④ 턱받이보다는 앞치마를 준다.
> ⑤ 무거운 숟가락을 주어서 대상자가 숟가락을 쥐고 있다는 사실을 잊어버리지 않게 한다.
>
> **정답** ①

60 치매 대상자의 안전한 주거환경을 조성하는 방법으로 옳은 것은?

① 방 안에서도 잠글 수 있는 문으로 설치한다.
② 침대는 방 가운데에 위치하도록 한다.
③ 화장실 전등은 밤에도 켜둔다.
④ 음식물 쓰레기는 부엌 안에 둔다.
⑤ 욕실 안에는 큰 거울을 걸어둔다.

> **정답 및 해설** 표준교재 590~592쪽
>
> ① 방 안에서는 잠글 수 없는 문으로 설치한다.
> ② 침대는 벽에 붙여 놓는다.
> ④ 음식물 쓰레기는 부엌 안에 두지 않는다.
> ⑤ 거울이나 비치는 물건은 없애거나 덮개를 씌운다.
>
> **정답** ③

61 치매 대상자가 계속 배고픔을 호소하며 음식을 많이 먹을 때 대처 방법으로 옳은 것은?

① 치매 대상자가 좋아하는 간식을 제공한다.
② 반찬 가짓수를 줄여 제공한다.
③ 과식을 하면 비만이 된다고 설명한다.
④ 양념을 줄여서 맛이 없는 음식을 만들어 준다.
⑤ 요구할 때마다 음식을 제공한다.

표준교재 594~595쪽

치매 대상자가 좋아하는 대체식품을 이용한다.

정답 ①

62 심리적인 불안정으로 수면장애가 발생한 치매 대상자를 돕는 방법으로 옳은 것은?

① 오후에 커피 한 잔을 마시게 한다.
② 밤낮이 바뀌어 낮에 조는 경우 낮잠을 자게 한다.
③ 침실의 온도와 소음을 조절해 준다.
④ 공복감으로 잠이 안 오는 경우 식사를 제공한다.
⑤ 수면 직전까지 텔레비전을 시청하게 한다.

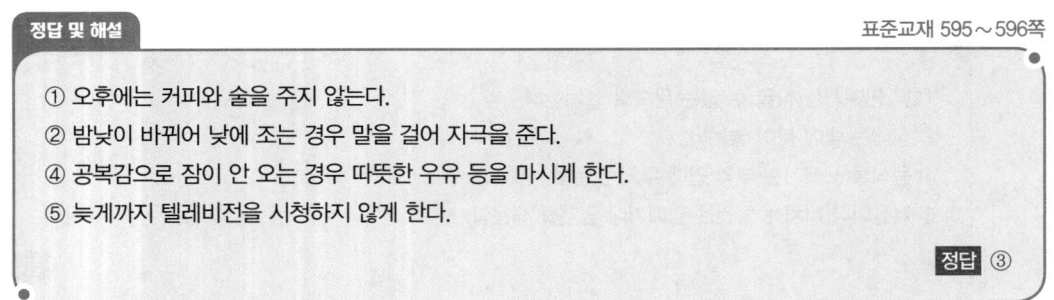

표준교재 595~596쪽

① 오후에는 커피와 술을 주지 않는다.
② 밤낮이 바뀌어 낮에 조는 경우 말을 걸어 자극을 준다.
④ 공복감으로 잠이 안 오는 경우 따뜻한 우유 등을 마시게 한다.
⑤ 늦게까지 텔레비전을 시청하지 않게 한다.

정답 ③

63 치매 대상자가 냉장고 주변을 서성이며 배회할 때 대처 방법은?

① 증상이 사라질 때까지 기다린다.
② 텔레비전을 크게 틀어 놓는다.
③ 현관문을 열어둔다.
④ 배고픔 때문일 수 있으니 간식 시간을 확인해본다.
⑤ 커튼을 쳐서 실내를 어둡게 해준다.

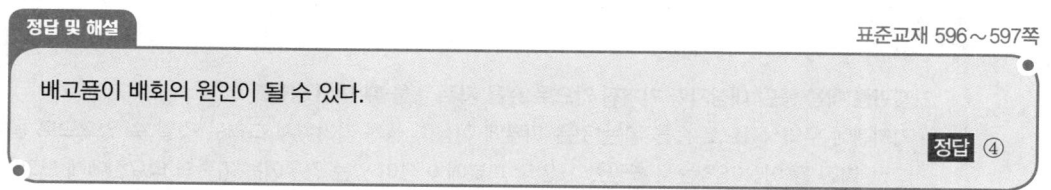

정답 및 해설 · 표준교재 596~597쪽
배고픔이 배회의 원인이 될 수 있다.
정답 ④

64 치매 대상자가 해 질 녘이 되면 아들에게 밥을 주러 가야 한다며 출입문을 찾을 때 대처 방법으로 옳은 것은?

① 침대에 눕힌 후 문을 닫아 둔다.
② 혼자 가다가 다칠 수 있으니 안 된다고 말한다.
③ 시설장 허락 없이는 나갈 수 없다고 말한다.
④ 억제대로 움직이지 못하게 묶어둔다.
⑤ 치매 대상자가 좋아하는 노래를 함께 부른다.

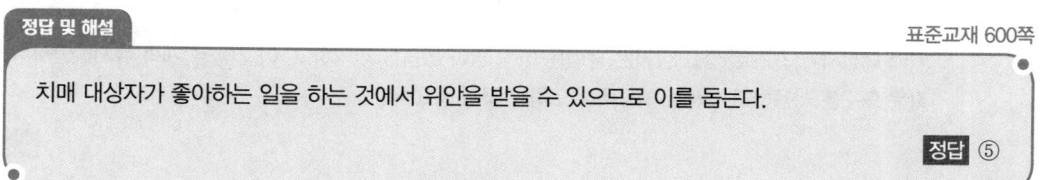

정답 및 해설 · 표준교재 600쪽
치매 대상자가 좋아하는 일을 하는 것에서 위안을 받을 수 있으므로 이를 돕는다.
정답 ⑤

65 기저귀를 착용 중인 대상자가 기저귀 안으로 손을 자주 넣을 때 대처 방법으로 옳은 것은?

① 억제대로 양손을 묶어 놓는다.
② 기저귀로 인한 불편함이 있는지 확인한다.
③ 기저귀를 벗겨 놓는다.
④ 사이즈가 큰 기저귀로 교환해 준다.
⑤ 계속하면 서비스를 중단하겠다고 말한다.

정답 및 해설　　　　　　　　　　　　　　　　　표준교재 70, 601~602쪽

기저귀를 착용 중인 대상자가 기저귀 안으로 손을 자주 넣을 때 대처 방법
- 기저귀에 무의식적으로 손을 넣는 것은 피부에 이상이 생겨 가려워서 그러는 것일 수 있으므로 음부에 습진, 발진 등 이상이 있는지 확인한다. 만약 피부에 이상이 있는 경우에는 가족과 의료진에게 보고한다.
- 기저귀 착용이 잘 되어 있는지 확인한다. 대상자가 음부를 긁다가 상처가 나는 일이 없도록 손톱을 항상 짧게 깎아 주고, 손을 자주 씻겨 청결을 유지시킨다.

정답

---

66 다음과 같은 상황의 치매 대상자에게 적합한 돌봄 방법으로 옳은 것은?

> 치매 대상자인 80세 여성은 식사를 할 때 한 가지 반찬만 주로 먹으며, 수저를 사용하지 않고 손으로 음식을 집어 먹으려고 한다. 요양보호사가 수저로 먹으라고 하면 알았다고 한 후 몇 번 서툴게 수저로 먹지만 금방 다시 손으로 음식을 집는다.

① "어르신, 제가 먹여 드릴 테니 걱정 마세요."라고 말하며 보조한다.
② "어르신 그냥 손으로 드세요."라고 말하며 수저를 치운다.
③ 수저를 손에 쥐어 "어르신, 수저로 드셔야지요."라고 몸짓과 함께 부드럽게 말한다.
④ "수저 없이 먹을 수 있는 음식으로 만들어 드릴게요."라고 말하며 마시는 음식의 형태로 준비해 준다.
⑤ "수저를 다른 것으로 바꾸어 드릴게요."라고 말하며 마음에 드는 형태의 수저가 나올 때까지 여러 번 시도한다.

정답 및 해설　　　　　　　　　　　　　　　　　　　표준교재 688쪽

치매 대상자가 스스로 씹고 삼키는 능력은 아직 남아 있음을 파악하고, 이 기능을 계속 유지하면서 수저와 같은 도구를 사용하여 식사를 하도록 유도하는 것이 중요하다.

정답

67 치매 대상자와 의사소통하는 방법으로 옳은 것은?

① 유행어나 외래어를 사용한다.
② 과거를 회상하도록 유도한다.
③ 한 번에 몇 가지 일을 같이 설명한다.
④ 어린아이에게 말하는 것처럼 친근하게 한다.
⑤ 대상자를 부를 때는 뒤에서 부른다.

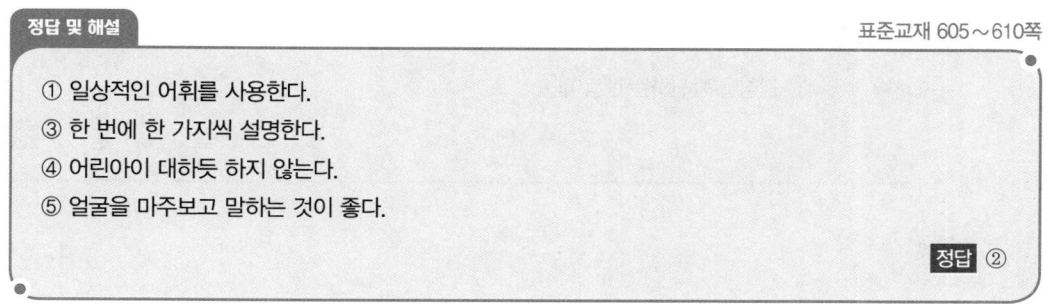

정답 및 해설 표준교재 605~610쪽

① 일상적인 어휘를 사용한다.
③ 한 번에 한 가지씩 설명한다.
④ 어린아이 대하듯 하지 않는다.
⑤ 얼굴을 마주보고 말하는 것이 좋다.

정답 ②

68 치매 대상자에게 다음과 같은 질문을 할 때 향상될 수 있는 인지기능은?

- "오늘이 몇 월 며칠일까요?"
- "지금 몇 시쯤 되었을까요?"
- "프로그램 시작한 지 얼마 정도 지났을까요?"

① 지남력
② 단기기억
③ 주의력
④ 집중력
⑤ 시공간능력

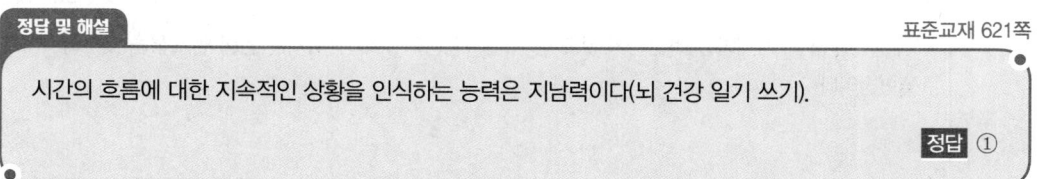

정답 및 해설 표준교재 621쪽

시간의 흐름에 대한 지속적인 상황을 인식하는 능력은 지남력이다(뇌 건강 일기 쓰기).

정답 ①

69 대상자의 말을 경청하는 방법으로 옳은 것은?

① 의견이 다르더라도 일단 수용한다.
② 대충 미루어 짐작한다.
③ 미리 대답을 준비한다.
④ 듣고 싶지 않은 말을 걸러낸다.
⑤ 상대방의 말을 나 자신의 경험에 맞춘다.

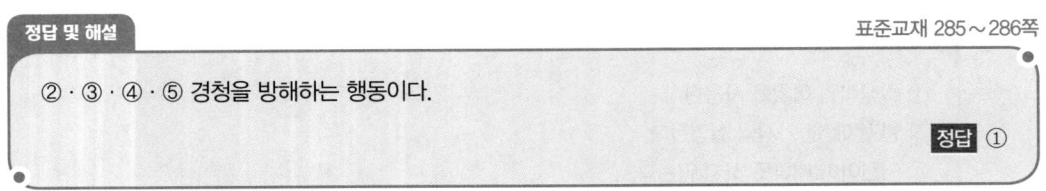

정답 및 해설　　　　　　　　　　　　　　　표준교재 285~286쪽

②·③·④·⑤ 경청을 방해하는 행동이다.

정답 ①

70 프로그램을 같이 하기로 한 동료가 늦었을 때 '나 – 전달법'으로 올바르게 의사소통한 것은?

① "매번 늦으니 함께 일할 수 없을 거 같아요."
② "무슨 일이 있으면 미리 연락을 주셔야지요."
③ "저랑 했던 약속이 중요하지 않았나 봅니다."
④ "약속 시간이 지켜지지 않으니 함께 일하는 데 지장이 있어서 조바심이 났어요."
⑤ "저는 시간 약속 지키지 않는 사람이 제일 싫습니다."

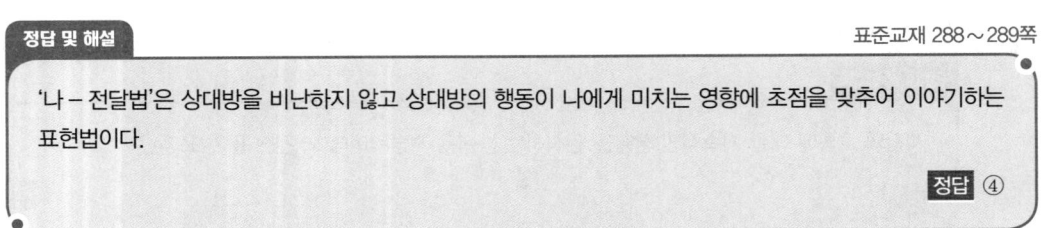

정답 및 해설　　　　　　　　　　　　　　　표준교재 288~289쪽

'나 – 전달법'은 상대방을 비난하지 않고 상대방의 행동이 나에게 미치는 영향에 초점을 맞추어 이야기하는 표현법이다.

정답 ④

71 시각장애 대상자와 의사소통하는 방법으로 옳은 것은?

① 사물의 위치를 시계 방향으로 설명한다.
② 요양보호사를 중심으로 오른쪽, 왼쪽을 설명한다.
③ 신체접촉을 하고 말을 건네어 알게 한다.
④ 대상자와 보행할 때는 나란히 걸어간다.
⑤ '여기', '이쪽' 등 지시대명사를 사용한다.

> **정답 및 해설**　　　　　　　　　　　　　　표준교재 293쪽
>
> ② 대상자를 중심으로 오른쪽, 왼쪽을 설명한다.
> ③ 신체접촉을 하기 전에 먼저 말을 건네어 알게 한다.
> ④ 요양보호사가 반보 앞으로 나와 대상자의 팔을 끄는 듯한 자세를 하는 것이 좋다.
> ⑤ 지시대명사를 사용하지 않는다.
>
> **정답** ①

72 다음과 같은 대처와 의사소통을 해야 하는 치매 대상자의 상황으로 옳은 것은?

> • 대답하지 않더라도 이름을 부르거나 화를 내지 않는다.
> • 현재 능력에 알맞은 좋아하는 활동을 유지한다.
> • 사소한 말과 행동에도 관심을 기울인다.

① 성적 행동
② 환 각
③ 공격성
④ 수집증
⑤ 무감동

> **정답 및 해설**　　　　　　　　　　　　　　표준교재 296~297쪽
>
> 문제의 보기에 제시된 상황은 인지능력 저하, 집중력 저하, 우울증, 돌봄 제공자의 무관심이 원인이 되어 나타나는 무감동의 상황이다.
>
> **정답** ⑤

73 치매로 인한 장애 대상자와 의사소통하는 방법으로 옳은 것은?

① 손과 어깨 등을 부드럽게 스킨십한다.
② '할 수 없는 것'을 찾아 질책한다.
③ 말이나 태도는 조금 빠른 속도로 진행한다.
④ 한 번에 많은 이야기를 전달해서 기억하게 한다.
⑤ 상식을 강요하고 설득한다.

> **정답 및 해설** 　　　　　　　　　　　　　　　　　　　표준교재 294~295쪽
>
> ② '할 수 있는 것'을 찾아 자신감을 부각시켜야 한다.
> ③ 서두르지 말고 천천히 대상자의 페이스에 맞춰야 한다.
> ④ 한 번에 많은 이야기를 하면 이해할 수 없어 대상자가 혼란스러워한다.
> ⑤ 강요나 설득이 아닌 표현의 이유를 찾아내도록 노력해야 한다.
>
> **정답** ①

74 수해 발생 시 대처 방법으로 옳은 것은?

① 집 안으로 물이 흘러 들어오는 경우 문을 열어둔다.
② 가로등, 신호등, 전신주 근처로 이동한다.
③ 홍수로 밀려온 물에 몸이 젖은 경우 마른 수건으로 닦는다.
④ 물이 빠진 직후 가스차단기를 올린다.
⑤ 상수도의 오염에 대비하여 욕조에 물을 받아둔다.

> **정답 및 해설** 　　　　　　　　　　　　　　　　　　　표준교재 659~660쪽
>
> ① 집 안으로 물이 흘러 들어오는 경우 모래주머니를 사용하여 막는다.
> ② 하천변, 산길, 공사장, 가로등, 신호등, 전신주 근처, 방파제 옆으로 이동하지 않는다.
> ③ 물과 비누를 이용하여 깨끗이 씻는다.
> ④ 가스와 전기는 기술자의 안전조사가 끝난 후 사용한다.
>
> **정답** ⑤

75 대상자의 감염예방을 위한 감염의 6가지 연결고리에 대한 설명으로 옳은 것은?

① 미생물은 따뜻하고 밝고 건조한 곳에서 번식한다.
② 손과 손을 접촉하는 것은 간접 접촉 경로이다.
③ 탈출한 미생물은 잠재적으로 다른 사람에게 전파될 가능성을 갖고 있다.
④ 상처 난 피부는 탈출구에 해당한다.
⑤ 민감 대상자란 현재 시점에서 감염된 사람이다.

> **정답 및 해설**
> 표준교재 661~663쪽
>
> ① 미생물은 따뜻하고 어둡고 습기 찬 곳에서 번식한다.
> ② 손과 손을 접촉하는 것은 직접 접촉 경로이다.
> ④ 상처 난 피부는 침입구에 해당한다.
> ⑤ 현재 시점에 감염되지 않았지만 향후 감염될 가능성이 높은 대상자군이다.
>
> **정답** ③

76 감염성 질환인 결핵 관리 방법으로 옳은 것은?

① 결핵에 걸린 대상자의 물건을 함께 쓰는 것은 안 된다.
② 결핵은 상한 음식을 통한 감염성 질환이다.
③ 결핵에 걸린 사람과 접촉한 것이 확인되면 즉시 격리치료를 받는다.
④ 충분한 영양 섭취를 통해 면역력을 유지해야 한다.
⑤ 2주간 항결핵치료를 받은 후 돌봄을 할 때 마스크 착용은 필요하지 않다.

> **정답 및 해설**
> 표준교재 669~670쪽
>
> ① 결핵은 호흡기를 통해 감염되므로 물건을 함께 사용하는 것은 괜찮다.
> ② 결핵은 공기를 통한 감염성 질환이다.
> ③ 결핵에 걸린 사람과 접촉한 것이 확인되면 병원이나 보건소를 방문해서 검사받도록 한다.
> ⑤ 6개월 이상 완치판정을 받기 전까지는 마스크를 착용하고 돌봄을 하는 것이 바람직하다.
>
> **정답** ④

77 텔레비전을 시청 중이던 대상자가 갑자기 경련을 하며 쓰러질 때 대처 방법으로 옳은 것은?

① 대상자를 똑바로 눕혀 기도를 유지한다.
② 머리 아래에 딱딱한 것을 대준다.
③ 입에 수건을 물려준다.
④ 대상자의 팔을 꽉 잡아준다.
⑤ 몸에 꽉 끼는 옷의 단추는 풀어준다.

> **정답 및 해설** 표준교재 675~676쪽
>
> ① 고개를 옆으로 돌리거나 돌려 눕혀 기도를 유지한다.
> ② 베개를 받쳐 머리의 손상을 보호한다.
> ③ 입에 무언가를 물리는 어떠한 행위도 금지된다.
> ④ 대상자에게 억제를 시도해서는 안 된다.
>
> 정답 ⑤

78 대상자와 요리를 하던 중 뜨거운 물에 손가락 화상을 입었을 때 대처 방법으로 옳은 것은?

① 손가락을 찬물에 15분 이상 담가준다.
② 얼음이나 얼음물에 손을 직접 댄다.
③ 화상 부위에 핸드크림을 발라준다.
④ 화상 정도가 심하더라도 멸균 드레싱을 하고 지켜본다.
⑤ 화상 부위에 반지는 착용해도 된다.

> **정답 및 해설** 표준교재 677쪽
>
> ② 화상 부위에 얼음이나 얼음물을 직접 대는 것은 권장하지 않는다.
> ③ 핸드크림은 세균감염의 위험이 있고 열기를 내보내지 못해 상처를 악화시킨다.
> ④ 화상 정도가 경미하다면 멸균 드레싱을 하고 심하면 병원 진료를 받도록 한다.
> ⑤ 화상 부위에 반지, 팔찌, 귀고리 등을 착용하고 있다면 신속하게 벗겨낸다.
>
> 정답 ①

79 의식 없이 쓰러져 있는 대상자에게 심폐소생술을 시행하는 방법으로 옳은 것은?

① 대상자의 몸을 잡고 흔들며 의식을 확인한다.
② 대상자의 얼굴과 가슴을 1분 이내로 관찰하여 호흡 유무를 확인한다.
③ 가슴압박 위치는 가슴뼈의 위쪽 절반 부위이다.
④ 가슴이 약 5cm 눌릴 정도의 강도로 압박한다.
⑤ 일반인 목격자는 가슴압박과 인공호흡을 함께 실시한다.

정답 및 해설 표준교재 679~681쪽

① 어깨를 가볍게 두드리며 "괜찮으세요?"라고 질문한다.
② 10초 이내로 관찰하여 호흡 유무를 확인한다.
③ 가슴압박 위치는 가슴뼈의 아래쪽 절반 부위이다.
⑤ 일반인 목격자는 가슴압박 소생술을 시작한다.

정답 ④

80 자동심장충격기의 사용 순서가 옳게 연결된 것은?

가. 심장 리듬을 분석한다.
나. 전원을 켠다.
다. 패드를 붙인다.
라. 심장충격을 시행한다.

① 나 → 가 → 다 → 라
② 나 → 다 → 가 → 라
③ 다 → 라 → 가 → 나
④ 다 → 가 → 라 → 나
⑤ 라 → 다 → 나 → 가

정답 및 해설 표준교재 682~683쪽

정답 ②

너울샘 요양보호사 3회 모의고사

01 다음에서 설명하는 노년기의 심리적 특성으로 옳은 것은?

> • 자신에게 익숙하고 습관적인 태도나 방법을 고수한다.
> • 새로운 방식으로 일을 처리하는 데에 저항한다.

① 우울증 경향의 증가 ② 내향성의 증가
③ 조심성의 증가 ④ 경직성의 증가
⑤ 유산을 남기려는 경향

정답 및 해설 표준교재 20~21쪽

① 우울증에 빠진 노인은 불면증, 식욕부진과 같은 신체적 증상을 호소하고, 타인을 비난하는 행동을 한다.
② 노년기에는 심적 에너지가 내면으로 향해 내향성이 나타난다.
③ 일의 결과를 중시하고, 중립을 지키곤 한다. 결단이 느려지고 매사 신중해진다.
⑤ 이 세상에 다녀갔다는 흔적을 남기고자 한다.

정답 ④

02 만성질환이 있는 노인은 다른 합병증이 쉽게 올 수 있어 사소한 원인으로도 중증에 이르게 되는 것은 노년기 신체적 특성 중 어떤 능력의 저하인가?

① 세포의 노화 ② 회복능력
③ 잔존능력 ④ 면역능력
⑤ 기억능력

정답 및 해설 표준교재 19쪽

① 세포의 노화로 뼈와 근육이 위축되고 키가 줄어들며, 피하지방이 감소한다.
③ 일상에 필요한 능력수준과 최대능력 간의 차이가 잔존능력이다.
④ 면역능력이 저하해 잠재하고 있던 질병이 나타나는 경우 방어능력이 감소한다.
⑤ 기억능력은 이전의 인상이나 경험을 의식 속에 간직하거나 도로 생각해내는 능력이다.

정답 ②

03 사회복지 분야 중 국민에게 발생할 수 있는 질병, 실업, 장애, 사망, 소득 상실 등의 사회적 위험을 보험의 방식으로 대처하는 제도는?

① 사회서비스
② 기초연금제도
③ 사회보험
④ 국민연금제도
⑤ 국민기초생활보장제도

> **정답 및 해설**   표준교재 37쪽
>
> ① 사회서비스는 도움이 필요한 모든 국민에게 복지, 보건, 의료, 교육 등의 분야에서 제공하는 상담, 재활 등 사회참여 지원 등의 개별 서비스이다.
> ② 기초연금제도는 노후 소득을 충분히 보장받기 어려운 65세 이상 노인에게 매월 일정 금액을 지급하는 제도이다.
> ④ 국민연금제도는 10년 이상 보험료를 납부하고 퇴직 후 자신이 낸 보험료와 이자 및 투자 수익, 인플레이션을 반영하여 연금을 받도록 설계한 사회보험제도이다.
> ⑤ 국민기초생활보장제도는 생활이 어려운 사람에게 필요한 급여를 제공하여 이들의 최저생활을 보장하고 자활을 돕는 제도이다.
>
> **정답** ③

04 다음 중 노인장기요양급여 대상자에 해당하는 경우는?

① 혈관성치매로 신체활동이 어려운 52세 남자 대상자
② 당뇨병으로 치료 중인 59세 여자 대상자
③ 알츠하이머병으로 병원에 입원 중인 64세 남자 대상자
④ 우울증으로 인지기능이 저하된 60세 여자 대상자
⑤ 천식으로 신체활동이 어려운 40세 남자 대상자

> **정답 및 해설**   표준교재 50~51쪽
>
> ②·④·⑤ 65세 미만인 경우 노인성 질환(치매, 뇌혈관성질환, 파킨슨병)으로 신체활동이 어렵거나 인지기능이 저하된 자이어야 하는데, 해당하지 않는다.
> ③ 병원에 입원 중인 경우 급여대상에서 제외된다.
>
> **정답** ①

05 노인장기요양보험제도의 재원조달 방식에 대한 설명으로 옳은 것은?

① 장기요양보험료는 전체 재원조달 중 20%를 차지한다.
② 공단은 장기요양보험료와 건강보험료를 통합 회계로 관리한다.
③ 의료급여수급권자는 법정 본인부담금이 없다.
④ 급여대상자가 시설급여를 이용하면 20%를 본인이 부담한다.
⑤ 비급여 항목은 15%를 본인이 부담한다.

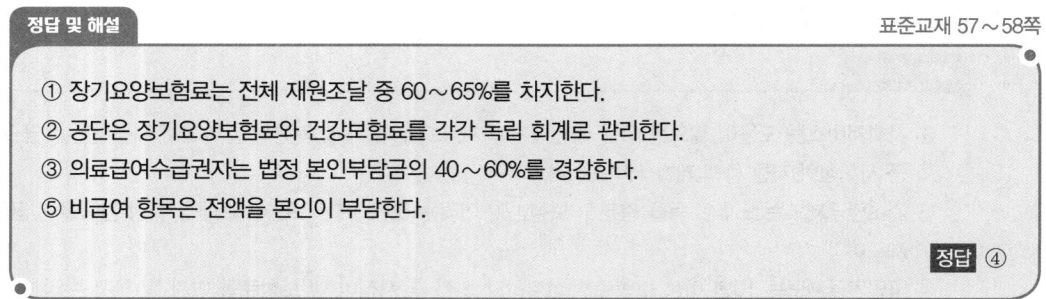

정답 및 해설   표준교재 57~58쪽

① 장기요양보험료는 전체 재원조달 중 60~65%를 차지한다.
② 공단은 장기요양보험료와 건강보험료를 각각 독립 회계로 관리한다.
③ 의료급여수급권자는 법정 본인부담금의 40~60%를 경감한다.
⑤ 비급여 항목은 전액을 본인이 부담한다.

정답 ④

06 노인장기요양보험 표준서비스 중에서 가사 및 일상생활지원서비스에 해당하는 것은?

① 외출 시 동행
② 구강청결 도움
③ 인지활동자극
④ 일상생활 동작훈련
⑤ 목욕 기계 조작

정답 및 해설   표준교재 64~66쪽

② 신체활동지원서비스
③ 인지지원서비스
④ 기능회복훈련서비스
⑤ 방문목욕서비스

정답 ①

07 요양보호서비스 제공 시 준수 사항으로 옳은 것은?

① 목욕물의 온도 조절 실패로 화상을 입은 경우 24시간 후에 보고한다.
② 대상자가 치매로 인해 인지능력이 없는 경우 대상자에게 동의를 구한다.
③ 대상자는 서비스의 만족 여부에 대해 표현할 수 없다.
④ 대상자 가족과 의견이 상충될 시 불필요한 마찰은 피한다.
⑤ 소변배출이 어려운 대상자에게 도뇨를 시행한다.

> **정답 및 해설** 　　　　　　　　　　　　　　　　　　　　　　표준교재 77쪽
> ① 사고가 발생한 경우 즉시 관리책임자에게 신속하게 보고한다.
> ② 대상자가 치매로 인지능력이 없는 경우에는 보호자에게 동의를 구한다.
> ③ 대상자의 자유로운 의사표현을 보장하여야 한다.
> ⑤ 도뇨는 의료행위이므로 시행하지 않는다.
>
> **정답** ④

08 다음 상황에서 시설대상자가 침해받은 권리는?

> • 입소 전에 침대 생활을 해오셨는데, 시설에서 침대 대신 무조건 매트리스를 깔고 지내라고 했다.
> • 시설에 안전바가 설치되어 있지 않았다.

① 안락하고 안전한 생활환경을 제공받을 권리
② 개별화된 서비스를 제공받고 선택할 권리
③ 시설 내·외부 활동 및 사회적 관계에 참여할 권리
④ 신체구속을 받지 않을 권리
⑤ 건강한 생활을 위한 질 높은 생활서비스 및 보건의료서비스를 받을 권리

> **정답 및 해설** 　　　　　　　　　　　　　　　　　　　　　　표준교재 92쪽
> 대상자의 저하된 신체상황을 고려한 주거환경이 제공되어야 한다. 시설은 안전하고 깨끗하며 가정과 같은 환경을 제공해야 한다.
>
> **정답** ①

09 노인학대 유형 중 경제적 학대에 해당하는 것은?

① 연락을 두절하거나 왕래하지 않는다.
② 빌린 돈을 갚지 않는다.
③ 약물이나 알코올 남용을 지속한다.
④ 말을 걸지 않거나 대화를 하지 않는다.
⑤ 침대 등에 묶어 움직이지 못하게 한다.

> **정답 및 해설** 표준교재 105~111쪽
>
> ① 유 기
> ③ 자기방임
> ④ 정서적 학대
> ⑤ 신체적 학대
>
> 정답 ②

10 다음에서 설명하는 노인학대 유관기관은?

- 피해학대 노인에게 종합적인 의료서비스 제공
- 노인학대 판정을 위한 의학적 진단, 소견, 증언 진술

① 의료기관
② 사법경찰
③ 보건복지부
④ 노인보호 전문기관
⑤ 법률기관

> **정답 및 해설** 표준교재 113쪽
>
> ② 사법경찰은 노인학대 신고사례에 대한 현장조사와 형사재판을 요하는 사례에 대한 수사를 전담한다.
> ③ 보건복지부는 노인보호 업무와 관련한 법·제도적 정책 수립, 노인복지시설에 대한 행정·재정적 지원을 한다.
> ④ 노인보호 전문기관은 노인학대 사례의 신고접수와 신고된 시설학대 사례에 확인 개입을 한다.
> ⑤ 법률기관은 피해노인의 법률적 보호 및 학대행위자에 대한 보호처분을 포함한 판정, 후견인의 지정, 피해노인과 가족 격리 등을 한다.
>
> 정답 ①

11 기관장이 면접 과정에서 요양보호사가 중학교 졸업이라 채용이 어렵다고 한 경우 요양보호사가 침해받은 권리는?

① 자유권
② 종교의 자유를 누릴 권리
③ 평등권
④ 휴식 및 여가 보장 권리
⑤ 신체적 안전 보장 권리

정답 및 해설 표준교재 116쪽

고용형태, 연령, 성별, 학력, 출신지역 및 종교 등에서 차별받지 않아야 한다.

정답 ③

12 요양보호사가 반복 작업과 작업 자세에 의해 업무상 부상을 당한 경우 보상받을 수 있는 근거가 되는 법은?

① 산업재해보상보험법
② 근로기준법
③ 성폭력방지법
④ 국민건강보험법
⑤ 산업안전보건법

정답 및 해설 표준교재 119쪽

산업재해보상보험법은 근로자의 업무상 재해를 신속하고 공정하게 보상하며, 재해근로자의 복지를 증진하기 위하여 제정되었다.

정답 ①

13 다음에 해당하는 성희롱 유형은?

- 입맞춤, 뒤에서 껴안기
- 가슴, 엉덩이 등 신체부위를 만지는 행위

① 언어적 성희롱
② 시각적 성희롱
③ 육체적 성희롱
④ 사회적 성희롱
⑤ 위계적 성희롱

정답 및 해설

표준교재 120쪽

① 언어적 성희롱은 음란한 농담, 외모에 대한 성적인 비유나 평가 등을 말한다.
② 시각적 성희롱은 음란한 사진, 그림, 낙서 등을 게시하거나 보여주는 행위 등을 말한다.
④ · ⑤ 성희롱 유형에 해당되지 않는다.

정답 ③

14 요양보호사가 지켜야 할 직업윤리로 옳은 것은?

① 보수교육에 참여하지 않아도 된다.
② 대상자에게 피곤함을 호소한다.
③ 감독자에게 알리지 않고 잠시 외출을 한다.
④ 업무수행을 위해 지속적으로 지식과 기술을 습득한다.
⑤ 동료에게 자신의 근무를 대신해달라고 요구한다.

정답 및 해설

표준교재 123~126쪽

① 보수교육에 적극적으로 참여한다.
② 대상자 앞에서는 피로하거나 나태한 모습을 보이지 않는다.
③ · ⑤ 법적 · 윤리적 책임에 위배되는 행동이다.

정답 ④

15 다음 상황에서 요양보호사의 대처 방법은?

> 대상자의 가족이 코로나-19로 인해 수입이 줄어들었다며 본인부담금 할인을 요청했다.

① 시설장과 상의하고 알려준다고 말한다.
② 할인 대신 서비스 시간을 늘려주겠다고 말한다.
③ 불법행위이므로 할 수 없다고 한다.
④ 할인해 주고 서비스 시간을 줄인다.
⑤ 서류에는 받은 것으로 하고 나중에 돌려준다.

정답 및 해설 표준교재 128쪽

요양보호사에게 본인부담금 할인을 요청하거나 추가로 부담하게 하는 행위는 위법이다. 관련 내용은 노인장기요양보험법 제69조에 명시되어 있다.

정답 ③

16 요통을 예방하며 물건을 이동하는 방법으로 옳은 것은?

① 허리를 굽히고 무릎을 펴서 몸의 무게중심을 낮춘다.
② 물건을 든 상태에서 방향을 바꿀 때는 허리를 움직인다.
③ 물체는 최대한 몸 가까이 위치하도록 한다.
④ 허리를 펴서 들어 올린다.
⑤ 지지면은 최대한 좁히도록 한다.

정답 및 해설 표준교재 141쪽

① 허리를 펴고 무릎을 굽힌다.
② 물건을 든 상태에서 방향을 바꿀 때는 발을 움직여 조절한다.
④ 무릎을 펴서 들어 올린다.
⑤ 지지면은 넓힌다.

정답 ③

17 노로바이러스 장염에 대한 설명으로 옳은 것은?

① 감염력이 약하다.
② 충분하게 조리된 고기를 재료로 한 인스턴트 음식이 발병요인이다.
③ 야간의 가려움증이 대표적인 증상이다.
④ 내의 및 침구류는 뜨거운 물로 세탁 후 건조해서 사용한다.
⑤ 증상 회복 후에도 최소 2~3일간은 음식을 조리하지 않는다.

> **정답 및 해설** 표준교재 150쪽
>
> ① 감염력이 강하다.
> ② 불충분하게 조리된 음식이 발병요인이다.
> ③ 옴의 대표적인 증상이다.
> ④ 옴의 관리법이다.
>
> **정답** ⑤

18 노인성 질환의 특성으로 옳은 것은?

① 단독으로 발생하는 경우가 많다.
② 증상이 뚜렷하여 정상 노화와 구분이 쉽다.
③ 기존 질병명으로도 구분이 쉽다.
④ 만성 퇴행성 질환이 대부분이다.
⑤ 약물의 체외 배설이 빠르다.

> **정답 및 해설** 표준교재 162~163쪽
>
> ① 단독으로 발생하는 경우는 드물다.
> ② 증상이 애매하여 정상 노화와 구분이 어렵다.
> ③ 기존 질병명으로는 구분되지 않고, 기능 이상으로만 나타나기도 한다.
> ⑤ 신장의 소변 농축 능력과 배설 능력이 저하되어 약물이 신체 내에 오래 남는다.
>
> **정답** ④

19 노화에 따른 근골격계의 변화로 옳은 것은?

① 추간판이 오그라들어 키가 늘어난다.
② 뼈의 질량이 감소한다.
③ 근긴장도가 증가하여 운동능력이 증가된다.
④ 인대의 탄력이 증가한다.
⑤ 팔, 다리의 지방이 증가한다.

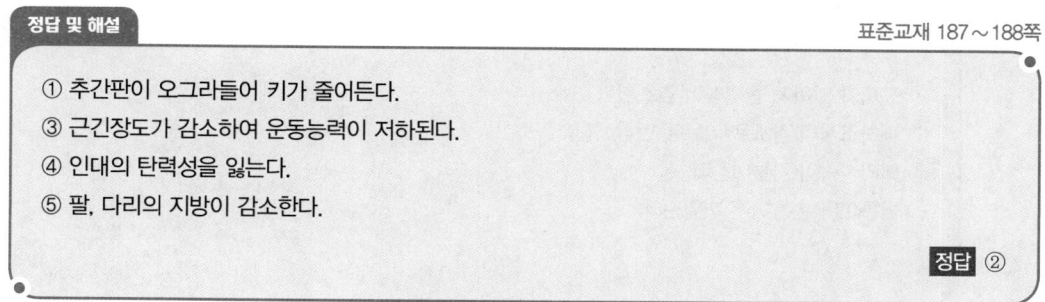

20 노화에 따른 비뇨·생식기계의 변화로 옳은 것은?

① 질벽의 탄력이 증가한다.
② 성적 욕구가 감소한다.
③ 방광용적이 250mL 이상으로 증가한다.
④ 여성 노인은 전립선비대를 경험한다.
⑤ 질의 분비물 저하로 질염이 발생하기 쉽다.

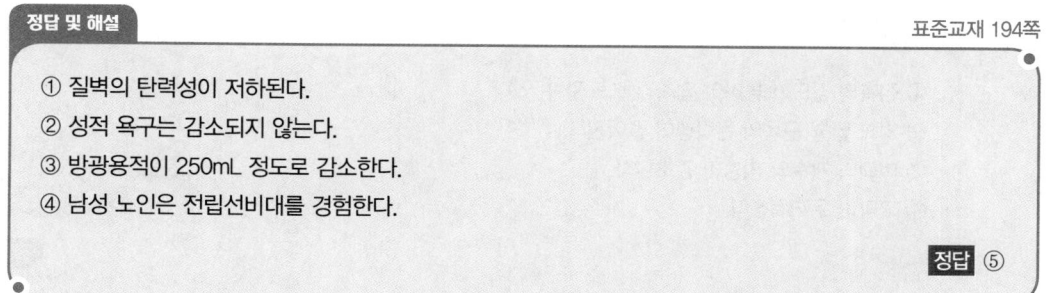

21 노화에 따른 피부계의 변화로 옳은 것은?

① 표피가 두꺼워져 탄력성이 증가한다.
② 피하조직의 증가로 체온변화가 적다.
③ 소양증이 밤과 겨울에 심하게 나타난다.
④ 머리카락이 두꺼워진다.
⑤ 발톱이나 손톱이 부드러워진다.

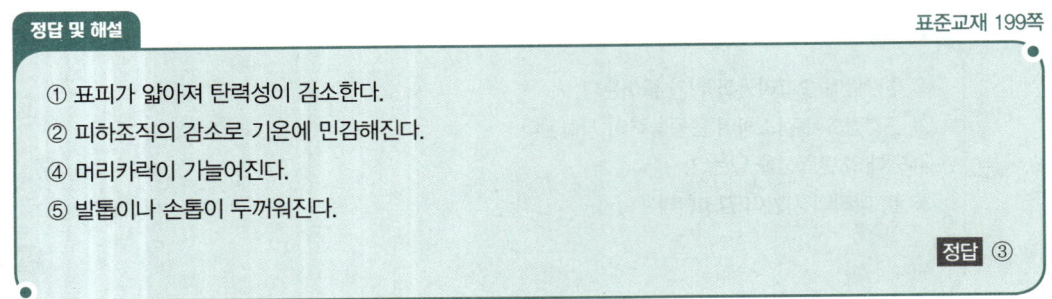

정답 및 해설 표준교재 199쪽

① 표피가 얇아져 탄력성이 감소한다.
② 피하조직의 감소로 기온에 민감해진다.
④ 머리카락이 가늘어진다.
⑤ 발톱이나 손톱이 두꺼워진다.

정답 ③

22 노화에 따른 감각기계의 변화로 옳은 것은?

① 약한 강도의 접촉도 잘 느낀다.
② 입과 입술 근육의 탄력성이 증가한다.
③ 미뢰의 개수와 기능이 증가한다.
④ 고막이 얇아진다.
⑤ 각막반사가 저하되어 손상에 둔감해진다.

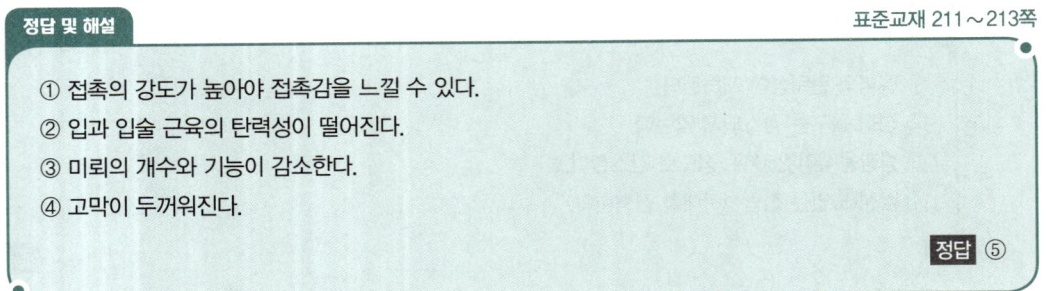

정답 및 해설 표준교재 211~213쪽

① 접촉의 강도가 높아야 접촉감을 느낄 수 있다.
② 입과 입술 근육의 탄력성이 떨어진다.
③ 미뢰의 개수와 기능이 감소한다.
④ 고막이 두꺼워진다.

정답 ⑤

23 변비 발생과 관련된 요인으로 옳은 것은?

① 항암제, 마약성 진통제 사용
② 충분한 수분 섭취
③ 고섬유질 음식 섭취
④ 장운동 증가
⑤ 복부 근육의 힘 강화

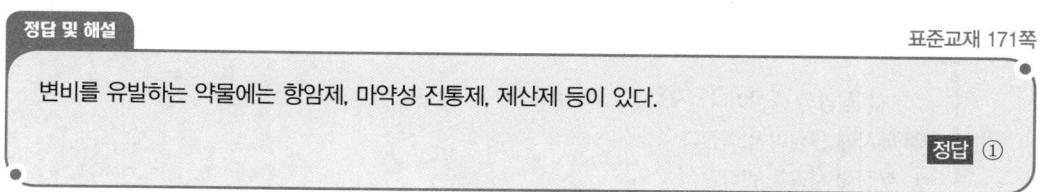

정답 및 해설 표준교재 171쪽

변비를 유발하는 약물에는 항암제, 마약성 진통제, 제산제 등이 있다.

정답 ①

24 퇴행성 관절염의 증상으로 옳은 것은?

① 운동하면 호전되는 관절 부위의 통증
② 자기 전에 발생하는 경직 현상
③ 관절의 변형
④ 뼈가 부러지는 소리
⑤ 잦은 골절

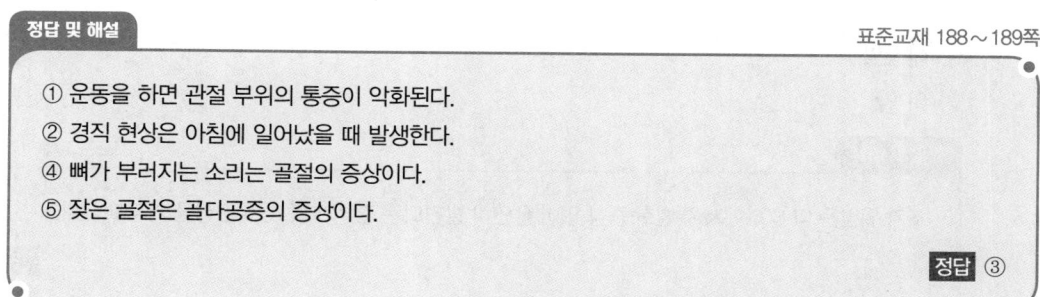

정답 및 해설 표준교재 188~189쪽

① 운동을 하면 관절 부위의 통증이 악화된다.
② 경직 현상은 아침에 일어났을 때 발생한다.
④ 뼈가 부러지는 소리는 골절의 증상이다.
⑤ 잦은 골절은 골다공증의 증상이다.

정답 ③

25 노인의 우울증 증상으로 옳은 것은?

① 두통, 소화 불량 등의 신체 증상 호소
② 의식장애
③ 주의력 감퇴
④ 매사에 적극적인 태도
⑤ 긍정적 사고

정답 및 해설 표준교재 221쪽

②·③ 섬망의 증상이다.
④ 매사에 관심이 없어진다.
⑤ 부정적 사고를 한다.

정답 ①

26 다음에서 설명하는 소화기계 질환은?

- 증상만으로는 조기진단이 불가능하다.
- 가족력이 있는 경우 위험도가 2배 증가한다.
- 오심, 출혈, 토혈, 혈변의 증상이 나타난다.

① 위 염
② 위궤양
③ 간 암
④ 대장암
⑤ 위 암

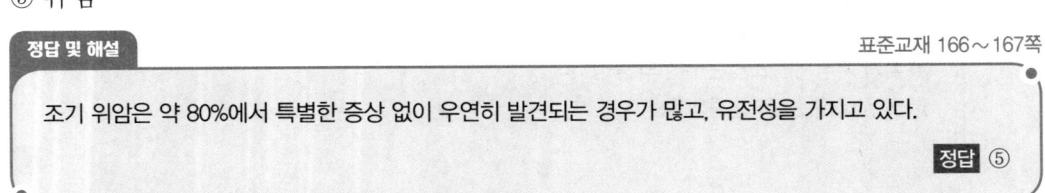

정답 및 해설 표준교재 166~167쪽

조기 위암은 약 80%에서 특별한 증상 없이 우연히 발견되는 경우가 많고, 유전성을 가지고 있다.

정답 ⑤

27 빈혈 대상자를 돕는 방법으로 옳은 것은?

① 철분의 흡수를 돕기 위해 비타민 D를 함께 복용한다.
② 매일 체중을 측정하여 부종 여부를 확인한다.
③ 염분을 제한하는 식사를 제공한다.
④ 붉은 살코기를 섭취해서 철분의 흡수율을 높인다.
⑤ 식사를 소량씩 섭취하게 한다.

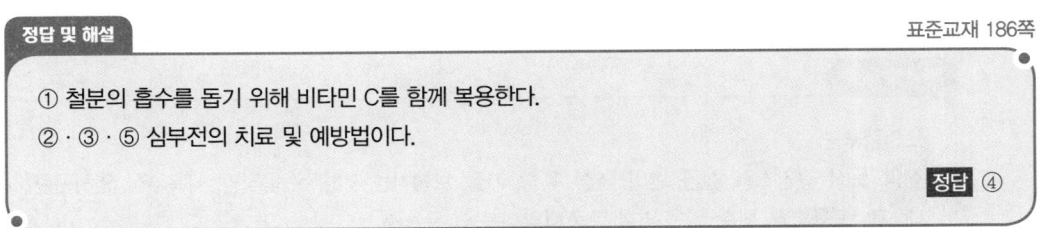

표준교재 186쪽

① 철분의 흡수를 돕기 위해 비타민 C를 함께 복용한다.
②·③·⑤ 심부전의 치료 및 예방법이다.

정답 ④

28 와상 상태에 있는 노인의 욕창을 예방하는 방법으로 옳은 것은?

① 불편함을 호소할 때만 자세 변경을 시행한다.
② 무릎 사이에는 베개를 끼워 마찰을 방지한다.
③ 천골 욕창 부위에 도넛 모양의 베개를 사용한다.
④ 몸에 꽉 끼는 옷을 입힌다.
⑤ 발진이 있는 부위에 파우더를 사용한다.

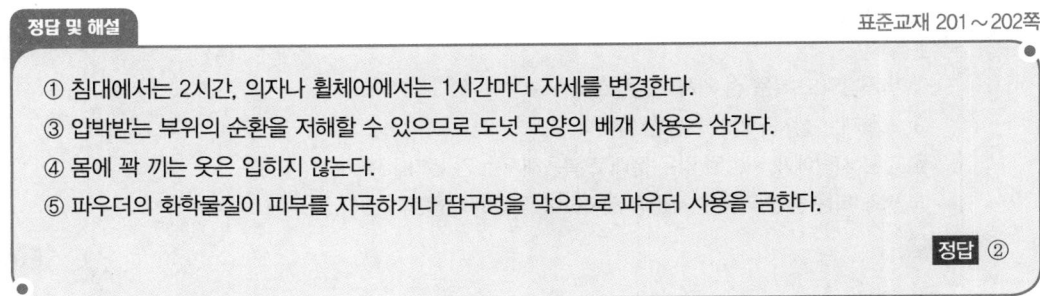

표준교재 201~202쪽

① 침대에서는 2시간, 의자나 휠체어에서는 1시간마다 자세를 변경한다.
③ 압박받는 부위의 순환을 저해할 수 있으므로 도넛 모양의 베개 사용은 삼간다.
④ 몸에 꽉 끼는 옷은 입히지 않는다.
⑤ 파우더의 화학물질이 피부를 자극하거나 땀구멍을 막으므로 파우더 사용을 금한다.

정답 ②

29 노인에게서 많은 질병과 다약제복용, 약물 상호작용에 의해 발현하는 노인증후군의 종류로 옳은 것은?

① 기동성 유지
② 규칙적인 수면양상
③ 정상체중
④ 식욕증진
⑤ 근감소증

정답 및 해설 표준교재 228~230쪽

노인증후군
섬망, 노쇠, 근감소증, 실금, 변비, 낙상, 욕창, 기절, 보행기능 저하, 못 움직임, 식욕부진, 연하곤란, 노인학대, 저나트륨혈증, 탈수, 많은 약물 복용(다약제복용), 우울증

정답 ⑤

---

30 노인의 약물복용 원칙으로 옳은 것은?

① 약물의 부작용을 확인한다.
② 비처방약은 의사와 상담 없이 복용 가능하다.
③ 소화제는 처방전이 있어야만 구입 가능하다.
④ 증상이 비슷한 다른 사람의 약은 복용 가능하다.
⑤ 평소 복용 중인 약물은 진료 시 제시하지 않아도 된다.

정답 및 해설 표준교재 263~264쪽

② 비처방약도 복용 전 의사와 상담한다.
③ 소화제는 상시구입이 가능한 약이다.
④ 다른 사람에게 처방된 약은 절대로 복용해서는 안 된다.
⑤ 평소 복용 중인 약물은 사전에 제시하여 적절히 처방받게 한다.

정답 ①

31 만 65세 이상 노인이 10년마다 추가접종 해야 하는 전염병은?

① 백일해
② 디프테리아
③ 인플루엔자
④ 폐렴구균
⑤ 홍 역

정답 및 해설 표준교재 270~271쪽

① 백일해 백신은 1차 기본접종 후 추가 접종하지 않는다.
③ 인플루엔자 백신은 매년 접종한다.
④ 폐렴구균 백신은 1회 접종한다.
⑤ 홍역 백신은 65세 이상 노인에게 권장하는 접종이 아니다.

정답 ②

32 장기요양급여 제공기록지를 스마트 장기요양 방법으로 옳게 작성한 것은?

① 시작전송 후 최소 10분 이상 경과해야 종료전송이 가능하다.
② 주·야간보호 서비스도 스마트 장기요양 서비스 이용이 가능하다.
③ 차량을 이용하는 방문목욕인 경우 차량번호를 입력한다.
④ 방문목욕은 요양보호사 1인의 요원만 서비스 내용을 입력하면 된다.
⑤ 인지활동형 방문요양 서비스는 신체활동지원서비스 입력도 가능하다.

정답 및 해설 표준교재 310~315쪽

① 30분 이상 경과해야 종료전송이 가능하다.
② 방문요양, 방문목욕, 방문간호 서비스만 이용이 가능하다.
④ 2인의 요원이 10분 이내에 태그를 인식한다.
⑤ 인지자극, 일상생활 함께하기만 입력 가능하다.

정답 ③

33 요양보호 업무를 보고하는 경우 준수해야 할 원칙으로 옳은 것은?

① 육하원칙에 따라 보고한다.
② 요양보호사의 주관적인 판단을 보고한다.
③ 가능한 시간에 한 번에 보고한다.
④ 중요한 내용은 중복해서 보고한다.
⑤ 요양보호사의 기분을 중심으로 보고한다.

> **정답 및 해설** 　　　　　　　　　　　　　　　　　표준교재 336~337쪽
>
> ② 객관적인 사실을 보고한다.
> ③ 미루지 않고 신속하게 보고한다.
> ④ 보고 내용이 중복되지 않도록 간결하게 보고한다.
> ⑤ 서비스 중심으로 보고한다.
>
> **정답** ①

34 임종과정 동안 나타나는 신체적 변화에 대한 요양보호로 옳은 것은?

① 보온을 위해 전기기구를 사용한다.
② 숨 쉬는 것을 돕기 위해 상체와 머리를 낮춘다.
③ 시력이 저하되므로 조명의 밝기는 최대한 밝게 높인다.
④ 입술과 콧구멍은 건조하므로 알코올 솜으로 자주 닦아준다.
⑤ 얼음조각이나 주스 얼린 것을 입에 넣어준다.

> **정답 및 해설** 　　　　　　　　　　　　　　　　　표준교재 648~650쪽
>
> ① 담요를 덮어서 따뜻하게 해준다. 보온을 위한 전기기구는 사용하지 않는다.
> ② 숨 쉬는 것을 돕기 위해 상체와 머리를 상승시킨다.
> ③ 임종 단계에서 시력은 유지되지 못할 수 있으므로 조명의 밝기를 눈부시지 않게 낮춘다.
> ④ 입술과 콧구멍에는 필요시 윤활제(바셀린, 립밤)를 바르도록 한다.
>
> **정답** ⑤

35 사전연명의료의향서에 관한 설명으로 옳은 것은?

① 국립연명의료관리기관 홈페이지에 접속하면 작성 여부를 열람할 수 있다.
② 인공호흡기 착용은 중단할 수 없다.
③ 통증완화를 위한 진통제 투여도 중단한다.
④ 70세 간암 말기 환자의 보호자가 대리로 작성할 수 있다.
⑤ 등록기관에 등록 없이도 효력은 발생한다.

> **정답 및 해설** 표준교재 653~654쪽
>
> ② 심폐소생술, 혈액 투석, 항암제 투여, 인공호흡기 착용은 중단한다.
> ③ 통증완화를 위한 의료행위와 영양분 공급, 물 공급, 산소의 단순공급은 보류하거나 중단할 수 없다.
> ④ 말기환자 또는 19세 이상 성인이 스스로 작성한다.
> ⑤ 등록기관에 등록해야만 효력이 발생한다.
>
> **정답** ①

36 오른쪽 편마비 대상자의 식사를 돕는 방법으로 옳은 것은?

① 식사 전에 물을 한 모금 마시게 한다.
② 오른쪽을 아래로 하여 옆으로 눕힌다.
③ 식사 후 30분 정도 똑바로 눕혀 둔다.
④ 오른쪽에서 음식을 넣어준다.
⑤ 식후 왼쪽 뺨 부위의 음식 찌꺼기를 뱉게 해준다.

> **정답 및 해설** 표준교재 359~361쪽
>
> ② 왼쪽(건강한 쪽)을 아래로 하여 옆으로 눕힌다.
> ③ 식사 후 30분 정도 앉아 있게 한다.
> ④ 왼쪽(건강한 쪽)에서 음식을 넣어준다.
> ⑤ 식후 오른쪽(마비된 쪽) 뺨 부위에 음식 찌꺼기가 남기 쉽다.
>
> **정답** ①

37 얼굴 부위에 손상이 있는 대상자의 경관영양 돕기 방법으로 옳은 것은?

① 대상자를 똑바로 눕힌 자세로 주입한다.
② 비위관이 빠진 경우 요양보호사가 밀어 넣는다.
③ 영양액은 중력에 의해 흘러 내려오도록 한다.
④ 영양액은 천천히 주입한다.
⑤ 영양주머니는 씻어서 물기가 남은 상태로 사용한다.

> **정답 및 해설** 표준교재 365~366쪽
> ① 침상머리를 올린 자세를 취한다.
> ② 비위관이 빠진 경우 비위관의 튜브를 잠그고 보고한다.
> ④ 영양액을 천천히 주입하면 음식이 상할 수 있다.
> ⑤ 영양주머니는 매번 씻어서 말린 후 사용한다.
>
> 정답 ③

38 대상자에게 귀약을 투여하는 방법으로 옳은 것은?

① 귓바퀴를 후상방으로 잡아당겨 약을 투여한다.
② 용액을 묻힌 면봉으로 내이도를 깨끗하게 닦는다.
③ 약병을 찬물에 담가 시원한 상태로 주입한다.
④ 귀 입구를 눌러준 후 약 20분 동안 누워있게 한다.
⑤ 작은 솜을 하루 종일 끼워 놓았다가 제거한다.

> **정답 및 해설** 표준교재 371~372쪽
> ② 외이도를 깨끗하게 닦는다.
> ③ 약이 차가우면 오심, 구토, 어지러움을 일으킬 수 있다.
> ④ 약 5분간 누워있도록 한다.
> ⑤ 15~20분 동안 끼워 놓았다가 제거한다.
>
> 정답 ①

39 침대에 누워있는 대상자가 휠체어를 사용하여 화장실로 이동하고자 할 때 갑자기 일어나 어지러움을 호소하는 경우 대처 방법으로 옳은 것은?

① 침상변기를 사용하게 한다.
② 진통제를 복용하게 한다.
③ 잠시 침대에 앉아 있게 한다.
④ 온찜질 팩을 제공한다.
⑤ 기저귀를 사용하게 한다.

> **정답 및 해설**　　　　　　　　　　　　　　　　　　　　　표준교재 376쪽
>
> 대상자를 갑자기 침대에서 일으키면 혈압이 떨어지기 때문에 어지러움을 호소할 수 있다. 이때 대상자의 안전을 위해 잠시 침대에 앉아 있게 한다.
>
> **정답** ③

40 거동이 불편한 대상자의 침상배설 돕기로 옳은 것은?

① 거품 섞인 소변을 보는 경우 바로 버린다.
② 대상자가 허리를 들지 못하는 경우 똑바로 눕혀서 한다.
③ 용변 배설이 될 때까지 변기는 오래 대어 준다.
④ 회음부와 둔부는 앞에서 뒤로 닦아준다.
⑤ 배설 소리를 확인하기 위해 주변을 조용하게 한다.

> **정답 및 해설**　　　　　　　　　　　　　　　　　　　　표준교재 379~381쪽
>
> ① 배설물에 특이사항이 있는 경우 시설장에게 보고한다.
> ② 허리를 들지 못하는 경우 옆으로 눕혀서 한다.
> ③ 변기를 오래 대고 있으면 피부가 손상될 수 있고 허리와 둔부 관절 부위에 무리가 올 수 있으므로 변의가 있을 때 다시 시도한다.
> ⑤ 대상자가 배설 시 소리가 나는 것에 부담을 느끼지 않도록 텔레비전을 켜거나 음악을 틀어 놓는다.
>
> **정답** ④

41 오른쪽 편마비 대상자의 이동변기 사용을 돕는 방법으로 옳은 것은?

① 대상자를 안아서 이동변기로 옮긴다.
② 배설 후에는 물과 비누로 손을 씻게 해준다.
③ 이동변기는 대상자의 오른쪽에 둔다.
④ 오른손으로 이동변기의 팔걸이를 잡고 이동하게 한다.
⑤ 등받이가 없는 변기가 안전하다.

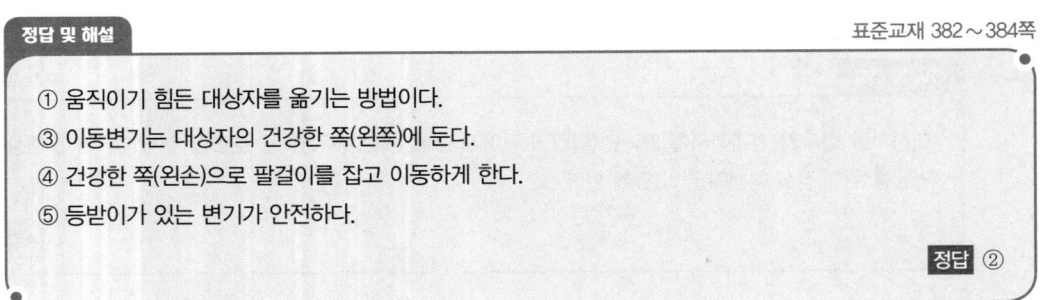

정답 및 해설 표준교재 382~384쪽

① 움직이기 힘든 대상자를 옮기는 방법이다.
③ 이동변기는 대상자의 건강한 쪽(왼쪽)에 둔다.
④ 건강한 쪽(왼손)으로 팔걸이를 잡고 이동하게 한다.
⑤ 등받이가 있는 변기가 안전하다.

정답 ②

42 허리를 들어 올릴 수 있는 대상자의 기저귀를 교환하는 방법은?

① 무릎을 세우고 똑바로 누운 상태에서 허리를 들게 한다.
② 기저귀는 하루 두 번 교환한다.
③ 옆으로 돌려 눕혀 교환한다.
④ 환기를 위해 창문을 열고 교환한다.
⑤ 항문 쪽으로 기저귀가 뭉치도록 채워준다.

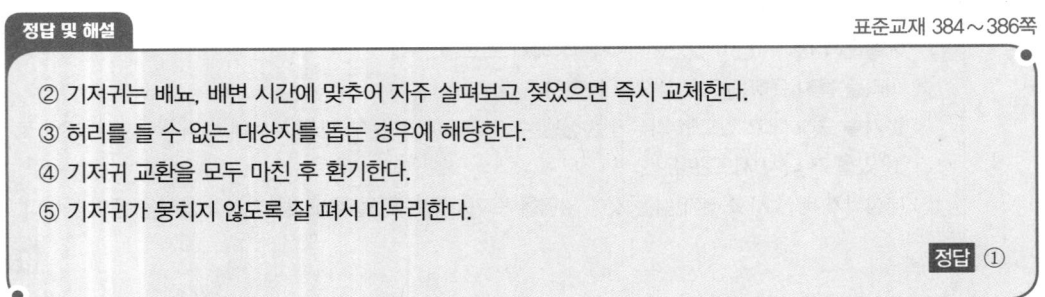

정답 및 해설 표준교재 384~386쪽

② 기저귀는 배뇨, 배변 시간에 맞추어 자주 살펴보고 젖었으면 즉시 교체한다.
③ 허리를 들 수 없는 대상자를 돕는 경우에 해당한다.
④ 기저귀 교환을 모두 마친 후 환기한다.
⑤ 기저귀가 뭉치지 않도록 잘 펴서 마무리한다.

정답 ①

43 유치도뇨관을 삽입하고 있는 대상자가 아랫배에 통증을 호소하는 경우 대처 방법으로 옳은 것은?

① 유치도뇨관이 빠지지 않았는지 확인한다.
② 온찜질 팩을 해준다.
③ 소변 배출량을 점검해 본다.
④ 따뜻한 물을 섭취하게 한다.
⑤ 유치도뇨관이 막히거나 꼬이지 않았는지 확인한다.

정답 및 해설 표준교재 387~388쪽

유치도뇨관이 막히거나 꼬이면 방광에 소변이 차서 아랫배에 팽만감이 있고 아플 수 있다.

정답 ⑤

44 대상자의 칫솔질을 돕는 방법으로 옳은 것은?

① 앉아서 머리를 뒤로 젖힌 자세로 칫솔질한다.
② 치아에서 잇몸 쪽으로 닦아준다.
③ 치약은 칫솔 위에 두툼하게 올려준다.
④ 혈액응고장애가 있는 대상자는 치실을 사용하지 않는다.
⑤ 칫솔질을 할 때는 치아만 닦는다.

정답 및 해설 표준교재 397~399쪽

① 앉아서 머리를 앞으로 숙인 자세로 칫솔질한다.
② 잇몸에서 치아 쪽으로 닦는다.
③ 칫솔모 아래쪽까지 깊게 눌러 짠다.
⑤ 칫솔질을 할 때는 치아뿐만 아니라 혀도 닦는다.

정답 ④

45 의치를 착용하는 대상자의 의치 손질 방법으로 옳은 것은?

① 흐르는 뜨거운 물에 의치를 헹군다.
② 의치는 표백제에 담가 변형을 막는다.
③ 취침 시 의치를 세척해서 다시 삽입한다.
④ 아래쪽 의치를 먼저 빼서 의치 용기에 넣는다.
⑤ 의치세정제가 없는 경우 주방세제를 사용한다.

> **정답 및 해설** 표준교재 399~401쪽
>
> ① 뜨거운 물을 사용하면 의치가 변형될 수 있으니 미온수 또는 찬물로 헹군다.
> ② 의치를 표백제에 담그면 변형될 수 있다.
> ③ 자기 전에는 의치를 빼서 보관한다.
> ④ 위쪽 의치를 먼저 빼서 의치 용기에 넣는다.
>
> **정답** ⑤

46 대상자의 회음부 청결 돕기 방법으로 옳은 것은?

① 둔부 밑에 변기를 넣고 방수포와 목욕수건을 깔아준다.
② 회음부를 닦을 때는 전용수건을 사용한다.
③ 회음부를 뒤쪽에서 앞쪽으로 닦아준다.
④ 둔부에 남아있는 물기는 자연건조한다.
⑤ 회음부에서 악취가 나면 알코올로 소독해 준다.

> **정답 및 해설** 표준교재 408~409쪽
>
> ① 둔부 밑에 방수포와 목욕수건을 깔고 변기를 밀어 넣는다.
> ③ 회음부를 앞쪽에서 뒤쪽으로 닦아준다.
> ④ 둔부에 남아있는 물기는 바로 닦아준다.
> ⑤ 시설장이나 간호사에게 보고한다.
>
> **정답** ②

47 대상자의 침상목욕 돕기 방법으로 옳은 것은?

① 상지는 겨드랑이 쪽에서 손끝 쪽으로 닦는다.

② 하지는 발끝에서 허벅지 쪽으로 닦는다.

③ 회음부는 항문에서 요도 쪽으로 닦는다.

④ 눈은 바깥쪽에서 안쪽으로 닦는다.

⑤ 얼굴은 코 → 눈 → 입 주위 → 뺨 → 이마 → 귀 → 목의 순서로 닦는다.

> **정답 및 해설**
> 표준교재 418~420쪽
>
> ① 상지는 손끝 쪽에서 겨드랑이 쪽으로 닦는다.
> ③ 회음부는 요도에서 항문 쪽으로 닦는다.
> ④ 눈은 안쪽에서 바깥쪽으로 닦는다.
> ⑤ 얼굴은 눈 → 코 → 뺨 → 입 주위 → 이마 → 귀 → 목의 순서로 닦는다.
>
> **정답** ②

48 오른쪽 편마비 대상자에게 앞이 막힌 상의를 입히는 순서로 옳은 것은?

① 오른쪽 팔 → 머리 → 왼쪽 팔

② 오른쪽 팔 → 왼쪽 팔 → 머리

③ 머리 → 왼쪽 팔 → 오른쪽 팔

④ 왼쪽 팔 → 오른쪽 팔 → 머리

⑤ 왼쪽 팔 → 머리 → 오른쪽 팔

> **정답 및 해설**
> 표준교재 427쪽
>
> 옷을 입을 때는 불편한 쪽부터 입힌다. 머리는 항상 가운데에 위치한다.
>
> **정답** ①

49 대상자를 침대에서 오른쪽으로 돌려 눕히는 방법으로 옳은 것은?

① 요양보호사는 대상자의 왼쪽에 선다.
② 왼쪽으로 대상자의 머리를 돌린다.
③ 옆으로 누웠을 때 팔이 눌리지 않도록 오른쪽의 손을 위로 올린다.
④ 오른쪽 발을 왼쪽 발 위에 올려놓는다.
⑤ 반대쪽 어깨와 허리에 손을 대고 돌려 눕힌다.

정답 및 해설　　　　　　　　　　　　　　　　　　　　　　　　　표준교재 438쪽

① 요양보호사는 돌려 눕히려고 하는 쪽(오른쪽)에 선다.
② 돌려 눕히려고 하는 쪽(오른쪽)으로 대상자의 머리를 돌린다.
④ 돌려 눕는 방향과 반대쪽(왼쪽) 발을 다른 쪽(오른쪽) 발 위에 놓는다.
⑤ 반대쪽 어깨와 엉덩이에 손을 대고 돌려 눕힌다.

정답 ③

50 휠체어의 잠금장치 기능이 약할 때 점검해야 할 곳으로 묶은 것은?

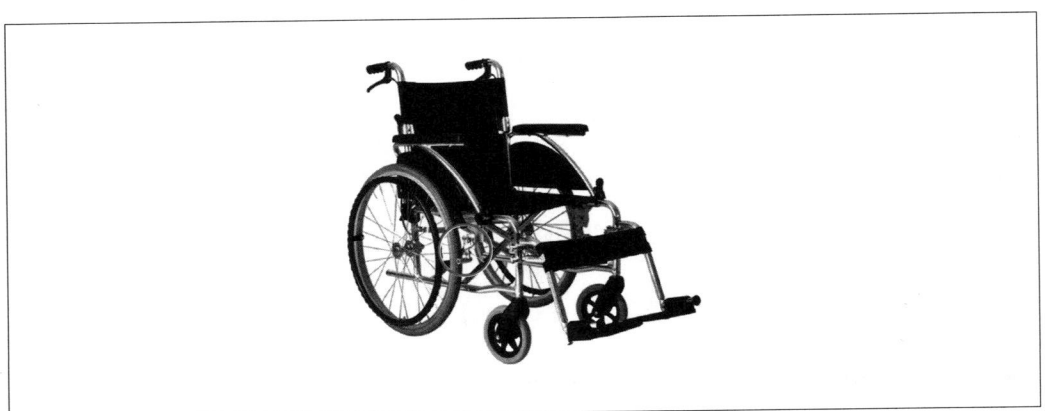

① 팔걸이, 발 받침대　　　　② 손잡이, 타이어
③ 시트, 잠금장치 고정 볼트　　④ 타이어, 잠금장치 고정 볼트
⑤ 시트, 타이어

정답 및 해설　　　　　　　　　　　　　　　　　　　　　　　　　표준교재 480쪽

잠금장치가 고정되지 않을 때는 타이어 공기압을 확인하고, 공기압이 정상(엄지손가락으로 눌렀을 때 0.5cm 들어가는 정도)이라면 휠체어 뒷주머니에 있는 스패너로 잠금장치 고정 볼트를 조절한 후 고정하여 준다.

정답 ④

51 경사도가 큰 오르막길을 올라갈 때 휠체어 작동법으로 옳은 것은?

① 가급적 자세를 낮추고 빠른 속도로 이동한다.
② 휠체어를 뒤로 돌려 뒷걸음으로 올라간다.
③ 잠금장치를 잠그고 밀고 올라간다.
④ 앞바퀴를 들어 올려 뒤로 젖힌 상태에서 이동한다.
⑤ 지그재그로 밀고 올라간다.

정답 및 해설

표준교재 450쪽

정답 ⑤

52 왼쪽 편마비 대상자를 침대에서 휠체어로 이동시키고자 할 때 휠체어 위치 선정으로 옳은 것은?

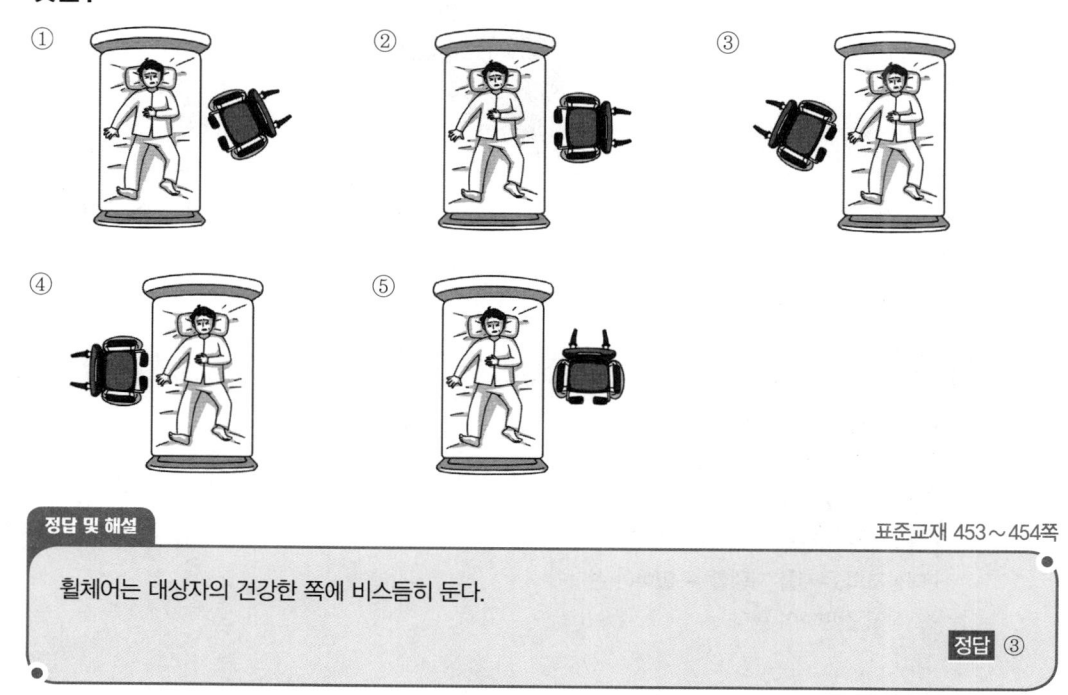

정답 및 해설

표준교재 453~454쪽

휠체어는 대상자의 건강한 쪽에 비스듬히 둔다.

정답 ③

53 보행기를 사용하여 보행을 하는 대상자를 돕는 방법으로 옳은 것은?

① 대상자의 팔꿈치가 약 50°로 구부러지도록 조절한다.
② 요양보호사는 대상자의 건강한 쪽에 서서 돕는다.
③ 보행기의 손잡이를 대상자의 허리 높이로 조절한다.
④ 바퀴의 잠금장치를 열고 대상자가 일어서게 돕는다.
⑤ 한쪽 다리만 약한 경우 약한 다리와 보행기를 함께 한 걸음 옮긴다.

정답 및 해설   표준교재 467~468쪽

① 대상자의 팔꿈치가 약 30°로 구부러지도록 조절한다.
② 요양보호사는 대상자의 불편한 쪽에서 서서 돕는다.
③ 보행기의 손잡이를 대상자의 엉덩이 높이로 조절한다.
④ 바퀴의 잠금장치를 잠그고 대상자가 일어서게 돕는다.

정답 ⑤

54 다리가 불편한 대상자가 다음 그림과 같은 복지용구를 선택할 때 고려 사항으로 옳은 것은?

① 녹이 생기는 재질이어도 된다.
② 등받이 각도는 고정되어 있어야 한다.
③ 높낮이는 수동으로 조절되어야 한다.
④ 대상자의 무게를 지탱할 수 있어야 한다.
⑤ 조작이 복잡해야 한다.

정답 및 해설   표준교재 491쪽

목욕리프트 선택 시 고려 사항
- 녹이 슬지 않는 재질이어야 한다.
- 등받이 각도가 조절되어야 한다.
- 높낮이는 자동으로 조절되어야 한다.
- 대상자의 무게를 지탱할 수 있어야 한다.
- 조작이 간편해야 한다.

정답 ④

55 노인의 영양소 섭취 기준과 급원식품에 대한 설명으로 옳은 것은?

① 나이가 증가할수록 근육이 감소하므로 단백질은 제한 없이 섭취한다.
② 삼겹살, 갈비, 닭 껍질과 같은 동물성 포화지방산 섭취를 늘린다.
③ 수분 섭취는 제한한다.
④ 영양보충제는 전문가의 지침과 상관없이 섭취할 수 있다.
⑤ 등푸른 생선, 들기름과 같은 필수지방산을 섭취한다.

정답 및 해설　　　　　　　　　　　　　　　　　　표준교재 514~516쪽

① 체중 1kg당 단백질 1g을 섭취하게 한다.
② 동물성 포화지방산 함량이 많은 음식은 제한한다.
③ 수분을 충분히 섭취하도록 하여 탈수를 방지한다.
④ 전문가의 지침을 따르도록 한다.

정답 ⑤

56 면역력이 저하되어 있는 대상자의 안전한 식품 보관방법으로 옳은 것은?

① 달걀은 깨끗이 씻어서 전용 용기에 담아 냉장 보관한다.
② 복숭아, 망고, 무화과 등은 상온에서 일정 기간이 경과한 뒤 먹으면 된다.
③ 두부는 따뜻한 물에 담가 냉장 보관한다.
④ 고구마는 냉장 보관한다.
⑤ 조개류는 씻지 않은 상태로 냉장·냉동 보관한다.

정답 및 해설　　　　　　　　　　　　　　　　　　표준교재 539~540쪽

① 씻지 않은 상태에서 냉장 보관한다.
③ 찬물에 담가 냉장 보관한다.
④ 통풍이 잘 되도록 서늘하고 어두운 곳에 보관한다.
⑤ 흐르는 수돗물로 깨끗이 씻은 후 냉장·냉동 보관한다.

정답 ②

57 대상자의 쾌적한 환경을 유지하기 위한 방법으로 옳은 것은?

① 하루에 한 번, 최소 10~30분 창문을 열어 환기한다.
② 혈압 상승을 예방하기 위해 방의 온도는 화장실보다 높게 조절한다.
③ 직사광선이 눈에 닿으면 각막에 장애를 초래하므로 커튼을 적절히 사용한다.
④ 여름에는 가습기, 겨울에는 제습기를 사용하여 습도를 조절한다.
⑤ 야간에는 화장실, 계단의 조명을 꺼둔다.

정답 및 해설 표준교재 562~563쪽

① 하루에 2~3시간 간격으로 3번 환기한다.
② 방이나 복도, 화장실의 온도를 일정하게 유지한다.
④ 여름에는 제습기, 겨울에는 가습기를 사용한다.
⑤ 야간에는 화장실과 계단의 조명을 켜둔다.

정답 ③

58 치매 대상자가 나아질 것 같지 않은 허무한 생각으로 인해 치매 대상자의 증상에 효과적으로 대처하지 못하게 되는 가족의 정서적 부담은?

① 불안감
② 우 울
③ 죄책감
④ 분 노
⑤ 무기력감

정답 및 해설 표준교재 573쪽

① 불안감은 대상자의 상태나 돌보는 역할, 재정적 상태에 대한 정보가 없는 경우에 나타난다.
② 우울은 슬픔, 낙담, 무기력, 의욕저하 등이 복합적으로 나타나는 정서이다.
③ 죄책감은 대상자에게 화를 냈거나 충분히 잘해주지 못하고 있다고 느낄 때, 또는 과거 대상자에게 잘못했던 일을 되새기면서 느끼는 정서이다.
④ 가족이 처음 치매진단을 받을 때 이를 받아들이기 어렵고 주어진 현실에 분노를 느낀다. 대상자를 돌보는 일로 피곤할 때 또는 가족들이 도와주지 않는 경우에도 느끼는 정서이다.

정답 ⑤

59 치매 대상자의 배설 돕기 방법으로 옳은 것은?

① 대상자의 방을 화장실에서 먼 곳에 배정한다.
② 벨트나 단추가 있는 바지를 입힌다.
③ 낮에는 기저귀를 사용하는 것이 안전하다.
④ 야간에 화장실 이용이 위험할 때는 기저귀를 착용시킨다.
⑤ 대상자가 실금한 경우에도 괜찮다고 말한다.

> **정답 및 해설** 　　　　　　　　　　　　　　표준교재 585~586쪽
>
> ① 대상자의 방은 화장실에서 가까운 곳에 배정한다.
> ② 입고 벗기 쉬운 고무줄 바지를 입힌다.
> ③ 수치감을 유발하고 실금 사실을 알리려 하지 않기에 낮에는 기저귀를 사용하지 않는다.
> ④ 야간에 화장실 이용이 위험할 때는 쿠션과 시트나 등받이가 있는 이동변기를 사용하게 한다.
>
> **정답** ⑤

60 치매 대상자의 운동 돕기 방법으로 옳은 것은?

① 운동은 고강도 운동으로 시작한다.
② 선 자세보다 앉은 자세 운동이 효과적이다.
③ 치매 대상자가 스스로 운동하도록 유도한다.
④ 매일 다른 시간대에 운동을 하게 한다.
⑤ 심장병이 있는 경우 의사의 검진 없이도 다양한 운동이 가능하다.

> **정답 및 해설** 　　　　　　　　　　　　　　표준교재 589쪽
>
> ① 운동은 저강도로 시작해서 점차 늘린다.
> ② 앉은 자세보다 선 자세에서 하는 운동이 효과적이다.
> ④ 매일 같은 시간대에 운동하면 혼란을 막고 초조감을 줄일 수 있다.
> ⑤ 심장병이 있는 경우 의사에게 사전 검진을 받아야 한다.
>
> **정답** ③

61 재가 치매 대상자가 가방에 휴지를 모아 담는 행동을 반복할 때 대처 방법은?

① 왜 그런 행동을 하느냐고 물어본다.
② 휴지를 눈에 띄지 않는 곳에 모두 치워둔다.
③ 치매 대상자가 좋아하는 간식을 가지고 온다.
④ 휴지가 낭비되니 행동을 제지한다.
⑤ 대상자가 안 볼 때 휴지를 가방에서 모두 꺼내 놓는다.

> **정답 및 해설** 표준교재 593쪽
>
> 반복 질문이나 반복 행동을 하는 경우 주의 환기법을 적용해 본다. 치매 대상자가 좋아하는 음식을 제공하는 것도 한 가지 방법이다.
>
> **정답** ③

62 시설 복도를 이리저리 배회하는 대상자를 돕는 방법으로 옳은 것은?

① 창문을 열어 선선한 공기를 접하게 한다.
② 복잡한 일거리를 제공한다.
③ 라디오를 크게 틀어 놓는다.
④ 침대로 데려가 눕혀 준다.
⑤ 아들 사진을 보여주며 어릴 적 이야기를 나누자고 한다.

> **정답 및 해설** 표준교재 596~597쪽
>
> ① 창문 등 출입이 가능한 모든 곳의 문을 잠근다.
> ② 단순한 일거리를 제공한다.
> ③ 텔레비전이나 라디오를 크게 틀어 놓지 않는다.
> ④ 치매 대상자가 활기차고 바쁘게 생활하게 한다.
>
> **정답** ⑤

63 치매 대상자가 아무도 없는 방에서 "누가 나를 자꾸 쳐다봐, 저기 좀 봐."라고 할 때 대처 방법으로 옳은 것은?

① "어르신 방에는 아무도 없는데요."라고 말하며 확인시켜 준다.
② "누구인지 자세히 보고 알려주세요."라고 말하며 물어본다.
③ "어르신이 기운이 없으셔서 헛것이 보이는 거예요."라고 말한다.
④ "현관문이 잠겨 있는데 어떻게 들어오나요."라고 말하며 잠긴 문을 보여준다.
⑤ "무서우시죠? 제가 손잡아 드릴게요."라고 말하며 손을 잡아준다.

> **정답 및 해설** 표준교재 597~598쪽
>
> 환각이 나타날 때는 치매 대상자가 보고 들은 것에 대해 아니라고 부정하거나 설득하지 말고 감정을 이해하고 수용한다.
>
> **정답** ⑤

64 시설 치매 대상자가 윷놀이를 하다가 갑자기 옆에 있는 어르신에게 윷가락을 던지려고 할 때 대처 방법은?

① 옆에 있는 어르신이 무슨 잘못을 했는지 물어본다.
② 위험한 행동이니 하면 안 된다고 소리를 지른다.
③ 던지지 못하도록 손목을 잡는다.
④ 윷놀이보다 더 재미있는 놀이를 하러 가자며 데리고 나간다.
⑤ 다른 윷가락을 갖다주겠다며 찾으러 간다.

> **정답 및 해설** 표준교재 598~599쪽
>
> 천천히 치매 대상자의 관심 변화를 유도한다.
>
> **정답** ④

65 부적절한 성적 행동을 하는 대상자를 돕는 방법으로 옳은 것은?

① 성 자체에 관심이 없다는 것을 인식한다.
② 옷을 벗는 경우 큰 소리를 지르며 행동을 제지한다.
③ 공공장소에 데리고 간다.
④ 가족에게 상황을 알리고 서비스 중단을 경고한다.
⑤ 방문객을 늘려 많은 사람들과 접촉하게 한다.

정답 및 해설 표준교재 601쪽

② 당황하지 말고 옷을 입혀준다.
③ 공공장소에 가는 것은 삼간다.
④ 가족에게 상황을 알리고 상의한다.
⑤ 방문객을 제한하여 사고를 예방한다.

정답 ①

66 다음과 같은 상황에서 치매 대상자에게 적합한 돌봄 방법으로 옳은 것은?

치매 대상자인 75세 남성은 식사 후 물을 컵에 따라주면 손으로 잡아 입에 대긴 하지만 제대로 마시지 못하고 대부분 흘린다. 요양보호사의 도움을 받아 물을 다 마시고 나면 컵을 테이블에 놓지 못하고 바닥에 떨어뜨린다.

① 평소보다 물 대신 국물을 많이 마실 수 있도록 한다.
② 흘리는 것에 대비해서 빨대를 꽂아 물을 마시게 한다.
③ 컵 잡는 것이 서툴러졌으니 물을 먹여준다.
④ 물을 마시지 않으면 탈수에 빠질 수 있다고 위협한다.
⑤ 언제 물을 마셨는지를 기억하고 있다가 탈수되기 전에 물을 마실 것을 권하고 도움을 준다.

정답 및 해설 표준교재 687~688쪽

치매 대상자는 컵을 입으로 가져가는 것도 서툴고 물도 많이 흘리지만, 처음부터 컵 사용을 제한하거나 빨대를 꽂아 물을 마시게 해서는 안 되고, 치매 대상자가 스스로 할 수 있는 수준까지 스스로 할 수 있게 기회를 주어야 한다. 물이 필요한지 관찰하고 언제 물을 마셨는지를 기억하고 있다가 탈수되기 전에 물을 마시도록 도와야 한다.

정답 ⑤

67 치매 대상자에게 의사소통의 기본원칙을 지키며 대화한 경우는?

① "어디 불편한 곳이 있으세요?"
② "이것은 해도 되고, 저것은 안 됩니다."
③ "왜 그렇게 생각하셨어요?"
④ "식사하신 후에 양치질하고 외출해요."
⑤ "아침 8시예요, 아침식사하세요."

정답 및 해설　　　　　　　　　　　　　　　표준교재 605~609쪽

① 신체를 짚어가며 "여기가 아프세요?"와 같이 질문한다.
② 할 수 있는 것이 어떤 것인가를 정확히 알려준다.
③ "네", "아니요"로 간단히 답할 수 있도록 질문한다.
④ 한 번에 한 가지씩 차례로 이야기한다.

정답 ⑤

68 치매 대상자와 다음과 같은 프로그램을 할 때 향상될 수 있는 인지기능은?

- 친구의 생일잔치에서 친구에게 인사할 때 – "축하합니다."
- 친구를 오랜만에 만났을 때 – "오랜만입니다."

① 지남력
② 언어능력
③ 계산력
④ 순응력
⑤ 주의력

정답 및 해설　　　　　　　　　　　　　　　표준교재 641쪽

일상생활에서 사용하는 대화를 통해 언어적으로 자극하고 타인과 소통하는 데 도움이 된다(인사말 연결하기).

정답 ②

69 대상자와 의사소통하는 방법으로 옳은 것은?

① 팔짱을 끼고 앉는다.
② 반응을 보여주기 위해 계속해서 손을 움직여준다.
③ 잘 들을 수 있도록 느린 속도로 말한다.
④ 말하는 사람에게 시선을 고정한다.
⑤ 대상자와 같은 눈높이에서 이야기한다.

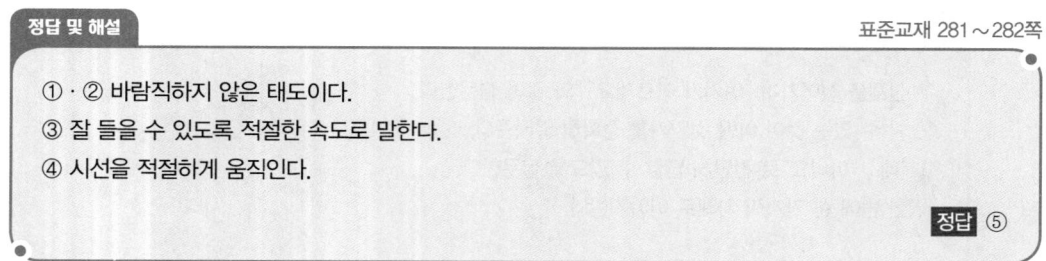

정답 및 해설 표준교재 281~282쪽
①·② 바람직하지 않은 태도이다.
③ 잘 들을 수 있도록 적절한 속도로 말한다.
④ 시선을 적절하게 움직인다.

정답 ⑤

70 다음과 같은 상황에서 요양보호사의 공감반응으로 옳은 것은?

대 상 자 : "요즘 모든 것이 다 귀찮아. 먹는 것도 싫고, 어디 나가는 것도 즐겁지 않아."
요양보호사 : (   )

① "요즘 자녀들이 자주 안 찾아오나 봐요."
② "요즘 많이 힘드신가 봐요."
③ "저랑 재미있는 텔레비전 같이 봐요."
④ "나이가 들면 귀찮아지는 게 많아진다고 하더라고요."
⑤ "제가 딸에게 이야기해 드릴 테니 병원 다녀오세요."

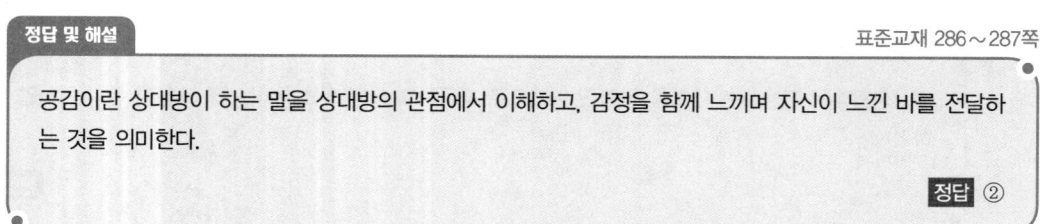

정답 및 해설 표준교재 286~287쪽
공감이란 상대방이 하는 말을 상대방의 관점에서 이해하고, 감정을 함께 느끼며 자신이 느낀 바를 전달하는 것을 의미한다.

정답 ②

71 다음과 같은 방법으로 의사소통해야 하는 대상자는?

- 몸짓, 얼굴표정 등으로 의미 전달을 돕는다.
- 밝은 방에서 입 모양을 볼 수 있도록 시선을 맞추며 말한다.
- 말을 알아듣기 쉽도록 천천히 차분하게 이야기한다.

① 시각장애 대상자
② 노인성 난청 대상자
③ 언어장애 대상자
④ 판단력장애 대상자
⑤ 지남력장애 대상자

표준교재 292~293쪽

정답 ②

72 언어장애가 있는 대상자와 의사소통하는 방법으로 옳은 것은?

① 잘 표현하였을 때는 반응하지 않는다.
② 대상자 말이 끝날 때까지 침묵하며 듣는다.
③ 대상자 옆에서 귀에 대고 이야기한다.
④ 질문에 대한 답변이 끝나기 전에 다음 질문을 하지 않는다.
⑤ 시간, 날짜, 달력 등을 인식시킨다.

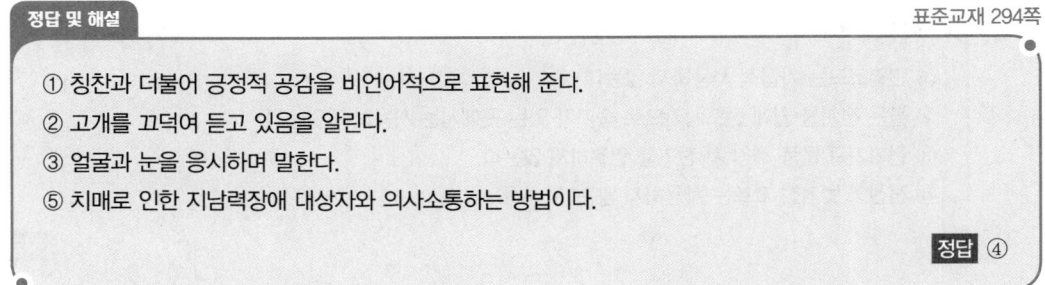

표준교재 294쪽

① 칭찬과 더불어 긍정적 공감을 비언어적으로 표현해 준다.
② 고개를 끄덕여 듣고 있음을 알린다.
③ 얼굴과 눈을 응시하며 말한다.
⑤ 치매로 인한 지남력장애 대상자와 의사소통하는 방법이다.

정답 ④

73 다음과 같은 대처와 의사소통을 해야 하는 치매 대상자의 상황으로 옳은 것은?

> • 원인을 생각하고 차분히 대처하기
> • 감정에 초점을 맞추고 마음 안정시키기
> • 기분전환 유도하기
> • 거부하는 경우 쉼을 두고 시도하기

① 공격성
② 무감동
③ 불 안
④ 섭식장애
⑤ 배설행동

정답 및 해설

표준교재 296~297쪽

시끄러운 환경, 망상이나 환각, 신체질환, 치매노인에 대한 낮은 이해도, 언어로 인한 표현 부족 등이 원인인 공격성 상황이다.

정답 ①

74 정전 및 전기사고를 예방하기 위해 숙지해야 할 내용으로 옳은 것은?

① 하나의 콘센트에 연결코드를 꽂아 사용한다.
② 습기가 있는 곳에서 전기기구를 사용한다.
③ 전기를 연결한 상태에서 전기기구를 세척한다.
④ 전기쇼크를 입으면 전류가 차단될 때까지 다른 사람이 닿지 않도록 한다.
⑤ 전선이 벗겨진 코드는 테이프를 감아 사용한다.

정답 및 해설

표준교재 660쪽

① 연결코드는 가급적 사용하지 않는다.
② 물은 전기를 쉽게 전도시키므로 습기가 있는 곳에서는 사용하지 않는다.
③ 전기기구 물품 세척 시 전기를 연결하지 않는다.
⑤ 전선이 벗겨진 코드는 사용하지 않는다.

정답 ④

75 감염관리를 위한 표준적 예방법으로 옳은 것은?

① 혈액, 체액 등이 몸에 닿을 것으로 예상될 때 장갑만 착용해도 된다.
② 장갑을 벗은 후 소독제로만 손을 닦아도 된다.
③ 사용한 장갑으로 깨끗한 물건을 만지지 않도록 주의한다.
④ 입, 코, 눈, 항문, 비뇨생식기와 같은 점막을 만질 때는 맨손으로 한다.
⑤ 기저귀 교체를 마친 후 장갑을 착용하고 다른 일을 한다.

> **정답 및 해설** 표준교재 664쪽
>
> ① 혈액, 체액 등이 몸에 닿을 것으로 예상될 때는 일회용 방수성 가운을 착용해야 한다.
> ② 장갑을 벗은 후 물로 손을 씻어야 한다.
> ④ 입, 코, 눈, 항문, 비뇨생식기와 같은 점막을 만질 때는 반드시 장갑을 착용한다.
> ⑤ 기저귀 교체를 마친 후 장갑을 벗고 손을 씻은 다음 다른 일을 한다.
>
> **정답** ③

76 감염성 질환인 코로나-19에 대한 설명으로 옳은 것은?

① 후유증으로 후각 또는 미각장애, 피로, 집중력 저하, 계속되는 기침이 있다.
② 오염된 음식물을 통해 전파된다.
③ 4m 이내의 거리에서 빠르게 확산된다.
④ 감염된 사람이 만진 물체를 통한 간접 접촉으로는 전파되지 않는다.
⑤ 감염증이 발생한 환자는 격리가 필요 없다.

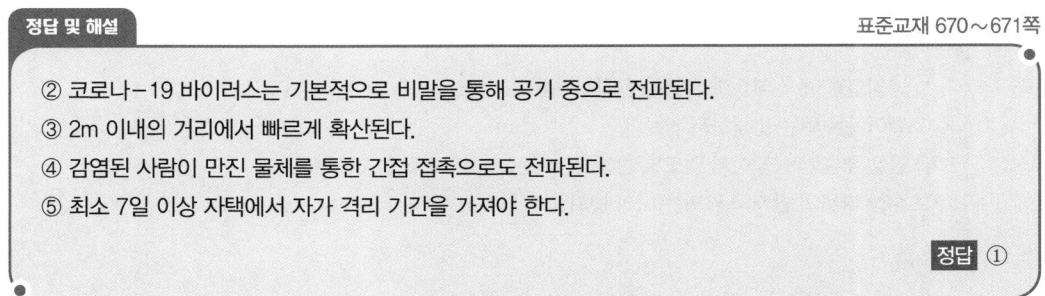

77 대상자가 사과를 먹다가 갑자기 목을 조르는 듯한 자세를 하며 괴로워할 때 대처 방법으로 옳은 것은?

① 손가락을 입에 넣어 사과를 찾는다.
② 심호흡을 크게 하도록 유도한다.
③ 대상자의 얼굴을 옆으로 돌려준다.
④ 등을 두드리며 구토를 유발한다.
⑤ 강하게 기침을 하여 이물질을 뱉어내도록 한다.

정답 및 해설   표준교재 673쪽

대상자가 의식이 있고 숨도 쉬고 있다면, 요양보호사는 강하게 기침을 하여 이물질을 뱉어내도록 하는 것 이상의 행동을 할 수 없다.

정답 ⑤

78 대상자가 넘어져 골절이 의심될 때 대처 방법으로 옳은 것은?

① 상처 부위에 온찜질을 해준다.
② 스스로 움직이게 해서는 안 된다.
③ 튀어나온 뼈를 손바닥으로 압박한다.
④ 골절이 의심되는 부위를 지혈대로 감아준다.
⑤ 손상 부위의 반지나 팔찌는 착용하고 있어도 된다.

정답 및 해설   표준교재 678쪽

① 냉찜질을 해서 부종과 염증을 완화시켜준다.
③ 튀어나온 뼈는 압박하지 않는다.
④ 골절 부위가 움직이지 않도록 한다.
⑤ 손상 부위의 반지나 팔찌는 미리 벗겨낸다.

정답 ②

79 요리를 함께하다가 대상자가 팔을 베어 출혈이 발생한 경우 대처 방법으로 옳은 것은?

① 출혈 부위 위에 무거운 물건을 올려준다.
② 맨손으로 출혈 부위를 만진다.
③ 출혈 부위에 알코올을 발라준다.
④ 피부 위에 바로 압박붕대를 감는다.
⑤ 출혈량이 적다면 멸균거즈를 활용하여 상처를 압박한다.

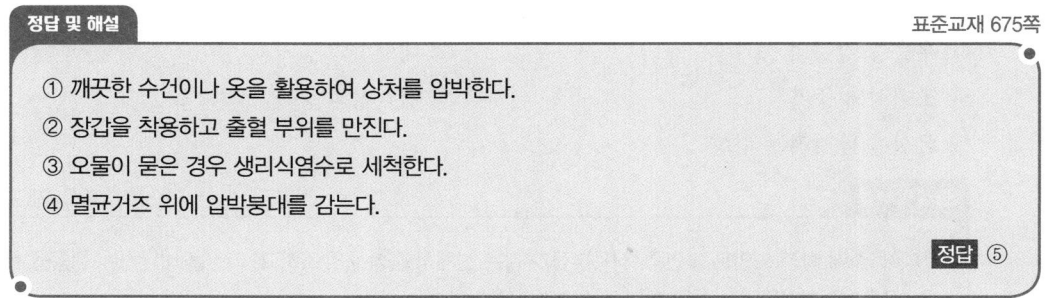

정답 및 해설   표준교재 675쪽

① 깨끗한 수건이나 옷을 활용하여 상처를 압박한다.
② 장갑을 착용하고 출혈 부위를 만진다.
③ 오물이 묻은 경우 생리식염수로 세척한다.
④ 멸균거즈 위에 압박붕대를 감는다.

정답 ⑤

80 심폐소생술 시행 중 자동심장충격기가 도착하여 사용하는 방법으로 옳은 것은?

① 오른쪽 패드는 왼쪽 젖꼭지 아래 중간 겨드랑선에 붙인다.
② 심장압박 중이면 압박이 끝난 다음에 전원을 켠다.
③ "분석 중"이라는 음성지시가 나오면 심장압박을 빨리 해준다.
④ 충격이 전달된 후 즉시 가슴압박을 시행한다.
⑤ 자동심장충격기는 5분 간격으로 심장리듬 분석을 반복한다.

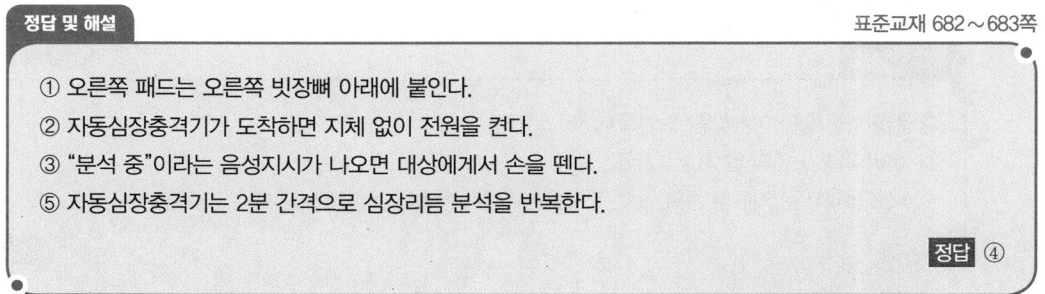

정답 및 해설   표준교재 682~683쪽

① 오른쪽 패드는 오른쪽 빗장뼈 아래에 붙인다.
② 자동심장충격기가 도착하면 지체 없이 전원을 켠다.
③ "분석 중"이라는 음성지시가 나오면 대상에게서 손을 뗀다.
⑤ 자동심장충격기는 2분 간격으로 심장리듬 분석을 반복한다.

정답 ④

너울샘 요양보호사 4회 모의고사

01 자신이 가치 있는 삶을 살았다는 것을 인정받고자 혈육, 물질적 재산, 창조적 업적, 전통과 가치 등을 남기고자 하는 노년기 특성은?

① 우울증 경향의 증가
② 내향성의 증가
③ 조심성의 증가
④ 경직성의 증가
⑤ 유산을 남기려는 경향

정답 및 해설 　　　　　　　　　　　　　　　　　　　　　　　표준교재 20~21쪽

① 우울증에 빠진 노인은 불면증, 식욕부진과 같은 신체적 증상을 호소하고, 타인을 비난하는 행동을 한다.
② 노년기에 접어들면서 심적 에너지가 내면으로 향한다.
③ 조심성이 증가해 일의 결과를 중시하고, 중립을 지키곤 한다. 또한, 결단이 느려지고 매사 신중해진다.
④ 노인은 자신에게 익숙한 습관적 태도나 방법을 고수한다. 따라서 새로운 방식으로 일을 처리하는 것에 저항한다.

정답 ⑤

02 국가가 공공기관과 더불어 노인들이 이용하는 교통시설, 공원, 박물관 등 공공시설의 이용 요금을 감면하여 경제적으로 지원하는 노인에 대한 보상은?

① 경제적 보상
② 제도적 보상
③ 정치적 보상
④ 지적 보상
⑤ 정신적 문화유산의 전수

정답 및 해설 　　　　　　　　　　　　　　　　　　　　　　　표준교재 16~17쪽

② 사회보장제도, 여가활동, 노인복지서비스 전달
③ 어버이날, 노인의 날 지정·기념
④·⑤ 정책자문, 기록물 등록, 노인이 보유한 유형·무형의 문화재 보전

정답 ①

03 치매 환자로 권리를 대변해줄 가족이 없는 경우 후견인의 도움을 원하거나 의사결정지원이 필요할 때 지원하는 노인복지사업 유형은?

① 노인 건강진단
② 노인복지관
③ 노인실명 예방사업
④ 노인일자리 및 사회활동 지원사업
⑤ 치매공공후견사업

정답 및 해설 표준교재 39~44쪽

노인복지사업의 유형
- 치매사업 및 건강보장 사업 : 치매안심센터, 치매공공후견사업, 노인실명 예방사업, 노인 무릎인공관절 수술 지원, 노인 건강진단
- 노인 사회활동 및 여가활동 지원 : 노인일자리 및 사회활동 지원사업, 노인자원봉사, 경로당, 노인복지관, 노인교실
- 노인돌봄 및 지원서비스 : 노인맞춤돌봄서비스, 독거노인, 장애인 응급안전안심서비스, 독거노인 공동생활홈 서비스, 노인보호전문기관, 학대피해노인 전용쉼터, 결식 우려 노인 무료급식 지원

정답 ⑤

04 다음에서 설명하는 노인복지시설은?

> 치매·중풍 등 노인성 질환 등으로 심신에 장애가 발생하여 도움이 필요한 노인에게 가정과 같은 주거 여건과 급식·요양, 그 밖에 일상생활에 필요한 편의를 제공하는 시설

① 노인요양시설
② 노인요양공동생활가정
③ 양로시설
④ 노인복지주택
⑤ 경로당

정답 및 해설 표준교재 44~45쪽

① 노인요양시설은 치매·중풍 등 노인성 질환 등으로 심신에 장애가 발생하여 도움이 필요한 노인을 입소시켜 급식·요양, 그 밖에 일상생활에 필요한 편의를 제공하는 시설이다.
③ 양로시설은 노인을 입소시켜 급식과 그 밖에 일상생활에 필요한 편의를 제공하는 시설이다.
④ 노인복지주택은 노인에게 주거시설을 분양하거나 임대하여 주거의 편의·생활지도·상담 및 안전관리 등 일상생활에 필요한 편의를 제공하는 시설이다.
⑤ 경로당은 노인들이 자율적으로 친목도모·취미활동·공동작업장 운영 및 각종 정보교환과 기타 여가활동을 할 수 있도록 하는 장소를 제공함을 목적으로 하는 시설이다.

정답 ②

05 장기요양 인정 신청 및 판정 절차의 순서로 옳은 것은?

> 가. 인정 신청
> 나. 1차 판정 및 소견서 제출
> 다. 방문조사
> 라. 등급판정위원회 심의 판정

① 가 → 나 → 다 → 라
② 가 → 다 → 나 → 라
③ 가 → 다 → 라 → 나
④ 가 → 나 → 라 → 다
⑤ 가 → 라 → 나 → 다

정답 및 해설　　　　　　　　　　　　　　　　　표준교재 51쪽

정답 ②

06 다음에서 설명하는 노인 장기요양보험 표준서비스 유형은?

> • 세면장까지의 이동 보조
> • 입욕준비, 입욕 시 이동 보조, 몸 씻기

① 정서지원 및 의사소통 도움
② 신체활동지원서비스
③ 건강 및 간호관리서비스
④ 기능회복훈련서비스
⑤ 가사 및 일상생활지원서비스

정답 및 해설　　　　　　　　　　　　　　　　표준교재 64~66쪽

신체활동지원서비스는 세면 도움, 구강청결 도움, 식사 도움, 몸단장, 옷 갈아입기 도움, 머리 감기 도움, 몸 씻기 도움, 화장실 이용하기 돕기, 이동 도움, 체위 변경, 신체기능의 유지·증진의 서비스를 의미한다.

정답 ②

07 대상자의 신체, 심리에 관한 정보를 가족, 시설장 또는 관리책임자에게 전달하며 필요시 이들의 지시 사항을 대상자와 그의 가족에게 전달하는 요양보호사의 역할은?

① 숙련된 수발자
② 관찰자
③ 정보전달자
④ 말벗과 상담자
⑤ 동기 유발자

정답 및 해설 표준교재 80~81쪽

① 숙련된 요양보호서비스에 대한 지식과 기술로 대상자의 불편함을 경감하기 위해 필요한 서비스를 지원한다.
② 맥박, 호흡, 혈압 등의 변화와 투약 여부, 질병의 변화에 대한 증상뿐만 아니라 심리적인 변화까지 관찰한다.
④ 효율적인 의사소통 기법을 활용하여 대상자와 관계를 형성하고 필요한 서비스를 제공한다.
⑤ 대상자가 능력을 최대한 발휘하도록 동기를 유발하며 지지한다.

정답 ③

08 다음 내용에 해당하는 시설 생활노인의 권리는?

• 사전 동의 없이 개인정보를 공개해서는 안 된다.
• 입소 노인의 개인적인 사생활이 농담으로 다루어져서는 안 된다.

① 안락하고 안전한 생활환경을 제공받을 권리
② 개별화된 서비스를 제공받고 선택할 권리
③ 스스로 입소를 결정하며, 공정한 입소 계약을 맺을 권리
④ 사생활과 비밀보장에 대한 권리
⑤ 존엄한 존재로 대우받을 권리

정답 및 해설 표준교재 93쪽

문제의 보기에서 설명하고 있는 시설 생활노인의 권리는 사생활과 비밀보장에 대한 권리이다. 이를 보장하기 위해서는 개인정보를 수집하고 활용하기 전에 그 목적을 충분히 설명하고 동의를 구해야 한다. 또한, 입소 노인이 원할 때 정보통신기기 사용, 우편물 수발신에 제한이 있어서는 안 된다.

정답 ④

09 보호자가 대상자의 의견 없이 요양원 입소를 결정하는 것은 노인의 인권 영역 중 어떤 것을 위배한 것인가?

① 건강권
② 주거권
③ 인간존엄권 및 경제, 노동권
④ 정치, 종교, 문화생활권
⑤ 자기결정권

정답 및 해설　　　　　　　　　　　　　　　　　표준교재 87~88쪽

① 적절한 치료와 간호 서비스를 받을 권리, 적절한 재활치료 서비스를 받을 권리
② 쾌적한 환경에서 생활할 권리, 편리한 환경에서 생활할 권리, 서비스 접근이 높은 환경에서 생활할 권리
③ 인격적 존중을 받을 권리, 차별받지 않고 평등한 처우를 받을 권리, 강제 노동을 거부할 권리
④ 자유로운 정치적 의사를 표현할 권리, 다양한 여가 및 문화생활 서비스를 받을 권리

정답 ⑤

---

10 노인학대 유형(A)과 학대 내용(B)이 올바르게 연결된 것은?

	(A)	(B)
①	신체적 학대	생존 유지에 필요한 난방을 단절시킴
②	정서적 학대	노인 소유의 귀중한 물건을 빼앗음
③	방 임	재앙을 가져오는 사람으로 취급함
④	경제적 학대	안정된 주거공간을 제공하지 않고 떠돌게 함
⑤	자기방임	낯선 장소에 버림

정답 및 해설　　　　　　　　　　　　　　　　　표준교재 105~111쪽

② 경제적 학대 : 노인 소유의 귀중한 물건을 빼앗음
③ 정서적 학대 : 재앙을 가져오는 사람으로 취급함
④ 방임 : 안정된 주거공간을 제공하지 않고 떠돌게 함
⑤ 유기 : 낯선 장소에 버림

정답 ①

11 다음에서 설명하는 노인학대 유관기관은?

- 피해 노인의 법률적 보호
- 후견인의 지정

① 의료기관
② 사법경찰
③ 보건복지부
④ 노인보호전문기관
⑤ 법률기관

정답 및 해설

표준교재 113쪽

① 의료기관은 의뢰받은 학대피해 노인에게 종합적인 의료서비스 제공, 의학적 진단, 소견, 증언 진술을 한다.
② 사법경찰은 노인학대 신고사례에 대한 현장조사, 형사재판을 요하는 사례에 대한 수사를 전담한다.
③ 보건복지부는 노인보호 업무와 관련한 법·제도적 정책 수립, 노인복지시설에 대한 행정·재정적 지원을 한다.
④ 노인보호전문기관은 노인학대 사례의 신고접수, 신고된 시설학대 사례에 확인 개입을 한다.

정답 ⑤

12 산업재해보상보험법에 따른 근로자 보호 내용으로 옳은 것은?

① 보험급여를 받을 권리는 1년간 유효하다.
② 보험급여는 양도 또는 압류할 수 있다.
③ 산재를 당했다는 이유로 해고할 수 없다.
④ 보험급여는 조세 및 기타 공과금이 부과되어 세금을 뗀다.
⑤ 산재로 요양 중에 퇴직한 경우 휴업급여를 지급받지 못한다.

정답 및 해설

표준교재 119쪽

① 보험급여 내용에 따라 3년 혹은 5년간 유효하다.
② 보험급여는 양도 또는 압류할 수 없어 채권자가 건드릴 수 없다.
④ 보험급여는 공과금 부과가 면제되어 세금을 떼지 않는다.
⑤ 산재로 요양 중에 퇴직하거나 사업장이 부도, 폐업하여 없어진 경우 재요양, 휴업급여, 장해급여 지급에는 지장받지 않는다.

정답 ③

13 시설대상자가 요양보호사에게 성과 관련된 자신의 신체 부위를 고의적으로 노출할 때 대처 방법은?

① 큰 소리로 훈계한다.
② 신체 부위를 노출하는 이유를 묻는다.
③ 신경 쓰지 않고 하던 일을 한다.
④ 단호히 거부의사를 표현한다.
⑤ 서비스를 당장 중단한다고 말한다.

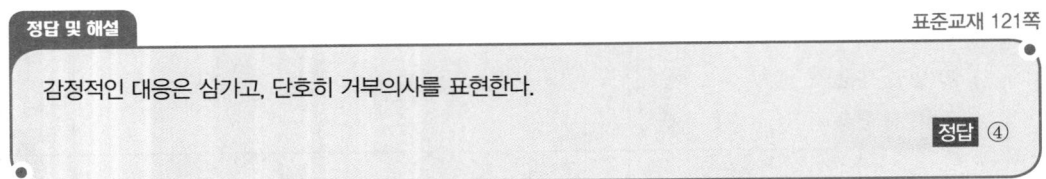

정답 및 해설 · 표준교재 121쪽

감정적인 대응은 삼가고, 단호히 거부의사를 표현한다.

정답 ④

14 요양보호사의 직업윤리 원칙을 준수한 행동은?

① 서비스 제공에 대한 선물은 감사히 받는다.
② 대상자의 자기결정을 최대한 존중한다.
③ 대상자와 수직적인 관계로 인식한다.
④ 업무상 알게 된 개인정보는 동료와 공유한다.
⑤ 종교가 같은 대상자에게 친근하게 대한다.

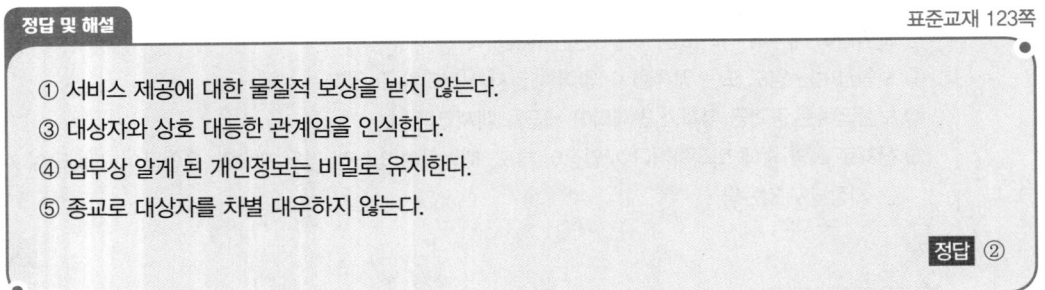

정답 및 해설 · 표준교재 123쪽

① 서비스 제공에 대한 물질적 보상을 받지 않는다.
③ 대상자와 상호 대등한 관계임을 인식한다.
④ 업무상 알게 된 개인정보는 비밀로 유지한다.
⑤ 종교로 대상자를 차별 대우하지 않는다.

정답 ②

15 다음 상황에서 요양보호사가 직업윤리 원칙을 준수한 경우는?

> 계획된 업무 시간 외에 추가적인 업무를 요청했다.

① 생각해 본다고 답한다.
② 센터장에게 비밀을 유지하면 해준다고 말한다.
③ 센터장님과 상의 후에 알려주겠다고 한다.
④ 개인적으로 별도의 서비스 계약을 한다.
⑤ 다른 요양보호사에게 부탁한다.

정답 및 해설 표준교재 125쪽

대상자와 개인적으로 별도의 서비스 계약을 하거나 타 기관에 의뢰하여서는 안 된다.

정답 ③

16 대상자의 휠체어 사용을 도와주다가 손목의 통증이 느껴질 때 초기 관리 방법으로 옳은 것은?

① 손상 직후 손목 부위에 냉찜질을 한다.
② 손목을 심장보다 낮게 한다.
③ 손상 부위에 고주파 치료를 시행한다.
④ 손목을 굽혔다 폈다 하며 스트레칭을 한다.
⑤ 손상 부위에 스테로이드 주사를 맞는다.

정답 및 해설 표준교재 144~145쪽

② 손목을 심장보다 높게 올려 혈액을 심장으로 되돌리는 데 도움이 되도록 한다.
③ 급성기 이후 치료법이다.
④ 스트레칭은 예방법에 해당한다.
⑤ 급성기 이후 고려해볼 치료법이다. 장기투여는 건의 약화를 가져온다.

정답 ①

17 옴에 걸린 대상자의 관리법으로 옳은 것은?

① 옴진드기에 의한 비말 감염이다.
② 마비로 굴곡진 부위에는 약을 바르지 않아도 된다.
③ 내의 및 침구류는 찬물로 세탁한다.
④ 옴에 걸린 대상자의 수건은 같이 사용해도 된다.
⑤ 접촉을 한 사람은 증상유무와 상관없이 동시 치료한다.

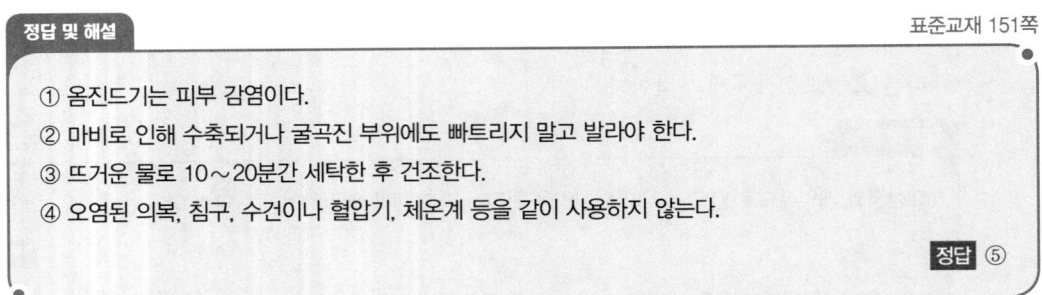

정답 및 해설   표준교재 151쪽

① 옴진드기는 피부 감염이다.
② 마비로 인해 수축되거나 굴곡진 부위에도 빠트리지 말고 발라야 한다.
③ 뜨거운 물로 10~20분간 세탁한 후 건조한다.
④ 오염된 의복, 침구, 수건이나 혈압기, 체온계 등을 같이 사용하지 않는다.

정답 ⑤

18 노화에 따른 소화기계 특성으로 옳은 것은?

① 쓴맛과 신맛에 둔해진다.
② 산도 증가로 소화능력이 상승한다.
③ 지방의 흡수력이 상승한다.
④ 당내성이 떨어져 당뇨병에 걸리기 쉽다.
⑤ 직장벽의 탄력성이 증가한다.

정답 및 해설   표준교재 164쪽

① 쓴맛과 신맛을 잘 느낀다.
② 산도 저하로 소화능력이 저하된다.
③ 지방의 흡수력이 떨어진다.
⑤ 직장벽의 탄력성이 감소한다.

정답 ④

19 노화에 따른 신경계의 특성으로 옳은 것은?

① 근육의 긴장과 자극 반응성 증가
② 신체를 바르게 유지하는 능력 증가
③ 안정된 정서
④ 단기기억의 감퇴
⑤ 신경세포의 기능 증가

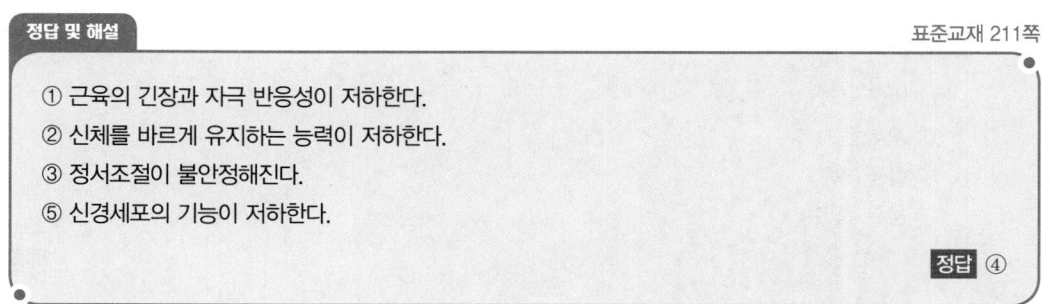

정답 및 해설　　　　　　　　　　　　　　　표준교재 211쪽

① 근육의 긴장과 자극 반응성이 저하한다.
② 신체를 바르게 유지하는 능력이 저하한다.
③ 정서조절이 불안정해진다.
⑤ 신경세포의 기능이 저하한다.

정답 ④

20 노화에 따른 내분비계의 변화로 옳은 것은?

① 당대사 및 갑상선 분비호르몬은 노화에 따라 증가한다.
② 포도당 대사능력이 상승한다.
③ 췌장에서 인슐린의 분비가 느리다.
④ 근육질량이 증가된다.
⑤ 인슐린에 대한 민감성이 증가한다.

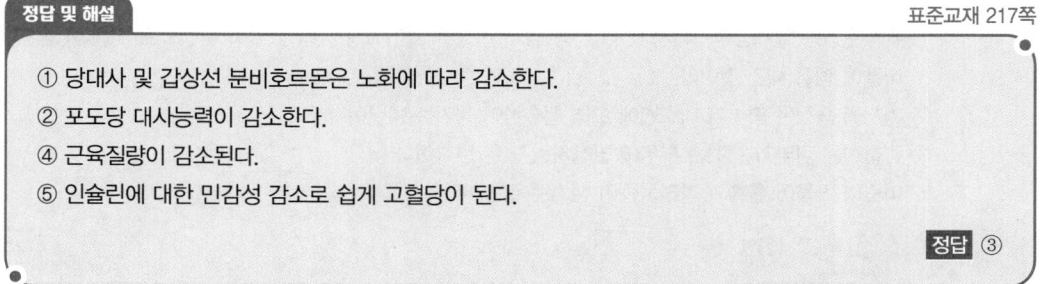

정답 및 해설　　　　　　　　　　　　　　　표준교재 217쪽

① 당대사 및 갑상선 분비호르몬은 노화에 따라 감소한다.
② 포도당 대사능력이 감소한다.
④ 근육질량이 감소된다.
⑤ 인슐린에 대한 민감성 감소로 쉽게 고혈당이 된다.

정답 ③

21 골다공증이 발생되는 관련 요인으로 옳은 것은?

① 폐경, 여성 호르몬 부족
② 튼튼한 골격
③ 표준체중
④ 충분한 칼슘 섭취
⑤ 금주, 금연

정답 및 해설　　　　　　　　　　　　　　　　　　　　　표준교재 190쪽

② 약한 골격
③ 저체중
④ 칼슘 부족
⑤ 음주, 흡연

정답 ①

22 장기간의 자외선 노출, 노화, 강력한 스테로이드 연고 도포에 의해 출혈이 생기는 질환으로 손등과 팔에 경계가 뚜렷하며 다양한 크기와 모양으로 나타나는 노인의 피부질환은?

① 우정문신
② 노인성 자반
③ 기저귀 습진
④ 간찰진
⑤ 머릿니

정답 및 해설　　　　　　　　　　　　　　　　　　　　　표준교재 209쪽

① 우정문신은 일제강점기에서 6.25 전쟁 당시 여성들 사이에서 유행한 팔뚝 문신으로, 먹물을 묻힌 실을 바늘에 꿰어 새긴 것이다.
③ 기저귀 습진은 피부가 대소변에 오래 접촉하여 생기는 병변이다.
④ 간찰진은 피부가 접히는 부위에 발생하는 붉은 변화이다.
⑤ 머릿니가 물어 출혈과 가려움증이 생기는 질환이다.

정답 ②

23 다음에서 설명하는 심리·정신계 질환은?

- 의식장애로 인해 인지기능의 전반적인 장애가 발생
- 수 시간 내지 수일에 걸쳐 호전과 악화 반복
- 시간, 장소, 사람에 대한 지남력 저하

① 정서장애
② 파킨슨병
③ 치 매
④ 우울증
⑤ 섬 망

정답 및 해설　　　　　　　　　　　　　　　　　　　표준교재 223쪽

섬망은 의식장애로 인해 주의력 저하뿐만 아니라 감정, 정서, 사고, 언어 등 인지기능 전반에 장애와 정신병적 증상이 나타난다. 수 시간 내지 수일에 걸쳐 급격하게 발생하여 보통 며칠간 지속되지만 몇 주 혹은 몇 달까지 지속되기도 한다.

정답 ⑤

24 폐렴 대상자를 돕는 방법으로 옳은 것은?

① 환절기 이전에 대상포진 예방접종을 한다.
② 바이러스성 폐렴은 항생제 치료를 한다.
③ 세균성 폐렴은 증상 치료를 한다.
④ 사람이 많은 장소에 출입하게 한다.
⑤ 체위변경으로 혈액의 산소농도를 유지하게 한다.

정답 및 해설　　　　　　　　　　　　　　　　　　　표준교재 175~176쪽

① 폐렴구균 예방접종을 한다.
② 바이러스성 폐렴은 증상에 따라 치료방법을 달리한다.
③ 세균성 폐렴은 항생제 치료를 한다.
④ 사람이 많은 장소에 출입하는 것을 제한한다.

정답 ⑤

25 치매를 예방하는 방법으로 옳은 것은?

① 사회활동보다 혼자 하는 개인활동을 지속한다.
② 채소와 어류의 항산화 영양소는 제한해서 섭취한다.
③ 칼로리 섭취를 늘린다.
④ 운동은 낙상의 우려가 있으니 하지 않는다.
⑤ 기억력 장애를 보이는 경우 치매안심센터에서 조기 검진을 받게 한다.

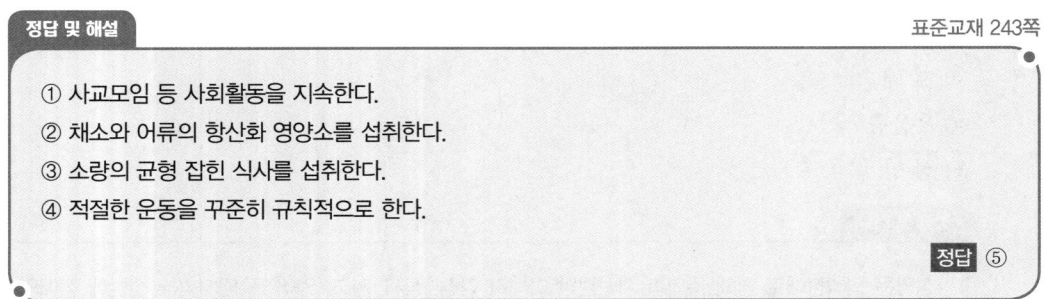

26 옴에 감염된 대상자를 돕는 방법으로 옳은 것은?

① 마비가 있는 노인의 경우 굴곡진 부위에는 약제를 바르지 않아도 된다.
② 옴진드기가 활동적인 아침에 약을 바른다.
③ 동거가족이나 요양보호사도 동시에 치료받는다.
④ 옴에 감염된 대상자의 옷과 수건은 함께 사용한다.
⑤ 치료용 연고는 가려움증을 느끼는 부분만 도포한다.

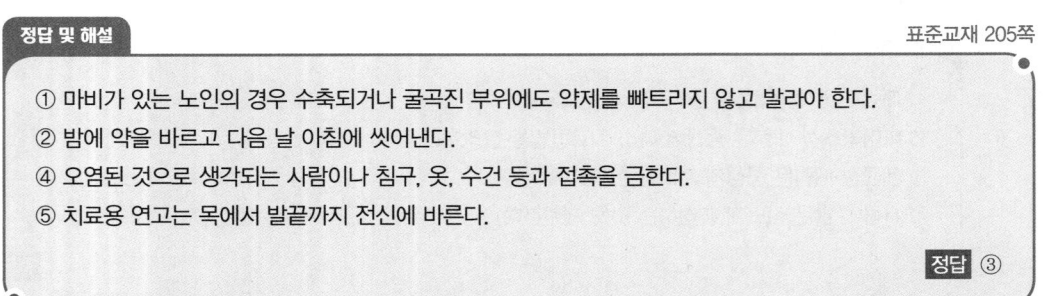

27 섬망과 치매를 비교한 내용으로 옳은 것은?

	섬 망	치 매
①	만성질환	급성질환
②	대체로 회복됨	대부분 만성으로 진행됨
③	나중에 사람을 못 알아봄	초기에 사람을 못 알아봄
④	의식의 변화는 적음	의식의 변화가 있음
⑤	신체 생리적 변화는 적음	신체 생리적 변화가 심함

> **정답 및 해설** 표준교재 224쪽
> 섬망은 급성질환으로, 초기에 사람을 못 알아본다. 의식의 변화가 있고, 신체 생리적 변화가 심하다.
> **정답** ②

28 다음에서 설명하는 심혈관계 질환은?

- 심장의 수축력이 저하되어 신체조직에 필요한 만큼의 충분한 혈액을 내보내지 못하는 상태
- 앉은 자세 호흡, 의식혼돈, 현기증
- 음식을 소량씩 나누어 섭취하도록 함

① 심부전
② 고혈압
③ 동맥경화증
④ 신부전
⑤ 고지혈증

> **정답 및 해설** 표준교재 185쪽
> 보기의 내용은 심부전의 정의 및 증상, 치료방법에 대한 설명이다.
> **정답** ①

29 노인이 되어 나타나는 수면의 문제로 옳은 것은?

① 낮 시간 동안 졸림증이 많아진다.
② 수면량이 늘어난다.
③ 잠들기까지 시간이 짧게 걸린다.
④ 깊은 잠을 잔다.
⑤ 규칙적인 수면리듬으로 숙면을 한다.

30 노인에게 과음하지 않고 술을 적당히 마시게 하기 위한 권장사항으로 옳은 것은?

① 큰 잔에 마시기
② 알코올이 안 들어 있는 음료 마시기
③ 알코올 도수가 높은 종류로 선택하기
④ 빈속에 마시기
⑤ 지방질이 많은 안주와 함께 마시기

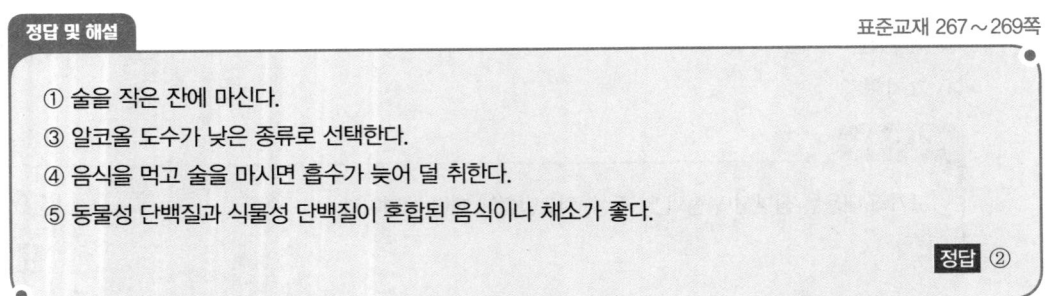

31 감염병 예방을 위해 65세 이상 노인에게 매년 1회 권장하는 예방접종은?

① 결 핵
② B형간염
③ 수 두
④ 인플루엔자
⑤ 홍 역

정답 및 해설　　　　　　　　　　　　　　　　표준교재 270~271쪽

65세 이상 노인은 반드시 인플루엔자 백신을 매년 1회 접종하도록 권장하고 있다.

정답 ④

32 요양보호 기록의 목적으로 옳은 것은?

① 질 높은 서비스를 제공하는 데 도움이 된다.
② 법적 문제가 발생한 경우 근거자료로 활용할 수 없다.
③ 요양보호 서비스의 차별화를 도와준다.
④ 가족과 의사소통을 하는 데 도움되지 않는다.
⑤ 대상자의 책임성을 증대시킬 수 있다.

정답 및 해설　　　　　　　　　　　　　　　　표준교재 306~307쪽

② 법적 문제 발생 시 중요한 자료로 활용된다.
③ 요양보호 서비스의 표준화에 도움이 된다.
④ 가족과 의사소통을 원활하게 할 수 있도록 도와준다.
⑤ 요양보호사의 책임성을 높여준다.

정답 ①

33 능숙하게 사용할 수 있으면 시간을 절약할 수 있고 편리하며, 실시간으로 확인이 가능하다는 장점을 가진 업무보고 형식은?

① 구두보고
② 전산망보고
③ 서면보고
④ 과정보고
⑤ 연간보고

> **정답 및 해설** 표준교재 338쪽
>
> 전산망보고는 실시간으로 확인할 수 있고, 기록으로 남길 수 있다는 장점을 가지고 있으며, 능숙하게 사용할 수 있으면 시간을 절약할 수 있고 편리하다.
>
> **정답** ②

34 임종 적응 단계 중 '분노'에 해당하는 대상자의 반응은?

① "아니야, 믿을 수 없어. 환자 이름이 잘못되었을 거야."
② "왜 하필 지금 죽어야 해?"
③ "우리 아들이 학교 들어갈 때까지만 살면 좋겠어."
④ "어떤 것을 해도 소용없어. 나는 지쳤어."
⑤ "눈물만 난다."

> **정답 및 해설** 표준교재 644~645쪽
>
> ① 부정
> ③ 타협
> ④ 수용
> ⑤ 우울
>
> **정답** ②

35 임종에 대한 대상자와 가족들의 태도와 감정을 달라지게 하는 요인으로 옳은 것은?

① 학력이 높은 경우
② 자녀와 동거 여부
③ 나이가 많은 경우
④ 경제적 능력이 높은 경우
⑤ 과거에 가까운 사람의 임종을 경험한 경우

> **정답 및 해설** 표준교재 646쪽
>
> 죽음의 경험, 성격 특성, 종교적 신념, 문화적 배경에 따라 임종에 대한 태도와 감정은 달라질 수 있다.
>
> **정답** ⑤

36 침대에 걸터앉아 식사할 수 있는 대상자의 사례를 예방하는 방법으로 옳은 것은?

① 상체를 약간 뒤로 젖힌 자세를 취하게 한다.
② 국물이 많은 음식을 준다.
③ 숟가락 가득 음식을 제공한다.
④ 물로 먼저 목을 축이고 음식을 먹게 한다.
⑤ 식사 중간에 음식이 맛있는지 물어본다.

> **정답 및 해설** 표준교재 359쪽
>
> ① 상체를 약간 앞으로 숙인 자세를 취한다.
> ② 물기가 많은 음식은 사례에 걸리기 쉽다.
> ③ 삼킬 수 있을 정도의 양을 입에 넣어준다.
> ⑤ 식사 도중에는 대상자에게 질문하지 않는다.
>
> **정답** ④

37 경관영양액을 주입하던 중 대상자에게 청색증이 나타날 때 가장 먼저 해야 할 일은?

① 비위관을 제거한다.
② 대상자를 오른쪽으로 눕힌다.
③ 영양액의 주입 속도를 천천히 한다.
④ 비위관을 잠근다.
⑤ 의료기관을 방문하게 한다.

> **정답 및 해설** 표준교재 365~366쪽
>
> 대상자에게 청색증이 나타난 경우 비위관을 잠근 후 바로 시설장이나 관리책임자 등에게 알린다.
>
> 정답 ④

38 정맥주사를 맞고 있는 대상자의 주사 주입 돕기로 옳은 것은?

① 주사 부위의 통증을 호소하는 경우 주삿바늘을 제거해준다.
② 수액병은 대상자의 심장보다 높게 둔다.
③ 주삿바늘을 제거한 후에는 알코올 솜으로 비벼준다.
④ 정맥주사를 주입한 상태에서 이동은 불가능하다.
⑤ 주사 부위에 부종이 나타나는 경우 온찜질을 해준다.

> **정답 및 해설** 표준교재 372쪽
>
> ① 조절기를 잠근 후 보고한다.
> ③ 1~2분간 알코올 솜으로 지그시 눌러준다.
> ④ 이동 가능하다.
> ⑤ 조절기를 잠근 후 보고한다.
>
> 정답 ②

39 대상자가 휠체어를 사용하여 화장실을 안전하게 이용할 수 있도록 돕는 방법은?

① 대상자가 손을 뻗으면 닿을 수 있는 곳에 위치해 있다가 필요하면 도와준다.
② 낙상사고를 예방하기 위해 처음부터 끝까지 대상자를 도와준다.
③ 밤에는 화장실 표시등을 꺼둔다.
④ 휠체어 팔걸이 밖으로 옷 소매가 나오도록 걸쳐둔다.
⑤ 휠체어 이동을 빠르게 하기 위해 탑승 전 잠금장치는 열어둔다.

정답 및 해설　　　　　　　　　　　　　　　　　표준교재 375~377쪽

② 보조가 필요한 부분만 도와준다.
③ 밤에는 화장실 표시등을 켜둔다.
④ 바퀴나 팔걸이에 옷이 끼이거나 걸리지 않게 주의한다.
⑤ 휠체어의 잠금장치는 항상 잠가둔다.

정답 ①

40 간이변기를 사용하여 침상에서 배설하는 대상자를 돕는 방법으로 옳은 것은?

① 대상자가 협조할 수 있는 경우 방수포는 깔지 않는다.
② 바지를 내린 후 무릎덮개로 허리 아래 부분을 덮어준다.
③ 항문이 변기 가장자리에 오도록 대준다.
④ 침상 발치를 올려주어 배에 힘을 주기 쉬운 자세를 취해준다.
⑤ 변기 안에 화장지를 깔아 심리적으로 안정된 상태에서 용변을 보게 한다.

정답 및 해설　　　　　　　　　　　　　　　　　표준교재 379~381쪽

① 방수포를 깔아 침상이 오염되는 것을 막아준다.
② 무릎덮개로 덮은 후 바지를 내린다.
③ 항문이 변기 중앙에 오게 한다.
④ 침대 머리 쪽을 올려주어 대상자가 배에 힘을 주기 쉬운 자세를 취해준다.

정답 ⑤

41 화장실까지 걷기 어려운 대상자의 이동변기 사용 돕기 방법으로 옳은 것은?

① 편마비인 경우 건강한 쪽으로 이동변기를 90° 비스듬히 붙인다.
② 배설이 어려운 경우 찬물을 요도에 끼얹어 준다.
③ 침대의 높이와 이동변기의 높이가 같도록 맞춘다.
④ 대상자 손에 변이 묻은 경우 물티슈로 닦아준다.
⑤ 이동변기를 하루에 한 번 세척한다.

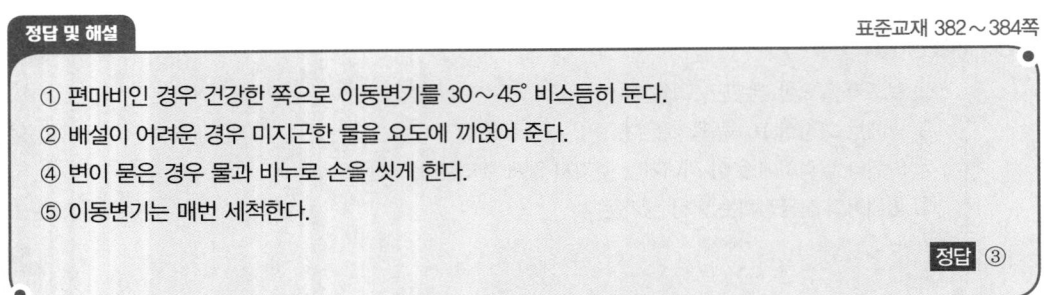

정답 및 해설   표준교재 382~384쪽

① 편마비인 경우 건강한 쪽으로 이동변기를 30~45° 비스듬히 둔다.
② 배설이 어려운 경우 미지근한 물을 요도에 끼얹어 준다.
④ 변이 묻은 경우 물과 비누로 손을 씻게 한다.
⑤ 이동변기는 매번 세척한다.

정답 ③

42 협조가 불가능한 대상자의 기저귀 교환방법으로 옳은 것은?

① 면 덮개를 걷어내고 바지를 내린다.
② 기저귀 교환 시 일회용 장갑은 착용하지 않는다.
③ 옆으로 누운 상태에서 새 기저귀를 댄다.
④ 회음부는 뒤에서 앞으로 닦아 준다.
⑤ 배설물 상태 확인을 위해 배설물이 보이도록 기저귀를 만다.

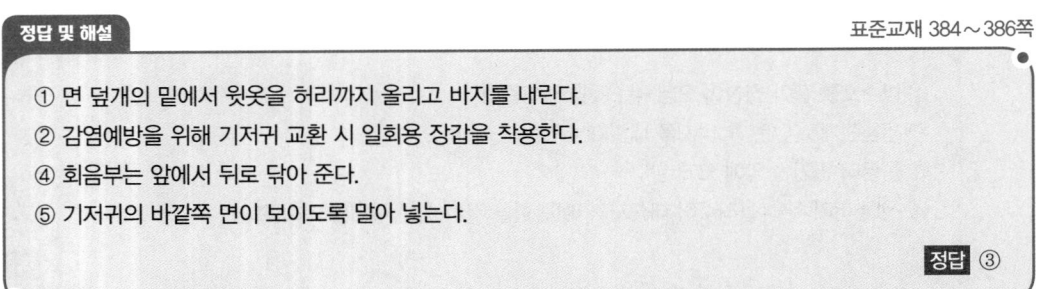

정답 및 해설   표준교재 384~386쪽

① 면 덮개의 밑에서 윗옷을 허리까지 올리고 바지를 내린다.
② 감염예방을 위해 기저귀 교환 시 일회용 장갑을 착용한다.
④ 회음부는 앞에서 뒤로 닦아 준다.
⑤ 기저귀의 바깥쪽 면이 보이도록 말아 넣는다.

정답 ③

43 요루 주머니를 착용하고 있는 대상자의 요루 관리 방법으로 옳은 것은?

① 대변을 정상적인 경로로 배출하지 못하는 경우 이곳을 통해 배출하게 된다.
② 요루는 대부분 좌측 하복부에 위치한다.
③ 요루 주머니에 소변이 가득 차면 비워준다.
④ 수분을 충분히 섭취할 수 있도록 한다.
⑤ 샤워 시에는 물이 요루 안으로 들어가니 주머니는 꼭 떼고 해야 한다.

> **정답 및 해설** 표준교재 389쪽
>
> ① 소변을 정상적인 경로로 배출하지 못하는 경우이다.
> ② 요루는 우측 하복부에 위치한다.
> ③ 요루 주머니의 1/3~1/2 정도 소변이 차면 비운다.
> ⑤ 물이 요루 안으로 들어가지 않으니 주머니를 착용하거나 떼고 해도 괜찮다.
>
> 정답 ④

44 대상자의 구강청결을 돕는 방법으로 옳은 것은?

① 식전 입안 헹구기는 음식물로 인한 질식을 예방한다.
② 똑바로 누운 자세에서 입안을 닦아준다.
③ 식후 입안 헹구기는 위액 분비를 촉진한다.
④ 혀 안쪽을 깊숙이 닦아준다.
⑤ 연하장애가 있는 대상자는 닦아내기로 한다.

> **정답 및 해설** 표준교재 394~396쪽
>
> ① 음식물로 인한 질식 예방은 식후 입안 헹구기의 효과이다.
> ② 똑바로 누운 자세일 때는 상반신을 높여준다.
> ③ 위액 분비를 촉진하는 것은 식전 입안 헹구기 효과이다.
> ④ 구토나 질식을 일으킬 수 있으니 깊숙이 닦지 않는다.
>
> 정답 ⑤

45 침대에서 머리 감기를 하는 대상자를 돕는 방법으로 옳은 것은?

① 환기를 위해 문과 창문을 열어둔다.
② 방수포를 어깨 밑까지 깐다.
③ 목욕담요를 덮고 이불은 가슴까지 접어 내린다.
④ 침대 중앙에 머리가 오도록 몸을 비스듬히 한다.
⑤ 손톱으로 두피를 마사지한다.

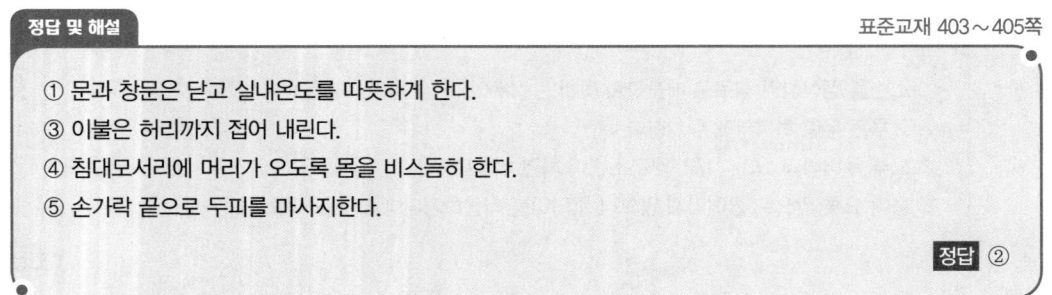

정답 및 해설　　　　　　　　　　　　　표준교재 403~405쪽

① 문과 창문은 닫고 실내온도를 따뜻하게 한다.
③ 이불은 허리까지 접어 내린다.
④ 침대모서리에 머리가 오도록 몸을 비스듬히 한다.
⑤ 손가락 끝으로 두피를 마사지한다.

정답 ②

46 스스로 세수할 수 없는 대상자의 세면 돕기 방법으로 옳은 것은?

① 수건의 면은 재사용한다.
② 면봉으로 귀 안의 귀지를 제거한다.
③ 눈곱이 없는 쪽 눈부터 먼저 닦는다.
④ 눈을 닦을 때는 마른 수건을 사용한다.
⑤ 뺨 → 코 → 눈 밑 쪽으로 닦는다.

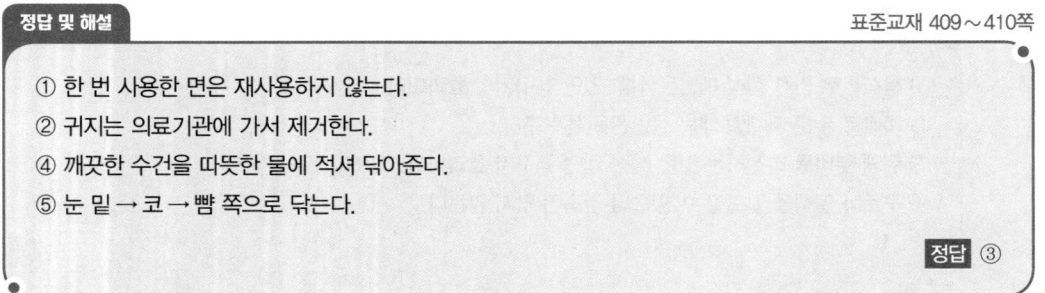

정답 및 해설　　　　　　　　　　　　　표준교재 409~410쪽

① 한 번 사용한 면은 재사용하지 않는다.
② 귀지는 의료기관에 가서 제거한다.
④ 깨끗한 수건을 따뜻한 물에 적셔 닦아준다.
⑤ 눈 밑 → 코 → 뺨 쪽으로 닦는다.

정답 ③

47 편마비 대상자의 통 목욕 돕기 방법으로 옳은 것은?

① 중심에서 말초로 닦는다.
② 목욕 후 물기는 자연건조시킨다.
③ 욕조에 입욕할 때 마비된 쪽 다리부터 들어가게 한다.
④ 목욕시간은 30~40분 이내로 한다.
⑤ 다리 → 팔 → 몸통의 순서로 물로 헹구고 회음부를 닦아낸다.

> **정답 및 해설**　　　　　　　　　　　　　　　　　표준교재 416~417쪽
>
> ① 말초에서 중심으로 닦는다.
> ② 한기를 느끼지 않도록 물기를 빨리 닦는다.
> ③ 욕조에 입욕할 때는 건강한 쪽 다리, 마비된 쪽 다리 순으로 옮겨 놓게 한다.
> ④ 목욕시간은 20~30분 이내로 한다.
>
> **정답** ⑤

48 왼쪽 편마비 대상자의 앞이 막힌 상의 벗기는 순서로 옳은 것은?

① 오른쪽 팔 → 머리 → 왼쪽 팔
② 오른쪽 팔 → 왼쪽 팔 → 머리
③ 머리 → 왼쪽 팔 → 오른쪽 팔
④ 왼쪽 팔 → 오른쪽 팔 → 머리
⑤ 왼쪽 팔 → 머리 → 오른쪽 팔

> **정답 및 해설**　　　　　　　　　　　　　　　　　표준교재 427쪽
>
> 옷을 벗길 때는 건강한 쪽부터 벗긴다. 머리는 항상 가운데에 위치한다.
>
> **정답** ①

49 편마비 대상자를 침대에서 일으켜 앉히는 순서로 옳은 것은?

> 가. 대상자의 마비된 손을 가슴 위에 올려둔다.
> 나. 요양보호사는 대상자의 건강한 쪽에 선다.
> 다. 요양보호사의 손바닥으로 등과 어깨를 지지하고, 반대쪽 손은 엉덩이를 지지하여 일으켜 앉힌다.
> 라. 대상자가 건강한 쪽 손으로 짚고 일어날 수 있게 한다.
> 마. 마비된 쪽이 위로 오게 돌려 눕힌다.

① 나 → 가 → 마 → 다 → 라
② 나 → 가 → 다 → 마 → 라
③ 나 → 다 → 마 → 가 → 라
④ 나 → 라 → 마 → 다 → 가
⑤ 나 → 마 → 가 → 다 → 라

정답 및 해설

표준교재 439쪽

정답 ①

---

50 대상자의 상황에 따른 체위가 올바르게 연결된 것은?

① 앙와위 : 등에 상처가 있을 때
② 반좌위 : 식사 시나 위관 영양을 할 때
③ 측위 : 휴식하거나 잠을 잘 때
④ 복위 : 둔부의 압력을 피하고자 할 때
⑤ 슬흉위 : 얼굴을 씻을 때

정답 및 해설

표준교재 442~444쪽

① 등에 상처가 있을 때는 복위를 취한다.
③ 휴식하거나 잠을 잘 때는 앙와위를 취한다.
④ 둔부의 압력을 피하고자 할 때는 측위를 취한다.
⑤ 얼굴을 씻을 때는 반좌위를 취한다.

정답 ②

51 휠체어를 뒤로 돌려 지그재그로 뒷걸음질하며 이동해야 하는 경우는?

① 도로 턱을 오를 때
② 오르막길을 갈 때
③ 도로 턱을 내려갈 때
④ 내리막길을 갈 때
⑤ 울퉁불퉁한 길을 갈 때

정답 및 해설   표준교재 450쪽

① 휠체어를 뒤로 기울여서 앞바퀴를 들어 도로 턱을 오른다.
② 지그재그로 밀고 올라간다.
③ 휠체어를 뒤로 돌려 앞바퀴를 들어 올린 상태로 뒷바퀴 → 앞바퀴 순서로 도로 턱을 내려온다.
⑤ 앞바퀴를 살짝 들어 뒤로 젖힌 상태에서 이동한다.

정답 ④

52 그림과 같이 지팡이를 이용하여 계단을 내려가는 순서로 옳은 것은?

① 지팡이 → 왼쪽 다리 → 오른쪽 다리
② 지팡이 → 오른쪽 다리 → 왼쪽 다리
③ 왼쪽 다리 → 지팡이 → 오른쪽 다리
④ 왼쪽 다리 → 오른쪽 다리 → 지팡이
⑤ 오른쪽 다리 → 지팡이 → 왼쪽 다리

정답 및 해설   표준교재 466쪽

지팡이를 잡은 쪽(왼쪽)이 건강한 쪽이다. 계단을 내려가는 경우 지팡이 → 마비된 다리 → 건강한 다리 순서로 이동한다.

정답 ②

53 노인장기요양보험 급여 복지용구 중 구입품목에 해당하는 것은?

① 수동휠체어
② 전동침대
③ 이동욕조
④ 배회감지기
⑤ 안전손잡이

정답 및 해설 표준교재 471쪽

복지용구의 종류
- 구입품목 : 이동변기, 목욕의자, 성인용 보행기, 안전손잡이, 미끄럼방지용품(미끄럼방지매트, 미끄럼방지액, 미끄럼방지양말), 간이변기(간이대변기·소변기), 지팡이, 욕창예방방석, 자세변환용구, 요실금팬티
- 대여품목 : 수동휠체어, 전동침대, 수동침대, 이동욕조, 목욕리프트, 배회감지기
- 구입 또는 대여품목 : 욕창예방매트리스, 경사로(실내용, 실외용)

정답 ⑤

54 안전 관련 복지용구인 매트형 배회감지기 사용에 관한 내용으로 옳은 것은?

① 위치추적서비스로 대상자의 위치를 알려준다.
② 물에 젖어도 작동된다.
③ 밟거나 센서를 통과할 때 작동된다.
④ 욕창의 위험성이 있는 대상자의 압력 분산을 덜어줄 목적으로 사용한다.
⑤ 작동 상태는 한 달에 한 번 정도 점검한다.

정답 및 해설 표준교재 500~501쪽

① 위성항법장치형 배회감지기에 대한 설명이다.
② 물에 젖으면 오작동될 수 있으므로 주의해야 한다.
④ 욕창예방매트리스에 대한 설명이다.
⑤ 수시로 점검해야 한다.

정답 ③

55 노인의 신체적 변화에 따른 특성과 식사관리의 원칙이 옳은 것은?

① 소화액 분비 감소 : 한 번에 많은 양을 제공한다.
② 저작불편 : 딱딱한 식재료를 사용하여 식감을 높인다.
③ 침 분비 감소 : 국물 없이 건조한 음식을 제공한다.
④ 감각기능 퇴화 : 다양한 향신료를 이용하여 입맛을 돋우도록 한다.
⑤ 식욕 저하 : 향, 색, 모양이 다양하면 선택이 어려우니 단조롭게 준비한다.

> **정답 및 해설**　　　　　　　　　　　　　　　　　　　　　　표준교재 513쪽
>
> ① 한 번에 많은 양은 소화하기 어려우니 조금씩 자주 섭취하도록 한다.
> ② 딱딱한 식재료는 부드럽게 조리하고 크기를 작게 한다.
> ③ 약간 국물이 있거나 재료가 촉촉하도록 조리하는 것이 좋다.
> ⑤ 향, 색, 모양이 다양한 식재료와 조리법을 이용한다.
>
> **정답** ④

56 대상자의 식기 및 주방의 위생관리 방법으로 옳은 것은?

① 냉장고는 적어도 6개월에 1회 청소한다.
② 수세미는 그물형보다 스펀지형이 위생적이다.
③ 냉장고 안의 서랍, 선반 등은 따뜻한 비눗물로 세척 후 마른 천으로 건조한다.
④ 냉장고를 청소하는 동안 냉장고 안의 식품은 실온에서 보관한다.
⑤ 찬장에서 냄새가 나는 경우 건조 후 희석한 락스로 닦아준다.

> **정답 및 해설**　　　　　　　　　　　　　　　　　　　표준교재 543~544쪽
>
> ① 냉장고는 적어도 월 1회 청소한다.
> ② 수세미는 스펀지형보다 그물형이 위생적이다.
> ④ 냉장고를 청소하는 동안 냉장고 안의 식품은 아이스박스에 얼음 또는 얼음팩과 함께 보관한다.
> ⑤ 찬장에서 냄새가 나는 경우 희석한 알코올(소독제)로 닦는다.
>
> **정답** ③

57 대상자 의복의 세탁 및 보관 방법으로 옳은 것은?

① 커피 얼룩은 알코올이 함유된 화장수로 두드려 애벌빨래를 해준다.
② 삶을 때는 뚜껑을 열고 세탁물이 공기층에 노출되게 한다.
③ 냄새가 심한 세탁물은 알코올에 담가두었다가 탈수하여 말린다.
④ 흰색 면직물을 그늘에서 건조한다.
⑤ 방충제는 한 가지만 사용한다.

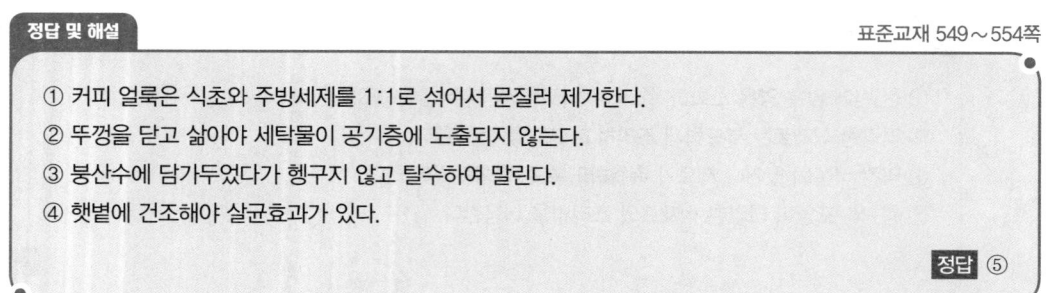

정답 및 해설 표준교재 549~554쪽

① 커피 얼룩은 식초와 주방세제를 1:1로 섞어서 문질러 제거한다.
② 뚜껑을 닫고 삶아야 세탁물이 공기층에 노출되지 않는다.
③ 붕산수에 담가두었다가 헹구지 않고 탈수하여 말린다.
④ 햇볕에 건조해야 살균효과가 있다.

정답 ⑤

58 대상자의 청결한 주거환경 조성으로 옳은 것은?

① 대상자의 오래된 물건은 버린다.
② 실내 청소를 하는 경우 빗자루를 사용한다.
③ 양변기에 물때가 끼었을 때는 락스를 사용하여 닦는다.
④ 음식물 쓰레기는 용량이 가득 차면 한 번에 모아 버린다.
⑤ 화장실은 사용하지 않는 낮 시간 동안 충분히 환기시킨다.

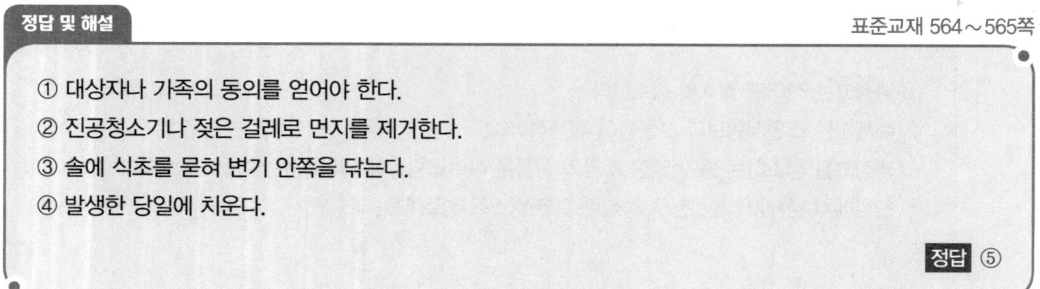

정답 및 해설 표준교재 564~565쪽

① 대상자나 가족의 동의를 얻어야 한다.
② 진공청소기나 젖은 걸레로 먼지를 제거한다.
③ 솔에 식초를 묻혀 변기 안쪽을 닦는다.
④ 발생한 당일에 치운다.

정답 ⑤

59 치매 대상자의 식사 돕기 방법으로 옳은 것은?

① 당뇨병을 가진 대상자의 눈에 띄는 곳에 음식을 둔다.
② 의치가 느슨한 경우에는 끼지 않게 한다.
③ 씹는 행위를 잊어버린 경우 사탕이나 땅콩을 제공한다.
④ 졸려하는 경우 깨워서 식사를 제공한다.
⑤ 여러 가지 음식을 한 번에 모두 제공한다.

정답 및 해설 표준교재 582~584쪽

① 당뇨병을 가진 치매 대상자가 접근할 수 없는 장소에 해당 음식을 둔다.
③ 씹는 행위를 잊어버린 경우 질식의 위험성이 있는 사탕, 땅콩, 팝콘 등의 제공은 삼간다.
④ 졸려하는 경우 식사를 제공하지 않는다.
⑤ 한 가지 음식을 먹고 난 후 다른 음식을 내어놓는다.

정답 ②

60 치매 대상자의 안전한 환경을 위한 조성 방법으로 옳은 것은?

① 난로 주변에는 어두운 색 테이프를 붙여 놓는다.
② 치매 대상자가 다니는 곳에 전기코드를 둔다.
③ 유리창에는 눈높이에 맞춰 그림을 붙여둔다.
④ 치매 대상자의 방을 화장실에서 먼 곳으로 배정한다.
⑤ 욕실에서 사용하는 세제는 눈에 잘 띄는 곳에 보관한다.

정답 및 해설 표준교재 590~592쪽

① 난로 주변에는 밝은 색 야광테이프를 붙여 놓는다.
② 치매 대상자가 넘어질 수 있기 때문에 전기코드는 두지 않는다.
④ 치매 대상자의 방은 화장실에서 가까운 곳으로 배정한다.
⑤ 세제는 눈에 띄지 않는 곳에 보관한다.

정답 ③

61 낮에 집 안에서 배회하는 대상자를 돕는 방법으로 옳은 것은?

① 현관문은 열어둔다.
② 안전한 배회코스를 만들어 준다.
③ 다리미와 옷을 주고 다림질을 부탁한다.
④ 대상자의 정신적 욕구를 우선적으로 해결해 준다.
⑤ 암막커튼을 쳐서 집 안을 아늑하게 해준다.

정답 및 해설 표준교재 596~597쪽

① 창문 등 출입이 가능한 모든 곳의 문을 잠근다.
③ 다리미와 같은 위험한 물건은 주지 않는다.
④ 대상자의 신체적 욕구를 우선적으로 해결해 준다.
⑤ 집 안을 어둡게 하지 않는다.

정답 ②

62 치매 대상자가 신발을 신발장과 옷장에 번갈아 넣어두고 없어졌다고 하는 경우 대처 방법으로 옳은 것은?

① 새 신발을 사다 드릴 테니 그만 찾으라고 한다.
② 옷장에 가서 요양보호사가 신발을 찾아 건네준다.
③ 신발은 옷장에 있으니 걱정은 안 해도 된다고 말한다.
④ 신발에 이름을 적어 놓아서 아무도 안 가져간다고 말한다.
⑤ 대상자와 함께 물건을 찾아본다.

정답 및 해설 표준교재 597~598쪽

치매 대상자가 물건을 두는 장소를 파악해 놓는다. 요양보호사는 대상자와 함께 찾아보고 그 물건을 대상자가 직접 발견하도록 유도한다.

정답 ⑤

63 시설 치매 대상자가 해 질 녘이 되면 병실 바닥을 뒹굴면서 엄마가 보고 싶다고 할 때 대처 방법으로 옳은 것은?

① 조명을 어둡게 해서 취침하게 한다.
② 내일은 온다고 했으니 기다려 보자고 말한다.
③ 대상자를 밖으로 데려가 함께 산책한다.
④ 엄마에게 전화를 걸어주겠다고 말한다.
⑤ 병실 바닥에 세균이 많아서 건강에 안 좋다고 말한다.

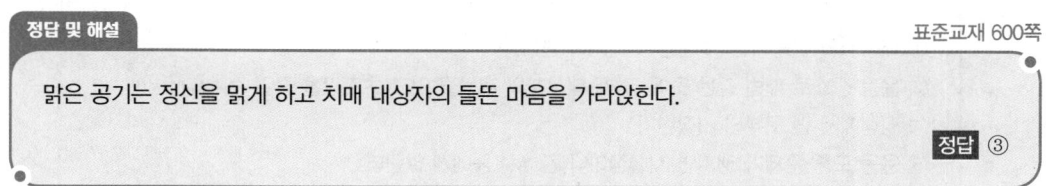

정답 및 해설   표준교재 600쪽

맑은 공기는 정신을 맑게 하고 치매 대상자의 들뜬 마음을 가라앉힌다.

정답 ③

64 시설 치매 대상자가 요양보호사의 몸에 지속적으로 접촉하려고 시도할 때 대처 방법으로 옳은 것은?

① 당황스러운 태도를 보이며 꾸짖는다.
② 가족에게 상황을 설명하고 퇴소를 권한다.
③ 크게 소리를 질러 행동을 제지한다.
④ 모르는 척 멈출 때까지 기다린다.
⑤ 멈추지 않으면 대상자가 좋아하는 것을 가져간다고 경고한다.

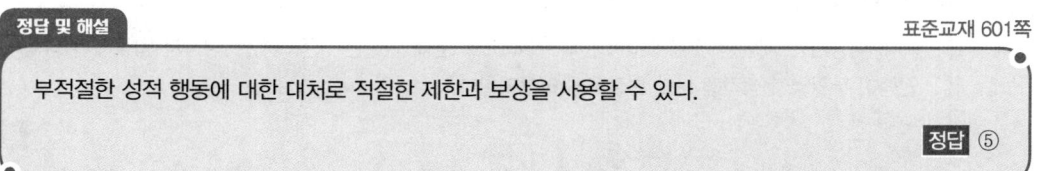

정답 및 해설   표준교재 601쪽

부적절한 성적 행동에 대한 대처로 적절한 제한과 보상을 사용할 수 있다.

정답 ⑤

65 치매 대상자의 운동 돕기 방법으로 옳은 것은?

① 대상자와 친숙해지기 전에 운동부터 함께 한다.
② 팔다리에서 시작하여 천천히 진행한다.
③ 운동 장소로 매번 다른 곳에 간다.
④ 심장에서 가까운 곳에서 시작한다.
⑤ 운동 도중 문제가 생기면 요양보호사가 단독 처리한다.

> **정답 및 해설** 표준교재 589쪽
>
> ① 대상자와 친숙해진 뒤 운동을 시켜야 한다.
> ③ 운동 장소로 매번 같은 곳에 갈 때 대상자의 혼란을 막고 초조감을 줄일 수 있다.
> ④ 심장에서 먼 곳부터 시작한다.
> ⑤ 운동 도중 문제가 생기면 시설장이나 간호사 등에게 알린다.
>
> 정답 ②

66 치매 대상자가 금방 식사를 하였는데 먹지 않았다고 몇 번이고 밥을 달라고 재촉할 때 요양보호사의 대처 방법으로 옳은 것은?

① "한 시간 전에 드셨잖아요."
② "지금 준비하고 있으니 조금만 기다려주세요."
③ "아직도 배가 고프세요?"
④ "조금 전에 딸이랑 같이 드시는 거 봤는데요."
⑤ "많이 드시면 소화불량으로 힘드세요."

> **정답 및 해설** 표준교재 594~595쪽
>
> 치매 대상자는 체험한 것을 잊어버린다. 그러므로 문제와 같은 상황에서는 대상자 입장에서 납득이 가는 언행이 무엇일지 생각해 보고 친절하게 이야기한다.
>
> 정답 ②

67 다음과 같은 상황에서 치매 대상자에게 적합한 돌봄 방법으로 옳은 것은?

> 치매로 진단받은 B 씨는 씻지 않고 지낸 지 일주일 가까이 되어간다. 가족들이 설득을 하고 억지로 씻기려고 했지만 그때마다 소리를 지르고 화를 내서 가족들이 힘들었다고 한다. 결국 딸이 냄새가 나서 못살겠다고 하자 마지못해 씻을 준비를 했다. 요양보호사가 B 씨의 목에 수건을 둘러준 후 물로 얼굴을 씻는 시늉을 보이자 B 씨는 수도꼭지를 틀어 물을 받고 얼굴에 물을 적셔 세수를 몇 번 하였다.

① 씻어야 하는 이유에 대해서 설명한다.
② 요양보호사나 가족이 모든 동작을 도와준다.
③ 세수하는 데 필요한 동작을 말이나 몸짓으로 천천히 설명해 준다.
④ 대상자를 설득할 필요 없이 강제적으로 빨리 씻긴다.
⑤ 스스로 씻을 때까지 조용히 기다려 준다.

정답 및 해설 표준교재 689쪽

치매 대상자에게 도움이 필요한 정도와 돌봄 방법을 구분해야 한다. 스스로 수행할 수 없다면 말로 설명하거나 몸짓으로 시범을 보이는 것도 적절한 돌봄 방법이다.

정답 ③

68 치매 대상자에게 청각적 자극을 통해 주의력, 표현력 및 기억력을 향상하기 위한 프로그램으로 적절한 것은?

① 손 모양 똑같이 만들기
② 물건 보며 과거 회상하기
③ 똑같이 그리기
④ 과일 종류 말하기
⑤ 악기 연주하기

정답 및 해설 표준교재 638쪽

① 운동능력 향상
② 기억력 향상
④ 언어의 유창성 향상

정답 ⑤

69 대상자와 의사소통 할 때 경청을 방해하는 태도는?

① 상대방이 하는 말의 의미를 이해한다.
② 단어 이외에 보이는 표현에도 신경을 쓴다.
③ 듣고 싶지 않은 말을 걸러낸다.
④ 상대방의 말을 가로채지 않는다.
⑤ 경청하고 있다는 것을 표현한다.

정답 및 해설　　　　　　　　　　　　　　표준교재 285~286쪽

①·②·④·⑤ 경청의 방법이다.

정답 ③

70 장기요양 서비스 제공 시 대상자 및 그 가족과 의사소통을 할 때 바이스텍의 7원칙으로 옳은 것은?

① 대상자의 생각이나 행동에 대해 편견을 가진다.
② 대상자가 부정적인 말을 하는 경우 질책을 한다.
③ 의사소통하며 알게 된 내용은 돌봄을 위해 제3자에게 공개한다.
④ 자신의 감정을 자각하고 조절한다.
⑤ 대상자의 감정을 표현하기보다 억제할 수 있는 분위기를 만들어 준다.

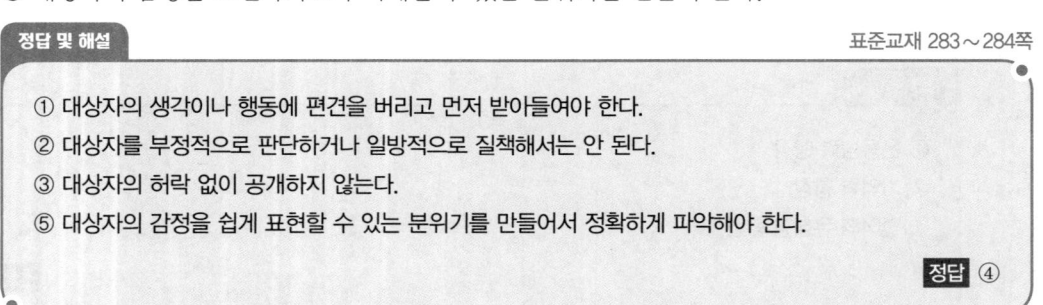

정답 및 해설　　　　　　　　　　　　　　표준교재 283~284쪽

① 대상자의 생각이나 행동에 편견을 버리고 먼저 받아들여야 한다.
② 대상자를 부정적으로 판단하거나 일방적으로 질책해서는 안 된다.
③ 대상자의 허락 없이 공개하지 않는다.
⑤ 대상자의 감정을 쉽게 표현할 수 있는 분위기를 만들어서 정확하게 파악해야 한다.

정답 ④

71 대상자 손에 오물이 묻었는데 닦지 않고 밥을 먹으려고 할 때 '나 – 전달법'으로 올바르게 의사소통한 것은?

① "매번 손 닦으라고 말하는 것도 힘드네요."
② "손을 닦고 밥을 드시면 기분이 좋아질 겁니다."
③ "손을 닦지 않고 밥을 드시려고 하니 건강을 해칠까 봐 걱정돼요."
④ "손을 닦는 것이 그렇게 싫으신가요?"
⑤ "제가 손 소독제를 다른 것으로 바꾸어 드릴까요?"

정답 및 해설 표준교재 288~289쪽

'나 – 전달법'은 상대방을 비난하지 않고 상대방의 행동이 나에게 미치는 영향에 초점을 맞추어 이야기하는 표현법이다. '상황 → 영향 → 느낌 → 바람'의 순서로 표현하도록 한다.

정답 ③

72 다음과 같은 방법으로 의사소통해야 하는 대상자는?

- 대상자의 정면에서 이야기한다.
- 대상자를 중심으로 오른쪽, 왼쪽을 정해둔다.
- 이미지를 전달하기 어려운 사물은 촉각으로 이해시킨다.

① 언어장애 대상자
② 노인성 난청 대상자
③ 치매로 인한 장애 대상자
④ 판단력장애 대상자
⑤ 시각장애 대상자

정답 및 해설 표준교재 293쪽

정답 ⑤

73 다음과 같은 대처와 의사소통을 해야 하는 치매 대상자의 상황으로 옳은 것은?

> • 쓰레기를 주워 와서 쌓을 때는 본인이 하고 싶어 하는 대로 두기
> • 주워 온 물건에 대해 다시 이야기하지 않기
> • 노인이 할 수 있는 일로 주의 전환하기

① 환 각
② 우 울
③ 수집증
④ 섭식장애
⑤ 수면장애

정답 및 해설 　　　　　　　　　　　　　　　　　　　표준교재 296~297쪽

감각자극의 결핍, 무료함, 쓰레기에 대한 판단력 저하, 소유물 분실 경험, 과거의 기억 및 생활패턴이 원인인 수집증 상황이다.

정답 ③

74 지진 발생 시 대처 방법으로 옳은 것은?

① 집이 흔들리면 빠르게 대피를 시도한다.
② 탁자 아래로 들어가 몸을 보호한다.
③ 작은 건물 주변으로 피난하여 몸을 웅크린다.
④ 흔들림이 멈추면 문을 닫아둔다.
⑤ 엘리베이터를 이용하여 신속하게 이동한다.

정답 및 해설 　　　　　　　　　　　　　　　　　　　표준교재 660쪽

① 탁자 아래로 들어가 탁자 다리를 잡고 몸을 보호한다.
③ 운동장이나 공원 등 넓은 공간으로 이동한다.
④ 문을 열어 출구를 확보한다.
⑤ 계단을 이용하여 신속하게 이동한다.

정답 ②

75 다음에서 설명하는 것은 감염의 6가지 연결고리 중 어떤 것에 해당하는가?

- 기침이나 재채기, 콧물
- 신체 분비물
- 대 변

① 탈출구
② 침입구
③ 민감한 대상자
④ 저장소
⑤ 전파방법

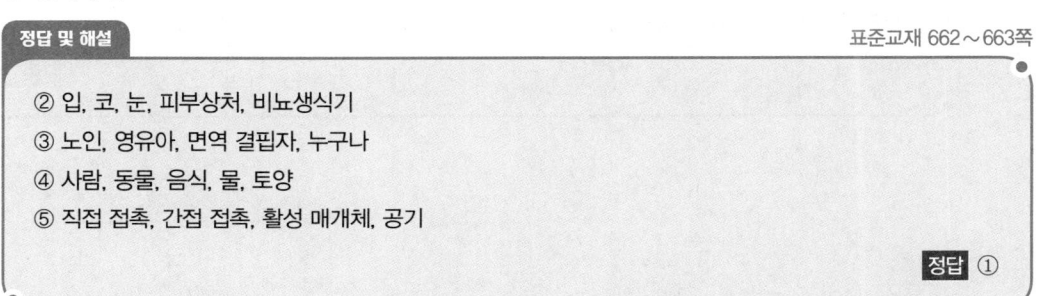

76 오염된 물질이 묻었을 때 위생적인 환경관리 방법으로 옳은 것은?

① 혈액이나 체액이 깨진 유리에 묻은 경우 일반쓰레기로 처리한다.
② 혈액이 옷에 묻은 경우 표백제(락스)를 사용하여 세탁한다.
③ 체액이 바닥에 쏟아진 경우 표백제와 물을 1:9로 혼합한 용액으로 닦아낸다.
④ 심각하게 오염되었다고 판단된 침구류는 식초물에 담가둔다.
⑤ 경우에 따라 비닐장갑을 착용하는 것이 적당하다.

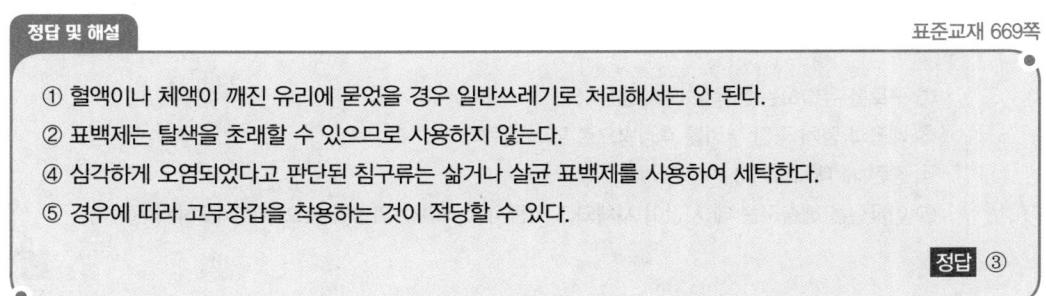

77 급성 저혈압(쇼크)의 상태 및 대처법으로 옳은 것은?

① 손발이 따뜻해지고 호흡수가 감소한다.
② 대상자는 편안한 상태를 유지하고 있다.
③ 입에서 혈액이 나오면 엎드려 눕힌다.
④ 맥박수가 100회 이상으로 오르면 쇼크를 의심할 수 있다.
⑤ 몸과 다리가 90°가 되도록 다리를 수직으로 올려준다.

> **정답 및 해설** 　　　　　　　　　　　　　　　표준교재 674쪽
> ① 손발이 차가워지고 호흡수가 증가한다.
> ② 대상자가 심한 불안과 공포에 휩싸일 수 있다.
> ③ 입에서 혈액이 나오면 고개를 옆으로 돌린다.
> ⑤ 다리가 30cm 정도 올라가도록 한다.
> 　　　　　　　　　　　　　　　　　　　　　　　정답 ④

78 질식 시 의식이 있는 대상자를 응급처치하는 방법으로 옳은 것은?

① 손가락을 입에 넣어 구토를 유발한다.
② 강하게 기침을 하게 한다.
③ 대상자의 명치 부분을 밀어준다.
④ 대상자를 돌려 눕혀 기도를 유지한다.
⑤ 손가락을 넣어 이물질을 빼준다.

> **정답 및 해설** 　　　　　　　　　　　　　　　표준교재 673~674쪽
> ① 구토를 유발하는 행동을 하지 않는다.
> ③ 배꼽과 명치 중간 부위를 후상방으로 밀어 올린다.
> ④ 경련 시 대처법이다.
> ⑤ 이물질을 배출하는 데 시간이 지체되고 기관지로 내려갈 위험이 있으므로 시도하지 않는다.
> 　　　　　　　　　　　　　　　　　　　　　　　정답 ②

79 대상자가 뜨거운 국물을 다리에 쏟아 화상을 입었을 때 대처 방법으로 옳은 것은?

① 화상 입은 부위의 바지는 벗긴다.
② 화상 부위에 치약을 발라준다.
③ 화상 정도를 알아보기 위해 화상 부위를 만진다.
④ 화상이 어느 정도로 심한지 모르겠다면 병원 진료를 받도록 한다.
⑤ 환부에 얼음을 직접 대어 준다.

> **정답 및 해설** 표준교재 677쪽
>
> ① 화상 입은 부위의 바지는 벗기지 말고 잘라낸다.
> ② 치약은 세균감염의 위험이 있으며 열기를 내보내지 못해 상처를 악화시킨다.
> ③ 감염의 위험이 있기 때문에 화상 부위를 만지지 않는다.
> ⑤ 환부에 얼음을 직접 대는 것은 권장하지 않는다.
>
> **정답** ④

80 심폐소생술을 할 때 가슴압박 방법으로 옳은 것은?

① 바닥이 푹신한 매트 위에 눕힌다.
② 분당 80회의 속도로 가슴을 압박한다.
③ 대상자의 가슴 중앙인 가슴뼈의 아래쪽 절반 부위를 압박한다.
④ 심정지 초기에는 가슴압박 소생술만으로는 효과가 없다.
⑤ 가슴이 10cm 눌릴 정도로 압박한다.

> **정답 및 해설** 표준교재 680쪽
>
> ① 바닥이 단단하고 평평한 곳에 등을 대고 눕힌다.
> ② 분당 100~120회 속도로 압박한다.
> ④ 가슴압박 소생술과 인공호흡을 함께하는 심폐소생술의 효과는 비슷하다.
> ⑤ 가슴이 5cm 눌릴 정도로 압박한다.
>
> **정답** ③

너울샘 요양보호사 5회 모의고사

01 인간다움 케어에서 대상자를 대하는 원칙에 맞게 돌봄을 실천한 경우는?

① 화장실에 가겠다는 어르신을 간이변기에서 용변을 보게 한다.
② 지금 목욕 안 하면 냄새나니까 얼른 목욕을 하자며 옷을 벗긴다.
③ 묶어 놓지 않으면 소변 줄을 잡아 뽑으니 억제대를 하게 한다.
④ 침대 아래로 몸이 내려오면 겨드랑이를 잡아 끌어 올린다.
⑤ 걸어서 이동하려는 경우 가급적 혼자 움직이게 한다.

정답 및 해설   표준교재 29~30쪽

① 화장실로 이동할 수 있도록 보조한다.
② 대상자가 원하는 시간에 목욕을 진행한다.
③ 억제대를 함부로 사용하지 않는다.
④ 겨드랑이를 잡고 보조하는 것은 대상자에게 위험한 케어이다.

정답 ⑤

02 노년기의 특성에 대한 설명으로 옳은 것은?

① 외향성의 증가
② 회복능력의 증가
③ 역할 상실
④ 사회적 관계 확대
⑤ 경직성의 감소

정답 및 해설   표준교재 19~22쪽

① 내향성의 증가
② 회복능력의 저하
④ 사회적 관계 위축
⑤ 경직성의 증가

정답 ③

03 국제연합이 채택한 노인복지 원칙 중 다음에 해당하는 것은?

- 일할 수 있는 기회를 갖거나, 다른 소득을 얻을 수 있어야 한다.
- 개인 선호와 변화하는 능력에 맞추어 안전하게 적응할 수 있는 환경에서 살 수 있어야 한다.

① 독립의 원칙
② 보호의 원칙
③ 자아실현의 원칙
④ 참여의 원칙
⑤ 존엄의 원칙

정답 및 해설　　　　　　　　　　　　　　　　　　　　　　　　　표준교재 38~39쪽

② 보호의 원칙 : 노인의 자율과 보호를 높이는 사회적·법률적인 서비스를 이용할 수 있어야 한다.
③ 자아실현의 원칙 : 노인의 잠재력을 완전히 계발할 수 있어야 한다.
④ 참여의 원칙 : 사회에 통합되어야 하고, 지역사회를 위한 봉사기회를 갖고 개발할 수 있어야 한다. 또한, 노인들을 위한 사회운동을 하고 단체를 조직할 수 있어야 한다.
⑤ 존엄의 원칙 : 존엄과 안전 속에서 살 수 있어야 하며, 착취와 육체적·정신적 학대로부터 자유로워야 한다.

정답 ①

04 장기요양등급판정에 대한 설명으로 옳은 것은?

① 공단은 방문조사가 완료되기 전에 신청서와 의사소견서를 등급판정위원회에 제출한다.
② 판정은 신청서를 제출한 날로부터 10일 이내에 완료한다.
③ 장기요양기관은 조사결과서, 의사소견서를 등급판정위원회에 제출한다.
④ 장기요양위원회는 등급판정기준에 따라 수급자로 판정한다.
⑤ 정밀조사가 필요한 경우 등 부득이한 경우에는 판정을 연장할 수 있다.

정답 및 해설　　　　　　　　　　　　　　　　　　　　　　　　　표준교재 52쪽

①·③ 공단은 방문조사가 완료된 때 조사결과서, 신청서, 의사소견서, 그 밖에 심의에 필요한 자료를 등급판정위원회에 제출한다.
② 등급판정은 신청인이 신청서를 제출한 날부터 30일 이내에 완료한다.
④ 등급판정위원회는 등급판정기준에 따라 수급자로 판정한다.

정답 ⑤

05 대상자 및 가족이 서비스를 신청하면 장기요양기관이 가정을 방문하여 대상자의 기능상태 평가와 욕구평가를 시행하고, 평가 내용을 바탕으로 서비스의 목표 및 구체적인 내용과 횟수, 비용을 결정하는 서비스 이용 단계는?

① 서비스 신청 및 상담
② 서비스 제공 계획 수립
③ 서비스 이용 계약 체결
④ 서비스 제공
⑤ 모니터링

> **정답 및 해설** 표준교재 62쪽
> ① 대상자가 서비스를 장기요양기관에 신청하면 상담을 통해 해당 기관 서비스를 제공할 수 있는지를 판단한다.
> ③ 서비스 제공 계획이 수립되면 대상자와 그 가족에게 서비스 제공 계획을 설명하고 동의를 하면 서비스 이용 계약을 체결한다.
> ④ 장기요양기관은 대상자에게 서비스 제공 계획서를 바탕으로 서비스를 제공한다.
> ⑤ 대상자 및 가족에게 만족스러운 서비스가 제공되고 있는지, 새로운 변화가 발생했는지 등에 대해 모니터링한다.
>
> **정답** ②

06 노인장기요양보험 표준서비스 중에서 기능회복훈련서비스에 해당하는 것은?

① 물리치료, 작업치료
② 이동 도움
③ 세 탁
④ 의사소통 도움
⑤ 일상생활 함께하기

> **정답 및 해설** 표준교재 64~66쪽
> ② 신체활동지원서비스
> ③ 가사 및 일상생활지원서비스
> ④ 정서지원 및 의사소통 도움 서비스
> ⑤ 인지지원서비스
>
> **정답** ①

07 요양보호 서비스 제공 시 준수 사항으로 옳은 것은?

① 치매 대상자와 동행하는 도중 낙상이 발생한 경우 단독처리한다.
② 응급상황이 발생한 경우 응급처치 우선순위에 따라 응급처치를 한다.
③ 경관영양 공급이 필요한 대상자에게 비위관을 삽입한다.
④ 머리 감기를 거부하는 경우 강요를 해서 시행한다.
⑤ 대상자의 사생활을 동료에게 이야기한다.

> **정답 및 해설** 　　　　　　　　　　　　　　　　　　　　　표준교재 77쪽
>
> ① 사고가 발생한 경우 관리책임자에게 보고한다.
> ③ 비위관 삽입은 의료행위이므로 시행하지 않는다.
> ④ 서비스를 제공받도록 강요하지 말아야 한다.
> ⑤ 대상자의 사생활을 보호하며 누설하지 않는다.
>
> **정답** ②

08 다음 내용에 해당하는 시설 생활노인의 권리는?

> • 생활노인을 격리하면 안 된다.
> • 노인의 의사에 반하는 신체적 제한이나 구속을 해서는 안 된다.

① 신체 구속을 받지 않을 권리
② 차별 및 노인학대를 받지 않을 권리
③ 스스로 입소를 결정하며, 공정한 입소 계약을 맺을 권리
④ 사생활과 비밀보장에 대한 권리
⑤ 개인 소유의 재산과 소유물을 스스로 관리할 권리

> **정답 및 해설** 　　　　　　　　　　　　　　　　　　　　　표준교재 95쪽
>
> 긴급하거나 어쩔 수 없는 경우로 일시적으로 신체를 제한하거나 구속할 경우에도 시설은 생활노인 본인이나 가족 등 보호자에게 이 사실을 통지하여 동의를 받고, 노인의 심신상태, 신체 제한을 가한 시간, 신체적 구속을 할 수밖에 없었던 사유를 자세히 기록해야 한다.
>
> **정답** ①

09 노인학대 유형 중 방임에 해당하는 것은?

① 노인이 자살을 시도한다.
② 치매가 있는 노인을 홀로 거주하게 한다.
③ 허락 없이 노인 명의의 보험 등을 해약한다.
④ 식사를 가족과 별도로 하게 한다.
⑤ 치료에 필요한 약물로부터 단절시킨다.

정답 및 해설　　　　　　　　　　　　　　　표준교재 105~111쪽

① 자기방임
③ 경제적 학대
④ 정서적 학대
⑤ 신체적 학대

정답 ②

10 방문요양 시 대상자의 팔다리에 타박상 흔적이 있고 학대가 의심될 때 대처 방법은?

① 동료 요양보호사와 상의한다.
② 대상자의 사생활이니 개입하지 않는다.
③ 노인보호전문기관에 신고한다.
④ 대상자의 이웃과 만나 상황을 의논한다.
⑤ 의료기관으로 후송한다.

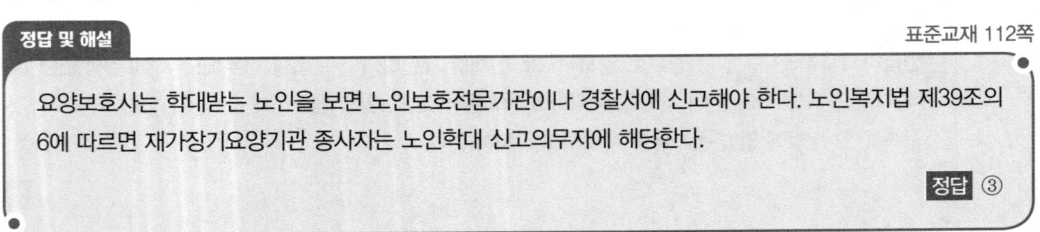

정답 및 해설　　　　　　　　　　　　　　　표준교재 112쪽

요양보호사는 학대받는 노인을 보면 노인보호전문기관이나 경찰서에 신고해야 한다. 노인복지법 제39조의 6에 따르면 재가장기요양기관 종사자는 노인학대 신고의무자에 해당한다.

정답 ③

11 요양보호사의 권리침해에 관한 상담 및 지원, 역량강화를 위한 교육지원을 담당하는 기관은?

① 노인보호전문기관
② 노인일자리전담기관
③ 노인복지관
④ 장기요양요원지원센터
⑤ 학대피해노인 전용쉼터

정답 및 해설　　　　　　　　　　　　　　　　　표준교재 116쪽

노인장기요양보험법 제47조의2(노인장기요양요원지원센터의 설치 등)에 근거하여 지방자치단체는 장기요양요원지원센터를 설치하고, 장기요양요원의 권리침해에 관한 상담 및 지원, 역량강화를 위한 교육지원, 건강검진 등 건강관리를 위한 사업지원 등을 하고 있다.

정답 ④

12 시각적 성희롱에 해당하는 행위는?

① 핸드폰으로 음란한 사진을 보내는 행위
② 엉덩이를 만지는 행위
③ 음란한 내용의 전화 통화
④ 성적 사실관계를 물어보는 행위
⑤ 신체일부를 밀착시키는 행위

정답 및 해설　　　　　　　　　　　　　　　　　표준교재 120쪽

②·⑤ 육체적 행위
③·④ 언어적 행위

정답 ①

13 요양보호사의 윤리적 태도로 옳은 것은?

① 대상자 가족에게 언어적 폭력을 가한다.
② 매사에 약속을 지키며 책임 있는 언행을 한다.
③ 서비스 내용이 확실하지 않을 때는 동료와 상의한다.
④ 전문가의 진단이 필요한 경우 여러 번 생각하고 행동한다.
⑤ 급한 일이 생긴 경우 감독자에게 알리지 않고 잠깐 근무지를 비운다.

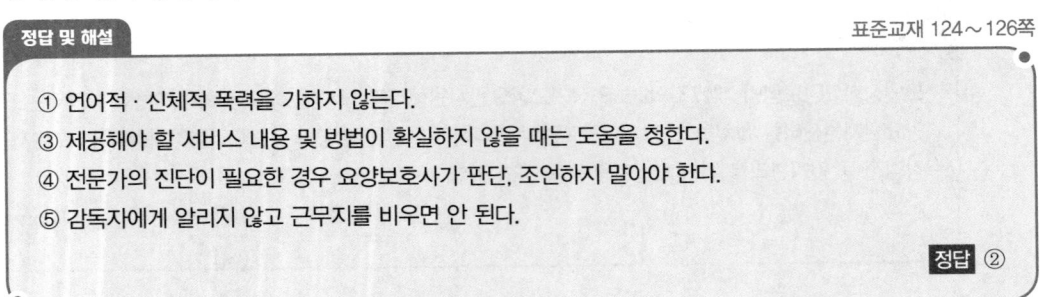

정답 및 해설 표준교재 124~126쪽

① 언어적·신체적 폭력을 가하지 않는다.
③ 제공해야 할 서비스 내용 및 방법이 확실하지 않을 때는 도움을 청한다.
④ 전문가의 진단이 필요한 경우 요양보호사가 판단, 조언하지 말아야 한다.
⑤ 감독자에게 알리지 않고 근무지를 비우면 안 된다.

정답 ②

14 요양보호사가 직업윤리 원칙을 준수한 사례는?

① 서비스 제공 내용은 주말에 모아 한 번에 기록하였다.
② 대상자에게 반말을 사용했다.
③ 사정이 생겨서 근무시간에 늦어진 경우 연락하여 양해를 구하였다.
④ 대상자 방문을 했는데 대상자가 없어서 음식을 준비해 두었다.
⑤ 가족의 요구대로 변조해서 기록을 해 두었다.

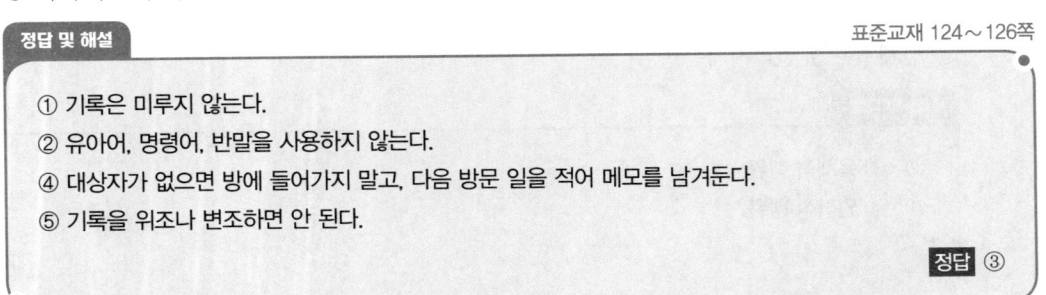

정답 및 해설 표준교재 124~126쪽

① 기록은 미루지 않는다.
② 유아어, 명령어, 반말을 사용하지 않는다.
④ 대상자가 없으면 방에 들어가지 말고, 다음 방문 일을 적어 메모를 남겨둔다.
⑤ 기록을 위조나 변조하면 안 된다.

정답 ③

15 양측의 손등을 맞대고 미는 동작을 유지한 채 1분 정도 손목을 구부릴 때 손바닥과 손가락이 저린 증상이 나타나는 경우 의심할 수 있는 근골격계 질환은?

① 팔꿈치 내측상과염
② 수근관증후군
③ 퇴행성관절염
④ 팔꿈치 외측상과염
⑤ 목 디스크

정답 및 해설 표준교재 138~139쪽

수근관증후군의 자가진단법이다.

정답 ②

16 요양보호사의 감염예방을 위한 방법으로 옳은 것은?

① 감염예방에 대한 직원교육은 불필요하다.
② 임신한 요양보호사는 수두 대상자와 접촉해도 된다.
③ 인플루엔자 접종 대상은 고위험군만 해당된다.
④ 장갑을 착용한 경우 손은 씻지 않아도 된다.
⑤ 시설장은 보호마스크와 장갑을 지급한다.

정답 및 해설 표준교재 148쪽

① 감염예방에 대한 직원교육을 한다.
② 임신한 요양보호사가 풍진, 수두 대상자와 접촉하면 태아의 선천성 기형을 유발할 수 있다.
③ 직원은 반드시 예방접종을 한다.
④ 장갑을 착용했더라도 손은 씻는다.

정답 ⑤

17 요양보호사의 직무스트레스를 예방하기 위한 방법으로 옳은 것은?

① 업무 범위, 업무 시간, 대상자 관리 안전 수칙 등을 명시한 업무 지침을 제공한다.
② 불만이나 요구사항은 한 달에 한 번 정기적으로 전달하게 한다.
③ 근무에 집중하기 위해 휴식 공간은 따로 제공하지 않는다.
④ 동료 간의 정기적인 만남은 제한한다.
⑤ 근로시간과 초과시간에 대한 내용은 근로계약서에 명시하지 않는다.

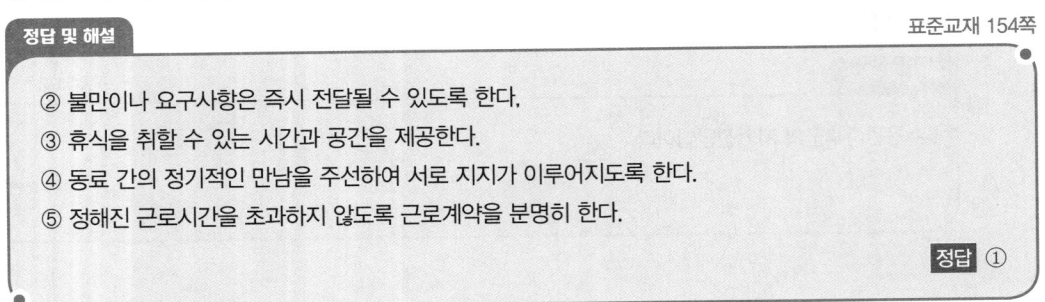

정답 및 해설 표준교재 154쪽

② 불만이나 요구사항은 즉시 전달될 수 있도록 한다.
③ 휴식을 취할 수 있는 시간과 공간을 제공한다.
④ 동료 간의 정기적인 만남을 주선하여 서로 지지가 이루어지도록 한다.
⑤ 정해진 근로시간을 초과하지 않도록 근로계약을 분명히 한다.

정답 ①

18 노인성 질환의 특성으로 옳은 것은?

① 정상적인 노화과정과 구분하기 쉽다.
② 경과가 짧고 재발률이 낮다.
③ 원인이 명확한 만성 퇴행성 질환이 대부분이다.
④ 가벼운 폐렴, 설사 등에도 의식장애가 발생한다.
⑤ 수분과 전해질이 균형적이다.

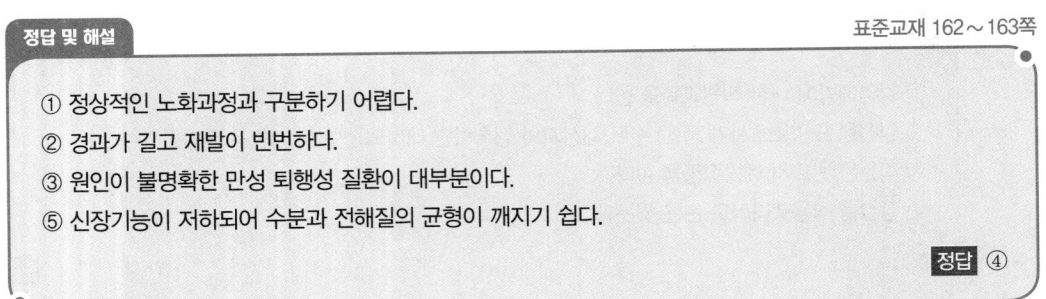

정답 및 해설 표준교재 162~163쪽

① 정상적인 노화과정과 구분하기 어렵다.
② 경과가 길고 재발이 빈번하다.
③ 원인이 불명확한 만성 퇴행성 질환이 대부분이다.
⑤ 신장기능이 저하되어 수분과 전해질의 균형이 깨지기 쉽다.

정답 ④

19 노화에 따른 특성 중 호흡기계 변화로 옳은 것은?

① 기관지 내 분비물 증가
② 섬모운동 증가
③ 폐활량 증가
④ 호흡근력의 증가
⑤ 공기의 효과적인 흡입

정답 및 해설 표준교재 173쪽

② 섬모운동 저하
③ 폐활량 감소
④ 호흡근력의 약화
⑤ 콧속 점막의 건조함으로 인해 공기를 효과적으로 흡입하지 못함

정답 ①

20 노화에 따른 근골격계의 변화로 옳은 것은?

① 뼈의 질량이 증가되어 충격에 강해진다.
② 관절면이 마모되어 염증, 통증이 초래된다.
③ 어깨는 넓어진다.
④ 근긴장도가 증가된다.
⑤ 엉덩이와 허리의 피하지방이 감소된다.

정답 및 해설 표준교재 187~188쪽

① 뼈의 질량이 감소되어 작은 충격에도 골절되기 쉽다.
③ 어깨는 좁아진다.
④ 근긴장도가 저하된다.
⑤ 엉덩이와 허리의 피하지방이 증가한다.

정답 ②

21 노화에 따른 피부계의 변화로 옳은 것은?

① 수분이 늘어나 촉촉해진다.
② 머리카락이 두꺼워진다.
③ 손톱이 딱딱하고 두꺼워진다.
④ 여성 노인의 머리, 겨드랑이의 털이 증가한다.
⑤ 상처회복이 빠르다.

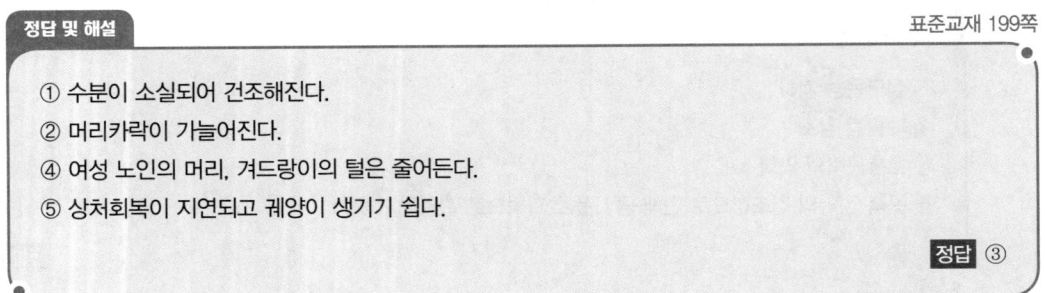

22 노화에 따른 청각계의 변화로 옳은 것은?

① 귓바퀴가 작아진다.
② 외이도의 가려움이 증가한다.
③ 이관이 넓어진다.
④ 고막이 얇아진다.
⑤ 음의 전달능력이 증가한다.

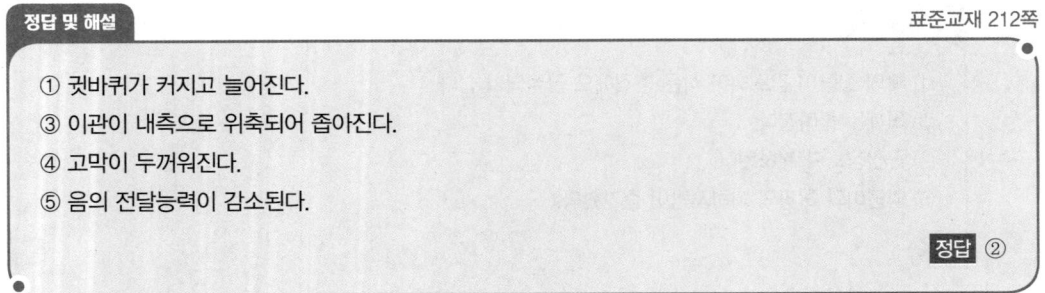

23 요실금이 발생되는 관련 요인으로 옳은 것은?

① 방광의 저장능력 증가
② 요도기능의 강화
③ 골반 근육 조절능력의 강화
④ 변 비
⑤ 복부 내 압력 감소

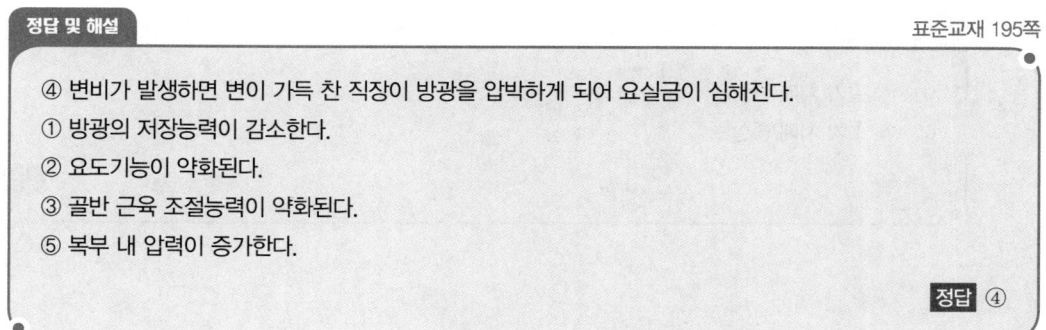

24 고관절 골절의 증상으로 옳은 것은?

① 키가 작아짐
② 경직현상
③ 관절의 변형
④ 등이나 허리가 굽음
⑤ 서혜부와 대퇴부의 통증

25 중기 치매 대상자의 증상으로 옳은 것은?

① 와상 상태가 시작된다.
② 간혹 시간이 헷갈릴 때가 있다.
③ 환각, 망상, 배회 등의 정신행동증상이 심해진다.
④ 대소변 조절, 식사하기 등 기본적인 일상에 어려움이 생긴다.
⑤ 우울이나 짜증 또는 의심 등의 증상이 나타나기 시작한다.

정답 및 해설　　　　　　　　　　　　　　　표준교재 241쪽

①·④ 말기 치매 증상
②·⑤ 초기 치매 증상

정답 ③

26 위궤양 대상자를 돕는 방법으로 옳은 것은?

① 규칙적인 식사를 한다.
② 적절한 흡연을 유지한다.
③ 진통제를 복용하는 경우 소화제를 함께 복용해야 한다.
④ 자극적인 음식을 섭취하게 한다.
⑤ 약물요법 없이 식이요법만 조절한다.

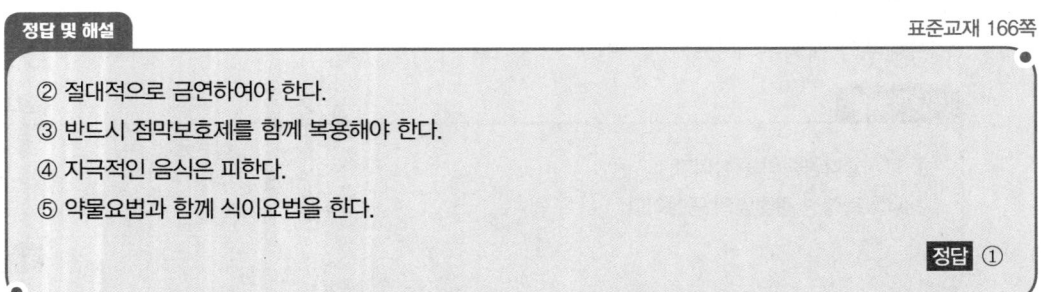

정답 및 해설　　　　　　　　　　　　　　　표준교재 166쪽

② 절대적으로 금연하여야 한다.
③ 반드시 점막보호제를 함께 복용해야 한다.
④ 자극적인 음식은 피한다.
⑤ 약물요법과 함께 식이요법을 한다.

정답 ①

27 퇴행성 관절염 대상자를 돕는 방법으로 옳은 것은?

① 관절운동은 통증을 증가시키므로 제한한다.
② 관절부담을 완화하기 위해 체중을 조절한다.
③ 계단 오르기, 가파른 등산과 같은 운동을 한다.
④ 의료기관에서 호르몬치료를 받는다.
⑤ 염분을 제한하는 식사를 제공한다.

정답 및 해설　　　　　　　　　　　　　　　표준교재 189쪽

① 관절운동은 관절경직 예방을 위해 자주 한다.
③ 관절에 부담되지 않는 운동(수영, 평평한 흙길 걷기, 체조)을 한다.
④ 골다공증 치료 방법이다.
⑤ 고혈압, 심부전증의 치료 방법이다.

정답 ②

28 당뇨병 대상자를 돕는 방법으로 옳은 것은?

① 인슐린 약은 입으로 복용한다.
② 식후 바로 운동을 시작한다.
③ 혈당이 조절되지 않으면 운동의 강도를 올린다.
④ 반찬은 싱겁게 골고루 섭취한다.
⑤ 청량음료, 주스와 같은 단 음식을 섭취한다.

정답 및 해설　　　　　　　　　　　　　　표준교재 218~219쪽

① 인슐린 약은 입으로 복용하면 위장관에서 파괴되므로 주사로 주입한다.
② 식후 30분~1시간 후 혈당이 오르기 시작할 때 운동을 시작한다.
③ 의사와 상의한 후 운동량을 조절한다.
⑤ 단당류 대신 복합당을 섭취한다.

정답 ④

29 노인의 주요 영양 문제로 옳은 것은?

① 75세 이상 고령자 중 에너지 섭취가 과다한 경우가 많다.
② 전체 에너지 섭취량 중 단백질의 비중이 높다.
③ 비타민 A, 비타민 C를 필요량보다 과다하게 섭취한다.
④ 나트륨은 기준보다 적게 섭취한다.
⑤ 소득수준이 낮은 경우 거의 모든 영양소의 섭취가 부족하다.

> **정답 및 해설** 표준교재 253쪽
> ① 75세 이상 고령자는 에너지 섭취가 부족한 경우가 많다.
> ② 전체 에너지 섭취량 중 탄수화물의 비중이 높다.
> ③ 단백질, 비타민 A, 비타민 C, 나이아신, 엽산(75세 이상 여성), 칼슘, 비타민 D를 필요량보다 부족하게 섭취한다.
> ④ 나트륨은 기준 이상 과다 섭취한다.
>
> **정답** ⑤

30 노인이 올바르게 약을 복용하기 위해서 준수해야 할 원칙으로 옳은 것은?

① 비처방약을 복용할 때는 의사와 상담하지 않는다.
② 감기약, 소화제는 상시구입이 불가능하다.
③ 다른 사람에게 처방된 약은 절대로 복용해서는 안 된다.
④ 진료를 받을 때 평소 복용 중인 약물을 제시하지 않아도 된다.
⑤ 처방받은 복용시간과 양은 임의로 조절이 가능하다.

> **정답 및 해설** 표준교재 263~264쪽
> ① 비처방약도 복용하기 전에 의사와 상담해야 한다.
> ② 감기약, 소화제, 해열진통제, 파스는 상시구입이 가능하다.
> ④ 진료받을 때마다 평소 복용 중인 약물을 제시하여 적절히 처방받게 한다.
> ⑤ 적합한 약을 정해진 양·시간에 따라 올바른 복용방법·경로를 준수하여 복용하는지 확인한다.
>
> **정답** ③

31 65세 이상 노인에게 권장하는 예방접종에 관한 설명으로 옳은 것은?

① 대상포진은 매년 1회 접종한다.
② 과거에 결핵을 앓았다면 폐렴구균을 접종할 필요가 없다.
③ 백일해는 10년마다 추가접종 한다.
④ 인플루엔자는 매년 2회 접종한다.
⑤ 디프테리아는 1회 접종했다면 10년마다 추가로 접종한다.

정답 및 해설 표준교재 270~271쪽

① 대상포진 백신은 1회 접종한다.
② 폐렴구균 백신은 결핵 진단과 상관없이 65세 이상인 경우 1회 접종한다.
③ 백일해 백신은 1차 기본접종을 했다면 추가로 접종하지 않는다.
④ 인플루엔자 백신은 매년 1회 접종한다.

정답 ⑤

32 요양보호기록을 작성할 때 준수해야 할 기록의 원칙으로 옳은 것은?

① 요양보호사의 생각이나 의견을 작성한다.
② 사투리로 작성한다.
③ 장황하고 우회적으로 작성한다.
④ 기록자는 반드시 서명을 한다.
⑤ 정해진 시간에 한 번에 모아서 작성한다.

정답 및 해설 표준교재 316~318쪽

① 객관적인 사실 그대로 작성한다.
② 공식화된 용어로 작성한다.
③ 간단명료하게 작성한다.
⑤ 빠른 시간 내에 작성한다.

정답 ④

33 방문요양서비스 제공 시 기관에 반드시 보고해야 하는 상황은?

① 대상자가 식사를 많이 달라고 요청할 때
② 대상자 가족이 서비스 시간의 변경을 요청할 때
③ 유통기한이 지난 음식을 냉장고에서 발견했을 때
④ 대상자가 한 가지 옷만 입으려고 고집할 때
⑤ 대상자가 손자녀를 보고 싶다며 속상해할 때

> **정답 및 해설**　　　　　　　　　　　　　　　　　　　표준교재 337~338쪽
>
> 사고가 발생했거나 발생할 뻔했을 때, 업무를 잘못 수행했을 때, 새로운 업무방법을 찾았을 때, 새로운 정보를 파악했을 때, 서비스를 추가하거나 변경할 필요가 있을 때, 대상자의 상태에 변화가 있을 때 반드시 기관에 보고해야 한다.
>
> **정답** ②

34 임종이 가까워짐에 따라 나타나는 임종징후로 옳은 것은?

① 발음이 분명해진다.
② 혈압이 상승한다.
③ 맥박이 약해진다.
④ 손발이 따뜻해진다.
⑤ 근육 긴장도가 증가한다.

> **정답 및 해설**　　　　　　　　　　　　　　　　　　　　표준교재 647쪽
>
> ① 말이 어눌해진다.
> ② 혈압이 떨어진다.
> ④ 손발이 차가워진다.
> ⑤ 근육 긴장도가 저하되어 실금하게 된다.
>
> **정답** ③

35 사전연명의료의향서에 관한 설명으로 옳은 것은?

① 말기암 환자의 항암제 투여는 중단되지 않는다.
② 작성한 내용은 언제든 변경하거나 철회할 수 있다.
③ 본인의 의사에 상관없이 대리 작성이 가능하다.
④ 등록기관에 등록한 경우 의료기관과 연동이 된다.
⑤ 연명의료 중단은 의사의 도움에 의한 적극적 안락사와 같다.

> **정답 및 해설** 표준교재 653~654쪽
>
> ① 심폐소생술, 혈액 투석, 항암제 투여, 인공호흡기 착용은 중단한다.
> ③ 말기환자 또는 19세 이상 성인이 본인 스스로 작성한다.
> ④ 등록기관에 등록했다고 해도 의료기관에 연동되는 것은 아니다.
> ⑤ 연명의료 중단은 적극적 안락사와 다르다.
>
> 정답 ②

36 왼쪽 편마비 대상자의 식사를 돕는 방법으로 옳은 것은?

① 왼쪽에서 음식을 넣어준다.
② 오른쪽에 베개나 쿠션을 받쳐준다.
③ 왼쪽을 밑으로 하여 눕는다.
④ 왼쪽 입가에 흐르는 음식물은 닦아준다.
⑤ 식후 오른쪽 뺨 부위의 음식 찌꺼기를 뱉게 해준다.

> **정답 및 해설** 표준교재 360~361쪽
>
> ① 오른쪽(건강한 쪽)에서 음식을 넣어준다.
> ② 왼쪽(마비된 쪽)에 베개나 쿠션을 받쳐준다.
> ③ 오른쪽(건강한 쪽)을 밑으로 하여 눕는다.
> ⑤ 식후 왼쪽(마비된 쪽)에 음식 찌꺼기가 남기 쉽다.
>
> 정답 ④

37 경관영양액을 제공할 때 일어나 앉을 수 없는 경우 오른쪽으로 눕히는 이유는?

① 비위관이 빠지는 것을 막아내기 위해
② 기도로의 역류 가능성을 줄이기 위해
③ 비위관이 새는 것을 막아내기 위해
④ 영양액의 온도를 유지하기 위해
⑤ 비위관이 막히는 것을 예방하기 위해

정답 및 해설　　　　　　　　　　　　　　　　표준교재 365쪽

위의 모양이 왼쪽으로 기울어져 있어서 오른쪽으로 누우면 기도로의 역류 가능성이 줄어들고, 중력에 의해 영양액이 잘 흘러 내려간다.

정답 ②

38 대상자의 약 보관 방법으로 옳은 것은?

① 유효기간이 하루 정도 지난 약은 복용 가능하다.
② 알약은 습기가 많은 곳에 보관해야 변질되지 않는다.
③ 치매 대상자의 약이 담긴 약상자에는 잠금장치를 한다.
④ 귀약은 시원하게 냉장 보관을 한다.
⑤ 가루약을 먹일 때는 물기가 있는 숟가락을 사용한다.

정답 및 해설　　　　　　　　　　　　　　　　표준교재 373쪽

① 유효기간이 지난 약물은 폐기한다.
② 알약은 건조한 곳에 보관해야 변질되지 않는다.
④ 귀약은 상온의 그늘진 곳에 보관한다.
⑤ 물기가 있으면 약이 변하기 쉬우므로 물기가 없는 숟가락을 활용한다.

정답 ③

39 왼쪽 편마비 대상자가 휠체어를 이용하여 화장실을 안전하게 다녀올 수 있게 돕는 방법으로 옳은 것은?

① 휠체어를 대상자의 오른쪽에 놓는다.
② 대상자의 왼손으로 휠체어의 팔걸이를 잡도록 한다.
③ 휠체어 시트에 걸터앉히고 이동한다.
④ 휠체어에 앉아 있을 때는 잠금장치를 열어둔다.
⑤ 왼손으로 오른쪽 손과 발을 움직여 스스로 자세를 잡도록 격려한다.

정답 및 해설 표준교재 375~377쪽

② 건강한 손(오른쪽)으로 잡게 한다.
③ 휠체어 깊숙이 앉힌다.
④ 낙상예방을 위해 앉아 있을 때도 잠금장치는 잠근다.
⑤ 건강한 쪽(오른쪽 손)으로 마비된 쪽(왼쪽) 손과 발을 움직여 자세를 잡도록 격려한다.

정답 ①

40 남자 대상자의 침상 배뇨 도움 방법으로 옳은 것은?

① 바지를 내린 뒤 허리 아래쪽을 큰 수건으로 덮는다.
② 대상자가 발에 힘을 주면 다리를 들어 올리고 방수포를 깔아준다.
③ 소변기를 뗄 때는 소변이 흐르지 않도록 아래로 내리듯이 제거한다.
④ 옆으로 누운 자세에서 흐르지 않게 소변기 입구를 높이 대어준다.
⑤ 배변하는 동안 피부상태를 살펴본다.

정답 및 해설 표준교재 379~381쪽

① 큰 수건으로 덮고 바지를 내려준다.
② 허리를 살짝 들어 올리거나 몸을 좌우로 돌려 방수포를 깔아준다.
③ 소변이 흐르지 않도록 떠올리듯이 제거한다.
⑤ 피부상태는 용변 후 살피면서 닦아준다.

정답 ④

41 왼쪽 편마비 대상자의 이동변기 사용을 돕는 방법으로 옳은 것은?

① 이동변기를 오른쪽으로 30~45° 비스듬히 붙인다.
② 왼손으로 이동변기의 팔걸이를 잡고 이동하게 한다.
③ 대상자의 다리를 내려 두 발이 바닥에 닿지 않게 한다.
④ 이동변기를 왼쪽으로 30~45° 비스듬히 붙인다.
⑤ 배설 중에는 하반신을 드러내게 한다.

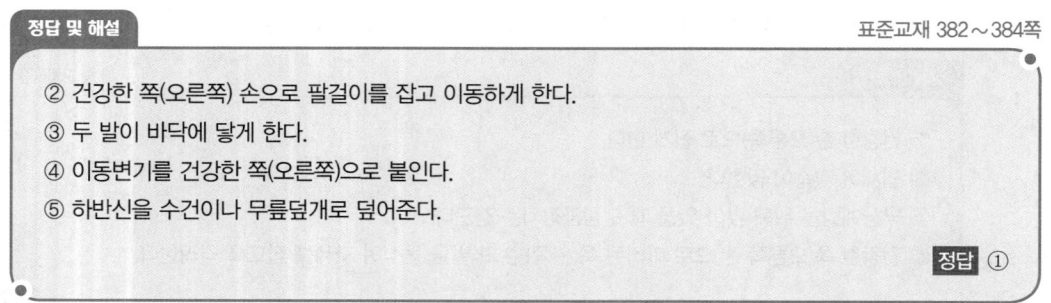

정답 및 해설 　　　　　　　　　　　　　　　표준교재 382~384쪽

② 건강한 쪽(오른쪽) 손으로 팔걸이를 잡고 이동하게 한다.
③ 두 발이 바닥에 닿게 한다.
④ 이동변기를 건강한 쪽(오른쪽)으로 붙인다.
⑤ 하반신을 수건이나 무릎덮개로 덮어준다.

정답 ①

42 대상자가 몇 번 실금을 했다고 해서 기저귀를 바로 사용하면 안 되는 이유는 무엇인가?

① 대상자의 마음이 상하기 때문이다.
② 기저귀에 의존하게 되어 스스로 배설하던 습관이 사라지기 때문이다.
③ 피부가 손상되기 때문이다.
④ 배설 욕구가 사라지기 때문이다.
⑤ 대상자의 프라이버시를 보호하기 위해서이다.

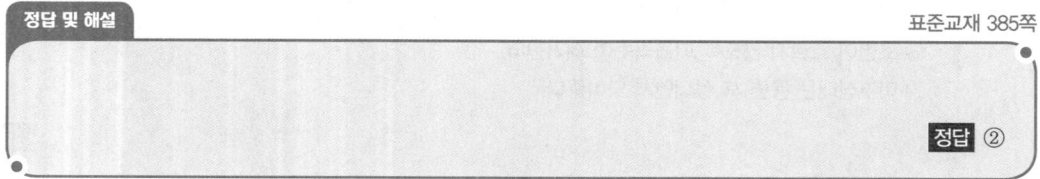

정답 및 해설 　　　　　　　　　　　　　　　표준교재 385쪽

정답 ②

43 유치도뇨관을 가지고 있는 대상자의 소변주머니 관리 방법으로 옳은 것은?

① 소변 이상 유무를 확인한 후 비운다.
② 소변주머니를 비우고 배출구는 바닥에 닿게 둔다.
③ 보행 시 소변주머니는 방광보다 높게 둔다.
④ 수분 섭취는 하루 500cc로 제한한다.
⑤ 소변주머니는 하루에 두 번 비워준다.

> **정답 및 해설** 표준교재 387~388쪽
>
> ② 소변주머니를 비우고 배출구는 제자리에 꽂는다.
> ③ 방광보다 낮게 두어 역류로 인한 감염을 예방한다.
> ④ 금기 사항이 없는 한 수분 섭취를 권장한다.
> ⑤ 2~3시간마다 양과 색을 확인하고 비운다.
>
> **정답** ①

44 대상자의 칫솔질을 돕는 방법으로 옳은 것은?

① 치약은 칫솔모 위에서 눌러 짠다.
② 칫솔을 옆으로 강하게 문질러 닦아줘야 깨끗해진다.
③ 칫솔을 90° 각도로 치아에 대고 닦는다.
④ 칫솔질은 매 식사 후 1시간 이내에 한다.
⑤ 앉은 자세를 할 수 없는 경우 대상자의 마비된 쪽이 아래로 향하도록 옆으로 누운 자세에서 한다.

> **정답 및 해설** 표준교재 397~399쪽
>
> ② 잇몸에서 치아 쪽으로 부드럽게 회전하면서 쓸어내린다.
> ③ 45° 각도로 치아에 대고 닦는다.
> ④ 매 식사 후 30분 이내에 닦는다.
> ⑤ 건강한 쪽이 아래로 향하도록 옆으로 누운 자세에서 한다.
>
> **정답** ①

45 거동이 불편한 대상자를 침대에서 머리 감기기 방법으로 옳은 것은?

① 눈을 수건으로 덮어 보호한다.
② 손톱 끝으로 두피를 마사지한다.
③ 마른 수건으로 닦고 자연건조시킨다.
④ 면봉을 이용하여 양쪽 귀를 깊숙이 닦아준다.
⑤ 침대모서리에 어깨가 오도록 몸을 비스듬히 한다.

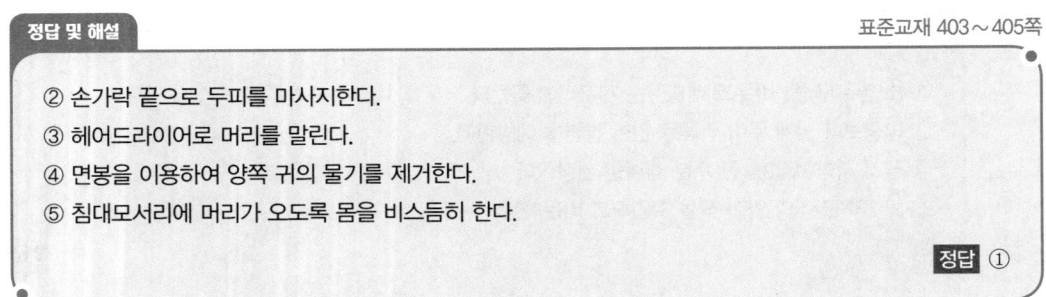

표준교재 403~405쪽

② 손가락 끝으로 두피를 마사지한다.
③ 헤어드라이어로 머리를 말린다.
④ 면봉을 이용하여 양쪽 귀의 물기를 제거한다.
⑤ 침대모서리에 머리가 오도록 몸을 비스듬히 한다.

정답 ①

46 대상자의 손을 청결하게 관리하는 방법으로 옳은 것은?

① 손톱깎이를 이용하여 손톱은 둥글게 잘라준다.
② 피부가 건조하여 각질이 생기므로 자주 씻긴다.
③ 손톱이 살 안쪽으로 심하게 파고든 경우 알코올로 닦아준다.
④ 차가운 물에 10분 정도 담가 혈액순환을 촉진한다.
⑤ 손가락은 피부 자극이 되므로 손등과 바닥만 닦는다.

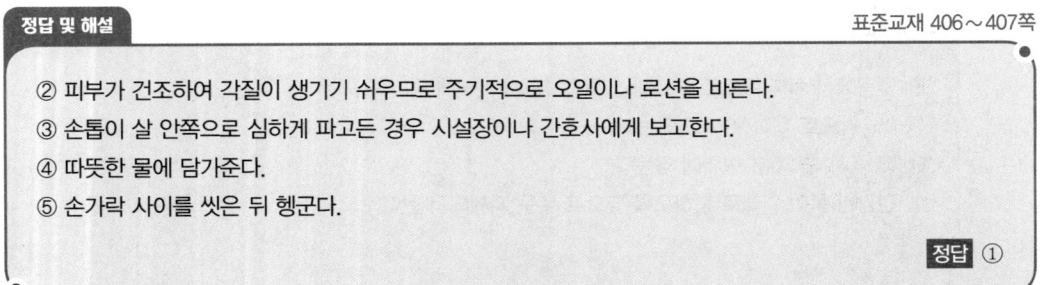

표준교재 406~407쪽

② 피부가 건조하여 각질이 생기기 쉬우므로 주기적으로 오일이나 로션을 바른다.
③ 손톱이 살 안쪽으로 심하게 파고든 경우 시설장이나 간호사에게 보고한다.
④ 따뜻한 물에 담가준다.
⑤ 손가락 사이를 씻은 뒤 헹군다.

정답 ①

47 오른쪽 편마비 대상자의 통 목욕 돕기 방법으로 옳은 것은?

① 오른쪽 손으로 보조도구를 잡게 한다.
② 욕조 입욕 시 요양보호사는 대상자의 왼쪽 겨드랑이를 잡는다.
③ 욕조에 있는 시간은 20분 정도로 한다.
④ 왼쪽 다리, 오른쪽 다리 순으로 욕조에 입욕하게 한다.
⑤ 식사 직후 목욕을 진행한다.

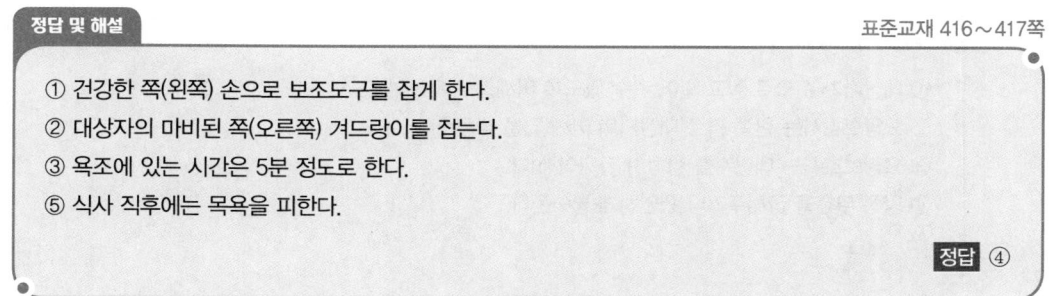

표준교재 416~417쪽

① 건강한 쪽(왼쪽) 손으로 보조도구를 잡게 한다.
② 대상자의 마비된 쪽(오른쪽) 겨드랑이를 잡는다.
③ 욕조에 있는 시간은 5분 정도로 한다.
⑤ 식사 직후에는 목욕을 피한다.

정답 ④

48 오른쪽 편마비 대상자에게 앞이 막힌 상의 벗기는 순서로 옳은 것은?

① 오른쪽 팔 → 머리 → 왼쪽 팔
② 오른쪽 팔 → 왼쪽 팔 → 머리
③ 머리 → 왼쪽 팔 → 오른쪽 팔
④ 왼쪽 팔 → 오른쪽 팔 → 머리
⑤ 왼쪽 팔 → 머리 → 오른쪽 팔

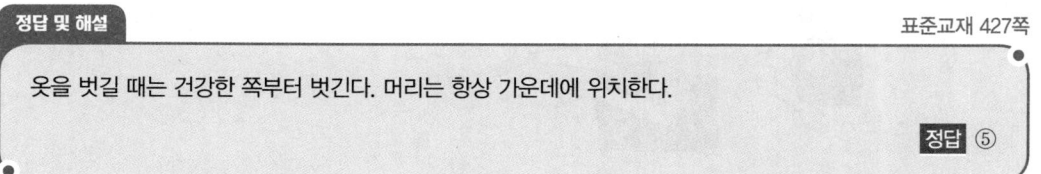

표준교재 427쪽

옷을 벗길 때는 건강한 쪽부터 벗긴다. 머리는 항상 가운데에 위치한다.

정답 ⑤

49 하반신마비 대상자를 일으켜 앉히는 방법으로 옳은 것은?

① 대상자가 손으로 짚고 일어날 수 있도록 허리를 지지해 준다.
② 요양보호사는 한쪽 팔로 대상자의 등 밑을 받쳐준다.
③ 요양보호사는 대상자와 일정 거리를 두고 선다.
④ 두 다리를 편 상태에서 앉힌다.
⑤ 이완성마비인 경우가 많으므로 갑자기 무릎이 꺾여 넘어지는 것을 주의해야 한다.

> **정답 및 해설** 표준교재 440쪽
>
> ① 대상자가 손으로 짚고 일어날 수 있도록 어깨를 지지하여 준다.
> ② 요양보호사는 한쪽 팔로 대상자의 어깨 밑을 받쳐준다.
> ③ 요양보호사는 대상자를 향하여 가까이 선다.
> ④ 양쪽 무릎을 굽혀주거나 편안하게 놓아둔다.
>
> 정답 ⑤

50 숨차거나 얼굴을 씻을 때, 식사 시나 위관 영양을 할 때 취해주는 체위의 형태는?

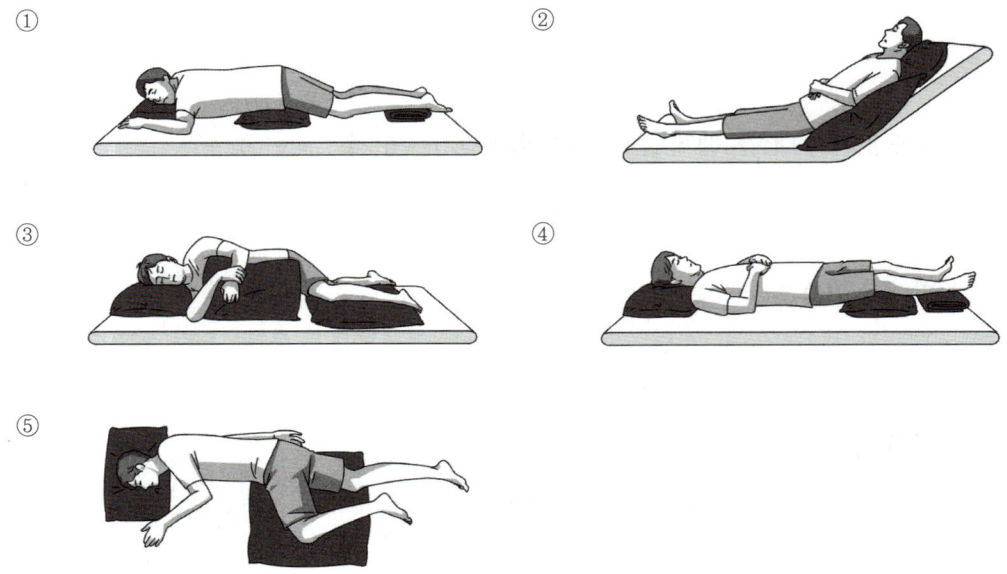

정답 및 해설

표준교재 442~443쪽

① 엎드린 자세(복위) : 등에 상처가 있거나 등 근육을 쉬게 해줄 때
③ 옆으로 누운 자세(측위) : 둔부의 압력을 피하거나 관장할 때
④ 바로 누운 자세(앙와위) : 휴식하거나 잠을 잘 때
⑤ 심스위(좌측위) : 의식 없는 경우 구강 내 분비물을 배출할 때, 항문검사를 할 때(요양보호사 양성 표준교재에는 없는 체위임)

정답 ②

51 대상자를 바닥에서 휠체어로 옮기는 순서로 옳은 것은?

가. 휠체어를 대상자의 건강한 쪽에 비스듬히 놓고 잠금장치를 한다.
나. 건강한 쪽 무릎을 세워 일어나도록 도와주어 휠체어에 앉힌다.
다. 대상자가 바닥에 무릎을 대고 앉아서 휠체어를 잡게 한다.
라. 무릎을 꿇고 엉덩이를 들어 허리를 편다.

① 가 → 나 → 다 → 라
② 가 → 다 → 나 → 라
③ 가 → 다 → 라 → 나
④ 나 → 다 → 라 → 가
⑤ 나 → 다 → 가 → 라

정답 및 해설

표준교재 451~452쪽

정답 ③

52 그림과 같이 대상자가 지팡이를 사용하여 보행할 때 지팡이 끝을 내려놓는 위치로 옳은 것은?

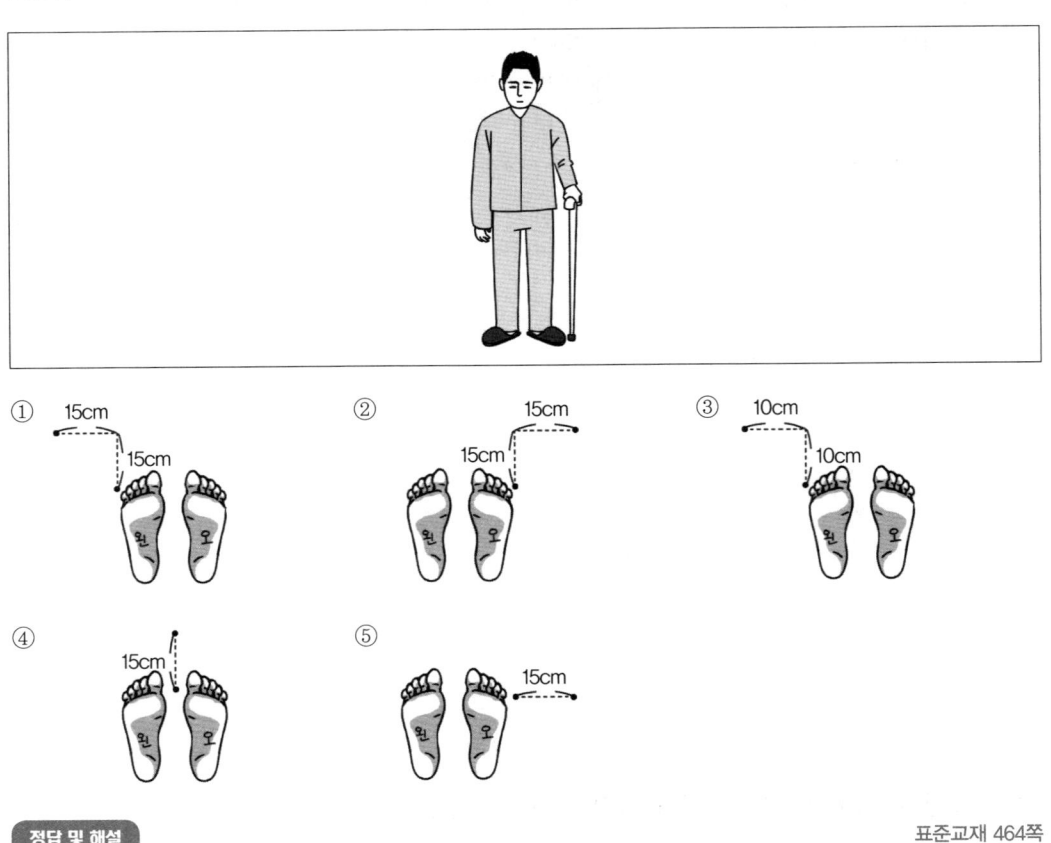

정답 및 해설

표준교재 464쪽

대상자의 건강한 쪽 손으로 지팡이를 잡고 사용하는 쪽 발 앞 15cm, 바깥쪽 옆 15cm 지점에 지팡이 끝을 내려놓는다.

정답 ①

53 왼쪽 편마비 대상자가 지팡이 없이 계단을 내려갈 때 순서로 옳은 것은?

① 왼쪽 손으로 계단 손잡이를 잡고 왼쪽 다리 → 오른쪽 다리 순으로 내려간다.
② 왼쪽 손으로 계단 손잡이를 잡고 오른쪽 다리 → 왼쪽 다리 순으로 내려간다.
③ 오른쪽 손으로 계단 손잡이를 잡고 왼쪽 다리 → 오른쪽 다리 순으로 내려간다.
④ 오른쪽 손으로 계단 손잡이를 잡고 오른쪽 다리 → 왼쪽 다리 순으로 내려간다.
⑤ 계단 손잡이를 잡지 않고 왼쪽 다리 → 오른쪽 다리 순으로 내려간다.

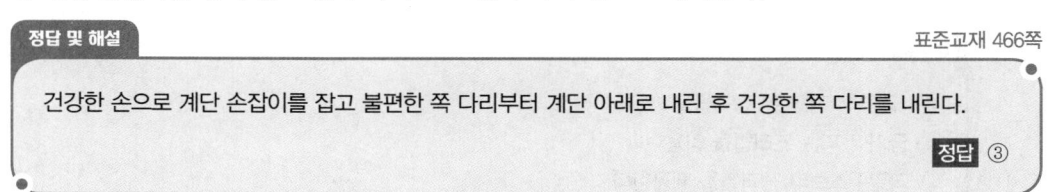

정답 및 해설 표준교재 466쪽

건강한 손으로 계단 손잡이를 잡고 불편한 쪽 다리부터 계단 아래로 내린 후 건강한 쪽 다리를 내린다.

정답 ③

54 다음 그림과 같은 욕창예방 매트리스를 안전하게 사용하는 방법으로 옳은 것은?

① 열을 발산하는 제품(찜질기)과 함께 사용한다.
② 매트리스를 감싼 보호덮개는 걷어내고 사용한다.
③ 날카로운 물건 옆에 둔다.
④ 대상자와 요양보호사가 함께 매트리스에 올라간다.
⑤ 하루에 한 번은 기구의 정상 동작을 확인한다.

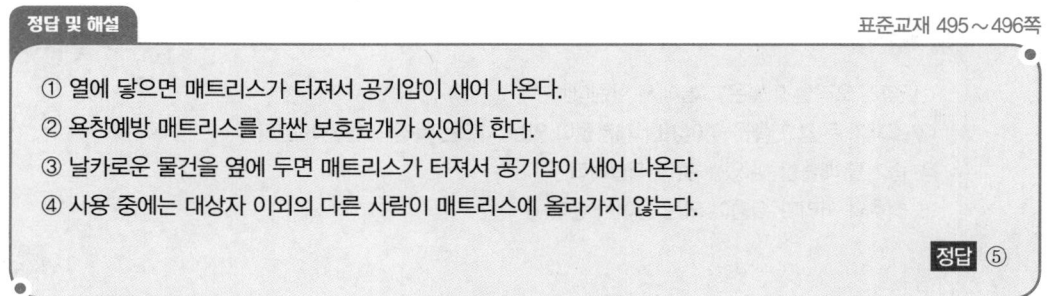

정답 및 해설 표준교재 495~496쪽

① 열에 닿으면 매트리스가 터져서 공기압이 새어 나온다.
② 욕창예방 매트리스를 감싼 보호덮개가 있어야 한다.
③ 날카로운 물건을 옆에 두면 매트리스가 터져서 공기압이 새어 나온다.
④ 사용 중에는 대상자 이외의 다른 사람이 매트리스에 올라가지 않는다.

정답 ⑤

55 당뇨병 대상자의 식사관리로 옳은 것은?

① 잡곡밥보다는 흰밥을 제공한다.
② 기름에 튀기거나 볶는 조리법을 자주 이용한다.
③ 생과일보다 과일주스를 제공한다.
④ 저혈당 증상이 나타나면 즉시 과일, 주스 1컵을 섭취하게 한다.
⑤ 케이크, 초콜릿을 간식으로 제공한다.

> **정답 및 해설** 표준교재 529~530쪽
>
> ① 혈당지수가 낮은 잡곡밥을 제공한다.
> ② 굽거나 찌는 조리법을 이용한다.
> ③ 과일주스보다 생과일을 제공한다.
> ⑤ 케이크, 초콜릿은 혈당지수가 높은 식품으로 섭취하지 않는 것이 좋다.
>
> **정답** ④

56 침상에서 생활하는 대상자의 침상 청결관리 방법으로 옳은 것은?

① 양모, 오리털 이불은 햇볕에서 말린다.
② 감염 대상자의 모포와 베개 커버는 매일 교체한다.
③ 시트는 풀을 먹이거나 재봉선이 있는 것을 사용한다.
④ 매트리스는 탄력성이 좋으며 습기를 흡수하는 것이 적합하다.
⑤ 베개는 머리가 척추보다 높은 높이가 좋다.

> **정답 및 해설** 표준교재 547~548쪽
>
> ① 양모, 오리털 이불은 그늘에서 말린다.
> ③ 소재가 두껍고 풀을 먹이거나 재봉선이 있는 시트는 욕창의 원인이 된다.
> ④ 습기를 배출할 수 있는 것이 적합하다.
> ⑤ 척추와 머리가 수평이 되는 높이가 좋다.
>
> **정답** ②

57 대상자의 관공서 업무를 대행하는 방법으로 옳은 것은?

① 업무를 대행하며 요양보호사의 사적 업무를 병행한다.
② 대상자가 요구하는 경우 관공서 담당자를 연계해준다.
③ 업무 대행과 관련하여 보호자에게 충분한 정보를 제공한다.
④ 보호자에게 업무처리 결과를 전달하고, 만족 여부를 확인한다.
⑤ 장기요양인정서를 지참한다.

> **정답 및 해설** 　　　　　　　　　　　　　　　　　표준교재 556~557쪽
>
> ① 업무 대행 중 요양보호사는 자신의 사적인 업무를 병행하지 않는다.
> ③ 업무 대행과 관련하여 대상자에게 충분한 정보를 제공한다.
> ④ 대상자에게 업무처리 결과를 전달하고, 만족 여부를 확인한다.
> ⑤ 업무와 관련된 자료를 준비한다.
>
> **정답** ②

58 대상자의 안전한 주거환경으로 옳은 것은?

① 욕실의 문은 안과 밖이 보이는 유리 재질이 좋다.
② 계단의 가장자리에는 미끄러지지 않게 고무를 대준다.
③ 거실 출입구의 문턱은 높게 설치한다.
④ 식탁보는 바닥까지 길게 내려오는 길이로 조절한다.
⑤ 높이가 높은 욕조가 사용하기 편하다.

> **정답 및 해설** 　　　　　　　　　　　　　　　　　표준교재 559~561쪽
>
> ① 욕실의 문은 깨지지 않는 재질이 좋다.
> ③ 문턱은 없앤다.
> ④ 식탁보는 발에 밟히지 않는 길이로 조절한다.
> ⑤ 높이가 낮은 욕조가 사용하기 편하다.
>
> **정답** ②

59 치매 대상자의 식사 돕기 방법으로 옳은 것은?

① 앞치마보다는 턱받이를 입혀준다.
② 물을 흘릴 경우 덮개가 없는 컵을 제공한다.
③ 빠른 음악을 틀어준다.
④ 식욕증진을 위해 새로운 반찬을 제공한다.
⑤ 생선 등의 가시, 뼈는 미리 제거해 준다.

> **정답 및 해설** 　　　　　　　　　　　　　　　　표준교재 582~583쪽
>
> ① 턱받이보다는 앞치마를 입혀준다.
> ② 덮개가 부착된 컵을 사용한다.
> ③ 조용한 음악을 틀어준다.
> ④ 즐겨 먹던 반찬을 제공한다.
>
> **정답** ⑤

60 시설 치매 대상자가 다른 대상자의 양말을 주머니에 숨기는 행동을 반복할 때 대처 방법으로 옳은 것은?

① 그런 행동을 하는 이유를 물어본다.
② 대상자가 좋아하는 악기 연주 프로그램에 참여시킨다.
③ 남의 물건을 만지는 행동은 잘못된 것이라고 하며 제지한다.
④ 다른 방에 들어가지 못하도록 문을 잠가 둔다.
⑤ 다른 사람들이 싫어하니 그만하라고 설득한다.

> **정답 및 해설** 　　　　　　　　　　　　　　　　표준교재 593쪽
>
> **대상자의 반복적 질문이나 행동에 대처하는 방법**
> • 반복 질문이나 반복 행동을 하는 경우 주의 환기법을 적용해 본다.
> • 좋아하는 음식을 주거나 좋아하는 노래를 함께 부른다.
> • 콩 고르기, 나물 다듬기, 빨래 개기와 같이 단순하게 할 수 있는 일거리를 제공한다.
>
> **정답** ②

61 치매 대상자가 방금 식사한 것을 잊어버리고 계속 밥을 달라고 하는 경우 요양보호사의 대처 방법은?

① 방금 밥을 드셨다고 말해준다.
② 먹고 그대로 둔 식기를 보여준다.
③ 요구할 때마다 밥을 제공한다.
④ 크기가 큰 밥그릇을 준비해서 많은 양을 제공한다.
⑤ 많이 먹으면 비만이 되니 안 된다고 말해준다.

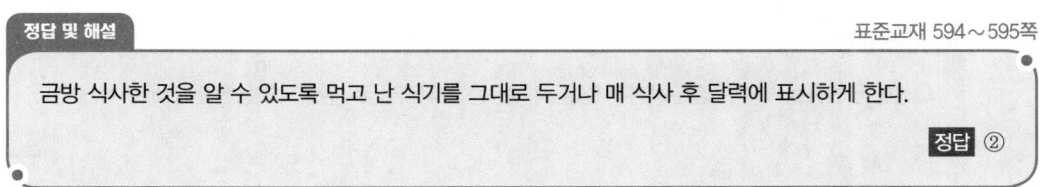

정답 및 해설 표준교재 594~595쪽

금방 식사한 것을 알 수 있도록 먹고 난 식기를 그대로 두거나 매 식사 후 달력에 표시하게 한다.

정답 ②

62 치매 대상자가 밤낮이 바뀌어 낮에 졸고 있는 경우 대처 방법은?

① 소음을 없애고 조용한 환경을 제공한다.
② 따뜻한 우유 한 잔을 제공한다.
③ 말을 걸어 자극을 준다.
④ 편한 잠옷으로 갈아입혀 준다.
⑤ 적정 실내온도를 유지한다.

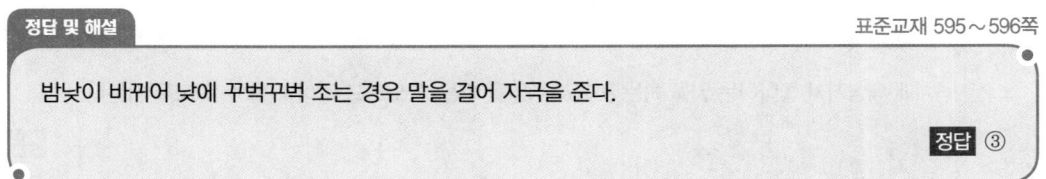

정답 및 해설 표준교재 595~596쪽

밤낮이 바뀌어 낮에 꾸벅꾸벅 조는 경우 말을 걸어 자극을 준다.

정답 ③

63 식사 중 대상자의 옷에 음식물이 묻어 갈아입히려고 하자 대상자가 거칠게 소리를 지르며 발버둥 칠 때 대처 방법으로 옳은 것은?

① 옷 갈아입는 것을 중지하고 조용한 장소에서 쉬게 한다.
② 가족이 퇴근할 때까지 기다렸다가 함께 갈아입힌다.
③ 혼자서 갈아입으라고 한다.
④ 옷 갈아입기 싫은 이유를 물어본다.
⑤ 그냥 입고 있으라고 달래준다.

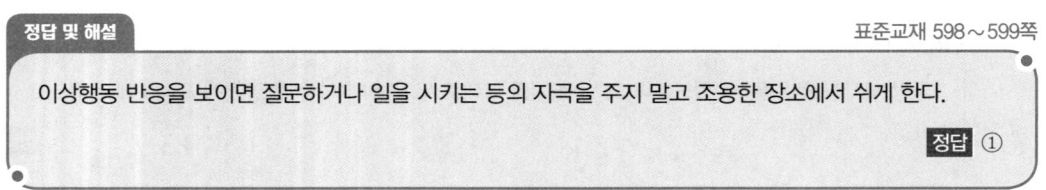

정답 및 해설　　　　　　　　　　　　　　　　　　　　표준교재 598~599쪽

이상행동 반응을 보이면 질문하거나 일을 시키는 등의 자극을 주지 말고 조용한 장소에서 쉬게 한다.

정답 ①

64 시설 치매 대상자가 해 질 녘이 되면 침대 밖으로 나와 병실을 서성이며 동생을 찾아다닐 때 대처 방법은?

① 동생이 어떻게 생겼냐고 물어본다.
② 동생은 며칠 전에 다녀갔다고 알려준다.
③ 어두워서 갈 수 없다고 말한다.
④ 대상자가 좋아하는 윷놀이를 하자고 한다.
⑤ 아들이랑 같이 가야 하니 기다리라고 말한다.

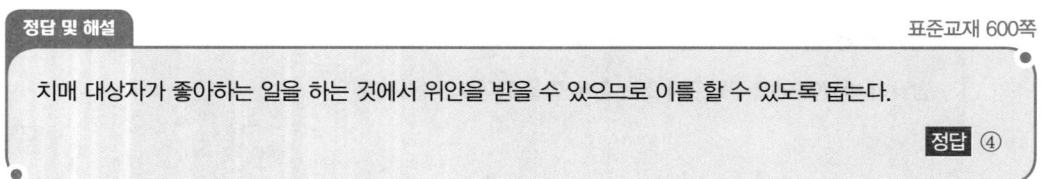

정답 및 해설　　　　　　　　　　　　　　　　　　　　　　표준교재 600쪽

치매 대상자가 좋아하는 일을 하는 것에서 위안을 받을 수 있으므로 이를 할 수 있도록 돕는다.

정답 ④

65 재가 치매 대상자가 옷을 벗고 성기를 노출한 상태로 거실에 나오는 경우 대처 방법으로 옳은 것은?

① 조용한 곳으로 이동해 옷을 입혀준다.
② 큰소리로 꾸짖는다.
③ 부끄러운 행동이라고 지적한다.
④ 벗기 어려운 의복을 입혀준다.
⑤ 방문객을 늘려 많은 사람들을 통해 모욕감을 느껴보게 한다.

정답 및 해설 표준교재 601쪽

옷을 벗거나 성기를 노출한 경우, 당황하지 말고 옷을 입혀준다.

정답 ①

66 치매 대상자가 다음과 같은 정신행동증상을 보일 때 적절한 돌봄 방법으로 옳은 것은?

> 보호자가 욕실로 데려가거나 옷을 벗길 때, 샤워기로 물을 뿌릴 때 어르신은 화를 내며 손을 뿌리치거나 보호자를 밀치며 목욕을 거부한다.

① 목욕 준비과정은 모두 돌봄자 혼자 한다.
② 차분하게 목욕을 하는 이유와 과정을 설명하며 목욕 후 대상자가 좋아하는 일을 하자며 목욕을 유도한다.
③ 목욕 순서는 요양보호사의 습관에 맞추어 진행한다.
④ 최대한 빨리 씻겨 데리고 나온다.
⑤ 목욕을 하지 않으면 안 되는 이유를 설명한다.

정답 및 해설 표준교재 697쪽

목욕하기 싫어하는 치매 대상자를 돌볼 때는 대상자가 왜 그런 정신행동증상을 나타내는지 그 원인을 생각해 보아야 한다. 충분한 설명 없이 강압적인 행동을 하면 대상자는 자신을 공격하려는 의도로 이해할 수 있다. 따라서 목욕을 억지로 진행하기보다는 문제의 원인을 찾아 해결해 주려는 태도가 중요하다.

정답 ②

67 치매 대상자와 효과적인 대화를 한 경우는?

① "어르신, 거기로 같이 가요."
② "의자에 빨리 앉으세요."
③ "저는 ㅇㅇㅇ입니다. 어르신 목욕을 도와드리러 왔습니다."
④ "어르신, 오늘 날씨는 어땠어요? 즐거운 일도 있었을까요?"
⑤ "거실에 계시는 것은 되는데 작은 방에 들어가시면 안 됩니다."

> **정답 및 해설** 표준교재 605~609쪽
> ① 대명사보다는 명사를 이용하여 의사소통한다.
> ② 명령하는 투로 말하지 않는다.
> ④ 한 번에 한 가지씩만 질문한다.
> ⑤ 할 수 있는 것이 어떤 것인가를 정확히 이야기해 주는 것이 좋다.
>
> **정답** ③

68 치매 대상자와 다음과 같은 프로그램을 할 때 향상될 수 있는 인지기능은?

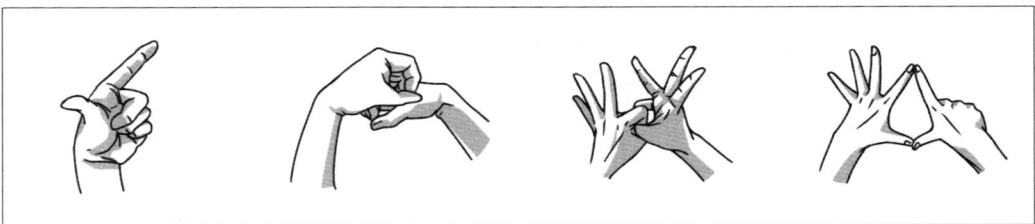

① 지남력
② 공간능력
③ 운동능력
④ 언어능력
⑤ 표현력

> **정답 및 해설** 표준교재 632쪽
> 보기에 제시된 프로그램은 손모양 똑같이 만들기 활동으로, 이는 운동능력 향상과 일상생활에 필요한 손동작 훈련에 도움이 된다.
>
> **정답** ③

69 요양보호사가 대상자와 효과적으로 말하기 위한 방법으로 옳은 것은?

① 모든 일에 전문가임을 주장한다.
② 자신감 없는 태도를 보인다.
③ 자신은 비난을 받지 않아야 한다고 생각한다.
④ 부정적인 비교를 하지 않는다.
⑤ 자신은 항상 옳다고 생각한다.

> **정답 및 해설** 표준교재 287쪽
> ①·②·③·⑤ 효과적인 말하기를 방해하는 경우이다.
>
> **정답** ④

70 다음 대화에서 요양보호사의 공감반응으로 옳은 것은?

> 대 상 자 : "어제 아들이 왔었는데, 용돈도 안 주고 그냥 갔어."
> 요양보호사 : (   )

① "아들이 경제 사정이 안 좋아졌나 봐요."
② "이번에는 용돈을 안 드리고 가서 많이 서운하신가 봐요."
③ "깜빡 잊고 갔을 수 있으니 제가 전화 통화해 볼까요?"
④ "어르신을 서운하게 했으니 아들이 잘못했네요."
⑤ "다음에는 꼭 주고 갈 거예요."

> **정답 및 해설** 표준교재 286~287쪽
> 공감이란 상대방이 하는 말을 상대방의 관점에서 이해하고, 감정을 함께 느끼며 자신이 느낀 바를 전달하는 것을 의미한다.
>
> **정답** ②

71 노인성 난청이 있는 대상자와 의사소통하는 방법으로 옳은 것은?

① 대상자 옆에서 이야기한다.
② 보청기를 사용할 때 입력은 낮게 조절한다.
③ 작은 소리로 천천히 이야기한다.
④ 눈짓으로 신호를 주면서 이야기를 시작한다.
⑤ 소음이 있는 곳에서 이야기한다.

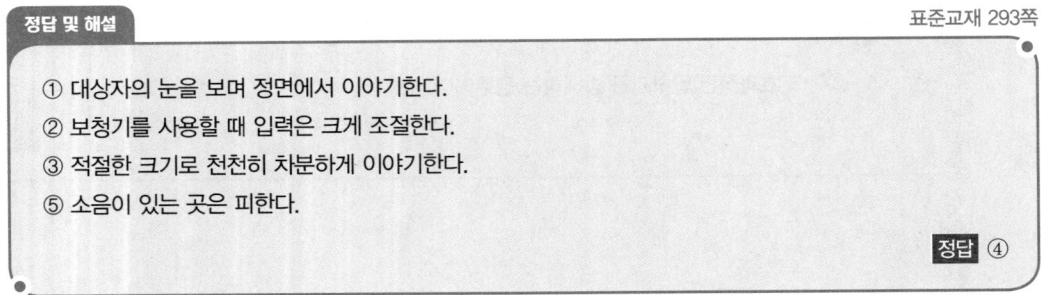

정답 및 해설 표준교재 293쪽

① 대상자의 눈을 보며 정면에서 이야기한다.
② 보청기를 사용할 때 입력은 크게 조절한다.
③ 적절한 크기로 천천히 차분하게 이야기한다.
⑤ 소음이 있는 곳은 피한다.

정답 ④

72 다음과 같은 방법으로 의사소통해야 하는 대상자는?

- 알아듣고 이해가 된 경우 "예", "아니요"로 짧게 대답한다.
- 눈을 깜빡이거나 손짓으로 의사표현하게 한다.
- 실물, 그림판, 문자판 등을 이용한다.

① 시각장애 대상자
② 노인성 난청 대상자
③ 지남력장애 대상자
④ 치매로 인한 장애 대상자
⑤ 언어장애 대상자

정답 및 해설 표준교재 294쪽

정답 ⑤

73 대상자와 함께 식물에 물을 주고 가꾸기를 하는 것은 어떤 여가활동 유형에 해당하는가?

① 운동 활동
② 사교오락 활동
③ 소일 활동
④ 가족중심 활동
⑤ 종교참여 활동

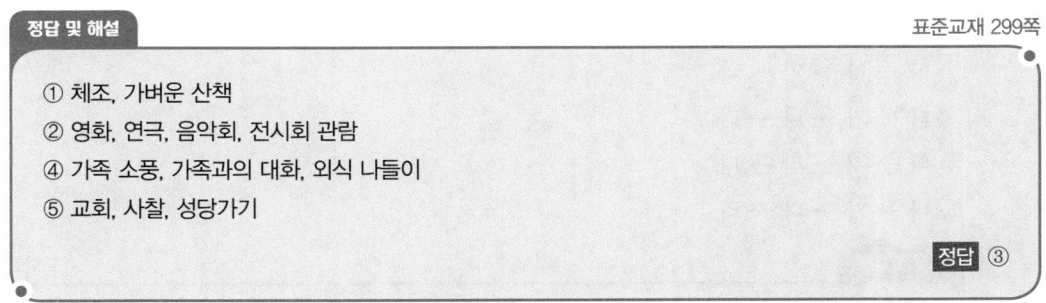

표준교재 299쪽

① 체조, 가벼운 산책
② 영화, 연극, 음악회, 전시회 관람
④ 가족 소풍, 가족과의 대화, 외식 나들이
⑤ 교회, 사찰, 성당가기

정답 ③

74 근무시간 중 의학적 위기상황이 발생했을 때 119에 도움을 요청하는 방법으로 옳은 것은?

① 신고를 해야 할지 고민이 되는 상황이라면 신고하지 않는다.
② 신고 이유는 구급대원이 도착한 후 알려준다.
③ 신고 후 전화를 바로 끊고 응급처치를 진행한다.
④ 상황이 발생한 곳의 정확한 주소를 구급대원에게 알려준다.
⑤ 요양보호사가 혼자 있는 경우 신고할 사람을 찾아 대상자를 잠시 떠난다.

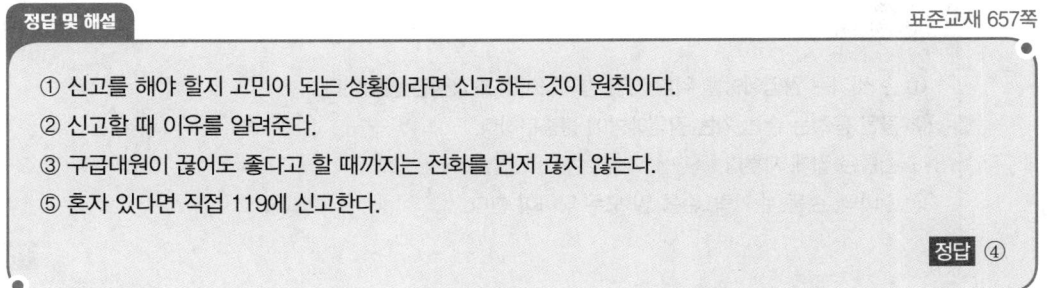

표준교재 657쪽

① 신고를 해야 할지 고민이 되는 상황이라면 신고하는 것이 원칙이다.
② 신고할 때 이유를 알려준다.
③ 구급대원이 끊어도 좋다고 할 때까지는 전화를 먼저 끊지 않는다.
⑤ 혼자 있다면 직접 119에 신고한다.

정답 ④

75. 화재가 발생한 경우 소화기 사용 순서로 옳은 것은?

> 가. 노즐을 잡고 불쪽을 향한다.
> 나. 손잡이를 움켜잡는다.
> 다. 안전핀을 뽑는다.
> 라. 분말을 고루 쏜다.

① 가 → 나 → 다 → 라
② 다 → 나 → 가 → 라
③ 다 → 가 → 나 → 라
④ 다 → 가 → 라 → 나
⑤ 나 → 가 → 다 → 라

정답 및 해설

표준교재 659쪽

정답 ③

76. 올바른 손 씻기 방법으로 옳은 것은?

① 손 씻기는 감염예방을 위한 비경제적인 방법이다.
② 물만 묻히는 손 씻기도 감염예방에 충분하다.
③ 평소 손톱은 길게 기른다.
④ 코나 입을 손으로 가리고 기침이나 재채기를 한 후에는 반드시 손을 씻는다.
⑤ 손바닥과 손바닥만 마주대고 문질러 주면 된다.

정답 및 해설

표준교재 665~668쪽

① 손 씻기는 감염예방을 위한 가장 경제적이며 효과적인 방법이다.
② 물만 묻히는 손 씻기는 감염예방에 불충분하다.
③ 손톱은 짧게 자른다.
⑤ 손바닥, 손등, 손가락, 손톱 밑 모두 닦아야 한다.

정답 ④

77 무더운 여름날 대상자가 갑자기 쓰러져서 경련을 할 때 대처 방법으로 옳은 것은?

① 얼굴을 옆으로 돌려 이물질이 기도 내로 흡인되지 않게 한다.
② 입에 손수건을 넣어준다.
③ 대상자의 흔들리는 두 팔을 꽉 잡아준다.
④ 호흡유지를 위해 반좌위로 앉혀 놓는다.
⑤ 항경련제를 먹인다.

> **정답 및 해설** 표준교재 675~676쪽
>
> ② 혀나 입에 상처를 내거나 호흡곤란이 일어날 수 있으니 손수건을 넣어서는 안 된다.
> ③ 꽉 붙잡거나 억지로 멈추게 하지 말고 조용히 기다린다.
> ④ 고개를 옆으로 돌려 눕혀 준다.
> ⑤ 입안에 손가락을 넣거나 약을 먹이는 등의 시도를 해서는 안 된다.
>
> **정답** ①

78 대상자의 팔에 기름이 튀어 화상을 입었을 때 대처 방법으로 옳은 것은?

① 얼음을 가져와 팔에 직접 대준다.
② 화상 부위의 장신구는 빨리 제거한다.
③ 물집이 생기지 않도록 반창고를 붙여준다.
④ 화상 부위에 된장을 발라준다.
⑤ 화상 부위를 만져서 감각손상 정도를 확인한다.

> **정답 및 해설** 표준교재 677쪽
>
> ① 얼음을 화상 부위에 직접 대는 것은 권장하지 않는다.
> ③·⑤ 화상 부위를 만지면 감염 위험이 있다.
> ④ 된장을 바르면 세균감염의 위험이 있고 열기를 내보내지 못하게 되어 상처가 악화된다.
>
> **정답** ②

79 의식 없이 쓰러진 대상자를 심폐소생술 할 때 회복자세를 취해주어야 할 상황은?

① 호흡이 비정상적인 경우
② 질문에 반응이 없는 경우
③ 가슴에 움직임이 없는 경우
④ 코 끝에서 호흡이 느껴지지 않는 경우
⑤ 소리를 내거나 움직이며 호흡이 회복된 경우

정답 및 해설 표준교재 681쪽

호흡이 회복되었다면 환자를 옆으로 눕혀 기도가 막히는 것을 예방한다. 그 후 환자의 반응과 호흡을 지속적으로 관찰해야 한다.

정답 ⑤

80 자동심장충격기 사용 및 심폐소생술 시행을 중단할 수 있는 시기는?

① 119 구급대가 현장에 도착했을 때
② 가슴압박을 하다가 힘이 많이 들 때
③ 자동심장충격기의 쇼크버튼을 눌렀을 때
④ 충전이 완료되어 모두 물러나라는 신호가 있을 때
⑤ 자동심장충격의 분석이 끝났을 때

정답 및 해설 표준교재 683쪽

정답 ①

너울샘 요양보호사 6회 모의고사

01 잠재되어 있던 질병이 나타나거나 질병이 발생한 경우 호전되지 않고 갑자기 악화되거나 죽음을 맞이하게 되는 노년기의 신체적 특성으로 옳은 것은?

① 지남력의 저하
② 회복능력의 저하
③ 잔존능력의 저하
④ 면역능력의 저하
⑤ 비가역적 진행

> **정답 및 해설** 표준교재 19쪽
> ① 시간, 장소, 사람을 파악하는 능력의 저하이다.
> ② 만성질환이 있는 노인은 합병증이 쉽게 온다.
> ③ 신체조직의 잔존능력이 저하되고, 적응력이 떨어져 일상생활에서 어려운 상황이 발생한다.
> ⑤ 노화는 점진적으로 일어나는 진행성 과정이며, 인간의 노력으로 노화의 진행을 막을 수 없다.
>
> **정답** ④

02 노인부양 해결방안으로 옳게 설명한 것은?

① 노인의 부양은 자녀의 전적 책임이다.
② 국가와 사회는 노인복지 정책을 강화해야 한다.
③ 공적 부양만으로도 충분한 해결방안이 된다.
④ 자녀 세대와 부모 세대의 상호존중은 부양 해결에 도움이 안 된다.
⑤ 노년의 삶은 스스로 책임지려는 노력보다 의존하는 자세가 필요하다.

> **정답 및 해설** 표준교재 27~28쪽
> ①·③ 공적·사적 부양이 모두 필요하다.
> ④ 세대 간의 상호존중으로 갈등 조절이 필요하다.
> ⑤ 노인은 1차적으로 스스로를 책임질 수 있도록 노력해야 한다.
>
> **정답** ②

03 노인의 잠재력을 계발할 기회를 제공하며, 사회의 교육적·문화적·정신적 자원과 여가 서비스를 이용할 수 있어야 하는 노인복지 원칙은?

① 독립의 원칙
② 보호의 원칙
③ 자아실현의 원칙
④ 참여의 원칙
⑤ 존엄의 원칙

정답 및 해설 표준교재 38~39쪽

① 독립의 원칙 : 노인 본인의 소득, 지역사회 지원을 통해 식량, 건강서비스를 이용할 수 있어야 한다. 또한, 일할 기회를 갖거나 다른 소득을 얻을 수 있어야 한다.
② 보호의 원칙 : 노인의 자율과 보호를 높이는 사회적·법률적인 서비스를 이용할 수 있어야 한다.
④ 참여의 원칙 : 사회에 통합되어야 하고, 지역사회를 위한 봉사기회를 갖고 개발할 수 있어야 한다. 또한, 노인들을 위한 사회운동을 하고 단체를 조직할 수 있어야 한다.
⑤ 존엄의 원칙 : 존엄과 안전 속에서 살 수 있어야 하며, 착취와 육체적·정신적 학대로부터 자유로워야 한다.

정답 ③

04 다음 중 노인장기요양급여 대상자에 해당되는 경우는?

① 고혈압으로 약물복용 중인 77세 대상자
② 뇌경색으로 신체활동이 어려운 53세 대상자
③ 백내장으로 신체활동이 가능한 64세 대상자
④ 당뇨병으로 입원치료 중인 80세 대상자
⑤ 전립선비대증으로 소변배출이 어려운 60세 대상자

정답 및 해설 표준교재 50~51쪽

① 65세 이상인 자로 질환을 가지고 인지저하나 신체거동이 불편한 자이어야 하는데 해당되지 않는다.
③·⑤ 65세 미만인 경우 노인성 질환(치매, 뇌혈관성질환, 파킨슨병)으로 신체활동이 어렵거나 인지기능이 저하된 자이어야 하는데 해당되지 않는다.
④ 병원에 입원 중인 경우 급여대상에서 제외된다.

정답 ②

05 노인장기요양보험제도의 청구 및 지급, 재원조달에 관한 내용으로 옳은 것은?

① 요양보호사는 공단에 장기요양급여비용을 청구한다.
② 공단은 재가급여 비용을 청구받은 경우 요양보호사에게 지급한다.
③ 국가는 보험료 예상 수입액의 30%를 국고에서 부담한다.
④ 급여대상자가 주·야간보호센터를 이용하면 15%를 본인이 부담한다.
⑤ 저소득층은 본인부담금이 없다.

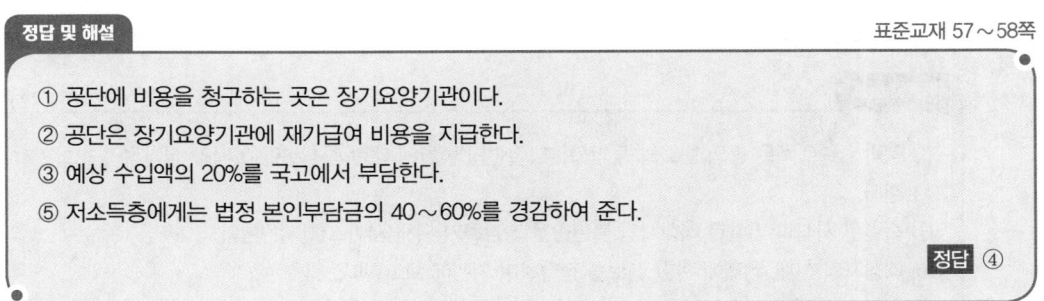

정답 및 해설 표준교재 57~58쪽

① 공단에 비용을 청구하는 곳은 장기요양기관이다.
② 공단은 장기요양기관에 재가급여 비용을 지급한다.
③ 예상 수입액의 20%를 국고에서 부담한다.
⑤ 저소득층에게는 법정 본인부담금의 40~60%를 경감하여 준다.

정답 ④

06 요양보호서비스 제공 시 준수 사항으로 옳은 것은?

① 대상자의 상태가 변화하면 서비스를 임의로 조정한다.
② 수급자 가족을 위한 관공서 업무를 지원한다.
③ 대상자의 잔존능력을 고려하여 서비스를 제공한다.
④ 대상자에게 욕창이 있는 경우 욕창부위 소독을 한다.
⑤ 서비스 제공 중 알게 된 비밀은 동료와 공유한다.

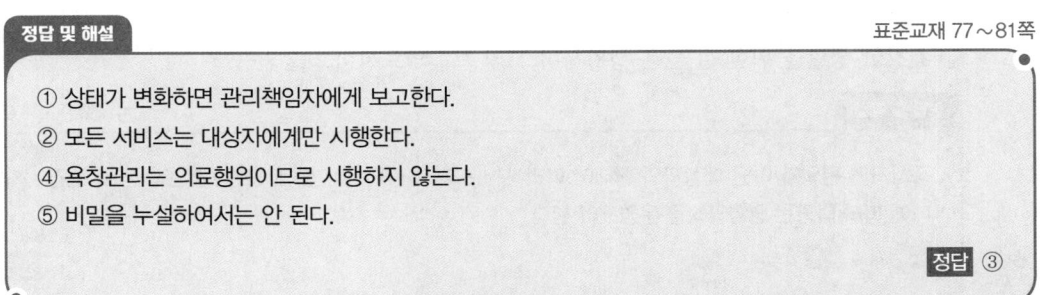

정답 및 해설 표준교재 77~81쪽

① 상태가 변화하면 관리책임자에게 보고한다.
② 모든 서비스는 대상자에게만 시행한다.
④ 욕창관리는 의료행위이므로 시행하지 않는다.
⑤ 비밀을 누설하여서는 안 된다.

정답 ③

07 다음과 같은 상황에서 요양보호사가 수행하는 역할은?

- 고혈압 대상자의 혈압 변화를 관찰한다.
- 천식 대상자의 기침 유무를 관찰한다.

① 숙련된 수발자
② 관찰자
③ 정보전달자
④ 말벗과 상담자
⑤ 동기 유발자

정답 및 해설 표준교재 80~81쪽

② 맥박, 호흡, 체온 등의 변화와 투약 여부, 질병의 변화에 대한 증상뿐만 아니라 심리적인 변화까지 관찰한다.
① 숙련된 지식과 기술로 대상자의 불편함을 경감하기 위해 서비스를 지원한다.
③ 대상자의 신체, 심리에 관한 정보를 전달하며 기관에 보고한다.
④ 의사소통 기법을 활용하여 대상자와 관계를 형성하고 대상자의 신체적·심리적·정신적 안위를 도모한다.
⑤ 대상자가 능력을 최대한 발휘하도록 지지한다.

정답 ②

08 다음 상황에서 시설대상자가 침해받은 권리는?

- 종사자의 편의에 따라 식사시간이 조정된다.
- 개인의 선호와 건강상태를 고려하지 않은 영양급식이 제공된다.

① 안락하고 안전한 생활환경을 제공받을 권리
② 개별화된 서비스를 제공받고 선택할 권리
③ 자신의 견해와 불평을 표현하고 해결을 요구할 권리
④ 신체구속을 받지 않을 권리
⑤ 건강한 생활을 위한 질 높은 생활서비스 및 보건의료서비스를 받을 권리

정답 및 해설 표준교재 95~96쪽

종사자의 편의가 아닌 대상자의 상태에 따라 서비스가 제공되어야 한다. 또한, 개인적 선호, 건강·기능상태에 따라 다양한 영양급식을 운영해야 한다.

정답 ⑤

09 노인학대 유형(A)과 학대 내용(B)이 올바르게 연결된 것은?

(A)	(B)
① 신체적 학대	말을 걸지 않거나 대화하지 않음
② 정서적 학대	이성교제를 방해함
③ 방 임	노인 소유의 귀중한 물건을 빼앗음
④ 경제적 학대	의사의 지시에 따른 치료행위를 거부함
⑤ 자기방임	침대에 묶어 움직이지 못하게 함

> **정답 및 해설**
> 표준교재 105~111쪽
> ① 정서적 학대 : 말을 걸지 않거나 대화하지 않음
> ③ 경제적 학대 : 노인 소유의 귀중한 물건을 빼앗음
> ④ 자기방임 : 의사의 지시에 따른 치료행위를 거부함
> ⑤ 신체적 학대 : 침대에 묶어 움직이지 못하게 함
>
> **정답** ②

10 다음에서 설명하는 노인학대 유관기관은?

- 시설에 확인 업무지도 및 감독
- 학대피해 노인에게 확인 및 행정적인 조치

① 의료기관 ② 사법경찰
③ 보건복지부 ④ 시·도
⑤ 법률기관

> **정답 및 해설**
> 표준교재 113쪽
> ① 의료기관은 의뢰받은 학대피해 노인에게 종합적인 의료서비스 제공, 의학적 진단, 소견, 증언 진술을 한다.
> ② 사법경찰은 노인학대 신고사례에 대한 현장조사, 형사재판을 요하는 사례에 대한 수사를 전담한다.
> ③ 보건복지부는 노인보호 업무와 관련한 법·제도적 정책 수립, 노인복지시설에 대한 행정·재정적 지원을 한다.
> ⑤ 법률기관은 피해 노인의 법률적 보호 및 학대행위자에 대한 보호처분 판정, 후견인의 지정을 한다.
>
> **정답** ④

11 다음 상황에서 요양보호사가 침해받은 권리는?

> 휴식시간에 추가업무를 하고, 휴일에도 초과근무를 하였다.

① 노동에 관한 권리
② 평등에 관한 권리
③ 자유에 관한 권리
④ 교육에 관한 권리
⑤ 문화에 관한 권리

정답 및 해설 표준교재 116쪽

요양보호사가 침해받은 권리는 노동에 관한 권리로, 요양보호사에게는 휴식 및 여가를 누릴 권리 보장, 노동시간의 합리적 제한, 동등한 노동에 대한 동등한 보수의 보장이 필요하다.

정답 ①

---

12 산업재해보상보험법상 산재근로자를 보호하기 위한 내용으로 옳은 것은?

① 보험급여는 채권자가 건드릴 수 있다.
② 해고할 경우 해고 및 정리해고의 요건은 없다.
③ 산재로 요양 중 퇴직하여도 장해급여는 지급받는다.
④ 산재로 요양 중 사업장이 폐업하여 없어진 경우 휴업급여를 지급받지 못한다.
⑤ 보험급여는 조세 및 기타 공과금이 부과된다.

정답 및 해설 표준교재 119쪽

① 보험급여는 채권자가 건드릴 수 없다.
② 해고 및 정리해고 요건을 충족해야 한다.
④ 사업장이 부도, 폐업하여 없어진 경우에도 재요양, 휴업급여, 장해급여 지급에는 지장받지 않는다.
⑤ 보험급여는 공과금 부과가 면제되어 세금을 떼지 않는다.

정답 ③

13 요양보호사가 대상자로부터 성희롱을 당한 경우 장기요양기관장의 대처로 옳은 것은?

① 성희롱 예방교육을 2년에 1번 이상 제공한다.
② 성희롱 처리 지침을 문서화하여 기관 내에 두어야 한다.
③ 대상자 가족에게 시정해 달라는 요청은 요양보호사가 직접 하게 한다.
④ 시정 요구에도 상습적으로 계속할 경우 퇴소 처리한다.
⑤ 몇 번은 참는 것이 원칙이라며 요양보호사를 설득한다.

> **정답 및 해설** 표준교재 120~121쪽
>
> ① 성희롱 예방교육은 1년에 1번 이상 해야 한다.
> ③ 기관장이 가족에게 사정을 말하고 시정해 줄 것을 요구해야 한다.
> ④ 시정 요구에도 상습적으로 계속할 경우 녹취하거나 일지를 작성해 두게 한다.
> ⑤ 이용자에게 서비스 중단 등의 적절한 조치를 취해야 한다.
>
> **정답** ②

14 요양보호사의 직업윤리 원칙으로 옳은 것은?

① 대상자가 화상을 입은 경우 요양보호사 스스로 대처한다.
② 서비스 방법이 확실하지 않을 때는 동료와 상의한다.
③ 타인이 근무를 대신 요구하는 경우 비용을 받고 대신해준다.
④ 자신의 업무활동을 점검하고 자가평가 등을 자료로 보관한다.
⑤ 요양보호사와 정치적 신념이 같은 경우 서비스 시간을 연장한다.

> **정답 및 해설** 표준교재 123~126쪽
>
> ① 사고 발생 즉시 시설장 또는 관리책임자에게 보고한다.
> ② 제공해야 할 서비스 내용 및 방법이 확실하지 않을 때는 도움을 청한다.
> ③ 법적·윤리적 책임에 위배되는 행위다.
> ⑤ 정치적 신념을 이유로 차별 대우할 수 없다.
>
> **정답** ④

15 다음 상황에서 요양보호사의 대처 방법은?

> 보 호 자 : "어머니가 거동이 불편해져서 화장실 이용이 어려우니 이동변기를 구매해 주세요."
> 요양보호사 : (   )

① "기저귀를 착용하는 것이 더 좋겠는데요."
② "잘 아는 복지용구점을 소개해 드릴게요."
③ "기관에 말씀드려서 상의하실 수 있게 도와드릴게요."
④ "용품을 잘 알고 있는 요양보호사에게 물어볼게요."
⑤ "구매해 드리면 추가비용을 주세요."

정답 및 해설
표준교재 126쪽

복지용구를 직접 판매 또는 대여하거나 이를 알선하는 행위는 윤리원칙에 어긋나며, 이를 어길 시 법적 처벌을 받게 된다.

정답 ③

16 근골격계 질환을 예방하기 위한 스트레칭 시 주의사항으로 옳은 것은?

① 같은 동작은 5~10회 반복한다.
② 통증이 느껴질 때까지 계속해야 근육의 긴장을 완화할 수 있다.
③ 스트레칭된 자세로 5초 정도 유지해야 한다.
④ 동작과 동작 사이에는 쉬지 않고 진행한다.
⑤ 동작은 빠르게 바꾸어 주어야 한다.

정답 및 해설
표준교재 147쪽

② 통증을 느끼지 않는 범위까지 한다.
③ 스트레칭된 자세로 10~15초 정도 유지해야 근섬유가 늘어나 효과를 볼 수 있다.
④ 동작과 동작 사이에는 5~10초 정도 쉰다.
⑤ 천천히 안정되게 한다.

정답 ①

17 직업성 감염질환인 독감(인플루엔자) 관리법으로 옳은 것은?

① 피가 섞인 가래를 뱉어낸다.
② 증상 회복 후 최소 2~3일간은 음식을 조리하지 않는다.
③ 인플루엔자에 걸린 요양보호사는 일주일 정도 쉬어야 한다.
④ 내의나 침구류는 뜨거운 물로 세탁 후 건조한다.
⑤ 독감예방접종은 7~8월 사이에 하는 것을 권장한다.

정답 및 해설 표준교재 149~150쪽

① 결핵의 증상이다.
② 노로바이러스 장염의 관리법이다.
④ 옴의 관리법이다.
⑤ 독감예방접종은 10~12월 사이에 하는 것을 권장한다.

정답 ③

18 노인성 질환의 특성으로 옳은 것은?

① 합병증이 쉽게 생기지 않는다.
② 젊은 사람의 검사기준을 적용할 수 있는 질환이 많다.
③ 신장의 소변 농축 능력이 증가한다.
④ 기능 이상으로만 나타나는 질병이 흔하다.
⑤ 하나의 질병에 걸리면 다른 질병은 동반되지 않는다.

정답 및 해설 표준교재 162~163쪽

① 합병증이 생기기 쉽다.
② 젊은 사람의 검사기준을 적용할 수 없는 질환이 많다.
③ 신장의 소변 농축 능력이 저하된다.
⑤ 노인성 질환은 단독으로 발생하는 경우는 드물다.

정답 ④

19 노화에 따른 심혈관계의 특성으로 옳은 것은?

① 말초혈관으로부터 심장으로의 혈액순환이 증가된다.
② 정맥의 강화로 하지에 부종이 잘 발생한다.
③ 심박동수가 감소한다.
④ 근육이 두꺼워져 탄력성이 증가한다.
⑤ 최대 심박출량이 증가한다.

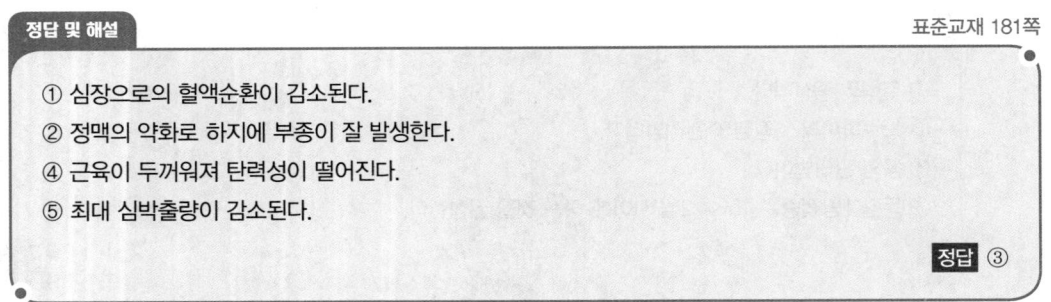

표준교재 181쪽

① 심장으로의 혈액순환이 감소된다.
② 정맥의 약화로 하지에 부종이 잘 발생한다.
④ 근육이 두꺼워져 탄력성이 떨어진다.
⑤ 최대 심박출량이 감소된다.

정답 ③

20 노화에 따른 비뇨생식기계의 변화로 옳은 것은?

① 방광용적의 증가
② 난소 크기의 증가
③ 방광 근력의 증가
④ 잔뇨량의 감소
⑤ 질벽의 탄력성 감소

표준교재 194쪽

① 방광용적의 감소
② 난소 크기의 감소
③ 방광 근력의 저하
④ 잔뇨량의 증가

정답 ⑤

21 노화에 따른 피부계의 변화로 옳은 것은?

① 피부의 탄력성 증가
② 압박에 대한 손상 위험성 감소
③ 피하지방의 감소
④ 표피 두꺼워짐
⑤ 수분 함유량 증가

① 피부의 탄력성 감소
② 압박에 대한 손상 위험성 증가
④ 표피 얇아짐
⑤ 수분 함유량 감소

정답 ③

22 노화에 따른 내분비계의 변화로 옳은 것은?

① 기초대사율이 증가한다.
② 에스트로겐 분비가 증가한다.
③ 갑상선 호르몬의 분비량이 약간 감소한다.
④ 췌장에서 인슐린의 분비량이 충분해진다.
⑤ 뇌하수체호르몬의 분비량이 감소한다.

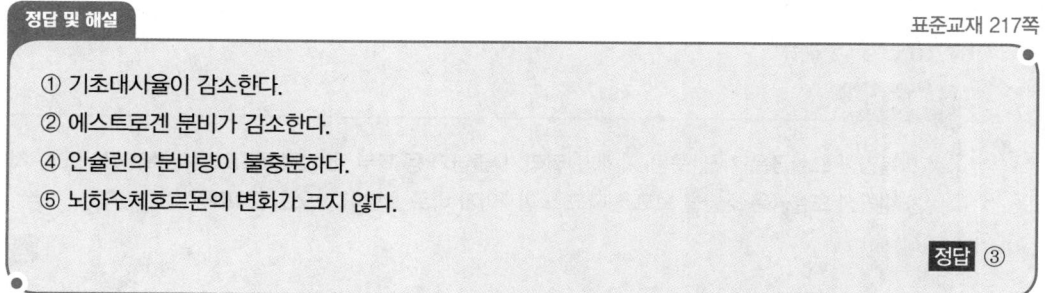

① 기초대사율이 감소한다.
② 에스트로겐 분비가 감소한다.
④ 인슐린의 분비량이 불충분하다.
⑤ 뇌하수체호르몬의 변화가 크지 않다.

정답 ③

23 욕창 발생 위험성이 높은 대상자로 옳은 것은?

① 와상상태 대상자
② 체위변경이 가능한 대상자
③ 근육량이 많은 대상자
④ 거동이 가능한 과체중 대상자
⑤ 화장실 이용이 가능한 편마비 대상자

정답 및 해설 표준교재 200쪽

장기간의 와상상태, 체위변경의 어려움, 체중감소, 근육위축, 피하지방 감소, 요실금 및 변실금 등 습기로 인한 피부손상, 미생물 번식은 욕창 발생 관련 요인이다.

정답 ①

24 소변의 배출이 원활하지 않아 소변이 가득 찬 방광에서 조금씩 넘쳐 흘러나오는 요실금의 증상은?

① 복압성 요실금
② 역류성 요실금
③ 절박성 요실금
④ 정체성 요실금
⑤ 습관성 요실금

정답 및 해설 표준교재 195쪽

① 복압성 요실금은 기침, 웃음, 재채기, 달리기, 줄넘기 등 복부 내 압력증가로 인해 소변이 나오는 것이다.
③ 절박성 요실금은 소변을 보고 싶다고 느끼자마자 바로 소변이 나오는 것이다.

정답 ②

25 뇌졸중의 후유증으로 옳은 것은?

① 우측 뇌가 손상된 경우 우측 반신마비가 온다.
② 좌측 뇌가 손상된 경우 좌측 감각이상이 온다.
③ 우측 뇌가 손상된 경우 실어증이 발생한다.
④ 뇌간이 손상된 경우 전신마비가 발생한다.
⑤ 뇌졸중으로 인한 치매는 비교적 천천히 발생한다.

> **정답 및 해설** 표준교재 245~246쪽
> ① 우측 뇌가 손상되면 좌측 반신마비가 온다.
> ② 좌측 뇌가 손상되면 우측 감각이상이 온다.
> ③ 실어증은 좌측 뇌가 손상된 경우에 발생한다.
> ⑤ 뇌졸중으로 인한 치매는 비교적 갑자기 발생한다.
>
> **정답** ④

26 고혈압 약물치료에 대한 설명으로 옳은 것은?

① 혈압이 조절되지 않으면 의사와 상의 없이 약 용량을 늘린다.
② 혈압이 조절되면 약을 먹지 않아도 된다.
③ 혈압약을 먹어도 합병증이 예방되지 않는다.
④ 두통 등의 증상이 있을 때만 약을 먹는다.
⑤ 증상이 없어도 혈압이 높으면 치료해야 한다.

> **정답 및 해설** 표준교재 182쪽
> ① 약을 바꾸거나 용량을 변경하는 경우 의사와 상의해야 한다.
> ② 혈압이 조절되다가도 약을 안 먹으면 혈압이 다시 올라간다.
> ③ 혈압을 정상으로 유지함으로써 합병증을 예방할 수 있다.
> ④ 증상이 없는 경우가 대부분이기 때문에 처방이 있으면 계속 복용한다.
>
> **정답** ⑤

27 변비 대상자를 돕는 방법으로 옳은 것은?

① 체조, 걷기 운동을 해서 장의 운동력을 높인다.
② 하제는 자주 사용하게 한다.
③ 물의 섭취를 줄인다.
④ 도정과정을 많이 거친 곡류를 섭취한다.
⑤ 우유는 장의 운동력을 저하시키므로 섭취를 제한한다.

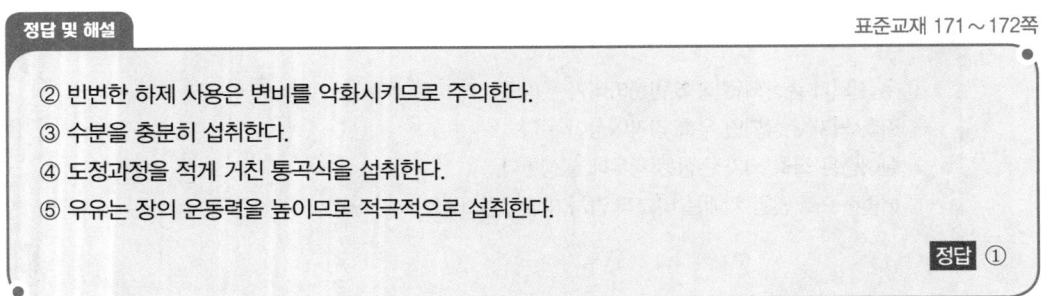

정답 및 해설 표준교재 171~172쪽

② 빈번한 하제 사용은 변비를 악화시키므로 주의한다.
③ 수분을 충분히 섭취한다.
④ 도정과정을 적게 거친 통곡식을 섭취한다.
⑤ 우유는 장의 운동력을 높이므로 적극적으로 섭취한다.

정답 ①

28 요실금 대상자를 돕는 방법으로 옳은 것은?

① 수분 섭취를 줄인다.
② 골반근육강화 운동을 한다.
③ 과체중을 유지한다.
④ 식이섬유소 섭취를 줄인다.
⑤ 줄넘기, 달리기 운동을 권장한다.

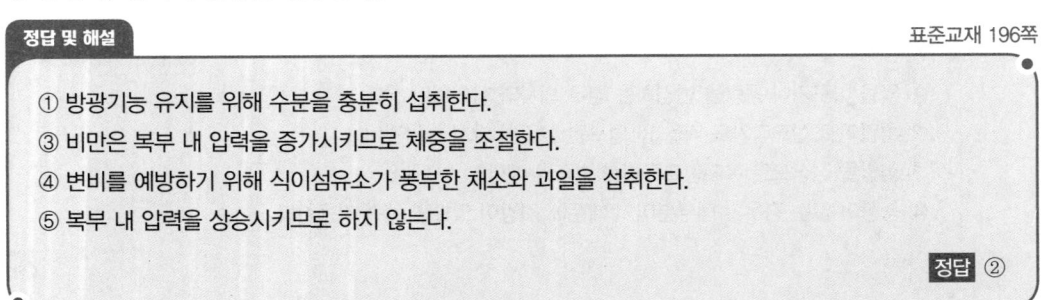

정답 및 해설 표준교재 196쪽

① 방광기능 유지를 위해 수분을 충분히 섭취한다.
③ 비만은 복부 내 압력을 증가시키므로 체중을 조절한다.
④ 변비를 예방하기 위해 식이섬유소가 풍부한 채소와 과일을 섭취한다.
⑤ 복부 내 압력을 상승시키므로 하지 않는다.

정답 ②

29 노인의 성생활 관리로 옳은 것은?

① 뇌졸중 노인은 재발의 위험성이 있으므로 성생활을 금한다.
② 알코올 섭취를 권장한다.
③ 체력유지를 위해 운동은 제한한다.
④ 윤활제 사용은 통증을 악화시키므로 금한다.
⑤ 약물을 처방받을 때 성기능에 어떤 영향을 주는지 확인한다.

정답 및 해설   표준교재 260쪽

① 성생활은 뇌졸중 재발과 관련이 없다.
② 알코올은 여성에게는 오르가즘 지연, 남성에게는 발기 지연을 나타나게 한다.
③ 운동을 해서 체력을 유지해야 한다.
④ 질 분비물이 줄어들므로 윤활제를 사용하는 것이 좋다.

정답 ⑤

30 부정맥이 있는 대상자가 복용하는 와파린과 함께 먹으면 약의 효과를 줄일 수 있어 과량 섭취되지 않도록 주의해야 할 음식은?

① 자몽주스
② 커 피
③ 시금치
④ 유제품
⑤ 인 삼

정답 및 해설   표준교재 265쪽

① 자몽주스는 고지혈증약, 혈압약, 수면제 등 여러 약물과 상호작용이 있어 부작용을 일으킬 수 있다.
②·④·⑤ 예상하지 않았던 문제가 생길 수 있으니 섭취 전 의료진과 상의하는 것이 필요하다.

정답 ③

31 흡연으로 발생하는 신체적 변화로 옳은 것은?

① 성기능의 향상
② 폐 기능 향상
③ 후각과 미각의 감각 향상
④ 심장발작 위험성 증가
⑤ 폐암으로 사망할 확률 감소

> **정답 및 해설** 표준교재 266쪽
>
> ① 성기능의 감소
> ② 폐 기능 감소
> ③ 후각과 미각의 감각 감소
> ⑤ 폐암으로 사망할 확률 증가
>
> **정답** ④

32 요양보호 기록의 원칙에 따라 올바르게 기록한 것은?

① "피부 발적이 심해짐"
② "오후에 낮잠을 많이 잠"
③ "오전 간식을 조금 드심"
④ "오랜만에 사탕이 먹고 싶다고 함"
⑤ "3일 만에 대변을 배설함"

> **정답 및 해설** 표준교재 318쪽
>
> '심해짐', '많이', '조금', '오랜만에'와 같은 애매한 표현은 피하고, 숫자를 활용하여 구체적으로 기록해야 한다.
>
> **정답** ⑤

33 대상자의 상황과 제공되는 서비스를 점검하고 평가하여 대상자의 욕구에 맞는 서비스를 제공하기 위해 개최하는 회의는?

① 사례회의
② 월례회의
③ 화상회의
④ 운영회의
⑤ 연구회의

정답 및 해설

표준교재 342쪽

① 사례회의는 대상자의 상황과 제공되는 서비스를 점검하고 평가하여 대상자의 욕구에 맞는 서비스를 제공하기 위해 개최하는 회의이다.
② 월례회의는 요양보호사들이 정보와 경험을 서로 공유하고, 장기요양기관이 요양보호사들에게 업무에 관련된 정보를 전달하거나 요양보호사들로부터 애로사항을 듣기 위해 개최하는 회의이다.

정답 ①

34 요양보호사가 임종을 앞둔 환자의 배뇨와 배변을 도울 때 가림막을 설치해 주는 것은 품위 있는 삶과 죽음의 권리 중에서 어떤 권리를 지켜주기 위한 것인가?

① 치료를 거부할 권리
② 사생활을 침해받지 않을 권리
③ 원하는 사람을 만날 수 있는 권리
④ 감정과 느낌을 표현할 권리
⑤ 간호처치를 계속적으로 받을 권리

정답 및 해설

표준교재 652쪽

① 치료를 받을지 또는 종료할지에 대한 결정이다.
③ 대상자가 원하는 사람과 한 공간에서 마지막 시간을 함께 보내는 경험이 존중되는 권리이다.
④·⑤ 임종을 앞둔 사람들의 권리장전 중 하나이다.

정답 ②

35 치료가 어려운 말기질환을 가진 환자의 자택으로 의사, 간호사 또는 사회복지사가 방문해서 통증 및 신체적·심리적·사회적·영적 고통을 완화하여 삶의 질을 향상시키는 호스피스·완화의료 서비스는 무엇인가?

① 가정형
② 입원형
③ 자문형
④ 선택형
⑤ 관리형

정답 및 해설 표준교재 654쪽

② 입원형은 별도의 독립된 병동이나 시설에서 소정의 훈련과정을 이수한 전문 인력에 의해 임종관리 서비스가 제공되는 유형이다.
③ 자문형은 외래 진료를 보듯이 환자가 방문하는 유형이다.
④·⑤ 존재하지 않는 유형이다.

정답 ①

---

36 대상자의 식사 돕기 자세로 옳은 것은?

① 의자에 앉을 수 있는 대상자는 상체를 뒤로 젖힌다.
② 식탁은 대상자의 배꼽 아래 높이가 되도록 한다.
③ 대상자가 눈으로 음식을 볼 수 있는 위치에서 음식물을 입에 넣어준다.
④ 의자에 앉을 수 없는 대상자는 침대를 수평으로 눕힌다.
⑤ 음식물은 대상자로부터 30cm 거리에 두고 올려다 볼 수 있게 배치한다.

정답 및 해설 표준교재 359~360쪽

① 의자에 앉을 수 있는 대상자는 상체를 약간 앞으로 숙인다.
② 식탁은 대상자의 가슴과 배꼽 사이 높이가 되도록 한다.
④ 의자에 앉을 수 없는 대상자는 침대머리를 30~60°가량 올려 상반신을 높인다.
⑤ 음식물을 내려다 볼 수 있게 배치해야 대상자가 턱을 들지 않아 사레를 예방할 수 있다.

정답 ③

37 삼킴장애를 가진 대상자의 경관영양 돕기로 옳은 것은?

① 영양액은 차갑게 제공한다.
② 주입 시 청색증이 나타나는 경우 비위관을 제거한다.
③ 영양주머니는 1일 1회 이상 세척한다.
④ 입안 건조와 갈증을 예방하기 위해 입안을 자주 청결히 한다.
⑤ 주입 후 똑바로 눕힌 자세로 30분 정도 유지한다.

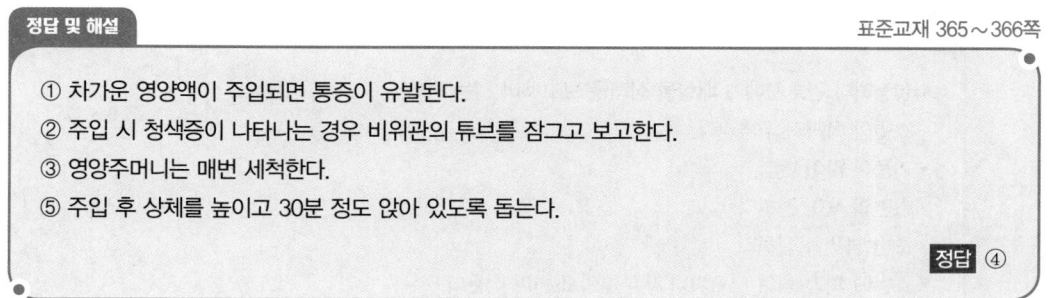

정답 및 해설 표준교재 365~366쪽

① 차가운 영양액이 주입되면 통증이 유발된다.
② 주입 시 청색증이 나타나는 경우 비위관의 튜브를 잠그고 보고한다.
③ 영양주머니는 매번 세척한다.
⑤ 주입 후 상체를 높이고 30분 정도 앉아 있도록 돕는다.

정답 ④

38 물약을 복용하는 대상자를 돕는 방법으로 옳은 것은?

① 뚜껑을 열어 뚜껑의 위가 바닥으로 가도록 내려놓는다.
② 계량컵은 눈높이보다 높게 들고 따른다.
③ 색이 변하거나 혼탁한 경우 흔들어준다.
④ 라벨이 붙은 쪽으로 용액을 따른다.
⑤ 라벨의 반대쪽을 붙잡는다.

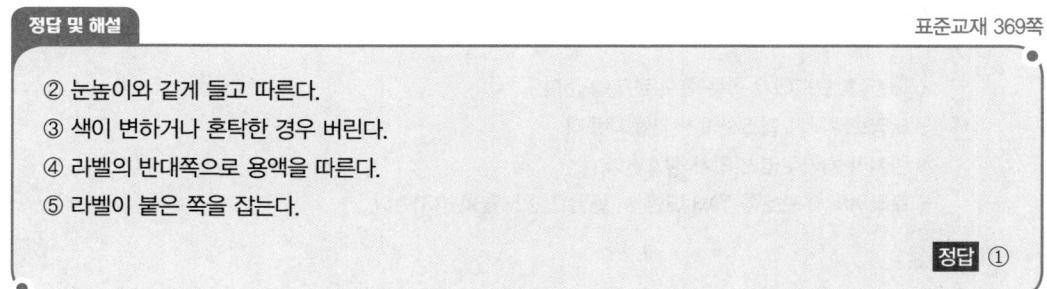

정답 및 해설 표준교재 369쪽

② 눈높이와 같게 들고 따른다.
③ 색이 변하거나 혼탁한 경우 버린다.
④ 라벨의 반대쪽으로 용액을 따른다.
⑤ 라벨이 붙은 쪽을 잡는다.

정답 ①

39 대상자의 배설물을 관찰 후 간호사에게 보고해야 하는 경우는?

① 소변에 거품이 없다.
② 대변이 부드럽다.
③ 소변이 연한 노란색이다.
④ 대변에 피가 섞여 나온다.
⑤ 소변이 투명하고 맑다.

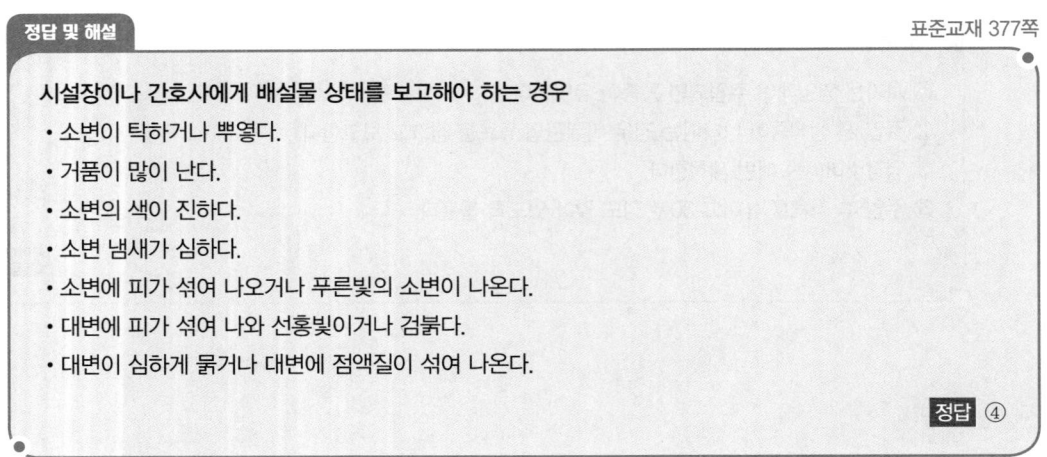

정답 및 해설 표준교재 377쪽

시설장이나 간호사에게 배설물 상태를 보고해야 하는 경우
- 소변이 탁하거나 뿌옇다.
- 거품이 많이 난다.
- 소변의 색이 진하다.
- 소변 냄새가 심하다.
- 소변에 피가 섞여 나오거나 푸른빛의 소변이 나온다.
- 대변에 피가 섞여 나와 선홍빛이거나 검붉다.
- 대변이 심하게 묽거나 대변에 점액질이 섞여 나온다.

정답 ④

40 이동이 불편한 대상자가 침대에서 간이변기를 사용하여 배설할 때 돕는 방법으로 옳은 것은?

① 무릎덮개로 덮은 후 바지를 내린다.
② 배변 후 항문에서 요도 쪽으로 닦아 준다.
③ 대상자가 스스로 변기 위에 앉도록 한다.
④ 변기를 차가운 물티슈로 닦아 변의를 자극한다.
⑤ 커튼이나 스크린은 심리적 위축감이 느껴지니 사용하지 않는다.

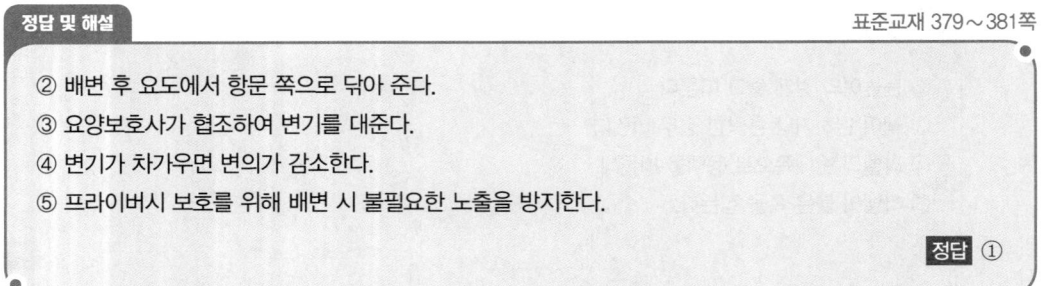

정답 및 해설 표준교재 379~381쪽

② 배변 후 요도에서 항문 쪽으로 닦아 준다.
③ 요양보호사가 협조하여 변기를 대준다.
④ 변기가 차가우면 변의가 감소한다.
⑤ 프라이버시 보호를 위해 배변 시 불필요한 노출을 방지한다.

정답 ①

41 서거나 앉는 것이 가능한 대상자의 이동변기 사용을 돕는 방법으로 옳은 것은?

① 밖에서 기다려 주기를 원하면 호출벨을 대상자의 손 가까이에 두고 나온다.
② 이동변기는 하루에 세 번 세척한다.
③ 주변 환경은 조용하게 해준다.
④ 안전을 위해 변기 앞에 미끄럼방지매트를 깔아준다.
⑤ 변기는 차가운 물로 닦아서 변의를 자극한다.

> **정답 및 해설**　　　　　　　　　　　　　　　　표준교재 382~384쪽
>
> ② 이동변기는 매번 세척한다.
> ③ 화장지를 변기 안에 깔아주거나 음악을 틀어주어 배설 시 나는 소리가 잘 들리지 않게 한다.
> ④ 변기 밑에 미끄럼방지매트를 깔아준다.
> ⑤ 변기가 차가우면 피부에 닿았을 때 놀라게 되므로 따뜻한 물로 데워둔다.
>
> **정답** ①

42 기저귀를 교환하는 대상자의 둔부 주변에 피부 발적을 예방하기 위한 방법으로 옳은 것은?

① 가볍게 두드려 마사지한다.
② 온찜질 팩을 한다.
③ 피부 연고를 바른다.
④ 파우더를 뿌려준다.
⑤ 차가운 물수건으로 닦아 준다.

> **정답 및 해설**　　　　　　　　　　　　　　　　표준교재 385쪽
>
> ① 기저귀 교환 시 둔부 주변을 가볍게 두드려 주면 습기를 제거하고 혈액순환을 증진할 수 있다.
>
> **정답** ①

43 유치도뇨관을 삽입하고 있는 대상자를 돕는 방법으로 옳은 것은?

① 소변주머니는 방광보다 높게 둔다.
② 소변 이상 여부를 확인한 후 하루 동안 모았다 비워 낸다.
③ 소변주머니는 매번 씻어 다시 사용한다.
④ 아랫배에 불편감을 호소하는 경우 연결관이 막히지 않았는지 확인한다.
⑤ 소변량이 적어진 경우 유치도뇨관을 교환한다.

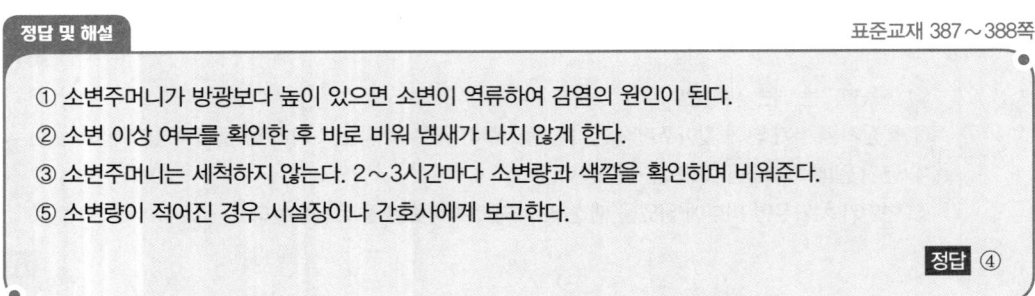

44 의치 사용 및 관리방법으로 옳은 것은?

① 부분 의치를 뺄 때는 의치를 잡고 왼쪽을 오른쪽보다 낮게 해서 돌려준다.
② 의치 삽입 후 구강세정제로 입을 충분히 헹군다.
③ 뜨거운 물에 삶아서 소독한다.
④ 물에 담긴 용기에 보관하여 변형을 막는다.
⑤ 깨끗한 거즈에 감싸 보관한다.

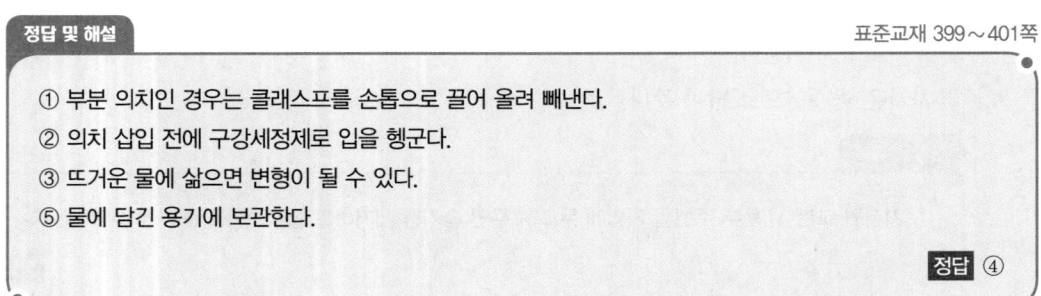

45 드라이샴푸를 사용하여 대상자의 두발 청결을 돕는 방법으로 옳은 것은?

① 모발을 물로 적신 후 드라이샴푸를 발라준다.
② 머리때와 기름기를 젖은 수건으로 충분히 닦아준다.
③ 신체적으로 움직이기 힘든 상황에서 사용할 수 있다.
④ 두피 손상을 예방하기 위해 반복 사용을 해서는 안 된다.
⑤ 드라이샴푸 사용 후 모발 끝에서 두피 쪽으로 빗질해 준다.

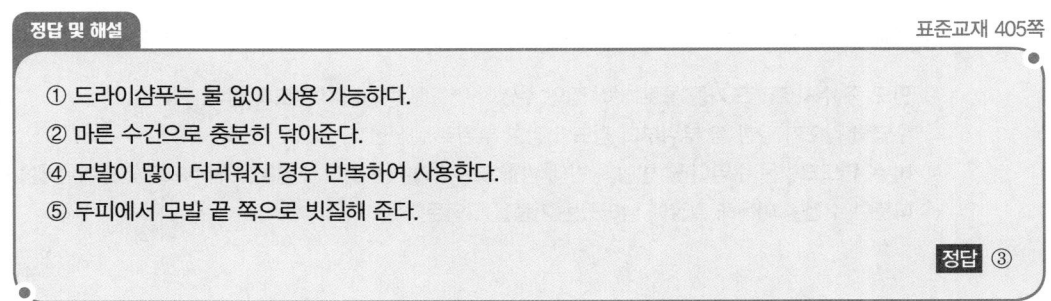

정답 및 해설 — 표준교재 405쪽

① 드라이샴푸는 물 없이 사용 가능하다.
② 마른 수건으로 충분히 닦아준다.
④ 모발이 많이 더러워진 경우 반복하여 사용한다.
⑤ 두피에서 모발 끝 쪽으로 빗질해 준다.

정답 ③

46 침상에 누워 지내는 대상자의 회음부 청결 돕기 방법으로 옳은 것은?

① 회음부는 알코올로 닦아준다.
② 여성의 회음부는 요도 → 항문 → 질 순서로 닦는다.
③ 누워서 무릎을 편 자세를 취하게 한다.
④ 목욕담요를 마름모꼴로 펴서 대상자의 몸과 다리를 덮는다.
⑤ 차가운 물을 음부에 끼얹어 닦는다.

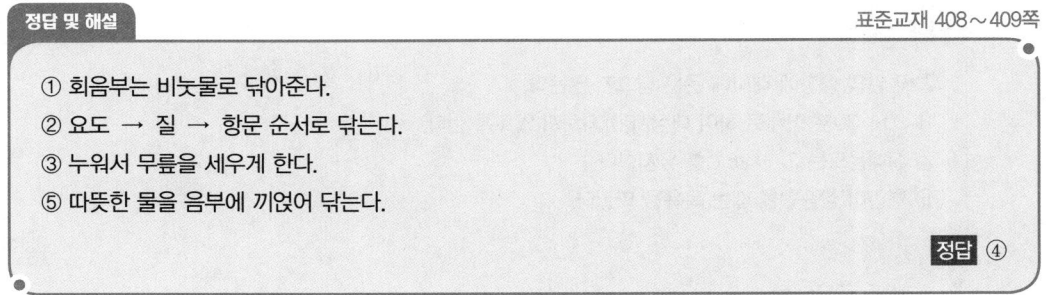

정답 및 해설 — 표준교재 408~409쪽

① 회음부는 비눗물로 닦아준다.
② 요도 → 질 → 항문 순서로 닦는다.
③ 누워서 무릎을 세우게 한다.
⑤ 따뜻한 물을 음부에 끼얹어 닦는다.

정답 ④

47 남자 대상자의 면도 돕기 방법으로 옳은 것은?

① 상처가 있거나 시행하면서 상처가 생겨 피가 날 경우 직접 접촉하지 않는다.
② 면도기는 면도를 다 마친 후 물로 씻어낸다.
③ 수염의 강도가 강한 부위부터 강도가 약한 볼 부위로 실시한다.
④ 비누, 면도크림을 바를 때는 수염이 난 방향과 같은 방향으로 발라준다.
⑤ 차가운 수건을 이용해 얼굴에 남아있는 거품을 제거한다.

정답 및 해설　　　　　　　　　　　　　　　　　　　　표준교재 411~412쪽

② 면도 중 수시로 면도기를 물로 씻어 깎인 수염이 면도에 방해되지 않도록 한다.
③ 수염의 강도가 약한 볼 부위부터 강도가 강한 부위로 실시한다.
④ 비누, 면도크림은 수염이 난 방향과 반대 방향으로 발라주는 것이 수염을 세워주므로 면도에 수월하다.
⑤ 따뜻한 수건을 이용해 얼굴에 남아있는 거품을 닦아준다.

정답 ①

48 대상자의 통 목욕 돕기를 할 때 주의사항으로 옳은 것은?

① 때때로 말을 건네어 상태를 확인한다.
② 안전을 위해 문을 잠근다.
③ 몸 씻기 시간은 30분 이상으로 한다.
④ 실내온도는 20℃ 내외를 유지한다.
⑤ 혈압이 상승한 경우 혈압약 복용 후에 진행한다.

정답 및 해설　　　　　　　　　　　　　　　　　　　　표준교재 416~417쪽

② 만일의 상황에 대비해 문은 잠그지 않는다.
③ 20~30분 이내로 하여 대상자가 지치지 않도록 한다.
④ 실내온도는 22~26℃를 유지한다.
⑤ 혈압이 상승했을 때는 목욕을 피한다.

정답 ①

49 올바른 신체정렬 방법으로 옳은 것은?

① 대상자와 가까워질수록 신체 손상 위험이 증가한다.
② 무게 중심을 낮게 하여 골반을 안정시킨다.
③ 몸의 작은 근육을 사용한다.
④ 지지면을 최대한 좁게 유지한다.
⑤ 빠르게 동작을 변경한다.

> 정답 및 해설 표준교재 436쪽
>
> ① 대상자와 멀어질수록 신체 손상 위험이 증가한다.
> ③ 다리와 몸통의 큰 근육을 사용한다.
> ④ 발을 적당히 벌리고 서서 지지면을 넓힌다.
> ⑤ 갑작스러운 동작은 피한다.
>
> 정답 ②

50 침대 위에서 이동변기로 이동하기 위해 걸터앉히는 순서로 옳은 것은?

가. 앉히고자 하는 쪽에서 대상자를 향하여 선다.
나. 대상자의 목 밑으로 팔을 깊숙이 넣고 다른 한 손은 다리를 지지한다.
다. 어깨 쪽 팔에 힘을 주어 일으켜 앉힌다.
라. 대상자 가까이 서서 돌려 눕히는 방법에 따라 돌려 눕힌다.

① 가 → 나 → 다 → 라
② 가 → 나 → 라 → 다
③ 가 → 다 → 나 → 라
④ 가 → 라 → 나 → 다
⑤ 가 → 라 → 다 → 나

> 정답 및 해설 표준교재 440쪽
>
> 정답 ④

51 휠체어 앞바퀴를 들어 올려 뒤로 젖힌 상태에서 이동하는 곳은?

① 평 지
② 오르막길
③ 계단길
④ 내리막길
⑤ 울퉁불퉁한 길

> **정답 및 해설** 표준교재 450쪽
>
> 울퉁불퉁한 길에서 크기가 작은 휠체어의 앞바퀴가 지면에 닿게 되면 휠체어를 앞으로 밀기가 힘들고, 대상자가 진동을 많이 느끼기 때문에 앞바퀴를 들어 올려 뒤로 젖힌 상태에서 이동한다.
>
> **정답** ⑤

52 오른쪽 편마비 대상자를 침대에서 휠체어로 옮기는 방법으로 옳은 것은?

① 휠체어는 대상자의 오른쪽에 둔다.
② 요양보호사의 무릎으로 대상자의 왼쪽 무릎을 지지한다.
③ 휠체어는 침대 난간에 90° 비스듬히 놓은 다음 잠금장치를 잠근다.
④ 대상자가 오른쪽 손으로 휠체어의 바닥을 지지하도록 한다.
⑤ 왼쪽 다리를 축으로 삼아 휠체어 쪽으로 몸을 돌린다.

> **정답 및 해설** 표준교재 453~454쪽
>
> ① 휠체어는 대상자의 건강한 쪽(왼쪽)에 둔다.
> ② 요양보호사의 무릎으로 대상자의 마비된 쪽(오른쪽) 무릎을 지지한다.
> ③ 휠체어는 침대 난간에 30~45° 비스듬히 놓는다.
> ④ 대상자가 건강한 쪽(왼쪽) 손으로 휠체어 바닥을 지지한다.
>
> **정답** ⑤

53 그림과 같이 오른쪽 편마비 대상자가 보행기를 사용하여 보행할 때 걷는 순서로 옳은 것은?

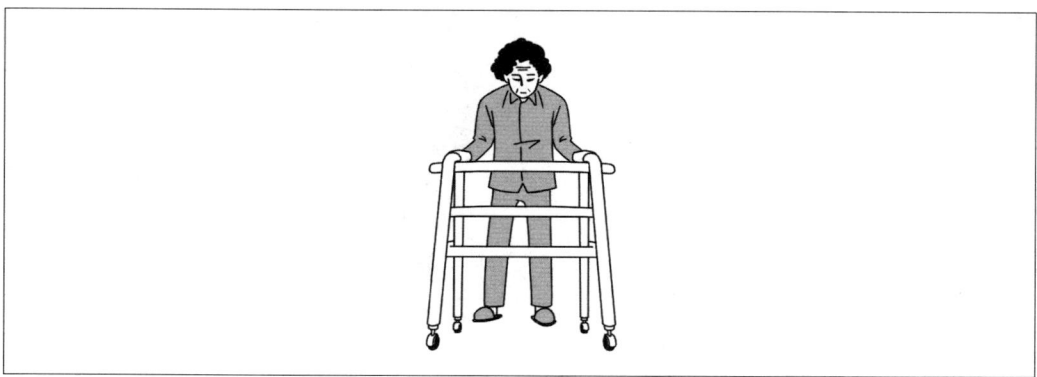

① 오른쪽 다리와 보행기 → 왼쪽 다리
② 왼쪽 다리와 보행기 → 오른쪽 다리
③ 보행기 → 오른쪽 다리 → 왼쪽 다리
④ 보행기 → 왼쪽 다리 → 오른쪽 다리
⑤ 왼쪽 다리 → 보행기 → 오른쪽 다리

정답 및 해설

표준교재 467~468쪽

한쪽 다리만 약한 경우 약한 다리와 보행기를 함께 앞으로 한 걸음 정도 옮긴다. 그다음 건강한 다리를 앞으로 옮긴다.

정답 ①

54 다음 그림과 같은 복지용구를 선택할 때 고려 사항으로 옳은 것은?

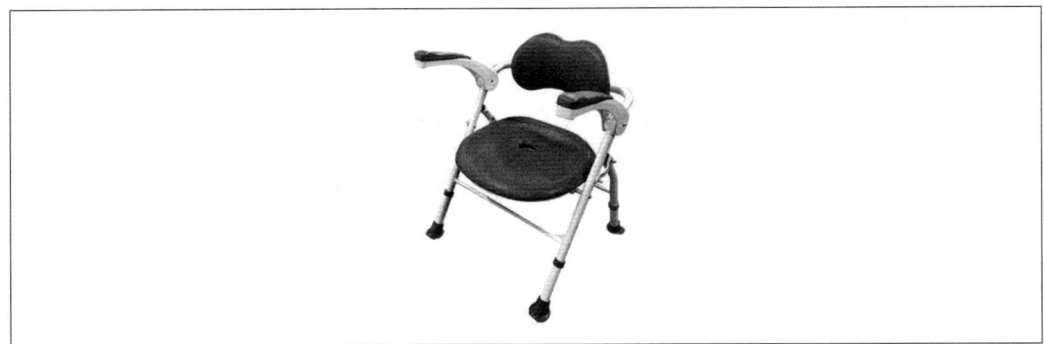

① 앉는 면이 높은 것이 좋다.
② 팔걸이가 없는 것이 안정적이다.
③ 의자 부분에 구멍이 있거나 홈이 파여 있어야 한다.
④ 다리 밑 부분은 잘 미끄러지는 재질이어야 한다.
⑤ 등받이가 낮은 것이 좋다.

> **정답 및 해설** 표준교재 489~490쪽
>
> **목욕의자 선택 시 고려 사항**
> • 앉는 면이 낮은 것이 좋다.
> • 팔걸이가 있는 것이 안정적이다.
> • 의자 부분에 구멍이 있거나 홈이 파여 있어야 한다.
> • 다리 밑 부분은 미끄러지지 않는 재질이어야 한다.
> • 등받이가 높은 것이 좋다.
>
> 정답 ③

55 고혈압 대상자의 식사관리 방법으로 옳은 것은?

① 식초, 겨자, 후추보다 소금을 사용하여 맛을 낸다.
② 가능한 한 단순당질을 섭취한다.
③ 칼륨이 많은 신선한 채소와 과일, 감자 등을 충분히 섭취한다.
④ 알코올 섭취를 권장한다.
⑤ 국물은 되도록 많이 섭취한다.

정답 및 해설 표준교재 530~532쪽

① 소금 사용을 줄인다.
② 복합당질을 섭취하게 한다.
④ 알코올 섭취를 제한한다.
⑤ 국물은 되도록 적게 섭취한다.

정답 ③

56 다음 그림의 세탁표시에 따른 세탁 방법을 올바르게 설명한 것은?

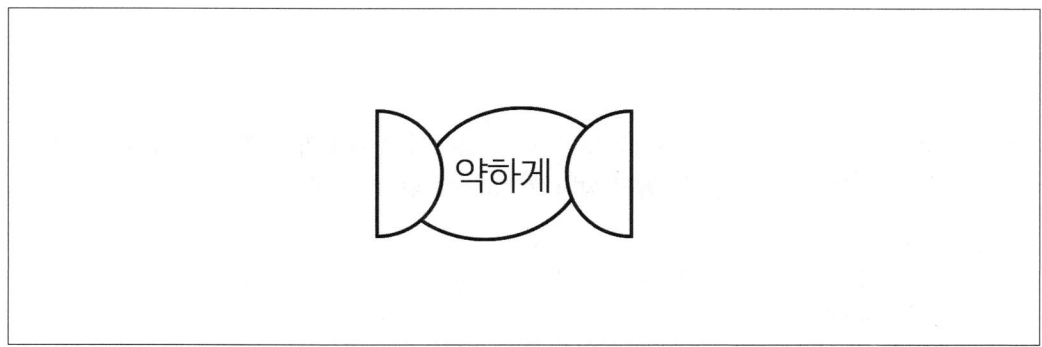

① 드라이클리닝 불가함
② 다림질할 수 없음
③ 그늘에서 건조
④ 세탁기에서 단시간에 짜야 함
⑤ 짜면 안 됨

정답 및 해설 표준교재 552쪽

정답 ④

57 장기요양기관에서 생활하는 대상자에게 다음과 같은 환경을 조성하는 것은 환경지원 지침의 영역 중 어떤 영역에 해당하는가?

> - 음식 냄새 혹은 꽃향기 등으로 감성 자극하기
> - 실내는 나무 혹은 종이 같은 부드러운 소재로 꾸미기
> - 적절한 간접조명 등으로 시각적 자극 제공하기

① 지남력 지원
② 환경적 자극의 질과 조정
③ 기능적인 능력 지원
④ 생활의 지속성을 위한 지원
⑤ 자기 선택을 위한 지원

정답 및 해설
표준교재 567쪽

① 대상자의 시간, 장소, 사람에 대한 인지 지능 저하를 보완하는 환경지원
③ 일상생활능력의 저하를 보완하는 환경지원
④ 장기요양기관에서도 대상자의 생활이 지속되도록 하기 위한 환경지원
⑤ 다양한 공간 내에서 자신이 있고 싶은 공간을 선택할 수 있도록 지원

정답 ②

---

58 다음에서 설명하는 의사소통 기법은 치매 대상자의 가족과 신뢰를 쌓아가며 긍정적인 관계를 형성하기 위한 기법 중 어떤 상담 기법에 해당하는 것인가?

> - 상대방의 행동을 비판하거나 비난하는 것이 아니라 부드러운 화법으로 나의 생각을 상대에게 전하는 화법이다.
> - 상대방의 행동이 다른 사람에게 어떻게 받아들여졌는지를 객관적으로 인식하게 해준다.

① 공 감
② 관심 전달
③ 조언 및 정보 제공
④ 나 - 메시지 전달법
⑤ 힘 돋우기

정답 및 해설
표준교재 578~579쪽

나 - 메시지 전달법은 의사소통 시 상대방의 옳지 않은 정보나 적절하지 못한 행동을 발견하게 되는 경우 지적을 하기보다 부드러운 화법으로 메시지를 전달하는 기법이다.

정답 ④

59 치매 대상자의 일상생활을 지원하는 기본원칙으로 옳은 것은?

① 대상자에게 맞는 일정을 만들어 규칙적으로 생활하게 한다.
② 치매가 있으면 습관적으로 해오던 일도 할 수 없게 된다고 안내한다.
③ 대상자에게 위험이 될 만한 물건은 눈에 띄는 곳에 두어도 된다.
④ 약물 부작용이 발견되어도 처방된 약은 모두 복용하게 한다.
⑤ 주변 환경을 자주 바꾸어 관심 변화를 유도한다.

정답 및 해설 　　　　　　　　　　　　　　　　　　　　　표준교재 581쪽

② 습관적으로 해오던 일은 할 수 있다.
③ 대상자에게 위험이 될 만한 물건은 없앤다.
④ 약물 부작용이 발견되면 복용을 즉시 중단하고 병원에 간다.
⑤ 주변 환경을 자주 바꾸지 않는다.

정답 ①

60 치매 대상자의 안전한 환경을 위한 조성 방법으로 옳은 것은?

① 난방 기구를 켜 놓았을 때 혼자 있게 한다.
② 창문은 열어둔다.
③ 다리미, 단추, 세제 등은 쉽게 찾을 수 있는 곳에 보관한다.
④ 글로 쓰인 단서보다는 그림을 사용한다.
⑤ 밤에는 화장실 전등을 꺼둔다.

정답 및 해설 　　　　　　　　　　　　　　　　　　　　　표준교재 590~592쪽

① 방 안에 난방 기구를 켜 놓았을 때 혼자 있게 해서는 안 된다.
② 창문은 안전하게 잠겨 있는지 확인한다.
③ 위험한 물건은 대상자가 발견할 수 없는 곳에 둔다.
⑤ 화장실 전등은 밤에도 켜둔다.

정답 ④

61 치매 대상자가 "우리 시장에 옷 사러 언제 가?"라며 반복적으로 물을 때 대처 방법은?

① 시장이 멀어서 지금은 갈 수 없으니 다음에 가자고 말한다.
② 아들이 오면 같이 갈 수 있으니 기다리라고 이야기한다.
③ 시장 구경하며 즐거웠던 경험을 함께 이야기한다.
④ 어르신 옷장에 옷이 많으니 안 사도 된다고 말한다.
⑤ 바빠서 같이 가줄 수 없다고 말한다.

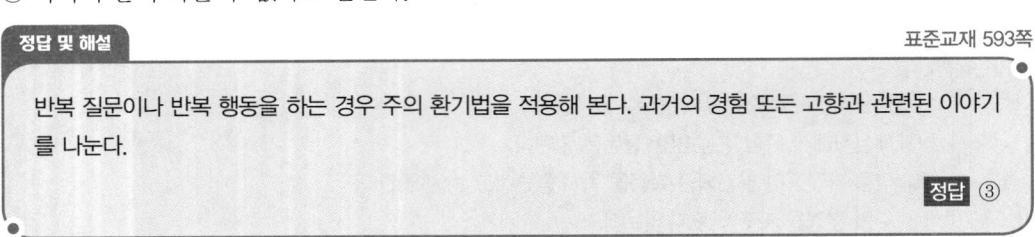

정답 및 해설   표준교재 593쪽

반복 질문이나 반복 행동을 하는 경우 주의 환기법을 적용해 본다. 과거의 경험 또는 고향과 관련된 이야기를 나눈다.

정답 ③

62 바지를 움켜잡고 여기저기를 기웃거리며 배회하는 대상자를 돕는 방법으로 옳은 것은?

① 옷을 갈아입힌다.
② 텔레비전을 크게 틀어 놓는다.
③ 복잡한 일거리를 제공한다.
④ 화장실을 찾지 못하는 것인지 확인한다.
⑤ 부끄러워할 수 있으니 모르는 척한다.

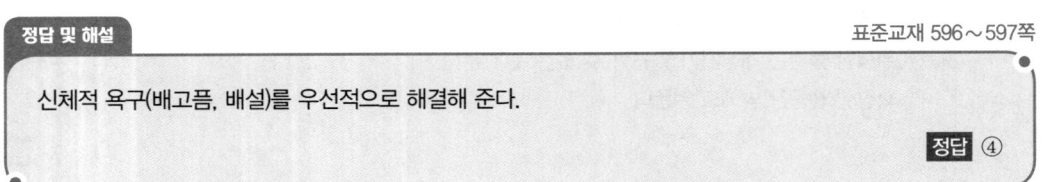

정답 및 해설   표준교재 596~597쪽

신체적 욕구(배고픔, 배설)를 우선적으로 해결해 준다.

정답 ④

63 치매 대상자가 생선구이 냄새가 난다며 생선을 달라고 할 때 요양보호사의 반응으로 적절한 것은?

① "생선구이가 드시고 싶으신가요? 저랑 같이 마트에 사러 가요."
② "저는 아무 냄새도 안 나는데요."
③ "옆집에서 나는 냄새니 신경 쓰지 마세요."
④ "요즘 생선을 많이 드셨잖아요. 이제 그만 드셔도 됩니다."
⑤ "왜 갑자기 생선 냄새가 난다고 하세요?"

정답 및 해설 표준교재 597~598쪽

치매 대상자가 보고 들은 것에 대해 아니라고 부정하거나 다투지 않는다. 대상자의 감정을 이해하고 수용한다.

정답 ①

64 재가 치매 대상자가 해 질 녘이 되면 밖에 나가야 된다며 옷장에서 옷을 꺼내 갈아입으려고 할 때 대처 방법은?

① 딸이 오면 같이 가자고 말한다.
② 밖은 어두우니 내일 나가자고 말한다.
③ 날씨가 추워서 감기 걸릴 수 있으니 안 된다고 말한다.
④ 옷을 다 꺼내놓으면 정리하기 힘들어지니 그만하라고 부탁한다.
⑤ 치매 대상자가 좋아하는 아기 인형을 가지고 와서 우유를 먹이자고 한다.

정답 및 해설 표준교재 600쪽

치매 대상자는 인형, 애완동물, 익숙한 소리나 좋아하는 일로부터 위안을 받을 수 있으므로 이를 돕는다.

정답 ⑤

65 치매 대상자가 지우개를 떡이라고 하면서 입에 넣으려고 할 때 요양보호사의 대처 방법은?

① 먹을 수 있는 떡을 사다 드릴 테니 기다리라고 한다.
② 어떤 떡이냐고 물어본다.
③ 얼른 가서 지우개를 빼앗는다.
④ 지우개는 먹으면 위험하다고 큰소리로 말한다.
⑤ 치매 대상자가 좋아하는 간식과 교환하자고 한다.

정답 및 해설 　표준교재 594~595쪽

위험한 물건을 빼앗기지 않으려고 하는 경우, 치매 대상자가 좋아하는 다른 간식과 교환한다.

정답 ⑤

66 다음과 같은 상황에서 치매 대상자가 혼자 집을 나가 길을 잃게 된 이유는?

요양보호사 : "10시가 되면 병원에 가야 하니까 양말 벗으시면 안 돼요."

① 대상자가 응답할 시간을 주지 않았기 때문이다.
② 당장 해야 할 일만 전해야 하는데 앞으로의 계획을 전했기 때문이다.
③ 중요한 내용을 반복하지 않았기 때문이다.
④ 대상자가 집중력이 높은 시간대를 파악하지 않았기 때문이다.
⑤ 외래어를 사용했기 때문이다.

정답 및 해설 　표준교재 616쪽

치매 대상자에게는 한꺼번에 여러 가지 이야기를 하면 혼란이 오기 때문에 정보를 전달할 때는 단순한 내용으로 분리하여 하나씩 전달한다. 해야 할 일을 간결하게 전하고 앞으로의 계획은 전하지 않는 것이 좋다.

정답 ②

67 치매 대상자가 다음과 같은 정신행동증상을 보일 때 적절한 돌봄 방법으로 옳은 것은?

> 의자에 앉아 있는 어르신에게 인사를 해도 반응이 없고, 이야기를 해도 대꾸가 없다. 산책을 같이 가자고 해도 전혀 반응이 없다.

① 가까이 다가가서 큰 소리로 말한다.
② 반응 없는 모습이 기분 나쁘다고 알려준다.
③ 스스로 반응할 때까지 그냥 둔다.
④ 대상자가 잘 보이는 위치에서 눈을 맞추며 좋아하는 일을 하자고 한다.
⑤ 한 번 물어봐서 대답이 없으면 다시 이야기하지 않는다.

정답 및 해설　　　　　　　　　　　　　　　　　　　　　표준교재 698쪽

반응이 없는 치매 대상자를 돌볼 때는 반응이 없다고 소리를 지르거나 화를 내서는 안 된다. 대상자가 잘 보이는 곳에서 눈을 맞추며 좋아하는 활동에 참여할 수 있도록 격려해서 주의환기를 도와야 하며, 끈기 있게 행동하는 태도가 중요하다.

정답 ④

68 신문, 드라마, 새로 만난 주변인을 두 명 선택한 다음 네모 안에 암기할 사람의 이름을 기입하고 얼굴의 특징과 연관지어 첫 글자로 삼행시를 지어 적는 프로그램은 어떤 인지기능을 향상시킬 수 있는 것인가?

① 운동능력
② 지남력
③ 기억력
④ 표현력
⑤ 계산력

정답 및 해설　　　　　　　　　　　　　　　　　　　　　표준교재 624쪽

문제에서 설명하는 것은 기억력, 창의력, 언어능력, 집행 기능을 증진할 수 있는 얼굴 삼행시 프로그램이다.

정답 ③

69 대상자의 말을 경청하는 태도로 옳은 것은?

① 충분히 듣지 않은 상태에서 조언한다.
② 끊임없이 비교하며 듣는다.
③ 논쟁하기 위해서 듣는다.
④ 마음에 들지 않으면 슬쩍 넘어간다.
⑤ 대화를 독점하지 않는다.

①·②·③·④ 경청을 방해하는 태도이다.

정답 ⑤

70 재가 대상자가 서비스 시간 이외에 자주 전화하여 푸념을 할 때 '나 – 전달법'으로 적절하게 반응한 것은?

① "센터장님에게 전화해 드릴게요."
② "어르신의 이야기를 들어줄 사람이 없어서 외로우시군요."
③ "푸념을 자주 하시면 정신건강에 좋지 않습니다."
④ "시간 이외에 업무를 하고 있으니 추가수당을 주실 건가요?"
⑤ "서비스 시간 외에는 다른 업무로 인해 통화가 어려우니 특별한 문제가 없으면 근무시간에 이야기해 주시면 좋겠네요."

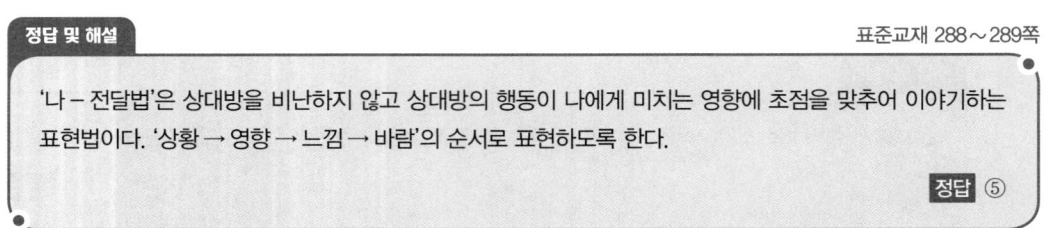

'나 – 전달법'은 상대방을 비난하지 않고 상대방의 행동이 나에게 미치는 영향에 초점을 맞추어 이야기하는 표현법이다. '상황 → 영향 → 느낌 → 바람'의 순서로 표현하도록 한다.

정답 ⑤

71 시각장애 대상자와 의사소통하는 방법으로 옳은 것은?

① 대상자와 눈을 맞추고 이야기한다.
② 사물의 위치는 시계 방향을 활용하기보다 지시대명사를 활용하여 설명한다.
③ 이미지가 전달하기 어려운 사물은 촉각으로 이해시킨다.
④ 대상자와 보행할 때는 대상자의 뒤를 따라 걷는다.
⑤ 대상자를 만나면 신체 접촉부터 먼저 한다.

> **정답 및 해설** 표준교재 293쪽
>
> ① 대상자의 정면에서 이야기한다.
> ② 사물의 위치는 시계 방향으로 설명한다.
> ④ 보행할 때는 요양보호사가 대상자보다 반보 앞으로 나와 걷는다.
> ⑤ 대상자를 만나면 신체 접촉을 하기 전에 말을 건넨다.
>
> **정답** ③

72 치매로 인한 장애 대상자와 의사소통하는 방법으로 옳은 것은?

① 대상자 뒤에서 이야기한다.
② 대상자를 일관성 있게 대하도록 노력한다.
③ "○○하고, ○○하면, ○○해요."라고 말한다.
④ '모르는 것'만 찾아 말해준다.
⑤ 감정표현보다 대상자를 설득할 수 있는 말을 자주 사용한다.

> **정답 및 해설** 표준교재 294~295쪽
>
> ① 정면으로 다가가 노인의 시야에 들어간 다음 말을 걸어 놀라지 않도록 한다.
> ③ 한 번에 한 동작씩 설명하고 그 동작이 끝나면 다음 동작을 이야기한다.
> ④ '알 수 있는 것'의 강점을 찾는 것이 중요하다.
> ⑤ 말보다는 감정표현을 자주해야 한다.
>
> **정답** ②

73 다음과 같은 대처와 의사소통을 해야 하는 치매 대상자의 상황으로 옳은 것은?

> • 부정, 설득, 논쟁하지 않기
> • 조용하고 온화한 태도 유지하기
> • 주장과 감정 수용하기

① 배설행동
② 섭식장애
③ 성적 행동
④ 망 상
⑤ 수면장애

정답 및 해설   표준교재 296~297쪽

문제의 보기에 제시된 내용은 피해의식, 불안감, 상실감, 고독함, 질투심, 지적, 비난, 무관심, 무시가 원인이 되어 나타나는 망상의 상황에서 요양보호사가 취해야 하는 행동이다.

정답 ④

74 대상자의 응급상황 중에서 전문적인 치료가 필요하다고 판단되는 위기징후에 해당하는 것은?

① 선홍색의 피부색
② 안정된 의식
③ 미약한 출혈
④ 심한 통증
⑤ 안정된 호흡

정답 및 해설   표준교재 657쪽

상당한 출혈, 의식의 변화, 호흡 불안정, 피부색의 변화, 신체 일부가 부풀어 오름, 심한 통증과 같은 위기 징후들이 나타나면 전문적인 치료가 필요하다고 판단해야 한다.

정답 ④

75 정전 및 전기사고 대처 방법으로 옳은 것은?

① 긴급한 상황이 있을 경우 정전의 원인부터 살펴본다.
② 이상이 발견되면 요양기관 센터장에게 수리를 의뢰한다.
③ 녹은 냉동식품은 재냉동을 한다.
④ 전기쇼크를 입은 사람이 있다면 바로 접촉을 해서 원인을 제거한다.
⑤ 전기에 의존하는 필수 의료장비가 중단될 경우 119에 신고한다.

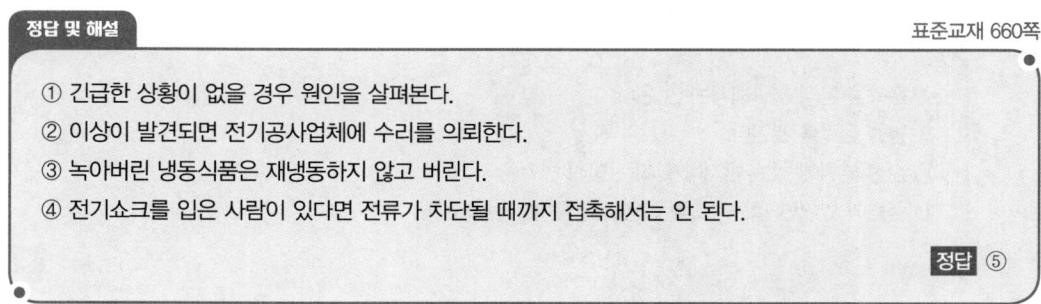

정답 및 해설 표준교재 660쪽
① 긴급한 상황이 없을 경우 원인을 살펴본다.
② 이상이 발견되면 전기공사업체에 수리를 의뢰한다.
③ 녹아버린 냉동식품은 재냉동하지 않고 버린다.
④ 전기쇼크를 입은 사람이 있다면 전류가 차단될 때까지 접촉해서는 안 된다.

정답 ⑤

76 감염성 질환인 노로바이러스 장염에 대한 설명으로 옳은 것은?

① 감염된 대상자의 구토물에 의해서는 감염되지 않는다.
② 계절적으로 5월부터 8월에 발생률이 높다.
③ 장관감염증 집단발생의 가장 흔한 원인으로 꼽힌다.
④ 익힌 굴, 익힌 해산물, 익힌 어패류를 통해서 감염된다.
⑤ 바이러스에 노출되면 기침, 재채기, 가려움증의 증상이 발생한다.

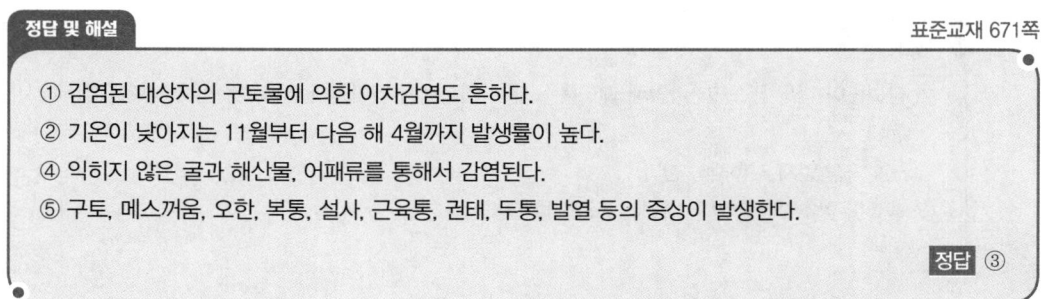

정답 및 해설 표준교재 671쪽
① 감염된 대상자의 구토물에 의한 이차감염도 흔하다.
② 기온이 낮아지는 11월부터 다음 해 4월까지 발생률이 높다.
④ 익히지 않은 굴과 해산물, 어패류를 통해서 감염된다.
⑤ 구토, 메스꺼움, 오한, 복통, 설사, 근육통, 권태, 두통, 발열 등의 증상이 발생한다.

정답 ③

77 대상자가 운동하던 중 넘어져서 손목 골절이 의심될 때 응급처치 방법으로 옳은 것은?

① 손목을 움직여보게 한다.
② 외형상 변형이 관찰된다면 골절을 의심할 수 있다.
③ 골절인지 아닌지 구별하기 어렵다면 냉찜질을 해준다.
④ 손상 부위에 있는 장신구는 계속 착용해도 된다.
⑤ 골절이 의심되는 부위에 출혈이 있는 경우 압박붕대를 감아준다.

정답 및 해설   표준교재 678쪽

① 손목을 움직이게 해서는 안 된다.
③ 병원 진료를 권한다.
④ 손상 부위에 있는 반지나 팔찌는 미리 벗겨낸다.
⑤ 출혈이 있으면 멸균거즈를 이용하여 상처를 덮어준다.

정답 ②

78 대상자와 만들기 프로그램을 하다가 손가락에 출혈이 발생한 경우 대처 방법은?

① 출혈량이 많은 경우 첫 번째 패드를 제거하고 두 번째 패드를 덧댄다.
② 출혈의 원인을 가장 먼저 찾아본다.
③ 출혈이 멈춘 경우 상처는 개방한다.
④ 자연스럽게 출혈이 멈출 때까지 기다린다.
⑤ 출혈 부위를 어쩔 수 없이 맨손으로 만진 경우 비누와 물로 손을 깨끗이 씻는다.

정답 및 해설   표준교재 675쪽

① 출혈량이 너무 많으면 두 번째 패드를 덧대서 계속해서 압박한다. 이때 첫 번째 패드를 제거해서는 안 된다.
②・④ 가장 먼저 지혈해야 한다.
③ 출혈이 멈추었다면 상처 부위에 드레싱을 실시한다.

정답 ⑤

79 치매 대상자가 한꺼번에 많은 약을 먹고 쓰러진 경우 대처 방법으로 옳은 것은?

① 복용한 것으로 의심되는 약은 용기째 119 대원에게 전달한다.
② 손가락을 입에 넣어 약을 토하게 한다.
③ 의식이 없다면 옆으로 눕힌다.
④ 입에서 거품이 나온다면 똑바로 눕힌다.
⑤ 토사물은 빨리 치운다.

정답 및 해설 표준교재 676쪽

② 입안에 아무것도 넣지 않는다.
③ 의식이 없다면 천장을 바라보는 자세로 눕힌다.
④ 입에서 거품이나 토사물이 나온다면 고개를 옆으로 돌린다.
⑤ 토사물을 모아 의료진이 분석할 수 있게 한다.

정답 ①

80 자동심장충격기를 사용할 때 전극패드를 붙이는 위치로 옳은 것은?

	패드 1	패드 2
①	오른쪽 빗장뼈 아래	오른쪽 젖꼭지 아래 중간 겨드랑선
②	오른쪽 빗장뼈 아래	왼쪽 빗장뼈 밑
③	오른쪽 젖꼭지 아래 중간 겨드랑선	왼쪽 빗장뼈 밑
④	오른쪽 젖꼭지 아래 중간 겨드랑선	왼쪽 젖꼭지 아래 중간 겨드랑선
⑤	오른쪽 빗장뼈 아래	왼쪽 젖꼭지 아래 중간 겨드랑선

정답 및 해설 표준교재 682쪽

정답 ⑤

너울샘 요양보호사 7회 모의고사

01 자신이 지나온 일생의 요인들(결혼, 취업, 직장생활 등)을 돌아보며 응어리졌던 감정을 해소하고 실패와 좌절에 담담해져 자아통합을 가능하게 하는 노년기 심리적 특성은?

① 생에 대한 회고의 경향
② 친근한 사물에 대한 애착심
③ 경직성의 증가
④ 조심성의 증가
⑤ 우울증 경향의 증가

정답 및 해설 표준교재 20~21쪽

② 애착은 지나온 과거를 회상하거나 마음의 안락을 찾는 데도 도움을 준다.
③ 자신에게 익숙한 습관적 태도나 방법을 고수하고 새로운 방식으로 일을 처리하는 것을 저항한다.
④ 일의 결과를 중시하며 중립을 지키곤 한다. 결단이 느려지고 매사 신중해진다.
⑤ 불면증, 식욕부진과 같은 신체적 증상을 호소하고, 타인을 비난하는 행동을 한다.

정답 ①

02 국가가 어버이날, 노인의 날을 지정하여 매년 기념하면서 젊은 세대의 귀감이 될 모범 어르신을 선정하여 포상하는 노인에 대한 보상은?

① 경제적 보상
② 제도적 보상
③ 정치적 보상
④ 지적 보상
⑤ 정신적 문화유산의 전수

정답 및 해설 표준교재 16~17쪽

① 경제적 보상 : 지방정부, 공공기관과 더불어 교통시설, 공원, 박물관 등 공공시설 이용 요금 감면
② 제도적 보상 : 사회보장제도, 여가활동, 노인복지서비스 전달
④ · ⑤ 정책자문, 기록물 등록, 노인이 보유한 유형 · 무형의 문화재 보전

정답 ③

03 노인장기요양보험제도에 관한 설명으로 옳은 것은?

① 장기요양보험사업은 국민건강보험공단이 관장한다.
② 폐렴으로 신체활동이 어려운 60세 남자는 장기요양급여 대상이다.
③ 장기요양인정 신청은 통장이 대리인으로 신청할 수 있다.
④ 장기요양인정 유효기간은 1년 이상으로 한다.
⑤ 가족요양비는 특별현금급여에 해당한다.

정답 및 해설 표준교재 49~58쪽

① 장기요양보험사업은 보건복지부장관이 관장한다.
② 65세 미만인 경우 노인성 질환(치매, 뇌혈관성질환, 파킨슨병)으로 신체활동이 어렵거나 인지기능이 저하된 자이어야 하는데 해당되지 않는다.
③ 장기요양인정 신청은 본인, 가족이나 친족 또는 이해관계인, 사회복지전담공무원(본인이나 가족 등의 동의 필요), 치매안심센터의 장(치매 환자인 경우 한정), 시장·군수·구청장이 지정하는 자가 신청할 수 있다.
④ 장기요양인정 유효기간은 갱신결과, 심신상태 등에 따라 최소 2년 이상~최대 4년 6개월까지 산정한다.

정답 ⑤

04 노인들이 자율적으로 친목도모, 취미활동·공동작업장 운영 및 각종 정보교환과 기타 여가활동을 할 수 있도록 장소를 제공하는 노인복지시설은?

① 노인복지관
② 경로당
③ 노인교실
④ 양로시설
⑤ 노인보호전문기관

정답 및 해설 표준교재 44~48쪽

① 노인복지관은 노인의 교양·취미생활 및 사회 참여활동 등에 대한 각종 정보와 서비스를 제공하고, 건강증진 및 질병예방과 소득보장, 재가복지, 그 밖에 노인의 복지증진에 필요한 서비스를 제공하는 기관이다.
③ 노인교실은 사회활동 참여 욕구를 충족하기 위하여 건전한 취미생활, 노인건강유지, 소득보장, 기타 일상생활과 관련한 학습프로그램을 제공하는 시설이다.
④ 양로시설은 노인을 입소시켜 급식과 그 밖에 일상생활에 필요한 편의를 제공하는 시설이다.
⑤ 노인보호전문기관은 노인학대행위자에 대한 상담 및 교육, 학대받은 노인의 발견·상담·보호, 노인학대 예방 및 방지를 위한 홍보를 담당하는 기관이다.

정답 ②

05 다음에서 설명하는 판정 결과에 따른 장기요양등급은?

- 노인성 질병에 해당하는 치매로 도움이 필요한 자
- 인정점수가 48점인 자

① 장기요양 5등급
② 장기요양 인지지원등급
③ 장기요양 4등급
④ 장기요양 3등급
⑤ 장기요양 2등급

정답 및 해설 표준교재 53쪽

② 장기요양 인지지원등급 : 인정점수가 45점 미만, 노인성 질병에 해당하는 치매로 도움이 필요한 자
③ 장기요양 4등급 : 인정점수가 51점 이상 60점 미만
④ 장기요양 3등급 : 인정점수가 60점 이상 75점 미만
⑤ 장기요양 2등급 : 인정점수가 75점 이상 95점 미만

정답 ①

06 비상연락망 준비 등 안부 확인을 위한 방문 및 생활상의 문제 상담서비스를 제공하는 노인장기요양보험 표준서비스 분류는?

① 인지지원서비스
② 시설환경관리
③ 방문목욕서비스
④ 정서지원 및 의사소통 도움
⑤ 가사 및 일상생활지원서비스

정답 및 해설 표준교재 64~66쪽

① 인지자극 활동, 일상생활 함께하기
② 물품 관리, 세탁물 관리
③ 입욕준비, 목욕 기계조작, 욕실정리
⑤ 개인활동지원, 식사준비, 청소 및 주변정돈, 세탁

정답 ④

07 효율적인 의사소통 기법을 활용하여 대상자와 관계를 형성하고 필요한 서비스를 제공하여 대상자의 신체적·정신적·심리적 안위를 도모하는 요양보호사의 역할은?

① 숙련된 수발자
② 관찰자
③ 정보전달자
④ 동기유발자
⑤ 말벗과 상담자

정답 및 해설 표준교재 80~81쪽

① 숙련된 수발자 : 숙련된 요양보호서비스에 대한 지식과 기술로 대상자의 불편함을 경감하기 위해 필요한 서비스를 지원한다.
② 관찰자 : 맥박, 호흡, 혈압 등의 변화와 투약 여부, 질병의 변화에 대한 증상뿐만 아니라 심리적인 변화까지 관찰한다.
③ 정보전달자 : 대상자의 신체적·심리적 정보를 가족과 시설장에게 전달한다.
④ 동기유발자 : 대상자가 능력을 최대한 발휘하도록 동기를 유발하며 지지한다.

정답 ⑤

---

08 다음 내용에 해당하는 시설 생활노인의 권리는?

- 시설 내 자발적 모임을 하는 데 제재를 가해서는 안 된다.
- 노인의 자유로운 외출, 외박 기회를 최대한 보장해야 한다.

① 신체구속을 받지 않을 권리
② 시설 내·외부 활동 및 사회적 관계에 참여할 권리
③ 노인 스스로 입소를 결정하며, 공정한 입소 계약을 맺을 권리
④ 사생활과 비밀보장에 대한 권리
⑤ 개인 소유의 재산과 소유물을 스스로 관리할 권리

정답 및 해설 표준교재 96~97쪽

다른 생활노인의 권리를 침해하지 않는 범위 내에서 자신의 의사에 따라 시설 내부의 다양한 서비스, 여가, 문화 활동에 참여할 수 있는 기회를 부여해야 한다. 노인이 원치 않는 경우를 제외하고는 면회나 방문객을 거부해서는 안 된다.

정답 ②

09 노인학대 유형 중 자기방임에 해당하는 것은?

① 노인이 자살을 시도한다.
② 시설에 입소시키고 연락을 두절한다.
③ 노동에 대한 대가를 정당하게 지급하지 않는다.
④ 고함을 지르거나 욕을 한다.
⑤ 침대 등에 묶어 움직이지 못하게 한다.

정답 및 해설　　　　　　　　　　　　　　　　　표준교재 111쪽

② 유 기
③ 경제적 학대
④ 정서적 학대
⑤ 신체적 학대

정답 ①

10 방문요양 시 대상자의 방에 자물쇠가 설치되어 있고 학대가 의심될 때 대처 방법은?

① 대상자의 사생활이므로 개입하지 않는다.
② 대상자의 가족에게 상황 설명을 요구한다.
③ 노인보호전문기관에 신고한다.
④ 동료 요양보호사와 상의한다.
⑤ 가족에게 재발 방지 교육을 한다.

정답 및 해설　　　　　　　　　　　　　　　　　표준교재 112쪽

요양보호사는 학대받는 노인을 보면 노인보호전문기관이나 경찰서에 신고해야 하는 신고의무자이다.

정답 ③

11 요양보호사의 근로계약서에 명시해야 할 내용으로 옳은 것은?

① 장기요양 등급
② 임금의 구성항목
③ 기관의 회계기준
④ 보건 조치 항목
⑤ 처우개선 항목

정답 및 해설 　　　　　　　　　　　　　　　　　　　표준교재 117쪽

근로계약서에는 임금의 구성항목, 계산방법 및 지불방법, 취업의 장소와 종사하여야 할 업무에 관한 사항, 취업규칙 내용, 종사자가 기숙하는 경우 기숙사 규칙에 정한 사항을 명시해야 한다.

정답 ②

12 육체적 성희롱에 해당하는 행위는?

① 음란한 내용의 전화통화
② 성적 사실관계를 물어봄
③ 음란한 그림을 보여줌
④ 신체 부위를 노출함
⑤ 뒤에서 껴안음

정답 및 해설 　　　　　　　　　　　　　　　　　　　표준교재 120쪽

①·② 언어적 행위
③·④ 시각적 행위

정답 ⑤

13 다음과 같은 상황에서 요양보호사의 대처 방법은?

> 요양시설에 입소해 있는 남자 노인이 요양보호사에게 성행위를 묘사하는 심한 말을 한다.

① 못 들은 척하고 다른 일을 한다.
② 시설장에게 보고하여 적절한 조치를 취하게 한다.
③ 서비스를 중단한다고 말한다.
④ 대상자의 가족에게 전화하여 모시고 가라고 한다.
⑤ 기분이 상한다고 화를 내며 말한다.

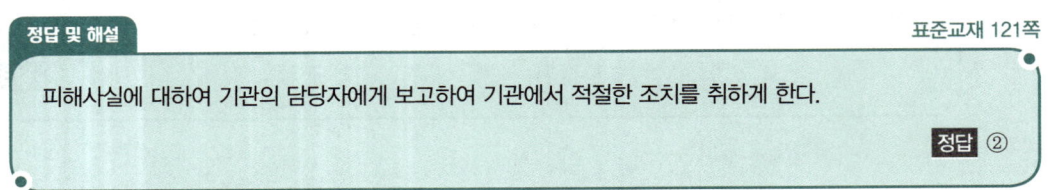

정답 및 해설 표준교재 121쪽

피해사실에 대하여 기관의 담당자에게 보고하여 기관에서 적절한 조치를 취하게 한다.

정답 ②

14 요양보호사의 직업윤리 태도로 옳은 것은?

① 요양보호사의 판단으로 서비스를 제공한다.
② 보수교육에 참석하지 않아도 된다.
③ 복지용구를 대신 대여해 준다.
④ 제공된 서비스 내용을 정확히 기록한다.
⑤ 동료의 근무를 대신해 준다.

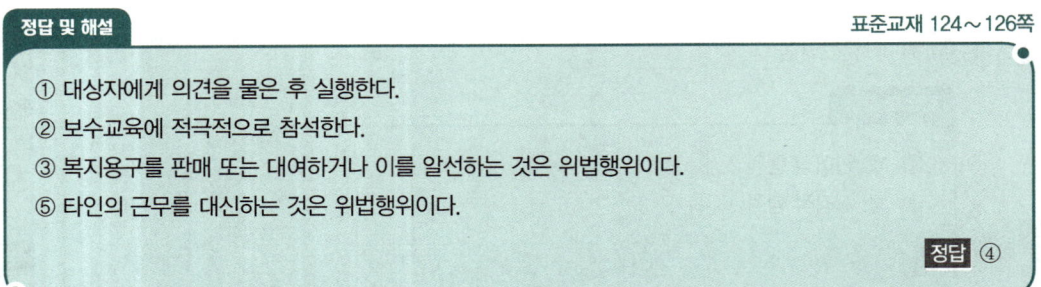

정답 및 해설 표준교재 124~126쪽

① 대상자에게 의견을 물은 후 실행한다.
② 보수교육에 적극적으로 참석한다.
③ 복지용구를 판매 또는 대여하거나 이를 알선하는 것은 위법행위이다.
⑤ 타인의 근무를 대신하는 것은 위법행위이다.

정답 ④

15 다음 상황에서 요양보호사의 대처 방법은?

> 대상자의 딸이 요양보호사에게 "어머니가 이번 주에 치매 증상이 훨씬 심해졌어요."라고 말했다.

① 보호자의 말을 못 들은 척한다.
② 시설장이나 의료진에게 변동사항에 대해 전달하겠다고 한다.
③ 치매는 증상이 점점 악화되는 질환이라고 말한다.
④ 의료인이 아니라 할 수 있는 일이 없다고 말한다.
⑤ 치매를 잘 알고 있는 동료와 상의해 보겠다고 말한다.

정답 및 해설   표준교재 126쪽

전문가의 진단이 필요한 사항은 시설장 또는 관리책임자에게 보고하여 전문가와 상담할 수 있도록 연계한다.

정답 ②

16 요양보호사에게 근골격계 질환이 발생할 수 있는 상황은?

① 정비·수리가 된 보행로
② 밤 근무 시 밝은 조명
③ 바닥에 많은 물체가 있는 통로
④ 편평한 바닥
⑤ 물기가 없는 바닥

정답 및 해설   표준교재 135쪽

바닥에 많은 물체가 있는 통로는 낙상 위험성이 있다.

정답 ③

17 결핵감염 예방을 위해 요양보호사가 숙지해야 할 내용으로 옳은 것은?

① 결핵은 바이러스에 의한 급성 호흡기 질환이다.
② 결핵이 의심되는 대상자를 돌볼 때 마스크 착용은 불필요하다.
③ 결핵균은 강한 산이나 알칼리에 약하다.
④ 결핵균은 햇빛에 강해서 일광소독은 도움이 안 된다.
⑤ 잠복결핵 대상자는 전염력이 없다.

정답 및 해설   표준교재 148~149쪽

① 결핵은 결핵균에 의한 공기를 통한 감염질환이다.
② 결핵이 의심되는 대상자를 돌볼 때 마스크와 장갑을 착용해야 한다.
③ 결핵균은 강한 산이나 알칼리에도 잘 견딘다.
④ 결핵균은 햇빛에 약해서 직사광선을 쪼이면 수분 내에 죽는다.

정답 ⑤

18 노인성 질환의 특성으로 옳은 것은?

① 혈액순환의 증가로 욕창 발생이 적다.
② 가벼운 질환으로 인한 의식장애는 일어나지 않는다.
③ 약물의 체외 배설이 빠르다.
④ 위험요인에 노출되면 질병에 쉽게 걸린다.
⑤ 정상적인 노화과정과 구분이 쉽다.

정답 및 해설   표준교재 162~163쪽

① 혈액순환의 저하로 욕창이 잘 발생한다.
② 가벼운 질환에도 의식장애를 일으키기 쉽다.
③ 약물의 체외 배설능력이 저하된다.
⑤ 정상적인 노화과정과 구분하기 어렵다.

정답 ④

19 노화에 따른 소화기계 특성으로 옳은 것은?

① 약물의 대사와 제거 능력 증가
② 직장벽의 탄력성 증가
③ 췌장의 소화효소 생산 증가
④ 타액과 위액분비 저하
⑤ 후각기능 상승으로 미각 향상

> **정답 및 해설**　　　　　　　　　　　　　　　　　표준교재 164쪽
>
> ① 약물의 대사와 제거 능력이 저하한다.
> ② 직장벽의 탄력성이 감소한다.
> ③ 췌장의 소화효소 생산이 감소한다.
> ⑤ 후각기능이 떨어져 미각이 둔해진다.
>
> **정답** ④

20 노화에 따른 근골격계의 변화로 옳은 것은?

① 근육량이 증가하여 운동능력이 상승된다.
② 하악골의 쇠약으로 치아가 상실된다.
③ 골반이 작아진다.
④ 엉덩이와 허리의 피하지방이 감소된다.
⑤ 관절운동의 범위가 넓어진다.

> **정답 및 해설**　　　　　　　　　　　　　　　　　표준교재 187~188쪽
>
> ① 근육량이 저하되어 운동능력이 감소한다.
> ③ 골반이 커진다.
> ④ 엉덩이와 허리의 피하지방이 증가한다.
> ⑤ 관절운동이 제한된다.
>
> **정답** ②

21 노화에 따른 신경계의 변화로 옳은 것은?

① 단기기억의 유지
② 안정된 수면각성 주기
③ 균형 유지 능력 향상
④ 신경세포의 기능 저하
⑤ 자극 반응성의 증가

정답 및 해설　　　　　　　　　　　　　　　　　　　표준교재 211쪽

① 단기기억 감퇴, 장기기억 유지
② 불면증이나 수면장애가 발생
③ 균형을 유지하는 능력 감소
⑤ 자극 반응성의 저하

정답 ④

22 노화에 따른 감각기계의 변화로 옳은 것은?

① 미뢰의 개수와 기능이 증가한다.
② 음의 전달능력이 증가한다.
③ 빛 순응의 어려움이 나타난다.
④ 맛에 대한 감지능력이 증가한다.
⑤ 통증에 대한 민감성이 증가한다.

정답 및 해설　　　　　　　　　　　　　　　　　　표준교재 211~213쪽

① 미뢰의 개수와 기능이 감소한다.
② 음의 전달능력이 감소한다.
④ 맛에 대한 감지능력이 감소한다.
⑤ 통증에 대한 민감성이 감소한다.

정답 ③

23 천식을 발생시키는 관련 요인으로 옳은 것은?

① 강아지나 고양이의 털
② 스테로이드와 같은 면역 억제제 사용
③ 인플루엔자 바이러스 감염
④ 이물질이 기도 내로 넘어가 생긴 폐의 염증
⑤ 적절한 습도와 온도

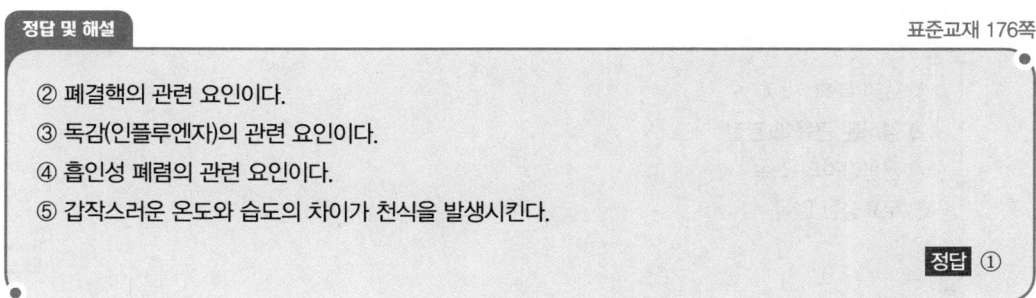

정답 및 해설　　　　　　　　　　　　　　　표준교재 176쪽

② 폐결핵의 관련 요인이다.
③ 독감(인플루엔자)의 관련 요인이다.
④ 흡인성 폐렴의 관련 요인이다.
⑤ 갑작스러운 온도와 습도의 차이가 천식을 발생시킨다.

정답 ①

24 전립선비대증의 증상으로 옳은 것은?

① 소변을 보고 나면 시원함
② 소변이 마려울 때 참기 쉬움
③ 소변줄기가 굵어짐
④ 요도가 넓어짐
⑤ 힘을 주어야 나오는 소변

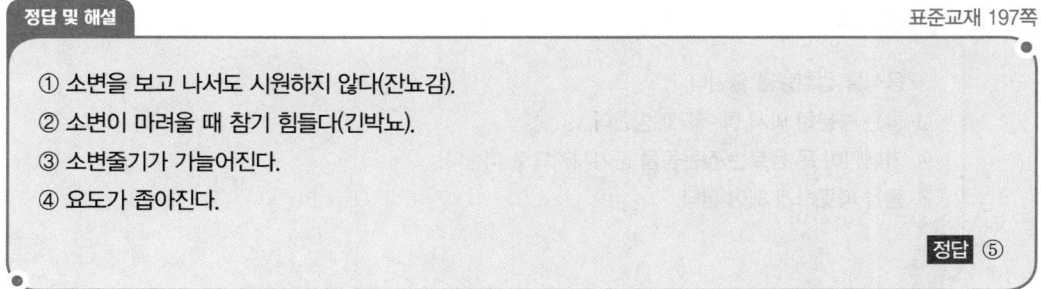

정답 및 해설　　　　　　　　　　　　　　　표준교재 197쪽

① 소변을 보고 나서도 시원하지 않다(잔뇨감).
② 소변이 마려울 때 참기 힘들다(긴박뇨).
③ 소변줄기가 가늘어진다.
④ 요도가 좁아진다.

정답 ⑤

25 파킨슨 질환의 주요 운동증상으로 옳은 것은?

① 빠른 동작
② 부드러운 근육과 관절
③ 안정 시 손발 떨림
④ 균형감각 유지
⑤ 웃는 얼굴

정답 및 해설 표준교재 248~249쪽

① 느린 동작
② 경직된 근육과 관절
④ 균형감각의 소실
⑤ 무표정한 얼굴

정답 ③

26 설사를 하는 대상자를 돕는 방법으로 옳은 것은?

① 음식물 섭취량을 늘린다.
② 의사의 처방에 따라 지사제를 복용한다.
③ 물의 섭취를 줄인다.
④ 카페인이 들어 있는 음료를 제공한다.
⑤ 냉찜질로 몸을 차갑게 한다.

정답 및 해설 표준교재 170쪽

① 음식물 섭취량을 줄인다.
③ 물은 충분히 마셔 탈수를 예방한다.
④ 카페인이 든 음료는 장운동을 증가시키므로 피한다.
⑤ 몸을 따뜻하게 해야 한다.

정답 ②

27 전립선비대증 대상자를 돕는 방법으로 옳은 것은?

① 음주는 전립선비대증을 호전시키므로 권한다.
② 고지방, 고콜레스테롤 음식을 제공한다.
③ 소변은 방광 안에 오래 두었다가 배출시킨다.
④ 약물요법을 통해 신장 기능의 손상을 치료한다.
⑤ 운동은 불편함을 증가시키므로 하지 않는다.

정답 및 해설   표준교재 198쪽

① 술은 전립선비대증을 악화시키므로 금주한다.
② 저지방 식사로 적정 체중을 유지하게 한다.
③ 소변은 방광 안에 오래 남아있으면 방광염이 발생하므로 일정 간격으로 배출시킨다.
⑤ 적당한 운동을 하여 적정 체중을 유지하게 한다.

정답 ④

28 녹내장 대상자를 돕는 방법으로 옳은 것은?

① 머리가 아프거나 눈에 통증이 있는 경우 안경을 바꾼다.
② 심신의 과로를 피한다.
③ 흡연을 유지한다.
④ 물구나무서기 자세를 자주 한다.
⑤ 어두운 곳에서 책을 읽는다.

정답 및 해설   표준교재 214쪽

① 머리가 아프거나 눈에 통증이 있는 경우 안과 의사에게 검진을 받는다.
③ 담배를 끊는다.
④ 머리로 피가 몰리는 자세는 안압을 올릴 수 있으므로 피한다.
⑤ 어두운 곳에서 책을 읽으면 시력이 약해진다.

정답 ②

29 노인의 약물복용 원칙으로 올바른 것은?

① 약 복용시간을 놓쳤다면 생각난 즉시 복용한다.
② 처방약이 남아있는 경우 이전 처방약을 이어서 복용한다.
③ 약이 쓴 경우 우유와 함께 복용한다.
④ 혈압약은 자몽주스와 함께 복용하면 흡수가 잘 된다.
⑤ 약을 삼키기 힘든 경우 서방제는 분할해서 복용한다.

> **정답 및 해설** 표준교재 263~264쪽
>
> ② 이전 처방약이 남아있는 경우 복용할 수 있는지 의사에게 확인받는다.
> ③ 약이 쓰다고 다른 것과 복용하면 안 된다.
> ④ 혈압약은 자몽주스와 함께 복용하면 부작용을 일으킬 가능성이 높다.
> ⑤ 서방제는 분할, 분쇄하면 부작용이 증가한다.
>
> **정답** ①

30 노인의 건강증진 및 질병 예방을 위한 절주 방법으로 옳은 것은?

① 빈속에 술을 마신다.
② 집 안에 술을 놓아둔다.
③ 목표를 달성할 때까지 음주일지를 기록해 본다.
④ 안주로는 지방질이 많은 음식을 선택하는 것이 좋다.
⑤ '오늘까지만 마시자'와 같은 생각을 한다.

> **정답 및 해설** 표준교재 267~269쪽
>
> ① 빈속에 술을 마시면 알코올 흡수가 빨라져서 더 취한다.
> ② 집 안에 술을 놓아두지 않는다.
> ④ 안주로는 동물성 단백질과 식물성 단백질이 혼합된 음식이나 채소를 선택하는 것이 좋다.
> ⑤ 계속적인 음주로 이어져 폭음하게 된다.
>
> **정답** ③

31 여름철 폭염 대응 안전수칙으로 옳은 것은?

① 한낮에 야외활동을 한다.
② 외출 시 물은 휴대하지 않아도 된다.
③ 현기증이 발생하는 경우 뜨거운 물을 마신다.
④ 햇빛이 실내로 들어오도록 커튼을 열어둔다.
⑤ 식사는 가볍게 하고 물은 20분마다 한 컵씩 마신다.

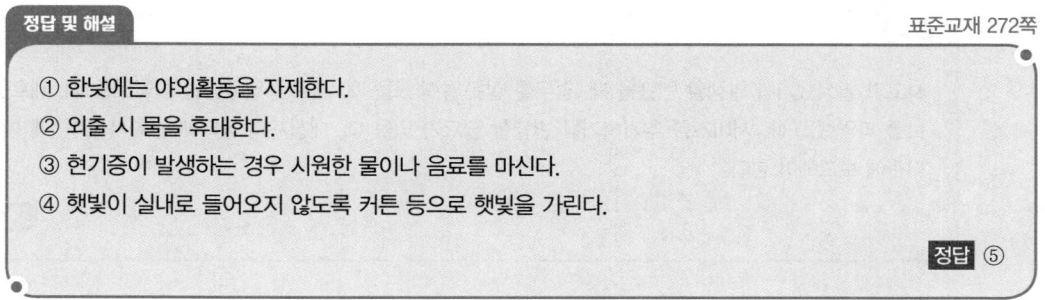

정답 및 해설 — 표준교재 272쪽

① 한낮에는 야외활동을 자제한다.
② 외출 시 물을 휴대한다.
③ 현기증이 발생하는 경우 시원한 물이나 음료를 마신다.
④ 햇빛이 실내로 들어오지 않도록 커튼 등으로 햇빛을 가린다.

정답 ⑤

32 장기요양급여 제공기록지에 기록해야 할 주요 내용으로 옳은 것은?

① 인수인계업무 내용
② 서비스의 목표, 내용, 횟수
③ 사고내용의 대응결과
④ 서비스 제공내용 및 시간
⑤ 간호처치

정답 및 해설 — 표준교재 309쪽

① 인수인계서의 주요기록 내용이다.
② 급여제공계획서의 주요기록 내용이다.
③ 사고보고서의 주요기록 내용이다.
⑤ 간호일지의 주요기록 내용이다.

정답 ④

33 주간보호 서비스 제공 시 요양보호사가 기관장에게 신속하게 보고해야 하는 상황은?

① 혈압이 높은데도 목욕을 시켜달라고 한다.
② 식사가 맛이 없다고 불평한다.
③ 아들과 며느리에 대한 험담을 한다.
④ 용변을 본 후 손을 씻지 않으려고 한다.
⑤ 한 가지 옷만 입으려고 한다.

정답 및 해설 　　　　　　　　　　　　　　　　　표준교재 337~338쪽

사고가 발생했거나 발생할 뻔했을 때, 업무를 잘못 수행했을 때, 새로운 업무방법을 찾았을 때, 새로운 정보를 파악했을 때, 서비스를 추가하거나 변경할 필요가 있을 때, 대상자의 상태에 변화가 있을 때 반드시 기관에 보고해야 한다.

정답 ①

34 임종 후 요양보호 돌봄으로 옳은 것은?

① 임종을 준비하는 대상자의 죽음은 응급상황이다.
② 사망선언과 사후처리는 장기이용기관에 소속된 요양보호사가 수행해야 한다.
③ 사후처리 과정은 존중하는 태도로 경건하게 수행되어야 한다.
④ 가족이 없는 상황에서 임종한 경우 요양보호사는 대상자를 두고 자리를 비운다.
⑤ 임종과정이 시작되면 모든 과정을 가족에게 맡긴다.

정답 및 해설 　　　　　　　　　　　　　　　　　표준교재 650쪽

① 임종을 준비하는 대상자의 죽음은 결코 응급상황이 아니다.
② 의료기관에 소속된 의사와 간호사가 수행해야 한다.
④ 가족이나 기관장이 도착할 때까지 대상자 곁을 떠나서는 안 된다.
⑤ 과정을 자연스럽게 겪어나갈 수 있도록 가족들을 지지하고 도와야 한다.

정답 ③

35 '사전연명의료의향서'를 작성한 경우 중단할 수 있는 의학적 시술에 해당하는 것은?

① 통증완화를 위한 진통제 투여
② 영양분 공급
③ 혈액 투석
④ 물 공급
⑤ 산소의 단순 공급

정답 및 해설 표준교재 653쪽

심폐소생술, 혈액 투석, 항암제 투여, 인공호흡기 착용은 치료효과 없이 임종과정의 기간만을 연장하는 의학적 시술로 중단할 수 있다.

정답 ③

36 대상자가 연하곤란을 가진 경우 식사를 돕는 방법으로 옳은 것은?

① 수분이 적은 음식을 제공한다.
② 액체는 점도를 낮춰 목넘김을 좋게 하여 제공한다.
③ 식사 전에 물을 한 모금 마시게 한다.
④ 딱딱한 고형의 음식을 제공한다.
⑤ 장운동을 활발하게 하기 위해 질긴 음식을 제공한다.

정답 및 해설 표준교재 359~361쪽

① 수분이 적은 음식은 삼키기 어렵다.
② 증점제를 첨가하여 점도를 높여야 목넘김이 좋아진다.
④ 고형의 음식은 부드럽게 갈아서 제공해야 한다.
⑤ 부드럽게 조리해서 제공한다.

정답 ③

37 의식이 없는 대상자의 경관영양 돕기로 옳은 것은?

① 영양액은 체온 정도로 데워 준비한다.
② 식사 시작과 끝은 알리지 않아도 된다.
③ 영양액이 새는 경우 주입속도를 낮춘다.
④ 영양주머니는 위장 높이와 같게 건다.
⑤ 비위관이 빠진 경우 빼준다.

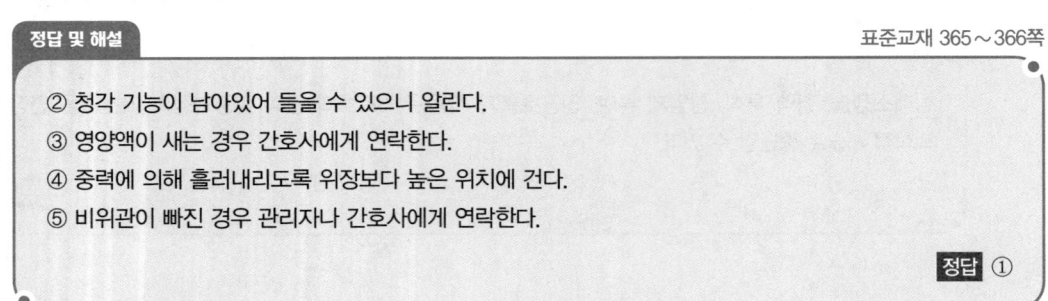

정답 및 해설 표준교재 365~366쪽

② 청각 기능이 남아있어 들을 수 있으니 알린다.
③ 영양액이 새는 경우 간호사에게 연락한다.
④ 중력에 의해 흘러내리도록 위장보다 높은 위치에 건다.
⑤ 비위관이 빠진 경우 관리자나 간호사에게 연락한다.

정답 ①

38 대상자의 눈에 안연고를 투여하는 방법으로 옳은 것은?

① 상안검의 결막낭에 안연고를 짜 넣는다.
② 안쪽에서 바깥쪽으로 2cm 정도 짜 넣는다.
③ 점적 후 비루관을 가볍게 눌러준다.
④ 눈꺼풀 밖으로 나온 연고는 밀어 넣어준다.
⑤ 안연고 사용 시 처음 나오는 것부터 짜 넣는다.

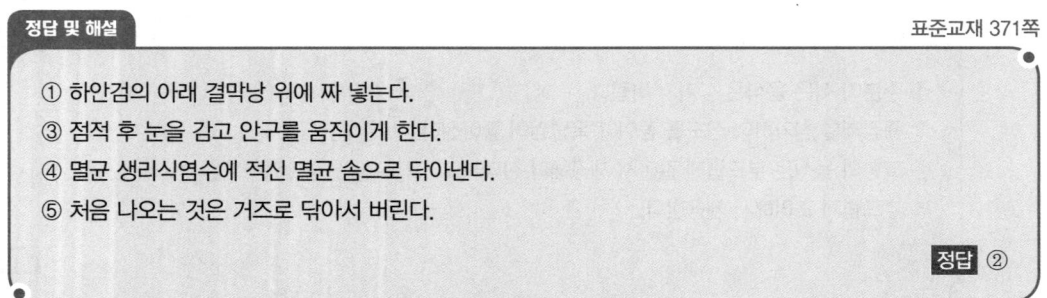

정답 및 해설 표준교재 371쪽

① 하안검의 아래 결막낭 위에 짜 넣는다.
③ 점적 후 눈을 감고 안구를 움직이게 한다.
④ 멸균 생리식염수에 적신 멸균 솜으로 닦아낸다.
⑤ 처음 나오는 것은 거즈로 닦아서 버린다.

정답 ②

39 허리를 들어 올릴 수 없는 대상자의 침상 배설 돕기 방법으로 옳은 것은?

① 둔부를 들어 방수포를 깔아준다.
② 침대를 평평하게 하여 배에 힘을 주기 쉽게 해준다.
③ 변기는 차가운 물에 담가둔다.
④ 몸을 옆으로 돌려 눕힌 후 둔부에 변기를 대준다.
⑤ 바지를 내린 후 홑이불로 덮어준다.

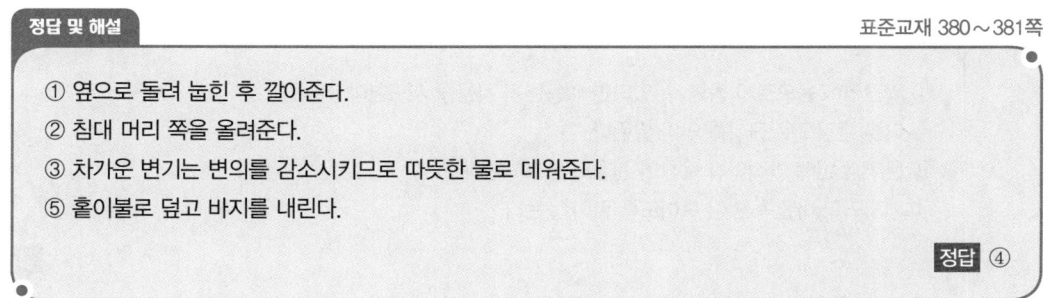

① 옆으로 돌려 눕힌 후 깔아준다.
② 침대 머리 쪽을 올려준다.
③ 차가운 변기는 변의를 감소시키므로 따뜻한 물로 데워준다.
⑤ 홑이불로 덮고 바지를 내린다.

정답 ④

40 편마비 대상자의 이동변기 사용을 돕는 방법으로 옳은 것은?

① 이동변기는 마비된 쪽으로 빈틈없이 붙인다.
② 이동변기를 침대보다 낮게 두어 이동 시 편하게 한다.
③ 배설 중에 말을 계속 건넨다.
④ 대상자의 두 발이 바닥에 닿게 한다.
⑤ 스스로 용변처리가 어려운 경우 항문에서 요도 쪽으로 닦아준다.

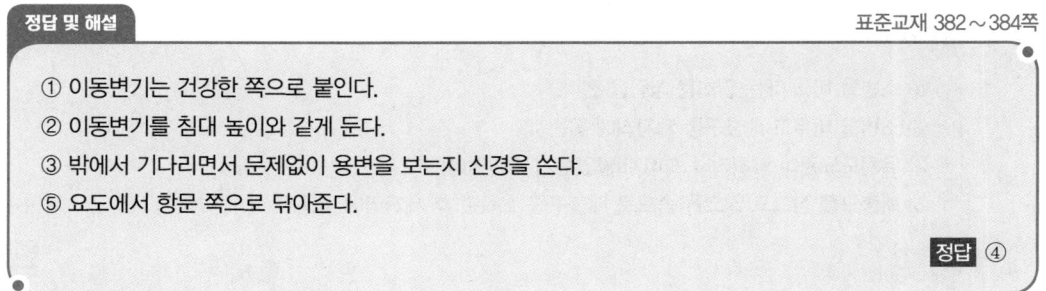

① 이동변기는 건강한 쪽으로 붙인다.
② 이동변기를 침대 높이와 같게 둔다.
③ 밖에서 기다리면서 문제없이 용변을 보는지 신경을 쓴다.
⑤ 요도에서 항문 쪽으로 닦아준다.

정답 ④

41 대상자의 기저귀 사용 돕기로 옳은 것은?

① 기저귀를 사용했던 대상자는 이동변기 사용을 시도하지 않는다.
② 물티슈로 둔부를 닦고 바로 기저귀를 채운다.
③ 둔부 주변에 발적이 보이면 발진연고를 발라준다.
④ 기저귀의 안쪽 면이 보이도록 말아 넣는다.
⑤ 허리를 들 수 없는 경우 옆으로 돌려 눕혀 교환한다.

> **정답 및 해설** 표준교재 384~386쪽
> ① 약간의 도움으로 이동할 수 있다면 이동변기 사용을 시도한다.
> ② 마른 수건으로 물기를 닦아 말린다.
> ③ 둔부 주변에 발적이나 욕창이 관찰되면 보고한다.
> ④ 기저귀의 바깥쪽 면이 보이도록 말아 넣는다.
>
> **정답** ⑤

42 유치도뇨관을 삽입하고 있는 대상자를 돕는 방법으로 옳은 것은?

① 소변을 비울 때는 맨손으로 한다.
② 금기사항이 없는 한 수분 섭취를 권장한다.
③ 소변을 비우고 배출구는 바닥에 닿게 둔다.
④ 아랫배에 불편감이 있는 경우 유치도뇨관을 제거한다.
⑤ 소변을 비운 후 배출구를 물로 세척한 후 제자리에 꽂는다.

> **정답 및 해설** 표준교재 387~388쪽
> ① 소변을 비울 때는 일회용 장갑을 낀다.
> ③ 소변을 비우고 배출구를 제자리에 꽂는다.
> ④ 유치도뇨관이 막히거나 꼬이지 않았는지 확인한다.
> ⑤ 배출구를 잠그고 알코올 솜으로 배출구를 소독한 후 제자리에 꽂는다.
>
> **정답** ②

43 장루를 착용하고 있는 대상자의 장루관리 방법으로 옳은 것은?

① 배설물이 주머니에 가득 채워지면 비운다.
② 월 1회 정도 주기적으로 교환한다.
③ 수분 섭취는 제한한다.
④ 통 목욕 시에는 주머니를 착용하도록 해야 한다.
⑤ 복벽을 통하여 체외로 소변을 배설시키기 위해 만든 구멍이다.

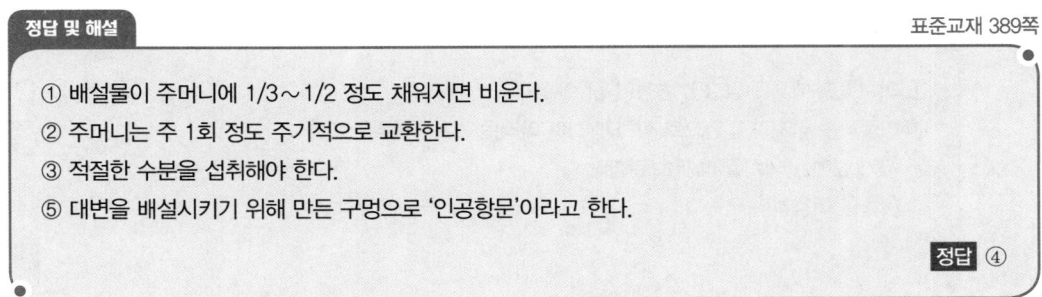

44 치아 세균막을 제거할 수 있는 올바른 칫솔질 돕기 방법은?

① 머리를 뒤로 젖힌 자세로 칫솔질한다.
② 치실을 사용한 후 칫솔질을 한다.
③ 치약은 칫솔모 위에 두툼하게 올려 짠다.
④ 잇몸에서 치아 쪽으로 닦는다.
⑤ 칫솔질은 매 식사 전 30분 이내에 한다.

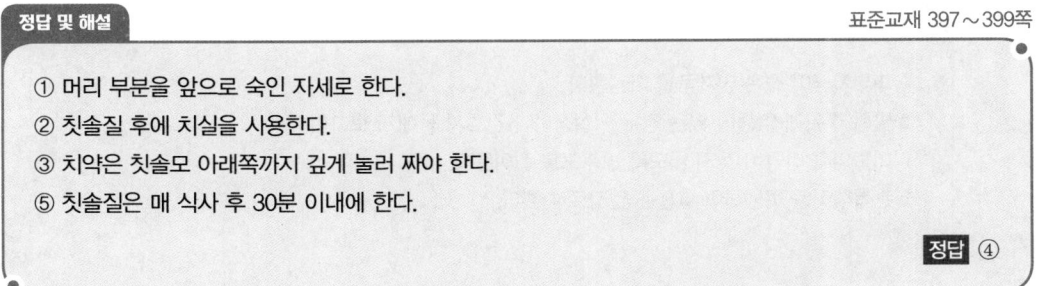

45 대상자의 의치를 관리하는 방법으로 옳은 것은?

① 의치는 표백제에 담근 후 세척하여 사용한다.
② 의치 삽입 전에 구강세정제로 입을 충분히 헹군다.
③ 아랫니는 엄지가 입안으로 향하게 하여 아래쪽으로 밀어 넣는다.
④ 자기 전에 의치를 세척해서 다시 삽입을 한다.
⑤ 거즈에 의치세정제를 묻혀 닦는다.

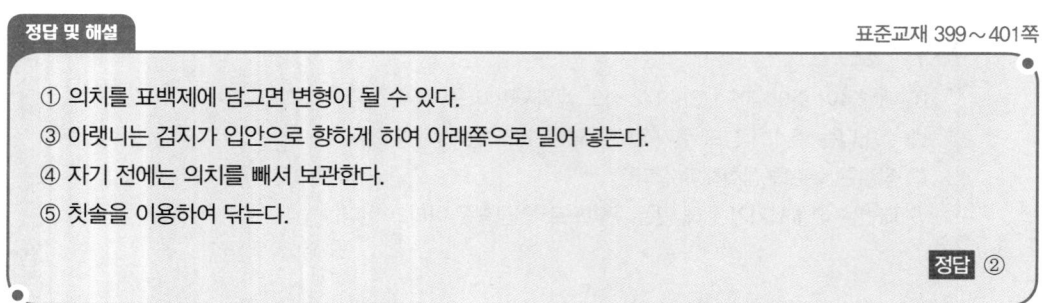

정답 및 해설   표준교재 399~401쪽

① 의치를 표백제에 담그면 변형이 될 수 있다.
③ 아랫니는 검지가 입안으로 향하게 하여 아래쪽으로 밀어 넣는다.
④ 자기 전에는 의치를 빼서 보관한다.
⑤ 칫솔을 이용하여 닦는다.

정답 ②

46 대상자의 발을 청결하게 관리하는 방법으로 옳은 것은?

① 피부자극이 적은 모직 양말을 신긴다.
② 발톱 주위에 염증이 있는 경우 베타딘으로 소독한다.
③ 로션을 바르며 부드럽게 마사지한다.
④ 방수포는 피부자극이 되므로 사용하지 않는다.
⑤ 손톱깎이를 이용하여 발톱은 둥글게 잘라준다.

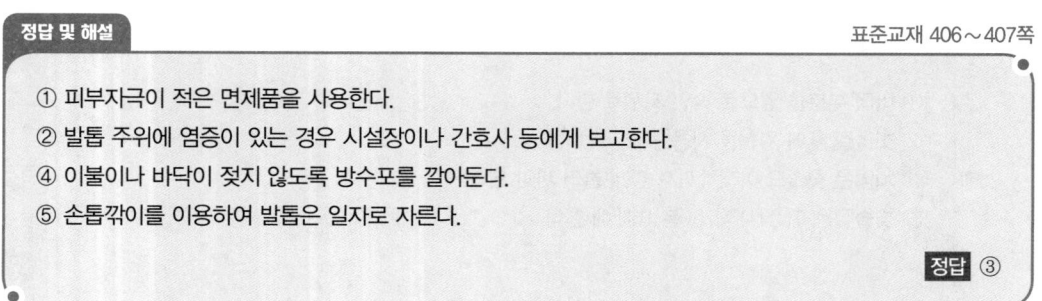

정답 및 해설   표준교재 406~407쪽

① 피부자극이 적은 면제품을 사용한다.
② 발톱 주위에 염증이 있는 경우 시설장이나 간호사 등에게 보고한다.
④ 이불이나 바닥이 젖지 않도록 방수포를 깔아둔다.
⑤ 손톱깎이를 이용하여 발톱은 일자로 자른다.

정답 ③

47 왼쪽 편마비 대상자의 통 목욕 돕기 방법으로 옳은 것은?

① 목욕 중에는 자주 따뜻한 물을 뿌려준다.
② 회음부 → 다리 → 팔 → 몸통 순서로 물로 헹구고 닦아낸다.
③ 왼쪽 다리, 오른쪽 다리 순서로 욕조에서 나오게 한다.
④ 목욕시간은 40~50분 이내로 한다.
⑤ 목욕을 거부하는 치매노인은 강제로 시킨다.

> **정답 및 해설** 표준교재 416~417쪽
> ② 다리 → 팔 → 몸통 → 회음부 순서로 물로 헹구고 닦아낸다.
> ③ 건강한 쪽(오른쪽) 다리부터 마비된 쪽(왼쪽) 다리 순서로 나온다.
> ④ 목욕시간은 20~30분 이내로 한다.
> ⑤ 목욕을 거부하는 치매노인에게 목욕을 강제로 시키지 않는다.
>
> **정답** ①

48 왼쪽 편마비 대상자가 수액을 맞고 있을 때 단추 있는 옷을 입히는 순서로 옳은 것은?

① 오른쪽 팔 → 수액 → 왼쪽 팔
② 오른쪽 팔 → 왼쪽 팔 → 수액
③ 수액 → 왼쪽 팔 → 오른쪽 팔
④ 왼쪽 팔 → 오른쪽 팔 → 수액
⑤ 왼쪽 팔 → 수액 → 오른쪽 팔

> **정답 및 해설** 표준교재 432쪽
> 옷을 입힐 때는 마비된 쪽부터 입힌다. 수액은 항상 가운데 위치한다.
>
> **정답** ⑤

49 침대에 걸터앉은 왼쪽 편마비 대상자를 앞에서 보조하여 일으켜 세우는 방법으로 옳은 것은?

① 대상자의 발을 무릎보다 살짝 안쪽으로 옮겨준다.
② 요양보호사의 무릎으로 대상자의 오른쪽 무릎 앞에 대고 지지한다.
③ 요양보호사의 한 손은 어깨를 잡아준다.
④ 요양보호사의 다른 한 손은 마비된 대퇴부를 지지한다.
⑤ 요양보호사의 어깨로 대상자의 허리를 지지해 준다.

정답 및 해설 표준교재 440~441쪽

② 요양보호사의 무릎으로 대상자의 마비된 쪽(왼쪽) 무릎 앞에 대고 지지한다.
③·④ 요양보호사의 양손은 허리를 잡아 지지한다.
⑤ 요양보호사의 어깨로 대상자의 가슴을 지지한다.

정답 ①

50 대상자를 휠체어에 탑승해서 이동하고자 할 때 휠체어를 펴는 순서로 옳은 것은?

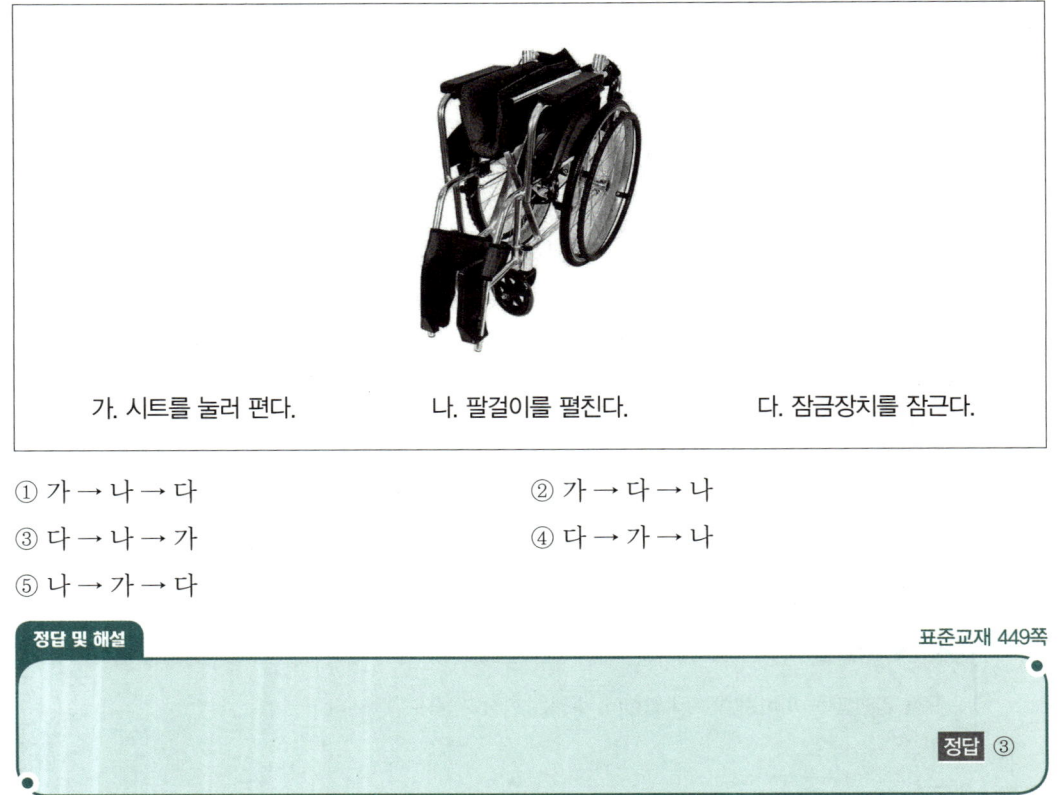

가. 시트를 눌러 편다.   나. 팔걸이를 펼친다.   다. 잠금장치를 잠근다.

① 가 → 나 → 다
② 가 → 다 → 나
③ 다 → 나 → 가
④ 다 → 가 → 나
⑤ 나 → 가 → 다

정답 및 해설 표준교재 449쪽

정답 ③

51 왼쪽 편마비 대상자를 휠체어에서 바닥으로 옮기는 순서로 옳은 것은?

> 가. 대상자에게 이동하는 것에 대해 설명한다.
> 나. 대상자의 왼쪽 옆에서 어깨와 몸통을 지지해 준다.
> 다. 휠체어의 잠금장치를 잠그고 발 받침대를 올려 발을 바닥에 내려놓는다.
> 라. 오른손으로 바닥을 짚고 오른쪽 다리에 힘을 주어 내려앉게 한다.

① 가 → 나 → 다 → 라
② 가 → 다 → 나 → 라
③ 가 → 라 → 나 → 다
④ 나 → 가 → 다 → 라
⑤ 나 → 다 → 가 → 라

정답 및 해설 표준교재 452쪽

정답 ②

52 오른쪽 편마비 대상자를 휠체어에서 자동차로 이동하는 방법으로 옳은 것은?

① 휠체어를 자동차와 평행하게 놓고 안정된 자세를 취할 수 있는 공간을 확보한다.
② 요양보호사의 무릎을 대상자의 왼쪽 무릎에 대어준다.
③ 오른쪽 손으로 자동차 손잡이를 잡게 한다.
④ 대상자의 발부터 자동차에 올려준다.
⑤ 대상자와 동승하는 경우 요양보호사는 앞자리 보조석에 앉는다.

정답 및 해설 표준교재 457쪽

② 요양보호사의 무릎을 대상자의 마비된 쪽인 오른쪽에 대어준다.
③ 건강한 쪽(왼쪽) 손으로 자동차 손잡이를 잡게 한다.
④ 대상자의 엉덩이부터 자동차 시트에 앉힌다.
⑤ 대상자 옆자리에 앉아 돕는다.

정답 ①

53 왼쪽 편마비 대상자가 지팡이를 짚고 계단에 올라가는 순서로 옳은 것은?

① 지팡이 → 왼쪽 다리 → 오른쪽 다리
② 지팡이 → 오른쪽 다리 → 왼쪽 다리
③ 왼쪽 다리 → 지팡이 → 오른쪽 다리
④ 왼쪽 다리 → 오른쪽 다리 → 지팡이
⑤ 오른쪽 다리 → 왼쪽 다리 → 지팡이

정답 및 해설　　　　　　　　　　　　　　　표준교재 466쪽

지팡이를 잡은 쪽(오른쪽)이 건강한 쪽이다. 계단을 올라가는 경우 지팡이 → 건강한 쪽 다리 → 마비된 쪽 다리 순서로 이동한다.

정답 ②

54 노인장기요양보험 급여 복지용구 중 대여품목에 해당하는 것은?

① 미끄럼방지매트　　　　② 이동욕조
③ 요실금팬티　　　　　　④ 성인용 보행기
⑤ 자세변환용구

정답 및 해설　　　　　　　　　　　　　　　표준교재 471쪽

복지용구의 종류
- 구입품목 : 이동변기, 목욕의자, 성인용 보행기, 안전손잡이, 미끄럼방지용품(미끄럼방지매트, 미끄럼방지액, 미끄럼방지양말), 간이변기(간이대변기·소변기), 지팡이, 욕창예방방석, 자세변환용구, 요실금팬티
- 대여품목 : 수동휠체어, 전동침대, 수동침대, 이동욕조, 목욕리프트, 배회감지기
- 구입 또는 대여품목 : 욕창예방매트리스, 경사로(실내용, 실외용)

정답 ②

55 대상자의 식중독 예방을 위한 예방 수칙 방법으로 옳은 것은?

① 과일, 채소용 세척제를 이용할 경우 세척제 용액에 5분 이상 담근다.
② 음식을 다루기 전과 조리하는 중간에도 손을 자주 씻는다.
③ 육류, 생선류, 달걀 등은 중심온도를 55℃까지 가열하면 안전하게 식품을 섭취할 수 있다.
④ 조리한 식품은 실온에 2시간 이상 방치해도 된다.
⑤ 날 음식과 조리된 음식은 함께 보관한다.

> **정답 및 해설** 표준교재 536~538쪽
>
> ① 과일, 채소용 세척제를 이용할 경우 세척제 용액에 5분 이상 담그지 않는다.
> ③ 육류, 생선류, 달걀 등은 중심온도가 75℃에서 1분 이상 되도록 익힌다.
> ④ 조리한 식품은 실온에 2시간 이상 방치하지 않는다.
> ⑤ 날 음식에는 다양한 식중독균이 존재하므로 조리된 음식과 분리 보관한다.
>
> **정답** ②

56 재가 대상자의 안전한 장보기 방법으로 옳은 것은?

① 냉장·냉동식품은 집에 도착한 후 가능한 한 빨리 냉장, 냉동고에 보관한다.
② 구입한 고기, 생선, 채소들은 서로 닿도록 장바구니에 담아도 된다.
③ 식품 안전을 위해 즉석식품 → 어패류 → 육류 순으로 구입한다.
④ 장을 볼 때는 가격만 고려해서 선택한다.
⑤ 장보기 시간은 제한이 없다.

> **정답 및 해설** 표준교재 538쪽
>
> ② 구입한 고기, 생선, 채소들은 각각 포장하여 서로 닿지 않도록 주의한다.
> ③ 냉장이 필요 없는 식품(쌀, 통조림, 라면 등) → 채소 및 과일 → 냉장·냉동 가공식품 → 육류 → 어패류 → 즉석식품 순으로 구입한다.
> ④ 장을 볼 때는 품질(신선도), 가격, 관리상태 등을 고려한다.
> ⑤ 장보기 시간은 1시간 이내로 한다.
>
> **정답** ①

57 다음 그림의 세탁표시에 따른 세탁 방법을 옳게 설명한 것은?

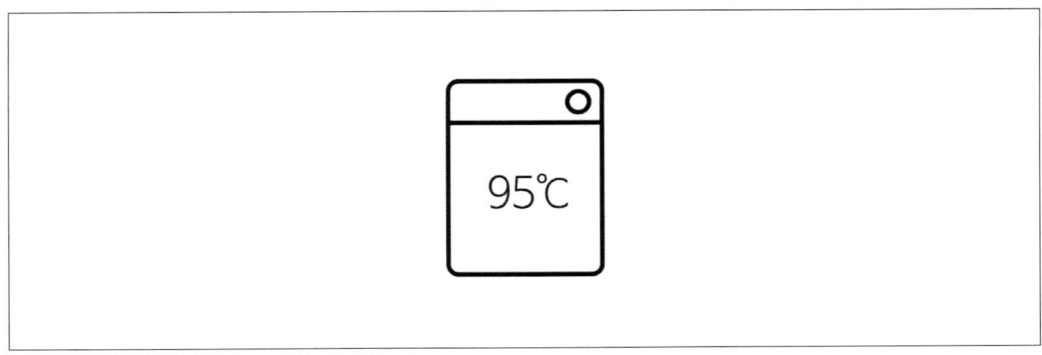

① 중성세제만 사용가능
② 손세탁 불가능
③ 40℃ 물로 세탁함
④ 삶을 수 있음
⑤ 물세탁 안 됨

> **정답 및 해설** 표준교재 551쪽
> 그림의 세탁표시는 '95℃ 물로 세탁, 세탁기·손세탁 가능, 삶을 수 있음, 세제 종류 제한 없음'을 의미한다.
> **정답** ④

58 대상자의 쾌적한 주거환경 조성으로 옳은 것은?

① 조명은 주로 사용하는 한 곳만 밝게 유지한다.
② 환기 시에는 직접 환기 방법을 사용한다.
③ 전체난방보다는 국소난방이 바람직하다.
④ 화장실에는 배설물이 잘 보일 수 있도록 간접조명을 사용한다.
⑤ 습기가 많은 곳에는 환풍기를 작동한다.

> **정답 및 해설** 표준교재 562~563쪽
> ① 조명을 한 곳만 지나치게 밝게 하면 낙상할 위험이 높다.
> ② 바람이 대상자에게 닿지 않는 간접 환기를 사용한다.
> ③ 국소난방보다 전체난방이 좋다.
> ④ 배설물을 확인하기 위해 직접조명으로 전체를 환하게 한다.
> **정답** ⑤

59 치매 대상자의 배설 돕기 방법으로 옳은 것은?

① 요의나 변의를 느끼지 못하면 기저귀를 착용하게 한다.
② 화장실 위치를 알기 쉽게 표시해 둔다.
③ 변비가 있는 경우 수분 섭취를 제한한다.
④ 요실금이 있는 경우 낮에는 4시간, 밤에는 2시간 간격으로 배뇨하게 한다.
⑤ 식사 전에는 화장실 이용을 강요해서라도 용변을 볼 수 있게 한다.

> **정답 및 해설** 표준교재 584~586쪽
>
> ① 배설기록지를 기록하여 배설 시간과 양 등의 습관을 파악한다.
> ③ 하루 1,500~2,000cc 정도의 충분한 수분을 섭취하도록 한다.
> ④ 요실금이 있는 경우 낮에는 2시간, 밤에는 4시간 간격으로 배뇨하게 한다.
> ⑤ 화장실 이용을 유도하며 강요하지 않는다.
>
> **정답** ②

60 치매 대상자의 운동 돕기 방법으로 옳은 것은?

① 같은 시간대에 같은 길을 걸으며 운동한다.
② 굽이 높은 신발을 신게 한다.
③ 선 자세 운동보다 앉은 자세 운동이 효과적이다.
④ 과거 운동기능을 평가한다.
⑤ 혈압이 높은 경우 의사의 검진 없이도 다양한 운동이 가능하다.

> **정답 및 해설** 표준교재 589쪽
>
> ② 굽이 낮은 신발을 신게 한다.
> ③ 선 자세 운동이 효과적이다.
> ④ 현재 운동기능을 평가한다.
> ⑤ 혈압이 높은 경우 의사에게 사전검진을 받아야 한다.
>
> **정답** ①

61 시설에 입소한 지 얼마 되지 않은 치매 대상자가 잠을 못 이룰 때 대처 방법은?

① 방을 바꾸어 준다.
② 취침 직전에 운동량을 늘려준다.
③ 실내온도를 적절히 유지해 준다.
④ 따뜻한 녹차를 제공한다.
⑤ 저녁 식사 후 바로 취침하게 한다.

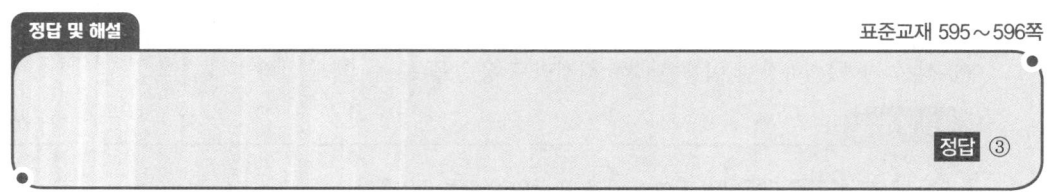

표준교재 595~596쪽

정답 ③

62 잠을 자다가 깨어나서 옷을 벗고 거실을 배회하는 치매 대상자를 돕는 방법으로 옳은 것은?

① 따뜻한 음료를 제공한다.
② 방의 실내온도와 습도를 확인한다.
③ 집 청소를 하며 에너지를 소모하게 한다.
④ 위험한 물건을 치워주고 배회를 멈출 때까지 기다린다.
⑤ 옷을 벗으면 안 된다고 혼을 낸다.

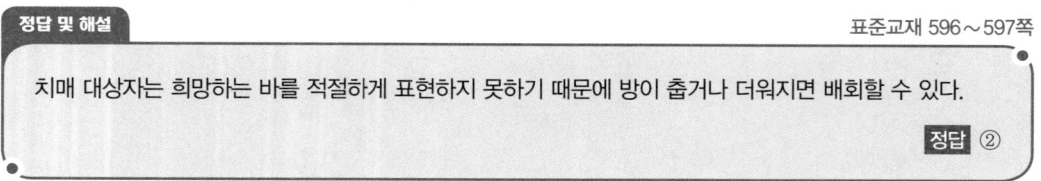

표준교재 596~597쪽

치매 대상자는 희망하는 바를 적절하게 표현하지 못하기 때문에 방이 춥거나 더워지면 배회할 수 있다.

정답 ②

63 종이접기 프로그램에 참여하던 치매 대상자가 종이가 잘 안 접혀진다며 갑자기 소리를 지르며 침을 뱉는 행동을 할 때 대처 방법으로 옳은 것은?

① 종이 접는 방법에 대해 자세히 설명해 준다.
② 요양보호사가 대신 접어준다.
③ 다른 종이로 바꾸어 준다.
④ 어르신이 좋아하는 단팥빵을 먹으러 가자고 한다.
⑤ 프로그램에 방해되니 조용히 해달라고 한다.

표준교재 598~599쪽

천천히 치매 대상자의 관심변화를 유도한다.

정답 ④

64 시설 치매 대상자가 해 질 녘, 밖으로 나가겠다고 신발을 신고 있을 때 대처 방법은?

① 대상자가 안 볼 때 신발을 모두 치워버린다.
② 현관의 불을 끄고 조용한 환경을 유지시켜준다.
③ 치매 대상자 딸과의 추억에 대해 이야기한다.
④ 시설장의 허락이 없이는 나갈 수 없다고 말한다.
⑤ 밖이 어두워서 위험하니 낮에 가자고 말한다.

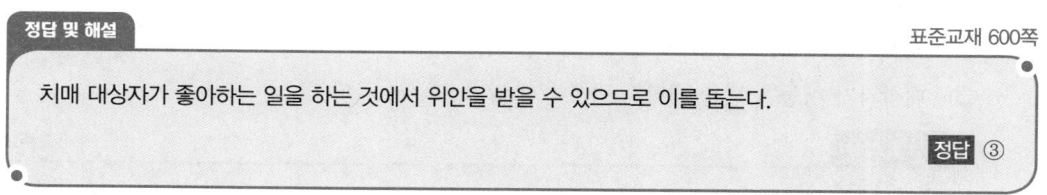

치매 대상자가 좋아하는 일을 하는 것에서 위안을 받을 수 있으므로 이를 돕는다.

정답 ③

65 치매 대상자가 다른 치매 대상자에게 귓속말로 음담패설을 하는 경우 대처 방법으로 옳은 것은?

① 혼자 있는 방으로 이동시켜 격리한다.
② 이상한 행동이 복용 중인 약물 때문인지 확인해 본다.
③ 성에 관심이 있는 것으로 판단하여 대처한다.
④ 크게 소리를 질러 행동을 제지한다.
⑤ 녹취해서 신고하겠다고 말한다.

정답 ②

66 치매 대상자가 다음과 같은 정신행동증상을 보일 때 적절한 돌봄 방법으로 옳은 것은?

> 대상자가 이쪽저쪽으로 왔다 갔다 하고 침을 뱉는 행동을 반복하고 있다.

① 부드러운 말로 안정감 있게 신체적인 불편함이나 욕구가 있는지 확인한다.
② 침을 뱉는 행동은 잘못된 행동이라고 알려준다.
③ 왔다 갔다 하면 낙상할 수 있으니 앉아 계시라고 말한다.
④ 시끄러운 소리로 자극해서 환경을 바꾸어 준다.
⑤ 대상자가 행동을 멈출 때까지 반응하지 않고 그대로 둔다.

정답 및 해설   표준교재 700쪽

왔다 갔다 하고 침을 뱉는 치매 대상자를 돌볼 때는 대상자의 행동이 초조하기 때문에 나타나는 것임을 이해해야 한다. 이때 대상자에게 화를 내거나 논쟁하지 않고 신체적 불편함이나 욕구가 있는지 확인 후 해결해 준다. 자연스럽게 관심을 다른 곳으로 돌려주는 방법도 있다.

정답 ①

---

67 치매 대상자와 의사소통하는 방법으로 옳은 것은?

① 명사('의자', '손자')보다는 대명사('그 사람', '거기')를 사용한다.
② 고향사투리로 말을 걸어 본다.
③ 신체적 접촉은 사용하지 않는다.
④ 대상자와 1m 이상의 거리에서 말하는 것이 좋다.
⑤ 대상자가 반응하지 않으면 기다리지 않고 다시 질문한다.

정답 및 해설   표준교재 605~610쪽

① 대명사보다는 명사를 사용한다.
③ 신체적 접촉을 적절히 사용한다.
④ 대상자와 1m 이내에서 말하는 것이 좋다.
⑤ 대상자가 반응할 때까지 기다린다.

정답 ②

68 치매 대상자에게 진행되는 인지자극훈련에 대한 설명으로 옳은 것은?

① 프로그램에는 정형화된 틀이 있다.
② 프로그램의 종류와 난이도는 변경할 수 없다.
③ 가족이 수발부담을 줄이는 데 도움이 된다.
④ 정신행동증상 개선에는 도움이 안 된다.
⑤ 보호자의 정서 상태에 적합한 것을 선정한다.

정답 및 해설 표준교재 617~619쪽

① 프로그램에는 정형화된 틀이 없다.
② 대상자의 기분이나 인지상태에 따라 종류와 난이도 조절이 가능하다.
④ 정신행동증상 개선에 도움이 된다.
⑤ 대상자의 정서 상태에 적합한 것을 선정한다.

정답 ③

69 다음 중 대상자와 효과적인 말하기를 방해하는 경우는?

① 상대방을 감정적으로 공격하지 않는다.
② 자신의 감정에 솔직해진다.
③ 자신이 모든 일에 전문가임을 주장한다.
④ 나쁜 내용을 회고하거나 상기시키지 않는다.
⑤ 비판적인 단어를 사용하지 않는다.

정답 및 해설 표준교재 287쪽

①·②·④·⑤ 효과적인 말하기 방법이다.

정답 ③

70 나 – 전달법으로 말하기를 할 때 주의사항으로 옳은 것은?

① 상대방에게 교훈을 주는 데 열중한다.
② 부정적 정서는 강조해서 말한다.
③ 상대를 평가하며 말한다.
④ 감정은 최대한 많이 드러낸다.
⑤ 나 – 전달법으로 말하고 다시 수용적 태도(경청)를 취한다.

> **정답 및 해설**　　　　　　　　　　　　　　　　　　　　　　표준교재 288쪽
>
> ① 상대방에게 본심을 전달하는 데에 집중한다.
> ② 부정적 정서는 강조하지 않는다.
> ③ 상대를 평가하지 않는 태도가 필요하다.
> ④ 감정을 폭발적으로 드러내지 않는다.
>
> **정답** ⑤

71 다음과 같은 상황에서 요양보호사의 공감반응으로 옳은 것은?

> 대 상 자 : "딸이 바쁜지 전화도 안 하고, 찾아오지도 않아. 그래서 더 외로워."
> 요양보호사 : (　　　　　　　　　　　　　　　　　　　)

① "조금만 더 기다리시면 전화 올 테니 걱정 마세요."
② "딸이 많이 보고 싶으신가 봐요."
③ "바쁘면 못 올 수도 있으니 기다리지 마세요."
④ "어르신이 우울해하시니 제가 더 힘이 듭니다."
⑤ "우울해하지 마시고 저랑 같이 산책 가요."

> **정답 및 해설**　　　　　　　　　　　　　　　　　　　표준교재 286~287쪽
>
> 공감이란 상대방이 하는 말을 상대방의 관점에서 이해하고, 감정을 함께 느끼며 자신이 느낀 바를 전달하는 것을 의미한다.
>
> **정답** ②

72 다음과 같은 방법으로 의사소통해야 하는 대상자는?

- 눈짓으로 신호를 주며 이야기를 시작한다.
- 말의 의미를 이해할 때까지 되풀이하고 이해했는지 확인한다.
- 입을 크게 벌리며 정확하게 말한다.

① 시각장애 대상자
② 노인성 난청 대상자
③ 언어장애 대상자
④ 판단력장애 대상자
⑤ 치매로 인한 장애 대상자

표준교재 293쪽

정답 ②

73 언어장애 대상자와 효과적으로 의사소통하는 방법으로 옳은 것은?

① 짧은 문장으로 빠르게 말한다.
② 소음이 있는 곳에서 이야기한다.
③ 알아듣고 이해가 된 경우 '예', '아니요'로 짧게 대답한다.
④ 질문에 대한 답이 끝나기 전에 다음 질문을 한다.
⑤ 면담을 할 때는 서서 이야기한다.

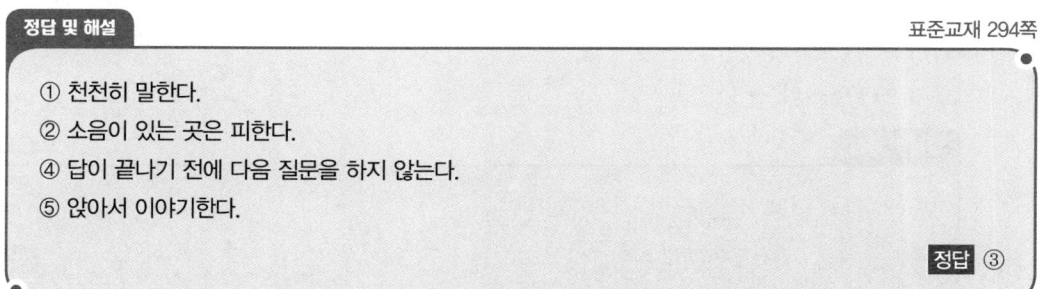

표준교재 294쪽

① 천천히 말한다.
② 소음이 있는 곳은 피한다.
④ 답이 끝나기 전에 다음 질문을 하지 않는다.
⑤ 앉아서 이야기한다.

정답 ③

74 수해와 태풍 예보 시 적절한 행동요령으로 옳은 것은?

① 물이 집 안으로 들어오는 경우 문을 열어둔다.
② 지하주차장으로 피한다.
③ 차량 이동 중이라면 속도를 올린다.
④ 몸이 물에 젖었다면 물로만 씻고 말린다.
⑤ 전기차단기를 내리고 가스 밸브를 잠근다.

정답 및 해설 표준교재 659~660쪽

① 물이 집 안으로 흘러 들어오는 경우 모래주머니 등을 사용하여 최대한 막는다.
② 지하주차장은 침수 위험 지역이므로 가까이 가지 않는다.
③ 차량 이동 중이라면 속도를 줄인다.
④ 몸이 물에 젖었다면 비누를 이용하여 깨끗이 씻는다.

정답 ⑤

75 일회용 방수성 가운을 착용하는 순서로 옳은 것은?

가. 일회용 방수성 가운 꺼내기
나. 머리 → 팔 순서로 가운 안으로 넣어 입기
다. 어깨 정리 → 허리끈 묶기 → 비닐장갑 착용
라. 가운 안쪽이 몸을 향하게 펼쳐 어깨부분 잡기

① 가 → 나 → 다 → 라
② 가 → 라 → 나 → 다
③ 가 → 다 → 나 → 라
④ 가 → 라 → 다 → 나
⑤ 가 → 다 → 라 → 나

정답 및 해설 표준교재 668쪽

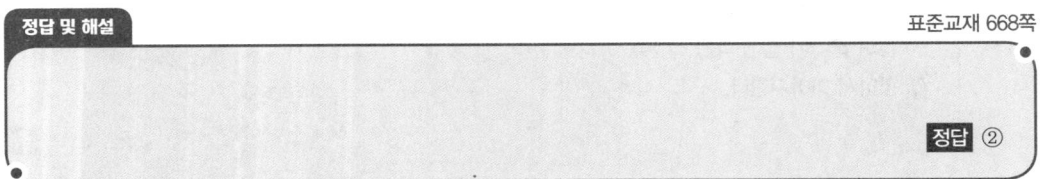

정답 ②

76 대소변이 묻은 의류를 처리할 때 감염을 예방하기 위한 방법은?

① 손 소독제로 손을 닦고 장갑을 착용한다.
② 오염이 약한 경우 맨손으로 처리해도 된다.
③ 대소변이 묻은 의류는 문질러서 손세탁을 한 후 비표백세제를 사용하여 세탁기를 돌린다.
④ 대소변이 심각하게 묻은 경우 버린다.
⑤ 오염된 의류는 하루 종일 모았다가 한 번에 세탁한다.

정답 및 해설 표준교재 669쪽

① 물과 비누로 손을 씻고 장갑을 착용한다.
② 반드시 장갑을 먼저 착용한다.
④ 삶거나 살균 표백제를 사용하여 세탁한다.
⑤ 오염된 의류는 미생물 번식으로 감염의 요인이 되므로 즉시 세탁한다.

정답 ③

77 질식 시 대처법인 하임리히법에 대한 설명으로 옳은 것은?

① 대상자를 바닥에 똑바로 눕힌다.
② 한 번에 이물질이 빠지지 않으면 중단한다.
③ 대상자 앞에 서서 주먹 쥔 손을 배에 닿도록 놓는다.
④ 가장 먼저 대상자 입에 손가락을 넣어 이물질을 찾는다.
⑤ 등 뒤에 서서 배꼽과 명치 중간에 주먹 쥔 손을 감싸 후상방으로 밀어올린다.

정답 및 해설 표준교재 673~674쪽

① 대상자는 서 있게 한다.
② 한 번으로 이물질이 빠지지 않으면 후상방으로 반복하여 시행한다.
③ 대상자의 등 뒤에 선다.
④ 가장 먼저 스스로 기침을 하게 한다.

정답 ⑤

78 대상자가 얼굴에 화상을 입었을 때 대처 방법으로 옳은 것은?

① 화상 부위에 치약을 발라준다.
② 호흡곤란 유무를 확인하기 위해 화상 부위를 만져본다.
③ 화상 부위에 얼음조각을 대어주어 화상면의 확대를 줄여준다.
④ 화상 부위를 마른 거즈로 덮어 세균의 감염을 예방한다.
⑤ 즉시 병원 치료를 받도록 한다.

정답 및 해설 표준교재 677쪽

얼굴이나 입술에 화상을 입었을 때는 손상된 조직이 부어서 기도를 막아 호흡곤란이 오므로 즉시 병원 치료를 받아야 한다.

정답 ⑤

79 심폐소생술을 할 때 가슴압박 자세로 옳은 것은?

① 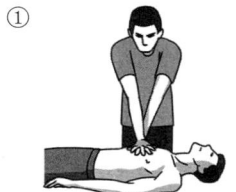   ② 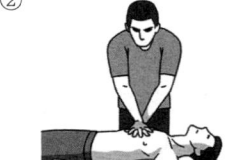   ③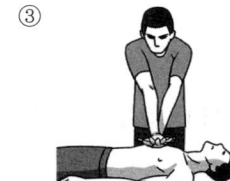

④ 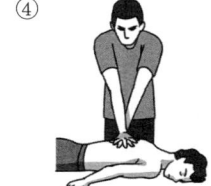   ⑤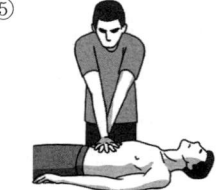

정답 및 해설 표준교재 680쪽

가슴뼈(흉골)의 아래쪽 절반 부위에 깍지를 낀 두 손의 손바닥 뒤꿈치를 댄다. 손가락이 가슴에 닿지 않도록 주의하면서 양팔을 쭉 편 상태로 체중을 실어서 환자의 몸과 수직이 되도록 가슴을 압박한다.

정답 ③

80 심정지 대상자에게 자동심장충격기를 사용하는 순서로 옳은 것은?

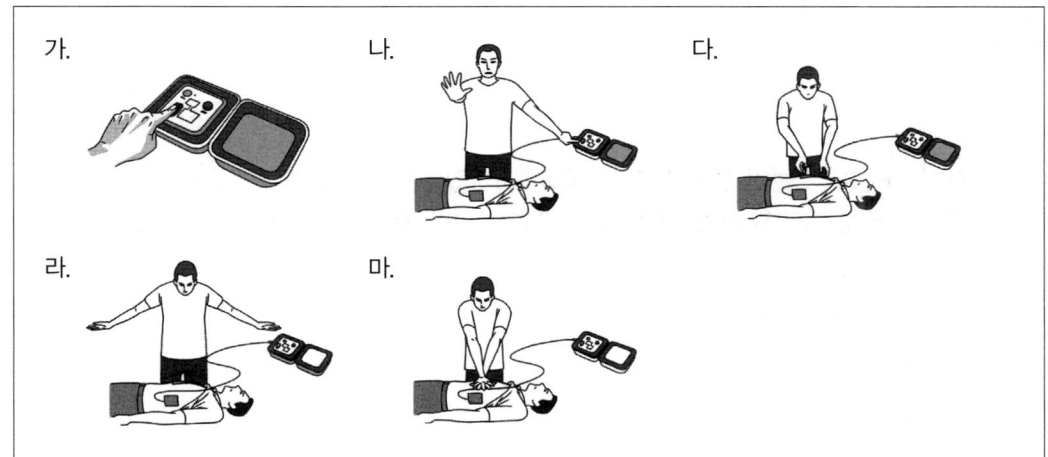

① 가 → 다 → 라 → 나 → 마
② 가 → 나 → 라 → 다 → 마
③ 가 → 나 → 다 → 라 → 마
④ 나 → 다 → 라 → 가 → 마
⑤ 마 → 가 → 다 → 라 → 나

정답 및 해설　　　　　　　　　　표준교재 682~683쪽

전원 켜기 → 패드 부착 → 심장리듬 분석 → 심장충격 시행 → 즉시 심폐소생술 다시 시행

정답 ①

너울샘 요양보호사 8회 모의고사

01 자기 자신과 주변이 변하지 않고 유지되고 있다는 안도감과 정서적으로 안정감을 느끼고 세월의 흐름 속에서 자기 정체감을 유지하는 것으로 애착이 강해지는 심리적 특성은?

① 우울증 경향의 증가
② 친근한 사물에 대한 애착심
③ 유산을 남기려는 경향
④ 조심성의 증가
⑤ 생에 대한 회고의 경향

> **정답 및 해설** 표준교재 20~21쪽
> ① 불면증, 식욕부진과 같은 신체적 증상을 호소하고, 타인을 비난하는 행동을 한다.
> ③ 이 세상에 다녀갔다는 흔적을 남기고자 한다.
> ④ 일의 결과를 중시하며 중립을 지키곤 한다. 결단이 느려지고 매사 신중해진다.
> ⑤ 실패와 좌절에 담담해져 자아통합이 가능하고, 다가오는 죽음을 평온한 마음으로 맞을 수 있게 한다.
>
> **정답** ②

02 노인의 건강한 노화를 위한 방법으로 옳은 것은?

① 영양보조식품에 의존한다.
② 가족, 친구 등과 접촉하기보다 혼자만의 시간을 늘린다.
③ 적절한 운동을 하기보다 안전을 위해 활동량을 줄인다.
④ 뇌에 자극을 주어 기억력과 인지력을 유지한다.
⑤ 자원봉사, 여가활동 등 생산적인 활동은 자신감 유지에 도움이 안 된다.

> **정답 및 해설** 표준교재 18쪽
> ① 자신에게 맞는 음식과 영양보조식품을 섭취한다.
> ② 가족, 친구 등과 접촉하며 적극적인 애정표현과 의사소통을 한다.
> ③ 적절한 운동을 실시한다.
> ⑤ 생산적인 활동은 자신감을 유지하는 데에 도움이 된다.
>
> **정답** ④

03 다음 중 노인장기요양급여 대상자에 해당되는 경우는?

① 골다공증으로 병원치료 중인 55세 대상자
② 대상포진으로 신체활동이 어려운 40세 대상자
③ 노인성 난청을 가진 70세 대상자
④ 심부전으로 신체활동이 어려운 76세 대상자
⑤ 백내장으로 시력이 저하된 60세 대상자

정답 및 해설 　　　　　　　　　　　　　　　　　표준교재 50~51쪽

①·②·⑤ 65세 미만인 경우 노인성 질환(치매, 뇌혈관성질환, 파킨슨병)으로 신체활동이 어렵거나 인지 기능이 저하된 자이어야 하는데 해당되지 않는다.
③ 65세 이상인 자로 질환을 가지고 인지저하가 나타나거나 신체거동이 불편한 자이어야 하는데 해당되지 않는다.

정답 ④

04 장기요양인정 신청 및 판정절차에 대한 설명으로 옳은 것은?

① 장기요양인정 신청은 근로복지공단에 한다.
② 공단 직원이 신청자의 거주지를 방문하여 심신 상태를 확인하고 수급자로 최종 판정한다.
③ 대상자 가족의 동의를 받은 사회복지전담공무원이 인정신청을 할 수 있다.
④ 소정의 교육을 이수한 장기요양기관의 사회복지사가 방문조사를 한다.
⑤ 등급신청을 하는 경우 의사소견서는 제출할 필요가 없다.

정답 및 해설 　　　　　　　　　　　　　　　　　표준교재 52쪽

① 장기요양인정 신청은 국민건강보험공단에 한다.
② 등급판정위원회에서 최종 판정한다.
④ 소정의 교육을 이수한 공단 직원이 방문조사를 한다.
⑤ 등급신청을 하는 경우 의사소견서를 첨부하여 제출한다.

정답 ③

05 장기요양서비스를 이용하고자 할 때 필요한 장기요양인정서와 개인별장기요양이용계획서에 대한 설명으로 옳은 것은?

① 장기요양인정서에는 등급에 따라 이용할 수 있는 한도액이 기재되어 있다.
② 개인별장기요양이용계획서에는 수급자 안내사항이 기재되어 있다.
③ 등급판정을 받지 않은 등외자에게도 발급된다.
④ 장기요양인정서에는 본인부담률이 기재되어 있다.
⑤ 국민건강보험공단은 등급판정을 받은 대상자에게 장기요양인정서를 발급한다.

정답 및 해설 표준교재 59~61쪽

① 한도액은 개인별장기요양이용계획서에 기재되어 있다.
② 수급자 안내사항은 장기요양인정서에 기재되어 있다.
③ 등급판정을 받은 등급자에게만 발급된다.
④ 본인부담률은 개인별장기요양이용계획서에 기재되어 있다.

정답 ⑤

06 다음에서 설명하는 노인장기요양보험 표준서비스 유형은?

- 대상자의 의류를 세탁한다.
- 대상자의 식사를 준비한다.

① 정서지원 및 의사소통 도움
② 신체활동지원서비스
③ 방문목욕서비스
④ 기능회복훈련서비스
⑤ 가사 및 일상생활지원서비스

정답 및 해설 표준교재 64~66쪽

가사 및 일상생활지원서비스에는 취사, 청소 및 주변정돈, 세탁의 내용이 포함된다.

정답 ⑤

07 요양보호서비스 제공 시 준수 사항으로 옳은 것은?

① 보호자의 생활방식에 맞추어 서비스를 제공한다.
② 대상자에게 경구약 복용 돕기를 한다.
③ 치매로 인지능력이 없는 경우 대상자에게 동의를 구한다.
④ 정서지원 및 의사소통 도움의 제공 대상에는 직계가족도 포함된다.
⑤ 응급상황이 발생한 경우 응급처치 우선순위에 따라 의료행위를 한다.

> **정답 및 해설** 표준교재 77쪽
>
> ① 대상자의 생활방식에 맞춘다.
> ③ 치매로 인지능력이 없는 경우 보호자에게 동의를 구한다.
> ④ 모든 서비스는 대상자에게만 제공한다.
> ⑤ 우선순위에 따라 의료행위가 아닌 응급처치를 한다.
>
> **정답** ②

08 다음 상황에서 시설대상자가 침해받은 권리는?

> • 개인 물품을 보관하는 보안장치가 마련된 사물함을 제공하지 않았다.
> • 노인의 개인 재산을 기부한 것으로 조작했다.

① 개인 소유의 재산과 소유물을 스스로 관리할 권리
② 이성교제, 성생활, 기호품 사용에 관한 자기 결정의 권리
③ 차별 및 노인학대를 받지 않을 권리
④ 존엄한 존재로 대우받을 권리
⑤ 사생활과 비밀보장에 대한 권리

> **정답 및 해설** 표준교재 97쪽
>
> 공간이 허용하는 한 개인 물품을 관리하는 사물함 등을 개인에게 제공해야 한다. 또한, 노인 또는 보호자가 원하지 않는 이상 개인의 금전 및 물품관리와 사용에 대한 권리는 타인에게 양도하거나 임의로 처분해서는 안 된다.
>
> **정답** ①

09 노인학대의 발생 요인으로 옳은 것은?

① 자립적인 생활방식
② 높은 학력 수준
③ 높은 자아존중감
④ 높은 연령
⑤ 높은 노인 공경의식

정답 및 해설 표준교재 102~103쪽

대상자의 연령이 높을수록 경제적 상황이나 대처 능력이 떨어져 학대 위험이 높다.

정답 ④

10 노인학대 유형(A)과 학대 내용(B)이 올바르게 연결된 것은?

	(A)	(B)
①	경제적 학대	강제로 수감하여 일을 강요한다.
②	정서적 학대	스스로 식사하기 힘든 노인을 방치한다.
③	신체적 학대	집 밖으로 나가지 못하게 통제한다.
④	유 기	노인이 약물이나 알코올 남용을 지속한다.
⑤	자기방임	노인의 요구를 무조건 무시한다.

정답 및 해설 표준교재 105~111쪽

① 신체적 학대 : 강제로 수감하여 일을 강요한다.
② 방임 : 스스로 식사하기 힘든 노인을 방치한다.
④ 자기방임 : 노인이 약물이나 알코올 남용을 지속한다.
⑤ 정서적 학대 : 노인의 요구를 무조건 무시한다.

정답 ③

11 산업재해보상보험법에 따른 근로자 보호의 내용으로 옳은 것은?

① 보험급여는 채권자에게 양도할 수 있다.
② 보험급여를 받을 권리는 6개월간 유효하다.
③ 산업재해를 당했다는 이유로 해고할 수 없다.
④ 보험급여는 조세로 적용되어 세금을 부과한다.
⑤ 사업장이 폐업한 경우 휴업급여를 받지 못한다.

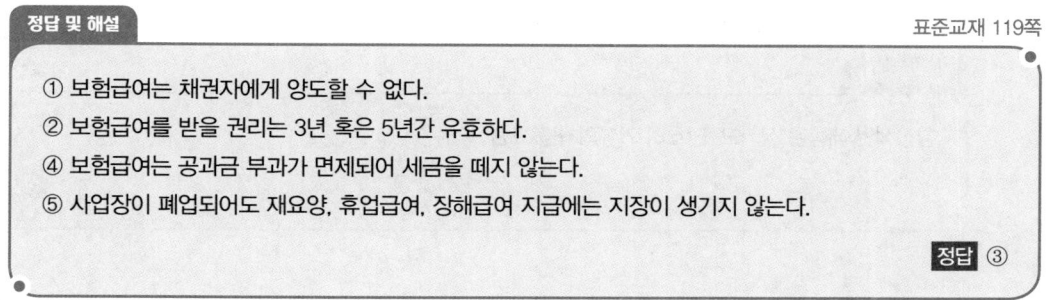

정답 및 해설 표준교재 119쪽

① 보험급여는 채권자에게 양도할 수 없다.
② 보험급여를 받을 권리는 3년 혹은 5년간 유효하다.
④ 보험급여는 공과금 부과가 면제되어 세금을 떼지 않는다.
⑤ 사업장이 폐업되어도 재요양, 휴업급여, 장해급여 지급에는 지장이 생기지 않는다.

정답 ③

12 언어적 성희롱에 해당하는 행위는?

① 음란한 내용의 전화 통화
② 입맞춤과 포옹 등의 신체접촉
③ 음란한 그림을 보여줌
④ 신체 부위를 노출함
⑤ 뒤에서 껴안음

정답 및 해설 표준교재 120쪽

② · ⑤ 육체적 행위
③ · ④ 시각적 행위

정답 ①

13 재가 대상자가 요양보호사에게 뒤에서 껴안기와 같이 성적인 신체접촉을 할 때 대처 방법은?

① 신체접촉의 이유를 물어본다.
② 거부의사를 분명히 표현한다.
③ 아무런 반응하지 않고 일을 계속한다.
④ 화를 내며 큰소리로 야단친다.
⑤ 서비스를 중지하겠다고 한다.

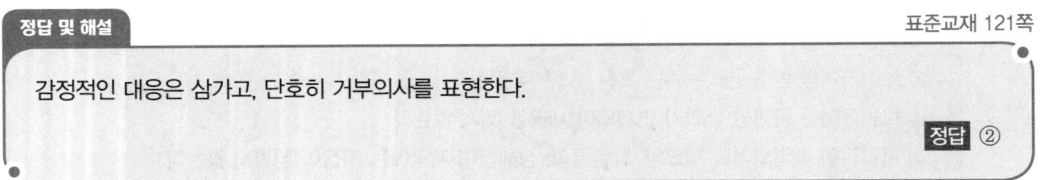

정답 및 해설 표준교재 121쪽

감정적인 대응은 삼가고, 단호히 거부의사를 표현한다.

정답 ②

14 요양보호 서비스를 제공하는 요양보호사가 지켜야 할 직업윤리 원칙으로 옳은 것은?

① 작은 물질의 답례는 받는다.
② 요양보호사의 결정을 최대한 존중한다.
③ 서비스를 상황에 따라 변경한다.
④ 학대를 발견하면 모른 척한다.
⑤ 업무수행에 방해가 되지 않도록 자기관리를 한다.

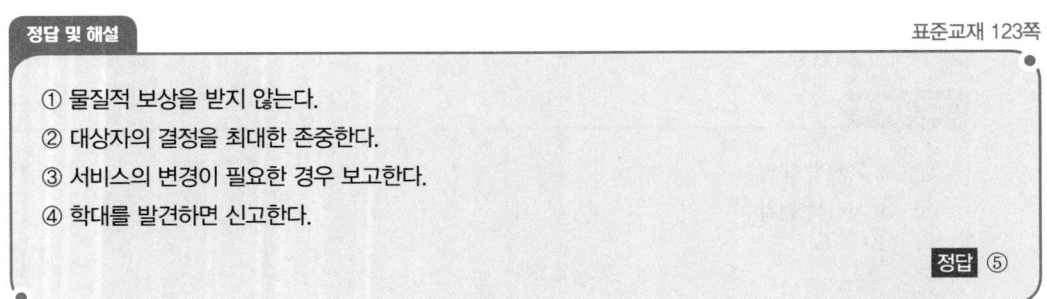

정답 및 해설 표준교재 123쪽

① 물질적 보상을 받지 않는다.
② 대상자의 결정을 최대한 존중한다.
③ 서비스의 변경이 필요한 경우 보고한다.
④ 학대를 발견하면 신고한다.

정답 ⑤

15 다음의 상황에서 요양보호사의 대처 방법은?

> 평소 친하게 지내던 요양보호사 최 씨가 무의식 상태인 어르신에게 폭력을 행하는 것을 보았다.

① 모르는 척 지나간다.
② 대상자 가족과 논의한다.
③ 상황을 카메라로 찍어둔다.
④ 시설장에게 보고하거나 신고한다.
⑤ 가족에게 다른 시설로 전원하라고 부탁한다.

정답 및 해설 표준교재 126쪽

누군가에 의해 대상자가 학대를 받는다고 의심되는 경우, 보고하거나 신고한다.

정답 ④

16 직업성 감염 질환인 노로바이러스에 대한 설명으로 옳은 것은?

① 오염된 음식 섭취에 의해 감염된다.
② 감염력이 약하다.
③ 증상이 약한 경우 업무를 지속한다.
④ 증상 회복 후에는 바로 조리에 참여한다.
⑤ 야간의 가려움증이 대표적인 증상이다.

정답 및 해설 표준교재 150쪽

② 감염력이 강하다.
③ 증상이 약하더라도 2~3일간은 업무를 중단한다.
④ 증상 회복 후에도 최소 2~3일간은 음식을 조리하지 않는다.
⑤ 옴에 대한 설명이다.

정답 ①

17 요양보호사의 직무스트레스 대처 방안으로 옳은 것은?

① 문제를 혼자 끌어안고 고민한다.
② 자신의 생각을 변화시켜 상황을 긍정적으로 인지한다.
③ 술이나 담배에 의존한다.
④ 약물치료는 거부한다.
⑤ 주변 사람들과의 교제를 차단한다.

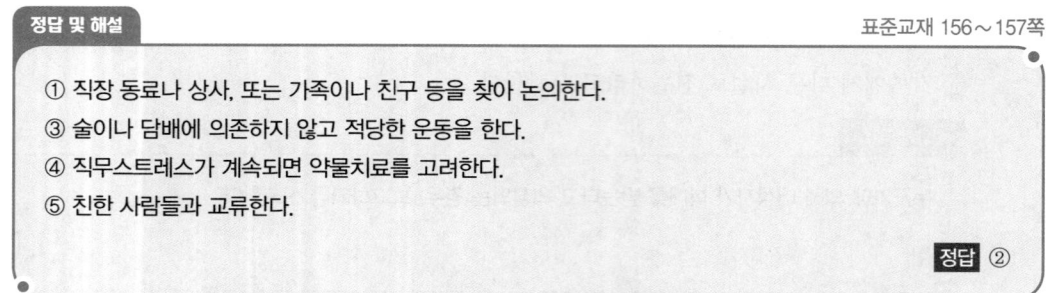

표준교재 156~157쪽

① 직장 동료나 상사, 또는 가족이나 친구 등을 찾아 논의한다.
③ 술이나 담배에 의존하지 않고 적당한 운동을 한다.
④ 직무스트레스가 계속되면 약물치료를 고려한다.
⑤ 친한 사람들과 교류한다.

정답 ②

18 노화에 따른 소화기계 특성으로 옳은 것은?

① 항문 괄약근의 근 긴장도 증가
② 췌장에서의 충분한 호르몬 분비
③ 씹기 능력 증가
④ 짠맛과 단맛에 둔함
⑤ 위액의 산도 증가

표준교재 164쪽

① 항문 괄약근의 근 긴장도 저하
② 췌장에서의 호르몬 분비 감소
③ 씹는 것이 어려워짐
⑤ 위액의 산도 저하

정답 ④

19 노화에 따른 특성 중 호흡기계 변화로 옳은 것은?

① 호흡근육 증가
② 폐포의 탄력성 증가
③ 기침반사 증가
④ 기관지 내 분비물 저하
⑤ 섬모운동 저하

정답 및 해설　　　　표준교재 173쪽

① 호흡근육 위축
② 폐포의 탄력성 저하
③ 기침반사 저하
④ 기관지 내 분비물 증가

정답 ⑤

20 노화에 따른 비뇨생식기계의 변화로 옳은 것은?

① 성적 욕구 감소
② 잔뇨량의 감소
③ 질의 수축력 증가
④ 질의 윤활작용 증가
⑤ 난소의 기능 감소

정답 및 해설　　　　표준교재 194쪽

① 성적 욕구가 감소되지 않음
② 잔뇨량의 증가
③ 질의 수축력 저하
④ 질의 윤활작용 감소

정답 ⑤

21 노화에 따른 피부계의 변화로 옳은 것은?

① 피하조직이 증가한다.
② 모근의 멜라닌생성 세포가 증가된다.
③ 눈꺼풀이 늘어지고 이중 턱이 된다.
④ 발톱이 부드러워진다.
⑤ 입가와 뺨 등 얼굴의 털이 줄어든다.

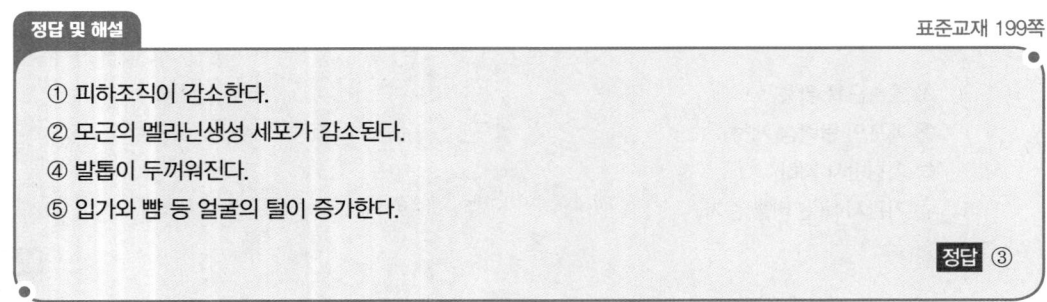

정답 및 해설 　　　　　　　　　　　　　　　　　표준교재 199쪽

① 피하조직이 감소한다.
② 모근의 멜라닌생성 세포가 감소된다.
④ 발톱이 두꺼워진다.
⑤ 입가와 뺨 등 얼굴의 털이 증가한다.

정답 ③

22 전립선비대증을 발생시키는 관련 요인으로 옳은 것은?

① 남성호르몬과 여성호르몬의 불균형
② 변 비
③ 골반 조절 근육의 약화
④ 적당한 운동
⑤ 금 주

정답 및 해설 　　　　　　　　　　　　　　　　　표준교재 197쪽

②·③ 요실금의 관련 요인이다.
④·⑤ 전립선비대증의 예방법이다.

정답 ①

23 욕창 증상의 초기 대처법으로 옳은 것은?

① 뜨거운 물수건으로 찜질한다.
② 찜질 후 남은 물기는 자연건조시킨다.
③ 미지근한 바람으로 건조시킨다.
④ 발적된 부위는 강하게 문질러 준다.
⑤ 춥지 않을 때는 욕창 부위를 24시간 노출한다.

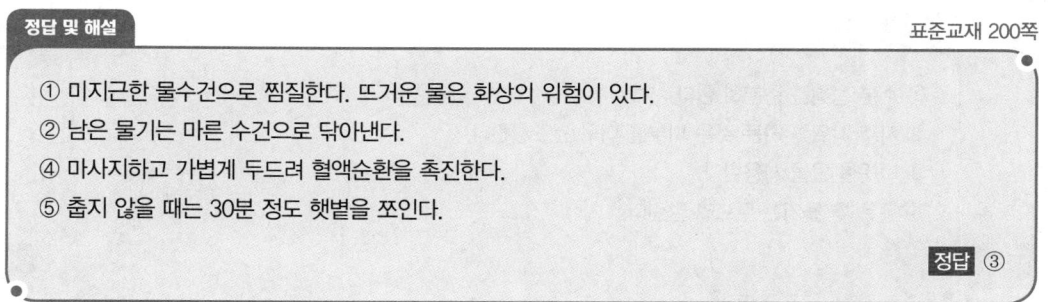

정답 및 해설　　　　　　　　　　　　　　　표준교재 200쪽

① 미지근한 물수건으로 찜질한다. 뜨거운 물은 화상의 위험이 있다.
② 남은 물기는 마른 수건으로 닦아낸다.
④ 마사지하고 가볍게 두드려 혈액순환을 촉진한다.
⑤ 춥지 않을 때는 30분 정도 햇볕을 쪼인다.

정답 ③

24 대장암 대상자의 증상으로 옳은 것은?

① 토 혈
② 직장출혈, 점액분비
③ 오심, 식욕감퇴
④ 복부 통증과 팽만감
⑤ 명치의 통증

정답 및 해설　　　　　　　　　　　　　　　표준교재 169쪽

①·③ 위암 증상이다.
④ 변비 증상이다.
⑤ 위염 증상이다.

정답 ②

25 피부 건조증 대상자를 돕는 방법으로 옳은 것은?

① 수분 섭취를 줄인다.
② 자주 샤워를 한다.
③ 뜨거운 물로 샤워를 한다.
④ 물기가 완전히 마르기 전에 보습제를 바른다.
⑤ 목욕 후 물기는 쓸어내며 말린다.

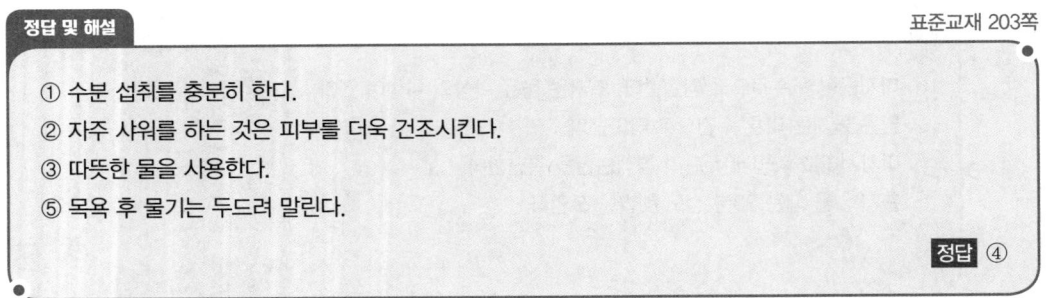

26 천식 대상자를 돕는 방법으로 옳은 것은?

① 침구류는 먼지를 없애기 위해 찬물로 세탁한다.
② 운동을 하고 난 후 기관지확장제를 투여한다.
③ 직접흡연 대신 간접흡연을 하게 한다.
④ 미세먼지, 황사와 상관없이 외출은 가능하다.
⑤ 갑작스러운 온도변화를 피한다.

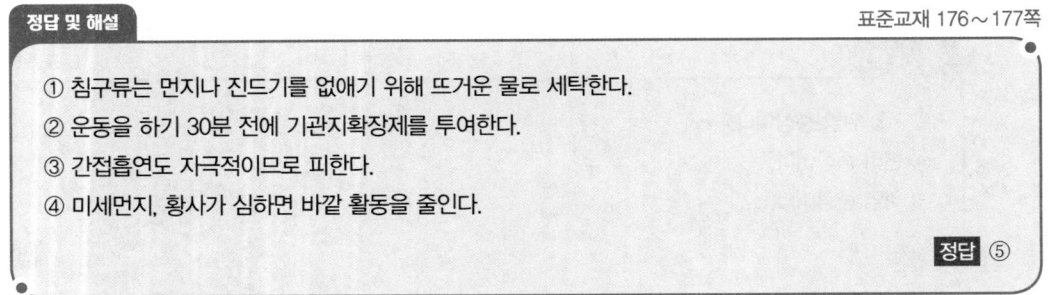

27 섬망 대상자를 돕는 방법으로 옳은 것은?

① 달력, 시계 등을 가까이에 둔다.
② 낮에는 창문을 닫아둔다.
③ 가족 구성원의 방문을 줄인다.
④ 밤에는 불을 꺼둔다.
⑤ 수동적인 관절운동을 제공한다.

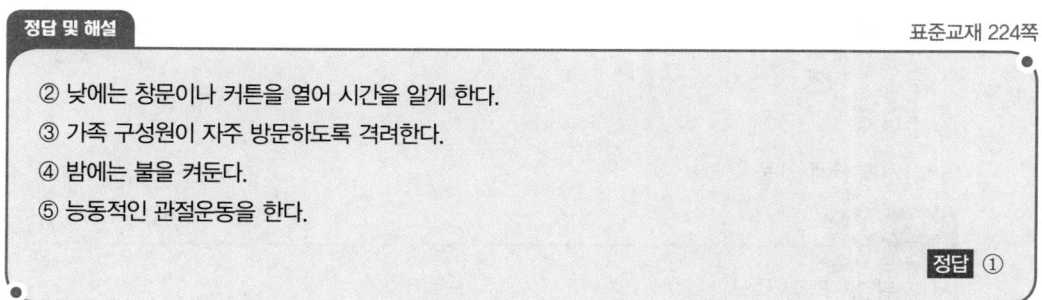

정답 및 해설   표준교재 224쪽

② 낮에는 창문이나 커튼을 열어 시간을 알게 한다.
③ 가족 구성원이 자주 방문하도록 격려한다.
④ 밤에는 불을 켜둔다.
⑤ 능동적인 관절운동을 한다.

정답 ①

28 뇌졸중 대상자를 돕는 방법으로 옳은 것은?

① 뇌경색 발생 8시간 이내에는 혈전용해제 치료를 받을 수 있다.
② 뇌경색 증상이 호전되면 약을 끊어도 된다.
③ 현기증, 뒷골 통증과 같은 뇌출혈의 전구증상을 관찰한다.
④ 갑작스럽게 자세를 변경하게 한다.
⑤ 재활요법은 뇌졸중 초기보다 진행이 많이 된 상태에서 받는다.

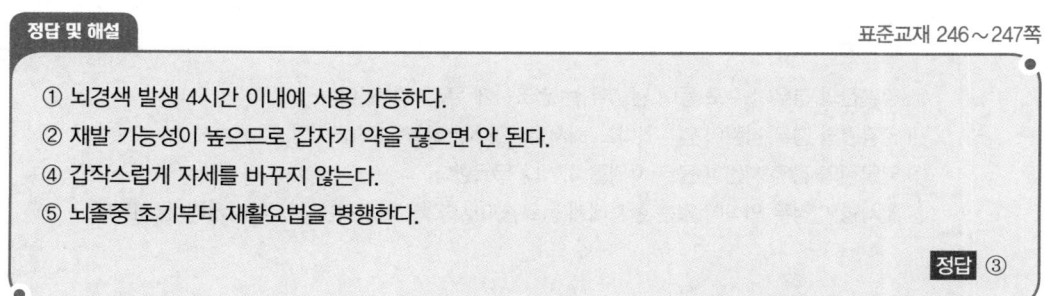

정답 및 해설   표준교재 246~247쪽

① 뇌경색 발생 4시간 이내에 사용 가능하다.
② 재발 가능성이 높으므로 갑자기 약을 끊으면 안 된다.
④ 갑작스럽게 자세를 바꾸지 않는다.
⑤ 뇌졸중 초기부터 재활요법을 병행한다.

정답 ③

29 다음에서 설명하는 부작용이 노인에게 흔하게 나타날 수 있는 약물은?

- 장기적으로 사용 시 체중증가, 정신장애, 섬망, 우울
- 소화기궤양, 당뇨병, 뼈의 대사 이상
- 면역저하로 인한 각종 감염병의 증가, 피부질환

① 스테로이드제
② 소염진통제
③ 당뇨병 약제
④ 수면제
⑤ 신경정신계 약물

정답 및 해설 표준교재 265쪽

② 위염, 위궤양, 속쓰림
③ 저혈당 증상(피로, 불안, 초조, 두근거림, 빈맥, 식은땀, 두통, 의식저하)
④·⑤ 낙상, 배뇨장애, 변비

정답 ①

30 폭염에 의한 온열질환의 응급처치 방법으로 옳게 연결된 것은?

	질환	응급처치 방법
①	열발진	소수포 등이 난 부위는 습하게 유지
②	열경련	경련이 멈추면 바로 다시 일을 시작함
③	열성부종	시원한 장소에서 발을 높인 자세로 휴식
④	열탈진	따뜻한 물로 샤워를 하거나 목욕함
⑤	열사병	의식이 없는 환자는 음료를 마시게 함

정답 및 해설 표준교재 273쪽

① 열발진의 경우 소수포 등이 난 부위는 건조하게 유지해야 한다.
② 열경련의 경우 경련이 멈추었다고 해서 바로 다시 일을 시작하면 안 된다.
④ 열탈진의 경우 시원한 물로 샤워를 하거나 목욕한다.
⑤ 열사병의 경우 의식이 없는 환자에게 음료를 마시도록 하는 것은 위험하니 절대 금지된다.

정답 ③

31 65세 이상 노인에게 권장하는 예방접종의 종류와 주기에 대한 설명으로 옳은 것은?

① 2년마다 인플루엔자를 추가접종 한다.
② 1년마다 대상포진을 접종한다.
③ 10년마다 디프테리아를 추가접종 한다.
④ 매년 폐렴구균을 접종한다.
⑤ 3년마다 홍역을 접종한다.

정답 및 해설

표준교재 270~271쪽

① 인플루엔자 백신은 매년 접종한다.
② 대상포진 백신은 1회 접종한다.
④ 폐렴구균 백신은 위험군에 대해 1~2회, 건강상태에 따라 1~2회 접종한다.
⑤ 홍역 백신은 65세 이상 노인에게 권장되는 접종이 아니다.

정답 ③

32 요양보호사의 업무 중에서 보고가 중요한 이유는 무엇인가?

① 가족의 책임성을 높이기 위해서
② 요양보호 서비스의 질을 높이기 위해서
③ 사고에 대한 피해를 최대화하기 위해서
④ 가족의 만족도를 상승시키기 위해서
⑤ 기관 중심의 서비스를 제공하기 위해서

정답 및 해설

표준교재 336쪽

① 요양보호사의 책임성을 높이기 위해서
③ 사고에 대한 피해를 최소화하기 위해서
④ 대상자의 만족도를 상승시키기 위해서
⑤ 대상자 중심의 서비스를 제공하기 위해서

정답 ②

33 다음과 같은 상황에서 적절히 활용할 수 있는 업무보고 형식은?

- 보고내용이 복잡하다.
- 숫자나 지표가 필요하다.
- 자료로 보존할 필요가 있다.

① 수시보고
② 구두보고
③ 서면보고
④ 일간보고
⑤ 전산망보고

정답 및 해설

표준교재 338쪽

서면보고는 정확한 기록을 남길 수 있다는 장점이 있어서 보고내용이 복잡하거나 숫자나 지표가 필요한 경우, 자료를 보전할 필요가 있을 때 활용한다.

정답 ③

34 임종 적응단계(A)의 설명(B)이 옳게 연결된 것은?

	(A)	(B)
①	부 정	목소리를 높여 불평을 한다.
②	분 노	삶이 얼마간이라도 연장되길 바란다.
③	타 협	마지막 정리의 시간을 보내기도 한다.
④	우 울	근심을 말로 표현하지 않고 울기도 한다.
⑤	수 용	죽는다는 사실을 받아들이려 하지 않는다.

정답 및 해설

표준교재 644~645쪽

① 분노 : 목소리를 높여 불평을 한다.
② 타협 : 삶이 얼마간이라도 연장되길 바란다.
③ 수용 : 마지막 정리의 시간을 보내기도 한다.
⑤ 부정 : 죽는다는 사실을 받아들이려 하지 않는다.

정답 ④

35 임종과정 동안 대상자를 돕는 방법으로 옳은 것은?

① 소변량이 줄어들 경우 요양보호사가 소변줄을 삽입한다.
② 대상자에게 지금 무슨 일이 일어나고 있는지 물어보고 답을 기다린다.
③ 주기적으로 환기를 시켜 답답하지 않도록 한다.
④ 식욕부진이 나타나면 고열량의 음식을 준비해서 먹인다.
⑤ 보온을 위해 전기기구를 사용한다.

정답 및 해설

표준교재 648~650쪽

① 임종이 임박했음을 나타내는 신호일 수 있으므로 가족들에게 관련 사실을 전달하도록 한다.
② 무슨 일이 일어나고 있는지 이야기를 들려주고 대답을 기대할 필요는 없다.
④ 작은 얼음조각이나 주스 얼린 것 등을 입안에 넣어주는 것은 도움이 될 수 있으나 억지로 먹이지 말아야 한다.
⑤ 담요를 덮어준다.

정답 ③

36 입맛이 없어 식사량이 감소한 대상자의 식욕을 증진시키는 방법으로 옳은 것은?

① 조미료를 많이 넣은 음식을 제공한다.
② 반찬을 모두 갈아서 제공한다.
③ 다양한 색깔의 반찬을 담아낸다.
④ 식사 전에 고강도의 운동을 하도록 한다.
⑤ 가족들과 함께 식사하게 한다.

정답 및 해설

표준교재 359쪽

다양한 음식을 조금씩 준비하여 반찬의 색깔을 보기 좋게 담아내 식욕을 돋운다. 또는 식사 전에 몸을 움직이거나 잠시 밖으로 나가서 맑은 공기를 마시게 하면 기분이 좋아지고 식욕이 증진된다.

정답 ③

37 경관영양액을 주입하던 중 대상자가 구토하는 경우 가장 먼저 해야 할 일은?

① 비위관을 제거한다.
② 비위관을 밀어 넣는다.
③ 영양액의 주입속도를 빠르게 한다.
④ 비위관을 잠근다.
⑤ 의료기관을 방문하게 한다.

정답 및 해설   표준교재 365~366쪽

대상자가 구토하는 경우 비위관을 잠그고 바로 시설장이나 관리책임자 등에게 알린다.

정답 ④

38 가루약을 복용하는 대상자를 돕는 방법으로 옳은 것은?

① 입에 물을 머금게 한 후 약을 털어 넣어 준다.
② 우유에 타서 복용하게 한다.
③ 머리를 뒤로 젖힌 상태에서 복용하게 한다.
④ 숟가락을 사용하여 약간의 물에 녹인 후 투약한다.
⑤ 양이 많은 경우 2~3번에 나누어 복용하게 한다.

정답 및 해설   표준교재 368쪽

가루약은 숟가락을 이용하여 약간의 물에 녹인 후 투약하거나 바늘을 제거한 주사기를 이용하여 녹인 가루약을 흡인한 후 입안으로 조금씩 넣어준다.

정답 ④

39 화장실을 이용하는 경우 낙상예방을 위해 안전한 환경을 조성하는 방법으로 옳은 것은?

① 응급상황을 알릴 수 있는 응급벨을 설치한다.
② 화장실 바닥의 물기는 자연건조되도록 기다린다.
③ 화장실의 조도는 낮게 유지한다.
④ 화장실의 위치를 알기 쉽도록 문 앞에 물건을 놓아준다.
⑤ 밤에는 표시등을 꺼둔다.

정답 및 해설 표준교재 375~377쪽

② 물기가 없게 하여 미끄러지지 않게 해야 한다.
③ 화장실은 밝게 유지한다.
④ 화장실까지 가는 길에 있는 불필요한 물건은 치운다.
⑤ 밤에 화장실 표시등을 켜둔다.

정답 ①

40 허리를 들어 올릴 수 있는 대상자의 침상배설 돕기 방법으로 옳은 것은?

① 주변을 조용하게 해준다.
② 요의나 변의는 최대한 참을 수 있도록 훈련한다.
③ 대상자가 둔부를 들게 하고 요양보호사가 한 손으로 변기를 밀어 넣어준다.
④ 항문에서 요도 쪽으로 닦아준다.
⑤ 몸을 옆으로 돌려 눕히고 방수포를 깐다.

정답 및 해설 표준교재 379~381쪽

① 배설 시 소리 나는 것에 부담을 느끼지 않도록 변기 안에 화장지를 깔고 텔레비전을 켜거나 음악을 틀어 놓는다.
② 요의나 변의가 생기면 즉시 배설을 돕는다.
④ 요도에서 항문 쪽으로 닦는다.
⑤ 둔부를 들고 방수포를 깐다.

정답 ③

41 이동변기를 사용하는 대상자를 돕는 방법으로 옳은 것은?

① 대상자의 손에 남아 있는 잔변물은 소독제로 닦아준다.
② 밖에서 기다리면서 대상자가 문제없이 용변을 보는지 신경 쓴다.
③ 이동변기는 하루에 한 번 세척한다.
④ 배설 중에는 하반신을 노출시킨다.
⑤ 움직이기 힘들어하는 대상자의 경우 이동변기는 90°로 비스듬히 붙인다.

정답 및 해설 표준교재 382~384쪽

① 대상자의 손에 남아 있는 잔변물은 물과 비누로 씻는다.
③ 이동변기는 매번 세척한다.
④ 하반신을 수건이나 무릎덮개로 덮어준다.
⑤ 움직이기 힘들어하는 대상자의 경우 안아서 옮겨야 하므로 침대 난간에 이동변기를 빈틈없이 붙인다.

정답 ②

42 대상자의 기저귀 교환방법으로 옳은 것은?

① 바지를 내리고 면 덮개를 덮어준다.
② 허리를 들 수 있는 대상자는 옆으로 눕혀서 교환한다.
③ 기저귀의 안쪽 면이 보이도록 말아 넣는다.
④ 회음부는 뒤에서 앞으로 닦는다.
⑤ 기저귀가 뭉치지 않도록 잘 펴준다.

정답 및 해설 표준교재 384~386쪽

① 면 덮개로 덮고 바지를 내린다.
② 무릎을 세우고 똑바로 누운 상태에서 기저귀를 교환한다.
③ 기저귀의 바깥쪽 면이 보이도록 말아 넣는다.
④ 회음부는 앞에서 뒤로 닦아준다.

정답 ⑤

43 감염예방을 위한 유치도뇨관의 소변주머니 관리 방법으로 옳은 것은?

① 소변주머니는 방광보다 낮게 둔다.
② 보행 시 연결관을 잠가 둔다.
③ 금기 사항이 없는 한 수분 섭취를 제한한다.
④ 소변주머니는 하루에 한 번 비워준다.
⑤ 침대에서 움직이는 것은 제한한다.

정답 및 해설 표준교재 387~388쪽

② 소변주머니를 방광보다 밑으로 가도록 두고 보행한다.
③ 수분 섭취를 권장한다.
④ 2~3시간마다 소변 양과 색을 확인하며 비운다.
⑤ 침대에서 자유로이 움직일 수 있다.

정답 ①

44 대상자에게 칫솔질을 할 때 유의사항으로 옳은 것은?

① 많은 양의 치약을 짜서 거품이 가득 차게 한다.
② 치약이 솔 사이에 끼어 들어가게 한다.
③ 구토가 유발될 수 있으니 혀는 닦지 않는다.
④ 칫솔을 옆으로 강하게 문지르며 닦는다.
⑤ 혈액응고장애가 있는 대상자는 치실을 반드시 사용하게 한다.

정답 및 해설 표준교재 397~399쪽

① 치약의 양이 많으면 칫솔질이 어렵고 청량감 때문에 치아가 잘 닦였다고 오해할 수 있으므로 많이 짜지 않는다.
③ 혀까지 잘 닦는다.
④ 잇몸이 닳아져 시리게 되므로 잇몸에서 치아 쪽으로 부드럽게 닦는다.
⑤ 혈액응고장애가 있는 대상자는 출혈 가능성이 있으므로 치실을 사용하지 않는다.

정답 ②

45 침상에서 대상자의 머리를 감기는 방법으로 옳은 것은?

① 남아 있는 물기는 자연건조시킨다.
② 베개를 치우고 침대 중앙에 머리가 오도록 한다.
③ 허리 아래에 수건을 놓아 복부 위까지 감싼다.
④ 젖은 머리를 건조할 때 머리카락을 비비지 않고 가볍게 두드려 물기를 제거한다.
⑤ 얼굴 전체에 수건을 올려놓는다.

정답 및 해설 표준교재 403~405쪽

① 남아 있는 물기는 헤어드라이어로 말린다.
② 침대모서리에 머리가 오도록 몸을 비스듬히 한다.
③ 어깨 아래에 수건을 놓아 어깨 아래에서 가슴 위까지 감싼다.
⑤ 눈에 수건을 올려놓는다.

정답 ④

46 목욕이나 샤워를 할 수 없는 여성 대상자의 경우 회음부 청결을 유지해야 하는 이유는?

① 피부 발진이 발생하기 때문에
② 피부가 건조해지기 때문에
③ 피부 소양감이 증가하기 때문에
④ 수치심을 느끼기 때문에
⑤ 방광염, 요로감염의 원인이 되기 때문에

정답 및 해설 표준교재 408쪽

목욕이나 샤워를 할 수 없는 경우 여성의 회음부는 분비물로 더러워지기 쉽고 악취가 나며, 이는 방광염, 요로감염의 원인이 되므로 청결을 유지하는 것이 중요하다.

정답 ⑤

47 대상자의 침상목욕 돕기를 할 때 말초 부위에서 중심부로 닦아주는 이유는?

① 정맥 혈액을 심장 쪽으로 밀어 올리기 위해
② 장운동을 활발하게 하기 위해
③ 욕창을 예방하기 위해
④ 피부염증을 줄이기 위해
⑤ 피부상태를 청결히 하기 위해

정답 및 해설 표준교재 419쪽

손목 쪽에서 팔 쪽, 발끝에서 허벅지 쪽으로 닦는다. 말초 부위에서 몸의 중심부로 닦으면 정맥 혈액을 심장 쪽으로 밀어 올리는 데에 도움이 되기 때문이다.

정답 ①

48 오른쪽 편마비 대상자가 수액을 맞고 있을 때 단추 있는 옷을 벗기는 순서로 옳은 것은?

① 오른쪽 팔 → 수액 → 왼쪽 팔
② 오른쪽 팔 → 왼쪽 팔 → 수액
③ 수액 → 왼쪽 팔 → 오른쪽 팔
④ 왼쪽 팔 → 오른쪽 팔 → 수액
⑤ 왼쪽 팔 → 수액 → 오른쪽 팔

정답 및 해설 표준교재 432쪽

옷을 벗길 때는 건강한 쪽부터 벗긴다. 수액은 항상 가운데에 위치한다.

정답 ⑤

49 오른쪽 편마비 대상자를 침대에서 일으켜 앉히는 방법으로 옳은 것은?

① 요양보호사는 대상자의 오른쪽에 선다.
② 대상자의 양쪽 무릎을 굽혀 세운 후 왼쪽이 위로 오게 돌려 눕힌다.
③ 요양보호사의 팔을 대상자의 목 밑으로 넣어 등과 어깨를 지지한다.
④ 요양보호사의 반대 손은 대상자의 허리를 지지하여 일으켜 앉힌다.
⑤ 대상자가 오른손으로 짚고 일어날 수 있게 한다.

> **정답 및 해설** 표준교재 439쪽
>
> ① 요양보호사는 대상자의 건강한 쪽(왼쪽)에 선다.
> ② 마비된 쪽(오른쪽)이 위로 오게 돌려 눕힌다.
> ④ 요양보호사의 반대 손은 엉덩이 또는 넙다리를 지지하여 일으켜 앉힌다.
> ⑤ 대상자가 건강한 쪽 손(왼손)으로 짚고 일어날 수 있게 한다.
>
> **정답** ③

50 대상자의 등 근육을 쉬게 해주기 위해 엎드린 자세(복위)를 취해 줄 때 아랫배에 낮은 베개를 놓아 주는 이유는?

① 미끄러져 내려가지 않게 하기 위해서
② 욕창을 예방하기 위해서
③ 넙다리의 긴장을 완화하기 위해서
④ 허리 앞굽음을 감소시켜 편안함을 제공하기 위해서
⑤ 원활한 호흡을 유지하기 위해서

> **정답 및 해설** 표준교재 443쪽
>
> 대상자의 아랫배에 낮은 베개를 놓아 주면 허리 앞굽음을 감소시켜 편안한 자세가 된다. 아랫배와 발목 밑에 작은 베개 등을 받치면 허리와 넙다리의 긴장을 완화할 수 있다.
>
> **정답** ④

51 다음 그림과 같이 휠체어에 앉은 대상자를 두 사람이 침대로 옮기는 방법을 옳게 설명한 것은?

① 휠체어는 침대에 평행하게 붙여 놓는다.
② 키가 크고 힘센 사람이 대상자 다리 바깥쪽에 선다.
③ 대상자 뒤에 선 사람은 대상자의 겨드랑이 아래로 팔을 넣어 가슴을 잡는다.
④ 다리 쪽에 선 사람의 한 손은 종아리 아래, 다른 한 손은 발목을 잡는다.
⑤ 힘이 비교적 약한 사람이 대상자 뒤쪽에 선다.

> **정답 및 해설**　　　　　　　　　　　　　　　　　표준교재 455~456쪽
>
> ② 키가 크고 힘센 사람이 대상자 뒤에 선다.
> ③ 대상자의 뒤에 선 사람은 대상자의 겨드랑이 아래로 팔을 넣어 대상자의 팔을 잡는다.
> ④ 다리 쪽에 선 사람의 한 손은 종아리 아래, 다른 한 손은 대퇴 아래에 넣는다.
> ⑤ 힘이 비교적 약한 사람이 대상자 다리 바깥쪽에 선다.
>
> **정답** ①

52 왼쪽 다리가 약한 대상자가 보행기를 사용하여 이동하는 순서로 옳은 것은?

① 오른쪽 다리와 보행기 → 왼쪽 다리
② 왼쪽 다리와 보행기 → 오른쪽 다리
③ 보행기 → 오른쪽 다리 → 왼쪽 다리
④ 보행기 → 왼쪽 다리 → 오른쪽 다리
⑤ 왼쪽 다리 → 보행기 → 오른쪽 다리

> **정답 및 해설**　　　　　　　　　　　　　　　　　표준교재 467~468쪽
>
> 한쪽 다리만 약한 경우 약한 다리와 보행기를 함께 앞으로 한 걸음 정도 옮긴다. 그다음 건강한 다리를 앞으로 옮긴다.
>
> **정답** ②

53 지팡이를 사용하여 걷기를 하는 대상자를 따라 걷는 방법으로 옳은 것은?

① 마비된 손으로 지팡이를 사용하도록 한다.
② 발 옆으로 15cm 지점에 지팡이 끝을 내밀게 한다.
③ 대상자와 비스듬히 약 50cm 뒤에서 속도를 맞춰 걷는다.
④ 방향 전환을 할 때는 건강한 쪽을 지팡이 쪽으로 내민다.
⑤ 마비된 쪽 다리에 체중을 실어 원을 그리듯이 천천히 방향을 바꾼다.

> **정답 및 해설**　　　　　　　　　　　　　　　　　　　표준교재 464쪽
> ① 건강한 손으로 지팡이를 사용하도록 한다.
> ② 발 앞 15cm, 바깥쪽 옆 15cm 지점에 지팡이 끝을 내민다.
> ④ 방향 전환을 할 때는 마비된 쪽을 지팡이 쪽으로 내민다.
> ⑤ 건강한 쪽 다리에 체중을 실어 원을 그리듯이 천천히 방향을 바꾼다.
>
> **정답** ③

54 다음 그림과 같은 이동변기를 안전하게 사용하는 방법으로 옳은 것은?

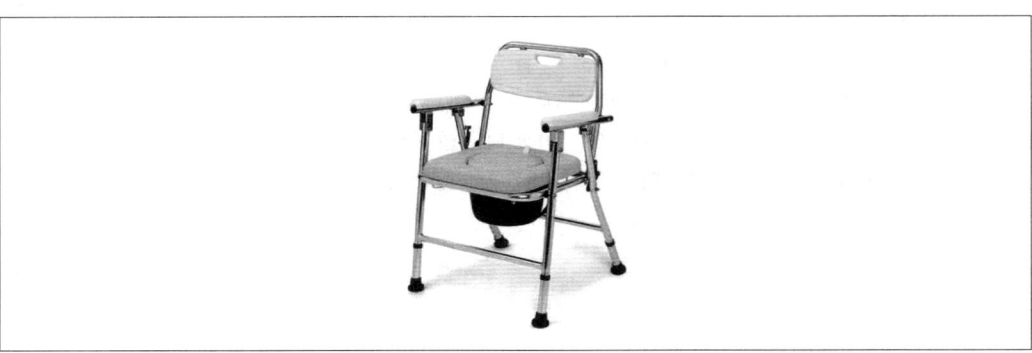

① 변기의 한쪽 손잡이만 잡고 일어선다.
② 좌변기 시트에 올라서서 용변을 본다.
③ 네 개의 다리 높이가 모두 달라야 한다.
④ 변기통이 있는지 확인하고 사용한다.
⑤ 사용한 변기통은 직사광선이 내리쬐는 곳에 보관한다.

> **정답 및 해설**　　　　　　　　　　　　　　　　　　　표준교재 472～473쪽
> ① 한쪽 손잡이만 잡고 일어서지 말아야 한다.
> ② 좌변기 시트에 올라서지 않는다.
> ③ 네 개의 다리가 지면에 완전히 고정되어 있어야 한다.
> ⑤ 사용한 변기통은 서늘한 곳에 보관한다.
>
> **정답** ④

55 재가 대상자의 식사 준비 방법으로 옳은 것은?

① 치아 문제로 음식을 잘 씹지 못하는 경우 부드러운 재료를 선택한다.
② 생선은 오래 삶으면 부드러워지나 육류는 오래 삶으면 질기고 딱딱해진다.
③ 국수 등 면을 삶을 때는 소금으로 간을 한다.
④ 식재료나 물품의 구매내역은 요양보호사가 결정한다.
⑤ 간을 맞출 때는 간장보다 소금을 이용한다.

정답 및 해설
표준교재 525~529쪽

② 육류는 오래 삶으면 부드러워지나 생선은 오래 삶으면 질기고 딱딱해진다.
③ 국수 등 면을 삶을 때는 소금 간을 따로 하지 않는다.
④ 식재료나 관련 물품의 구매내역은 대상자와 충분히 상의한 후 결정한다.
⑤ 소금보다 다양한 풍미가 있는 간장을 이용한다.

정답 ①

56 냉장·냉동식품 보관 방법으로 옳은 것은?

① 냉장실에 음식을 보관할 경우 용기 사이를 띄우지 않는다.
② 음식 조리 후 뜨거운 상태에서 냉장고에 넣는다.
③ 구입 날짜 또는 유통기한을 기록해둔다.
④ 오래 보관할 식품은 문 쪽에 보관한다.
⑤ 조리한 음식과 날음식은 함께 보관한다.

정답 및 해설
표준교재 540쪽

① 냉기 순환을 방해하지 않도록 용기 사이를 띄어 놓는다.
② 뜨거운 음식은 주변 식품의 온도를 높이므로 충분히 식힌 후 넣는다.
④ 문 쪽은 온도변화가 심하므로 안쪽에 보관한다.
⑤ 조리한 음식과 날음식은 구분하고, 밀폐용기에 넣거나 포장하여 세균의 오염을 막는다.

정답 ③

57 다음 그림과 같이 건조해야 하는 의류로 옳은 것은?

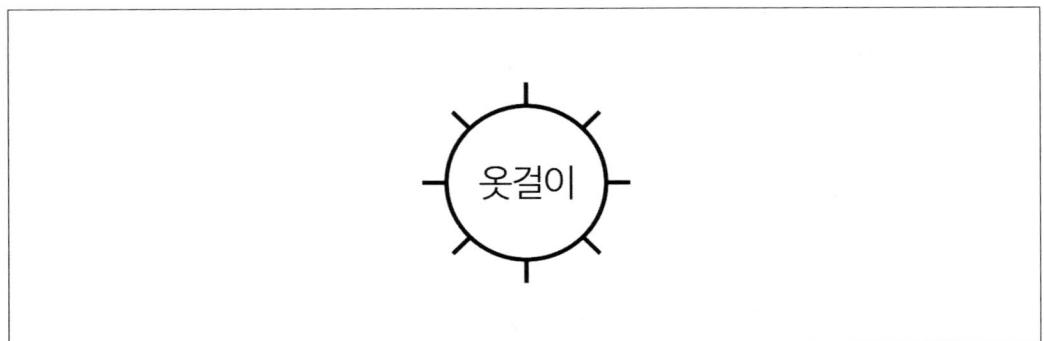

① 청바지
② 꽃무늬가 그려진 원피스
③ 분홍색 스웨터
④ 흰색 면 티셔츠
⑤ 노란색 니트 가디건

정답 및 해설 표준교재 552쪽

① 청바지는 색이 바래지 않게 하기 위해 뒤집은 후 지퍼를 열고 그늘에서 건조한다.
② 꽃무늬가 그려진 원피스는 햇볕에 말리면 변색될 수 있으므로 그늘에서 말린다.
③·⑤ 니트류(스웨터 등)는 그늘에서 채반에 펴서 말린다.

정답 ④

58 치매 대상자의 가족에게 조언 및 정보를 제공하는 방법으로 옳은 것은?

① 질병과 증상에 대한 대처 방법을 기계적으로 알려준다.
② 필요로 하는 적절한 정보를 알려주고 가족 스스로 결정하게 한다.
③ 가족이 기존에 행하던 방법이 아닌 다른 방법을 권유한다.
④ 치매 대상자의 가족들이 잘못하고 있는 방법에 대해서는 충고나 지적을 한다.
⑤ 조언은 치매 대상자의 가족에게 도움이 되지 않으니 하지 않는다.

정답 및 해설 표준교재 578쪽

①·③ 가족들에게 존중받지 못한다는 느낌을 받게 한다.
④ 충분한 이해와 설명의 과정을 거쳐야 한다.
⑤ 적절한 조언은 치매 대상자 가족으로부터 긍정적인 기능을 이끌어 낼 수 있다.

정답 ②

59 치매 대상자가 실금한 경우 대처 방법으로 옳은 것은?

① 변실금이 있는 경우 섬유질 섭취를 늘린다.
② 요실금이 있는 경우 밤에는 2시간 간격으로 배뇨훈련을 한다.
③ 방광을 확실히 비우기 위해 치골상부를 눌러준다.
④ 실금이 반복될 수 있으니 젖은 옷은 시간을 두었다가 갈아입힌다.
⑤ 실금으로 젖은 신체 부위는 씻긴 후 보습을 위해 물기는 그대로 둔다.

> **정답 및 해설** 표준교재 585~586쪽
>
> ① 대변이 무르지 않도록 섬유질 섭취를 조절한다.
> ② 밤에는 4시간 간격으로 배뇨훈련을 한다.
> ④ 가능한 한 빨리 더러워진 옷을 갈아입힌다.
> ⑤ 신체 부위는 씻기고 말려 피부를 깨끗이 유지하게 한다.
>
> **정답** ③

60 치매 대상자의 개인위생 돕기 방법으로 옳은 것은?

① 부착용 접착천 대신 단추로 된 옷을 이용한다.
② 자신의 옷이 아니라고 하면 옷 라벨에 이름을 써 둔다.
③ 치아가 없는 치매 대상자도 식후에 양치질을 해준다.
④ 단단한 칫솔을 사용하여 잇몸 출혈을 방지한다.
⑤ 대상자를 욕실 내에 잠시 혼자 머무르게 해도 된다.

> **정답 및 해설** 표준교재 586~588쪽
>
> ① 단추 대신 부착용 접착천으로 된 옷을 이용한다.
> ③ 치아가 없는 대상자는 식후 물이나 차로 입안을 깨끗이 해준다.
> ④ 부드러운 칫솔을 사용한다.
> ⑤ 대상자를 욕실 내에 혼자 머무르게 하지 않기 위해 목욕 전에 물품을 확인한다.
>
> **정답** ②

61 치매 대상자에게 안전한 환경을 조성하기 위한 방법으로 옳은 것은?

① 밤에는 화장실 전등을 꺼둔다.
② 침대는 벽에서 먼 곳에 배정한다.
③ 유리창에는 그림을 붙여 놓는다.
④ 온수기의 온도는 높여둔다.
⑤ 과일 모양의 자석을 냉장고에 부착시켜 놓는다.

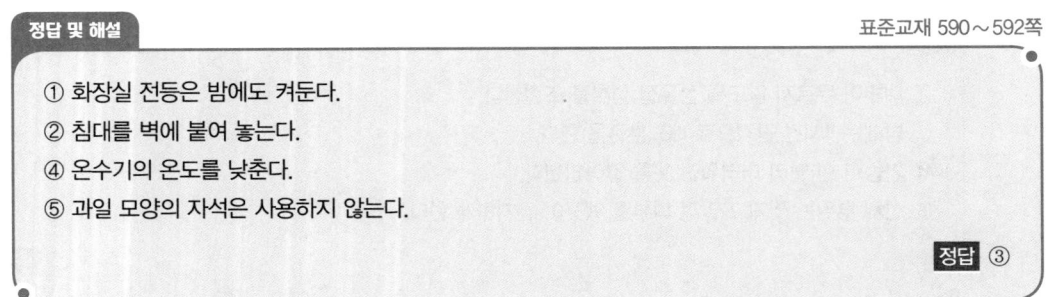

정답 및 해설 표준교재 590~592쪽

① 화장실 전등은 밤에도 켜둔다.
② 침대를 벽에 붙여 놓는다.
④ 온수기의 온도를 낮춘다.
⑤ 과일 모양의 자석은 사용하지 않는다.

정답 ③

62 재가 치매 대상자가 서랍장 안에 있는 물건을 모두 꺼내어 던지는 행동을 반복할 때 요양보호사의 적절한 반응은?

① "찾으시는 물건이 있는 거예요?"
② "물건 정리하려면 힘이 들 것 같으니 그만해주세요."
③ "그렇게 계속 던지시면 센터장님에게 이야기할 겁니다."
④ "멋진 양말이 있네요. 이 양말 신고 산책 가요."
⑤ "자꾸 그렇게 하시면 서랍장에 잠금장치 설치할 거예요."

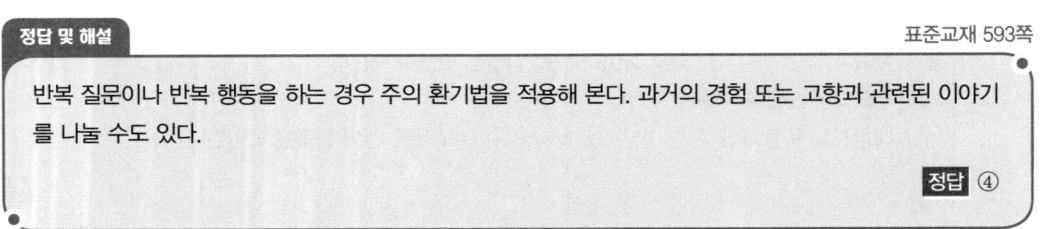

정답 및 해설 표준교재 593쪽

반복 질문이나 반복 행동을 하는 경우 주의 환기법을 적용해 본다. 과거의 경험 또는 고향과 관련된 이야기를 나눌 수도 있다.

정답 ④

63 치매 대상자가 음식을 지나치게 많이 먹으려고 할 때 대처 방법으로 옳은 것은?

① 화를 내거나 대립하지 않는다.
② 소화불량이 올 수 있으니 조금만 먹으라고 설득한다.
③ 빨리 먹을 수 있도록 속도를 조절한다.
④ 오래 씹을 수 있도록 딱딱한 음식을 제공한다.
⑤ 같은 종류의 음식을 제공한다.

정답 및 해설 표준교재 594~595쪽

"지금 준비하고 있으니까 조금만 기다리세요."라고 친절하게 말해준다.

정답 ①

64 다음 상황에서 요양보호사가 적절하게 반응한 것은?

> 치매 대상자 : "내 옷이 없어졌어. 옆방에 있는 할멈이 가져간 게 확실해. 지난번에 내 옷장을 뒤지고 있더라고."
> 요양보호사 : (   )

① "옆방 할머니는 어르신보다 작아서 사이즈가 안 맞을 거예요."
② "그렇게 잘해주는 옆방 할머니를 왜 의심하세요?"
③ "그러네요. 진짜 옷이 없어졌네요. 제가 찾는 거 도와드릴게요."
④ "옆방 할머니가 언제 옷장을 뒤졌나요? 저는 못 봤는데요."
⑤ "옆방 할머니가 아니고 딸이 가져갔잖아요."

정답 및 해설 표준교재 597~598쪽

요양보호사는 대상자와 함께 없어진 물건을 찾아보고 그 물건을 대상자가 직접 발견하도록 유도한다.

정답 ③

65 배회 가능성이 있는 대상자를 돕기 위한 방법으로 옳은 것은?

① 암막 커튼을 이용해서 실내를 어둡게 한다.
② 현관문은 항상 열어둔다.
③ 주소, 전화번호가 적힌 이름표를 옷에 꿰매어 준다.
④ 라디오는 크게 틀어 놓는다.
⑤ 복잡한 일거리를 주어 에너지를 소모하게 한다.

> **정답 및 해설** 표준교재 596~597쪽
>
> ① 집 안을 어둡게 하지 않는다.
> ② 창문 등 출입이 가능한 모든 곳의 문을 잠근다.
> ④ 소음은 착각과 환각을 일으킬 수 있다.
> ⑤ 단순한 일거리를 준다.
>
> **정답** ③

66 치매 대상자가 다음과 같은 정신행동증상을 보일 때 적절한 돌봄 방법으로 옳은 것은?

> 배설한 것을 인지하지 못하고 의자에 앉아 있거나 하던 행동만 반복한다.

① 배변한 것을 왜 모르냐며 감정을 다그친다.
② 식사량과 음료 양을 줄여준다.
③ 대변을 봤으면 말을 꼭 해줘야 한다고 알려준다.
④ 자존심을 유지할 수 있도록 대상자 뒤에 서서 신속하게 옷을 갈아입힌다.
⑤ 실금이 장기적으로 나타나는 경우 기저귀를 착용하게 한다.

> **정답 및 해설** 표준교재 703쪽
>
> 배설한 것을 인지하지 못하는 치매 대상자를 돌볼 때는 차분한 태도로 신속히 해결해 준다. 대상자에게 화를 내거나 비난하지 않으며 대상자의 자존심을 유지할 수 있는 세심한 배려가 필요하다. 실금이 장기적으로 반복되는 경우 의사와 상담도 필요하다.
>
> **정답** ④

67 치매 대상자와 의사소통할 때 지켜야 하는 기본원칙으로 옳은 것은?

① 큰 목소리로 말하거나 목소리의 톤을 높여준다.
② 한 번에 두세 개의 질문을 한다.
③ 유행어나 외래어를 적절히 사용한다.
④ 대상자가 이해하지 못하면 반복하여 설명한다.
⑤ 이유를 묻는 질문을 한다.

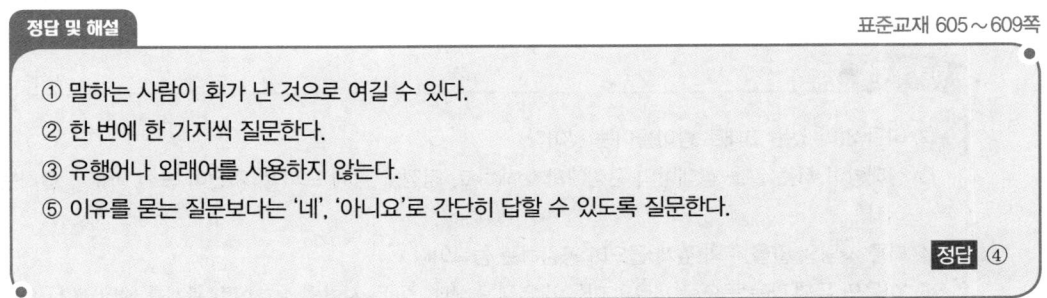

정답 및 해설 표준교재 605~609쪽

① 말하는 사람이 화가 난 것으로 여길 수 있다.
② 한 번에 한 가지씩 질문한다.
③ 유행어나 외래어를 사용하지 않는다.
⑤ 이유를 묻는 질문보다는 '네', '아니요'로 간단히 답할 수 있도록 질문한다.

정답 ④

68 치매 대상자와 다음과 같은 프로그램을 할 때 향상될 수 있는 인지기능은?

- 채소 그림과 그 밑 숫자의 짝을 기억했다가 그림 아래 빈칸에 숫자를 짝지어 보게 한다.
- 프로그램을 진행한 후에는 나왔던 물건 이름을 질문한다.

① 공간능력
② 지남력
③ 표현력
④ 언어능력
⑤ 기억력

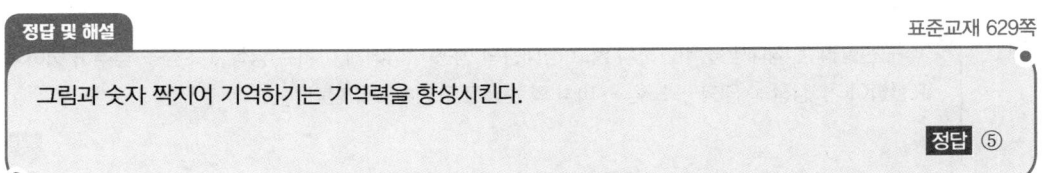

정답 및 해설 표준교재 629쪽

그림과 숫자 짝지어 기억하기는 기억력을 향상시킨다.

정답 ⑤

69 요양보호사와 대상자 모두에게 정리할 시간을 주며, 가치 있는 치료적 도구로 작용하여 대상자로 하여금 말할 수 있는 용기를 제공하는 의사소통 기술은?

① 침 묵
② 수 용
③ 공 감
④ 경 청
⑤ 라 포

정답 및 해설 표준교재 289쪽

② 비판 없이 있는 그대로 받아들이는 것이다.
③ 상대방이 하는 말을 상대방의 관점에서 이해하고, 감정을 함께 느끼며, 자신이 느낀 바를 전달하는 것이다.
④ 다른 사람의 말을 주의 깊게 들으며 공감하는 능력이다.
⑤ '마음의 유대'라는 뜻으로 서로의 마음이 연결된 상태, 즉 두 사람의 상호신뢰 관계를 나타낸다.

정답 ①

70 식사 후에 양치질을 하지 않으려는 대상자에게 '나 – 전달법'으로 올바르게 의사소통한 것은?

① "자꾸 안 하시면 저랑 치과 가셔야 합니다."
② "저도 양치 안 하고 싶을 때 많아요."
③ "양치질을 하지 않으시니 충치가 생길까 봐 걱정돼요."
④ "힘들어도 참고 하셔야지요."
⑤ "좋은 칫솔로 바꾸어 드릴게요."

정답 및 해설 표준교재 288쪽

'나 – 전달법'은 상대방을 비난하지 않고 상대방의 행동이 나에게 미치는 영향에 초점을 맞추어 이야기하는 표현법이다. '상황 → 영향 → 느낌 → 바람'의 순서로 표현하도록 한다.

정답 ③

71 다음과 같은 방법으로 의사소통해야 하는 대상자는?

- 신체접촉을 하기 전에 먼저 말을 건넨다.
- 사물의 위치를 시계 방향으로 설명한다.
- 이해하기 쉬운 언어를 사용한다.

① 언어장애 대상자
② 시각장애 대상자
③ 지남력장애 대상자
④ 치매로 인한 장애 대상자
⑤ 노인성 난청 대상자

정답 및 해설 표준교재 293쪽

정답 ②

72 다음과 같은 대처와 의사소통을 해야 하는 치매 대상자의 상황으로 옳은 것은?

- 불안의 원인 파악하기
- 좋아하는 일을 자주 하게 하고 그것에 집중할 수 있게 하기
- 스킨십을 자주하며 사랑받는 느낌 들게 하기

① 환 각
② 무감동
③ 불 안
④ 배 회
⑤ 공격성

정답 및 해설 표준교재 296~297쪽

과거 감정으로부터의 기인, 외로움, 독립성 상실, 자녀에게 짐이 된다는 걱정, 치매 증상에 의한 무기력 등이 원인이 된 불안 상황이다.

정답 ③

73 대상자가 노인복지관에서 서예교실에 참석해서 적극적으로 활동하는 것은 어떤 여가활동 유형에 해당하는 것인가?

① 운동 활동
② 사교오락 활동
③ 자기계발 활동
④ 가족중심 활동
⑤ 소일 활동

정답 및 해설

표준교재 299쪽

장기요양 대상자의 여가활동 유형과 내용
- 자기계발 활동 : 책 읽기, 독서교실, 그림 그리기, 서예교실, 시 낭송, 악기 연주, 백일장, 민요교실, 창작 활동 등
- 가족중심 활동 : 가족 소풍, 가족과의 대화, 외식나들이 등
- 종교참여 활동 : 교회 · 사찰 · 성당 가기 등
- 사교오락 활동 : 영화 · 연극 · 음악회 · 전시회 관람 등
- 운동 활동 : 체조, 가벼운 산책 등
- 소일 활동 : 텃밭 야채 가꾸기, 식물 가꾸기, 신문 보기, 텔레비전 시청, 종이접기, 퍼즐놀이 등

정답 ③

74 화재 예방 및 대처 방법으로 옳은 것은?

① 계단이 아닌 엘리베이터를 이용하여 신속하게 이동한다.
② 실내에서 소화기를 사용할 때는 문 쪽을 향해 소화기 분말을 쏜다.
③ 뜨거운 연기가 천장으로 올라가므로 올곧게 서서 이동한다.
④ 연기나 어두움으로 시야가 확보되지 않으면 두 손은 입을 가리고 이동한다.
⑤ 불길이 천장까지 닿지 않은 불이면 소화기로 신속하게 진화를 시도한다.

정답 및 해설

표준교재 658~659쪽

① 엘리베이터가 아닌 계단으로 이동해야 한다.
② 밖으로 대피할 때를 대비하여 문을 등지고 소화기 분말을 쏜다.
③ 뜨거운 연기가 천장으로 올라가므로 최대한 자세를 낮추면서 움직인다.
④ 연기나 어두움으로 시야가 확보되지 않으면 한 손은 벽을 짚으면서 이동한다.

정답 ⑤

75 감염관리를 위한 표준적 예방관리 지침으로 옳은 것은?

① 손 소독제로 손을 닦은 후 장갑을 착용한다.
② 혈액 또는 감염물질, 환자의 피부와 접촉할 때는 보안경을 착용한다.
③ 눈, 코, 입의 점막에 환자의 혈액이 묻을 우려가 있을 때는 안면 보호구를 착용한다.
④ 장갑을 벗은 즉시 손을 물로만 씻어도 미생물이 제거된다.
⑤ 대상자가 감염성 질환에 이환된 경우 혈액에 노출되지 않을 것으로 예상되면 일회용 방수성 가운은 착용하지 않아도 된다.

> **정답 및 해설**   표준교재 664쪽
>
> ① 손을 물로 씻은 다음 장갑을 착용한다.
> ② 혈액 또는 감염물질, 환자의 피부와 접촉할 때는 장갑을 착용한다.
> ④ 장갑을 벗은 즉시 비누를 사용하여 손을 씻어낸다.
> ⑤ 혈액에 노출되지 않을 것으로 예상되더라도 일회용 방수성 가운을 착용하도록 한다.
>
> **정답** ③

76 감염성 질환인 옴 관리에 대한 설명으로 옳은 것은?

① 대상자와 접촉한 모든 사람들은 증상 유무와 관계없이 치료한다.
② 감염력이 매우 높은 호흡기 질환이다.
③ 기온이 낮아지는 겨울철 발생이 가장 많다.
④ 대상자와 직접 접촉에 의해서만 전파된다.
⑤ 전신에 가려움증이 발생하며 특히 낮에 심하다.

> **정답 및 해설**   표준교재 671쪽
>
> ② 옴은 감염력이 매우 높은 감염성 피부질환이다.
> ③ 옴진드기는 더운 기온에서 움직임이 활발하며 여름철 발생이 가장 많다.
> ④ 직접 접촉과 간접 접촉(오염된 의복, 침구류, 수건, 혈압계, 체온계) 모두에 의해 전파된다.
> ⑤ 전신에 가려움증이 발생하며 특히 야간에 심하다.
>
> **정답** ①

77 대상자에게 급성 저혈압(쇼크)이 발생한 경우 구급대원이 올 때까지 다리를 높인 자세로 눕혀두는 이유는 무엇인가?

① 구토로 인한 질식을 예방하기 위해서
② 불안과 공포를 줄여주기 위해서
③ 창백해진 피부색을 회복하기 위해서
④ 심장과 뇌로 흐르는 혈액량을 증가시키기 위해서
⑤ 차가워진 손발의 체온유지를 위해서

정답 및 해설 　　　　　　　　　　　　　　　　　표준교재 674쪽

쇼크는 혈액순환에 필요한 혈액량이 부족하기 때문에 발생한다. 이때 가장 쉬운 대처 방법은 누운 채로 다리를 높이는 것이다. 이렇게 하면 중력에 의해 말초기관에 있는 혈액의 일부가 심장과 뇌로 흐를 수 있다.

정답 ④

78 대상자가 경련을 하는 경우 응급처치 방법으로 옳은 것은?

① 넥타이를 착용한 경우 꽉 조여 준다.
② 이마를 뒤로 젖혀 기도유지를 한다.
③ 대상자를 안전한 곳으로 이동시킨다.
④ 대상자 머리 아래에 딱딱한 물건을 대준다.
⑤ 대상자를 붙잡지 않고 조용히 기다리며 주의 깊게 관찰한다.

정답 및 해설 　　　　　　　　　　　　　　　　　표준교재 675~676쪽

① 넥타이를 풀어서 편하게 호흡하게 한다.
② 질식을 예방하기 위해 고개를 옆으로 돌려준다.
③ 대상자를 이동시키지 않는다.
④ 대상자에게 베개를 받쳐 머리의 손상을 보호한다.

정답 ⑤

79 가슴압박 소생술을 시행하던 중에 대상자가 정상적인 호흡과 움직임을 보이는 경우 회복자세로 옳은 것은?

① 좌 위
② 앙와위
③ 복 위
④ 우측위
⑤ 반좌위

정답 및 해설 표준교재 680~681쪽

혀나 구토물로 인해 기도가 막히는 것을 예방하고 흡인의 위험성을 줄이기 위해서 옆으로 누운 자세(우측위)를 해준다.

정답 ④

80 심폐소생술 시행 중 자동심장충격기를 사용하는 방법으로 옳은 것은?

① 심장리듬 분석 중에도 가슴압박을 시행한다.
② 충전이 완료되면 대상자의 몸을 잡고 쇼크 버튼(심장충격 버튼)을 누른다.
③ 자동심장충격기는 15분 간격으로 심장리듬 분석을 반복한다.
④ 패드는 오른쪽 빗장뼈 아래와 왼쪽 젖꼭지 아래 중간 겨드랑선에 부착한다.
⑤ 자동심장충격기의 충격이 전달된 즉시 호흡을 재확인한다.

정답 및 해설 표준교재 682~683쪽

① 심장리듬 분석 중에는 가슴압박을 멈추고 대상자에게서 손을 뗀다.
② 충전이 완료되면 모두 물러나게 하고 쇼크 버튼을 누른다.
③ 자동심장충격기는 2분 간격으로 심장리듬 분석을 자동반복한다.
⑤ 자동심장충격기의 충격이 전달된 즉시 가슴압박을 시작한다.

정답 ④

너울샘 요양보호사 9회 모의고사

01 에릭 에릭슨의 생애주기에서 노년기에 겪게 되는 위기와 변화는?
① 신뢰 대 불신
② 정체감 대 역할혼돈
③ 친밀감 대 고립감
④ 통합 대 절망
⑤ 생산성 대 자아침체

정답 및 해설 표준교재 23쪽

① 영아기
② 사춘기
③ 성년기
⑤ 중년기

정답 ④

02 노인의 가족관계 변화에 대한 설명으로 옳은 것은?
① 부부 간의 관계가 동반자로 전환되고 있다.
② 자녀가 직접 부모를 봉양하는 일이 늘어나고 있다.
③ 가치관과 세대 차이로 인해 고부갈등이 사라지고 있다.
④ 손자녀는 노년기에 활기와 탄력을 제공하지 못한다.
⑤ 형제자매 사이에 존재했던 경쟁심이나 갈등이 늘어난다.

정답 및 해설 표준교재 25~27쪽

② 자녀가 직접 노인을 봉양하는 일이 사라지고 있다.
③ 가치관과 세대 차이로 인해 여전히 고부갈등이 존재한다.
④ 손자녀는 노년기에 활기와 탄력을 제공한다.
⑤ 형제자매 사이에 존재했던 경쟁심이나 갈등이 줄어든다.

정답 ①

03 국제연합이 채택한 노인복지 원칙 중 다음에 해당하는 것은?

> 나이, 성, 인종이나 장애, 지위에 상관없이 공정하게 대우받아야 한다.

① 독립의 원칙
② 보호의 원칙
③ 자아실현의 원칙
④ 참여의 원칙
⑤ 존엄의 원칙

정답 및 해설 표준교재 38~39쪽

① 독립의 원칙 : 노인 본인의 소득, 지역사회의 지원을 통해 식량, 건강서비스를 이용할 수 있어야 한다. 또한, 일할 기회를 갖거나 다른 소득을 얻을 수 있어야 한다.
② 보호의 원칙 : 노인의 자율과 보호를 높이는 사회적·법률적인 서비스를 이용할 수 있어야 한다.
③ 자아실현의 원칙 : 노인의 잠재력을 완전히 계발할 수 있어야 한다.
④ 참여의 원칙 : 사회에 통합되어야 하고, 지역사회를 위한 봉사기회를 갖고 개발할 수 있어야 한다. 또한, 노인들을 위한 사회운동을 하고 단체를 조직할 수 있어야 한다.

정답 ⑤

04 노인장기요양보험제도에 관한 설명으로 옳은 것은?

① 급여 대상자가 시설급여를 이용하면 20%를 본인이 부담한다.
② 공단은 시설급여비용을 청구받은 경우 요양보호사에게 지급한다.
③ 단기보호는 시설급여에 해당한다.
④ 판정은 신청서를 제출한 날로부터 10일 이내에 완료한다.
⑤ 노인장기요양보험의 보험자는 국내에 거주하는 국민이다.

정답 및 해설 표준교재 49~58쪽

② 공단은 시설급여비용을 청구받은 경우 장기요양기관으로 지급한다.
③ 단기보호는 재가급여에 해당한다.
④ 판정은 신청서를 제출한 날로부터 30일 이내에 완료한다.
⑤ 노인장기요양보험의 보험자는 국민건강보험공단이다.

정답 ①

05 장기요양등급 판정 결과 및 통보에 대한 설명으로 옳은 것은?

① 장기요양등급 인정 유효기간은 최소 1년으로 한다.
② 갱신 시 직전 등급과 같은 등급을 판정받은 3등급자는 유효기간이 4년이다.
③ 장기요양기관은 장기요양인정서와 개인별장기이용계획서를 수급자에게 송부한다.
④ 장기요양 인정점수가 53점이며 일상생활에서 일정부분 도움이 필요한 자는 4등급이다.
⑤ 장기요양등급은 1~3등급까지다.

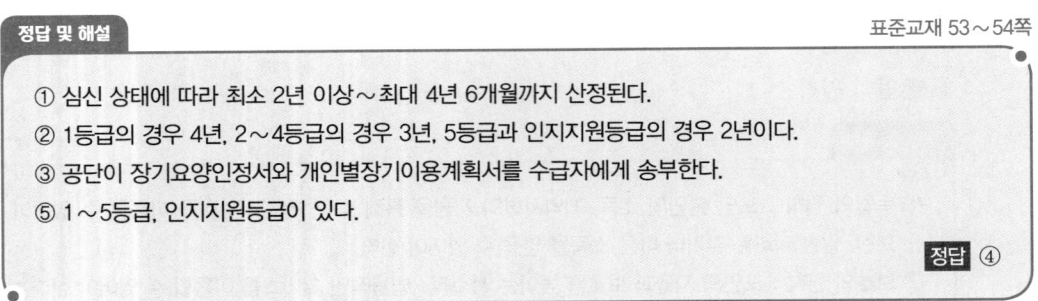

정답 및 해설   표준교재 53~54쪽

① 심신 상태에 따라 최소 2년 이상~최대 4년 6개월까지 산정된다.
② 1등급의 경우 4년, 2~4등급의 경우 3년, 5등급과 인지지원등급의 경우 2년이다.
③ 공단이 장기요양인정서와 개인별장기이용계획서를 수급자에게 송부한다.
⑤ 1~5등급, 인지지원등급이 있다.

정답 ④

06 요양보호서비스 제공 시 준수사항으로 옳은 것은?

① 대상자의 능력을 최소한 활용하면서 서비스를 제공한다.
② 가족의 생활 상담을 해준다.
③ 업무효율을 위해 수직적인 관계를 유지한다.
④ 대상자의 상태를 고려하며 서비스를 제공한다.
⑤ 서비스 제공 중 알게 된 비밀은 동료와 공유한다.

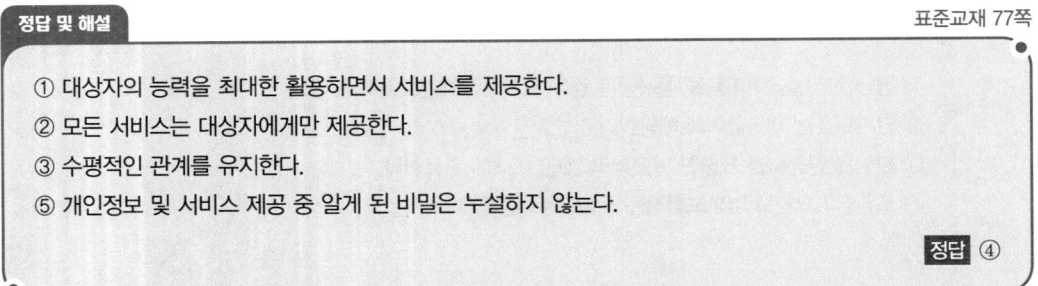

정답 및 해설   표준교재 77쪽

① 대상자의 능력을 최대한 활용하면서 서비스를 제공한다.
② 모든 서비스는 대상자에게만 제공한다.
③ 수평적인 관계를 유지한다.
⑤ 개인정보 및 서비스 제공 중 알게 된 비밀은 누설하지 않는다.

정답 ④

07 다음과 같은 상황에서 요양보호사가 수행하는 역할은?

> • 대상자의 잔존능력을 활용하여 대상자 스스로 옷을 입게 한다.
> • 침구 정리를 스스로 하고자 하신다.

① 숙련된 수발자
② 관찰자
③ 동기 유발자
④ 말벗과 상담자
⑤ 정보 전달자

정답 및 해설 표준교재 80~81쪽

③ 신체활동서비스나 일상생활지원서비스 등을 제공하는 것에 그치지 않고 대상자가 능력을 최대한 발휘하도록 동기를 유발하며 지지한다.
① 숙련된 지식과 기술로 대상자의 불편함을 경감하기 위해 서비스를 지원한다.
② 맥박, 호흡, 체온, 혈압 등의 변화와 투약 여부, 질병의 변화에 대한 증상, 심리적인 변화까지 관찰한다.
④ 의사소통 기법을 활용하여 대상자와 관계를 형성하고 대상자의 신체적·심리적·정신적 안위를 도모한다.
⑤ 대상자의 신체, 심리에 관한 정보를 전달하며 기관에 보고하는 역할이다.

정답 ③

08 다음 내용에 해당하는 시설 생활노인의 권리는?

> • 치매 등의 사유로 인간으로서 권리와 가치가 손상되지 않도록 하여야 한다.
> • 의사결정과정에 노인 또는 가족을 참여시키고 이들의 결정을 존중해야 한다.

① 신체구속을 받지 않을 권리
② 시설 내·외부 활동 및 사회적 관계에 참여할 권리
③ 존엄한 존재로 대우받을 권리
④ 사생활과 비밀보장에 대한 권리
⑤ 시설 운영과 서비스에 대한 개인적 견해를 표현하고 해결을 요구할 권리

정답 및 해설 표준교재 93~94쪽

시설장과 종사자는 노인의 인권을 존중할 의무를 지니며 노인복지법 제6조의3에 의한 인권교육을 이수하여야 하고, 시설장은 입소 노인에게 인권교육을 하도록 노력해야 한다. 생활노인, 가족, 시설장, 종사자는 막말이나 부당한 요구를 하지 않는 등 시설의 윤리적 기준을 준수해야 한다.

정답 ③

09 노인학대 유형(A)과 학대 내용(B)이 올바르게 연결된 것은?

	(A)	(B)
①	방 임	생활비 지원을 중단한다.
②	유 기	고함을 지르거나 욕을 한다.
③	신체적 학대	유언장의 내용을 변조한다.
④	정서적 학대	보청기를 제공하지 않는다.
⑤	경제적 학대	치매를 가진 노인을 고의적으로 가출하게 한다.

정답 및 해설
표준교재 105~111쪽

② 정서적 학대 : 고함을 지르거나 욕을 한다.
③ 경제적 학대 : 유언장의 내용을 변조한다.
④ 방임 : 보청기를 제공하지 않는다.
⑤ 유기 : 치매를 가진 노인을 고의적으로 가출하게 한다.

정답 ①

10 노인보호전문기관의 역할로 옳은 것은?

① 시설에 확인 업무지도 및 감독
② 시설의 학대사례 판정에 대한 자문
③ 노인학대 행위자의 형사재판을 요하는 사례에 대한 수사
④ 노인학대 판정을 위한 의학적 증언 진술
⑤ 피해노인의 법률적 보호

정답 및 해설
표준교재 113쪽

① 시·도의 역할이다.
③ 사법경찰의 역할이다.
④ 의료기관의 역할이다.
⑤ 법률기관의 역할이다.

정답 ②

11 요양보호사가 고용기관으로부터 부당행위를 당한 경우 대처 방법은?

① 장기요양요원지원센터에 상담을 신청한다.
② 고용상태를 유지하기 위해 참는다.
③ 대상자의 가족과 상황을 의논한다.
④ 근로기준법에 따른 구제를 알아본다.
⑤ 장기요양기관장을 산업안전보건법 위반으로 신고한다.

정답 및 해설 표준교재 116쪽

장기요양요원지원센터는 요양보호사의 인권보호를 위한 법적 근거로 노인장기요양보험법 제47조의2에 의거하여 장기요양요원의 권리침해에 관한 상담 및 지원, 역량강화를 위한 교육지원, 건강검진 등 건강관리를 위한 사업지원 등을 하고 있다.

정답 ①

12 대상자가 요양보호사에게 성희롱을 할 때 대처 방법으로 옳은 것은?

① 성희롱을 하는 이유를 물어본다.
② 감정적으로 대응한다.
③ 반응하지 않고 업무를 계속한다.
④ 큰 소리로 훈계한다.
⑤ 단호히 거부의사를 표현하고 담당자에게 보고한다.

정답 및 해설 표준교재 121쪽

감정적인 대응은 삼가고, 단호히 거부의사를 표현한다. 모든 피해사실에 대해 기관의 담당자에게 보고하여 적절한 조치를 취하게 한다.

정답 ⑤

13 요양보호사가 지켜야 할 직업윤리로 옳은 것은?

① 대상자의 성별에 따라 서비스 내용을 달리한다.
② 동료 요양보호사와 경쟁하는 자세를 갖는다.
③ 대상자와 수직관계임을 인식한다.
④ 대상자의 개인정보에 대해 비밀을 보장한다.
⑤ 대상자 부재 시 서비스를 제공하고 메모를 남겨둔다.

> **정답 및 해설** 　　　　　　　　　　　　　　　　　　표준교재 123쪽
>
> ① 대상자의 성별에 따라 차별 대우를 하지 않는다.
> ② 동료 요양보호사와 협조하고 조화를 이루려는 자세를 가져야 한다.
> ③ 대상자와 상호대등한 관계임을 인식한다.
> ⑤ 대상자 부재 시 방에 들어가지 말고, 다음 방문 일을 적어 메모를 남겨둔다.
>
> **정답** ④

14 재가 치매 대상자의 증상이 악화되어 서서 소변을 보는 행동을 할 때 대처 방법은?

① 서비스를 중단하겠다고 한다.
② 기저귀를 착용하게 한다.
③ 변화된 증상을 관찰하고 정확히 기록하여 보고한다.
④ 수분 섭취를 제한한다.
⑤ 재가서비스 제공이 어렵다고 하며 시설입소를 권유한다.

> **정답 및 해설** 　　　　　　　　　　　　　　　　　　표준교재 126쪽
>
> 대상자의 상태 변화를 세심하게 관찰하며 이를 정확히 기록한다.
>
> **정답** ③

15 요양보호사가 직업윤리를 준수한 사례는?

① 서비스 제공 내용은 주말에 모아서 한 번에 기록한다.
② 업무 수행을 위해 자기관리를 철저히 한다.
③ 장기 이용 대상자에게 본인부담금을 할인해 준다.
④ 대상자에게 자신의 힘든 상황을 하소연한다.
⑤ 대상자 가족으로부터 돈을 빌린다.

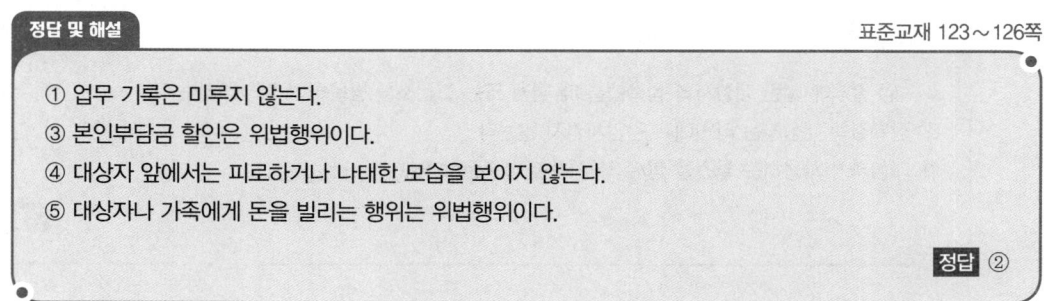

정답 및 해설   표준교재 123~126쪽

① 업무 기록은 미루지 않는다.
③ 본인부담금 할인은 위법행위이다.
④ 대상자 앞에서는 피로하거나 나태한 모습을 보이지 않는다.
⑤ 대상자나 가족에게 돈을 빌리는 행위는 위법행위이다.

정답 ②

16 근골격계 질환을 예방하기 위한 전신 스트레칭의 목적으로 옳은 것은?

① 운동신경을 감소시킨다.
② 근육의 긴장을 강화하여 부상을 예방한다.
③ 유연성을 감소시켜 관절의 가동범위를 좁힌다.
④ 혈액순환을 감소시킨다.
⑤ 관절구축 예방에 도움이 된다.

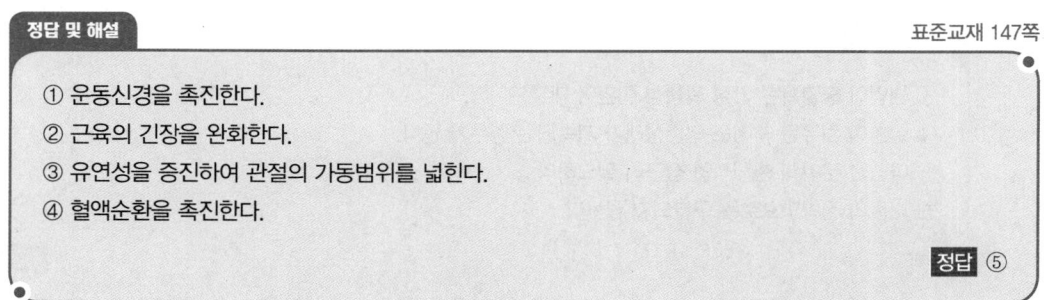

정답 및 해설   표준교재 147쪽

① 운동신경을 촉진한다.
② 근육의 긴장을 완화한다.
③ 유연성을 증진하여 관절의 가동범위를 넓힌다.
④ 혈액순환을 촉진한다.

정답 ⑤

17 요양보호사의 결핵감염 예방을 위한 방법으로 옳은 것은?

① 3개월마다 결핵 진단 검사를 받는다.
② 잠복결핵 대상자와 접촉하지 않는다.
③ 결핵 대상자가 사용했던 물건은 소각한다.
④ 결핵에 걸린 대상자와 접촉한 경우 증상이 없으면 검사를 받지 않는다.
⑤ 결핵이 의심되는 경우 대상자를 돌볼 때 마스크와 장갑을 착용한다.

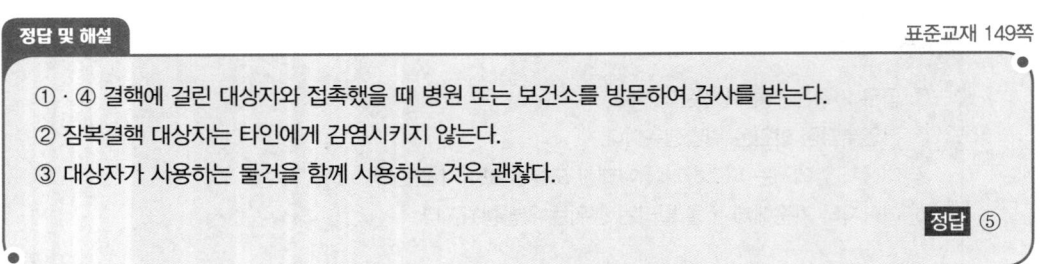

정답 및 해설   표준교재 149쪽

① · ④ 결핵에 걸린 대상자와 접촉했을 때 병원 또는 보건소를 방문하여 검사를 받는다.
② 잠복결핵 대상자는 타인에게 감염시키지 않는다.
③ 대상자가 사용하는 물건을 함께 사용하는 것은 괜찮다.

정답 ⑤

18 노인성 질환의 특성으로 옳은 것은?

① 원인이 명확한 급성 퇴행성 질환이 대부분이다.
② 질환이 치유된 후에는 완전한 자립상태를 유지한다.
③ 의학, 간호학의 접근만으로도 충분하다.
④ 약물성분이 신체 내에 오래 남아 중독 상태에 빠질 수 있다.
⑤ 기존 질병명으로도 구분이 쉽다.

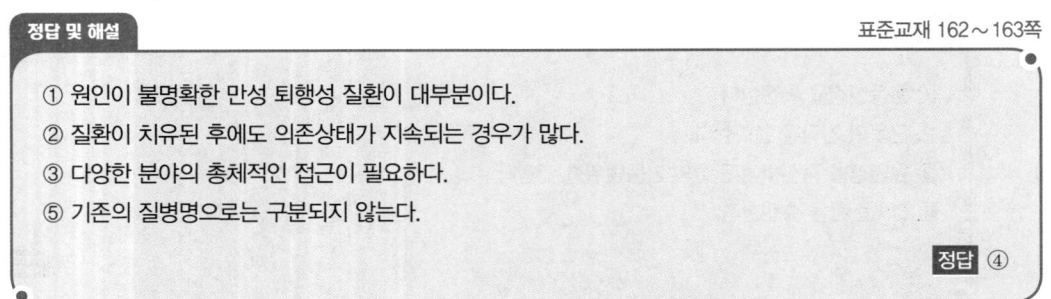

정답 및 해설   표준교재 162~163쪽

① 원인이 불명확한 만성 퇴행성 질환이 대부분이다.
② 질환이 치유된 후에도 의존상태가 지속되는 경우가 많다.
③ 다양한 분야의 총체적인 접근이 필요하다.
⑤ 기존의 질병명으로는 구분되지 않는다.

정답 ④

19 노화에 따른 피부계의 변화로 옳은 것은?

① 밤과 겨울철에 소양증은 나타나지 않는다.
② 머리카락이 두꺼워진다.
③ 입가와 뺨 등 얼굴의 털이 증가한다.
④ 피하지방이 증가한다.
⑤ 피부의 탄력성이 증가한다.

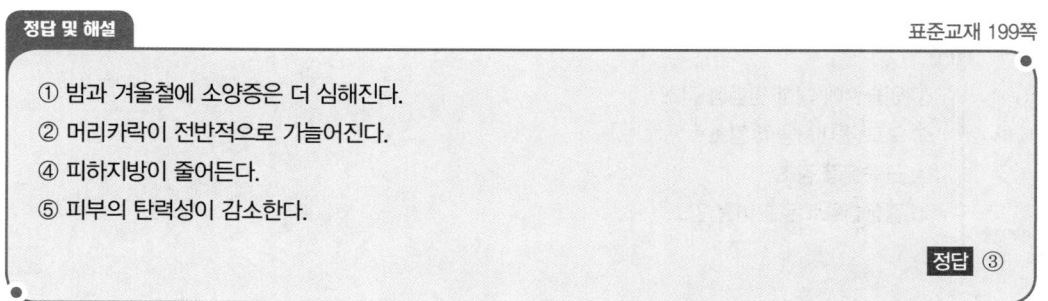

정답 및 해설   표준교재 199쪽

① 밤과 겨울철에 소양증은 더 심해진다.
② 머리카락이 전반적으로 가늘어진다.
④ 피하지방이 줄어든다.
⑤ 피부의 탄력성이 감소한다.

정답 ③

20 노화에 따른 감각기계의 변화로 옳은 것은?

① 귀지가 촉촉해진다.
② 색의 식별 능력이 증가한다.
③ 손상이나 감염에 예민해진다.
④ 지방이 늘어나 눈꺼풀에 탄력이 생긴다.
⑤ 소리의 감수성, 평형 유지에 문제가 생긴다.

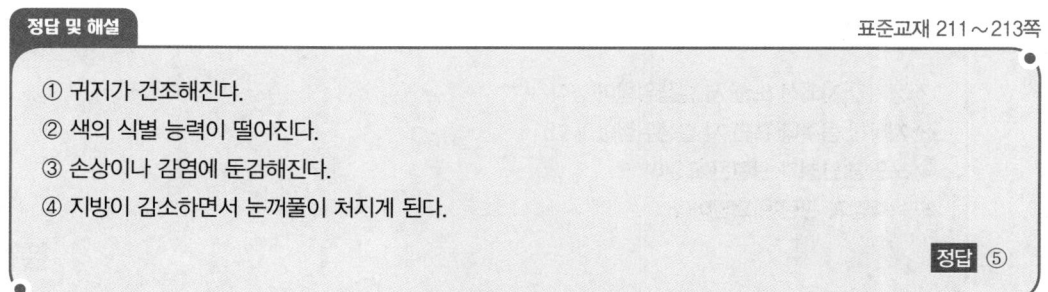

정답 및 해설   표준교재 211~213쪽

① 귀지가 건조해진다.
② 색의 식별 능력이 떨어진다.
③ 손상이나 감염에 둔감해진다.
④ 지방이 감소하면서 눈꺼풀이 처지게 된다.

정답 ⑤

21 노화에 따른 내분비계의 변화로 옳은 것은?

① 인슐린에 대한 민감성 증가
② 포도당 대사능력 증가
③ 기초대사율 감소
④ 근육질량 증가
⑤ 갑상선호르몬 분비량 증가

정답 및 해설   표준교재 217쪽

① 인슐린에 대한 민감성 감소
② 포도당 대사능력 감소
④ 근육질량 감소
⑤ 갑상선호르몬 분비량 감소

정답 ③

22 백내장 발생과 관련된 요인으로 옳은 것은?

① 스테로이드 약물 복용
② 자외선 차단
③ 금주나 금연
④ 대사 이상
⑤ 유전적 소인

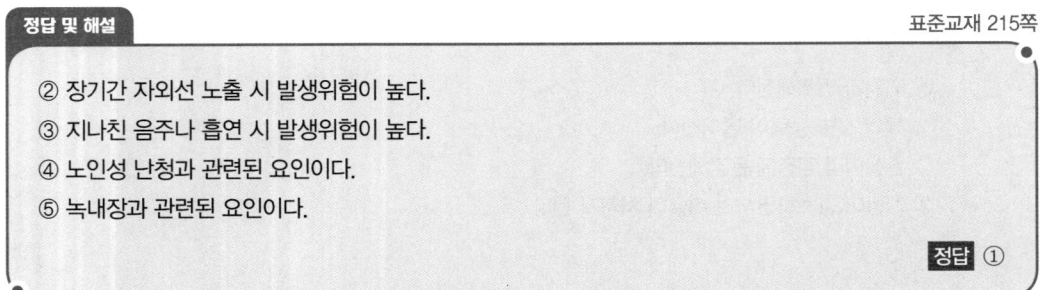

정답 및 해설   표준교재 215쪽

② 장기간 자외선 노출 시 발생위험이 높다.
③ 지나친 음주나 흡연 시 발생위험이 높다.
④ 노인성 난청과 관련된 요인이다.
⑤ 녹내장과 관련된 요인이다.

정답 ①

23 위암을 예방하는 방법으로 옳은 것은?

① 맵고 짠 음식을 자주 섭취한다.
② 헬리코박터균을 치료한다.
③ 흡연한다.
④ 위내시경으로는 조기진단이 어려우니 검사는 받지 않는다.
⑤ 악성빈혈은 치료하지 않아도 된다.

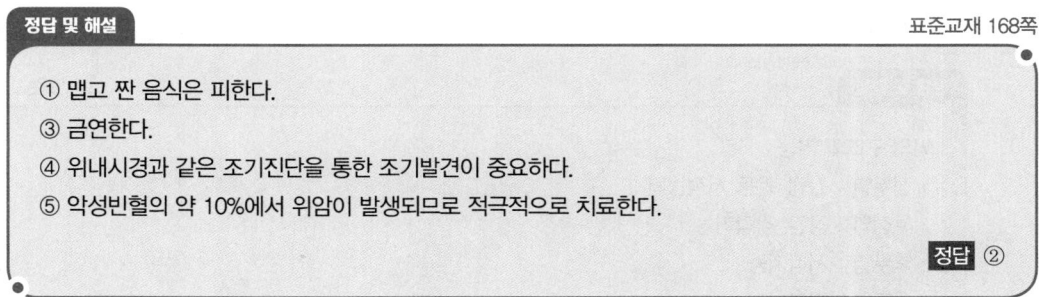

정답 및 해설 　　　　　　　　　　　　　　　　　　　표준교재 168쪽

① 맵고 짠 음식은 피한다.
③ 금연한다.
④ 위내시경과 같은 조기진단을 통한 조기발견이 중요하다.
⑤ 악성빈혈의 약 10%에서 위암이 발생되므로 적극적으로 치료한다.

정답 ②

24 대상포진의 증상으로 옳은 것은?

① 피부괴사
② 딱딱하고 변색된 피부
③ 자색 출혈반
④ 작열감을 포함한 발진
⑤ 손가락 사이의 부분 물집

정답 및 해설 　　　　　　　　　　　　　　　　　　　표준교재 204쪽

① 욕창의 증상이다.
② 머릿니의 증상이다.
③ 관련 없다.
⑤ 옴의 증상이다.

정답 ④

25 뇌의 구조와 기능이 올바르게 연결된 것은?

	구 조	기 능
①	전두엽	시각기능
②	두정엽	공간, 감각기능
③	후두엽	언어기능
④	측두엽	감정, 운동 지적능력
⑤	소 뇌	기억기능

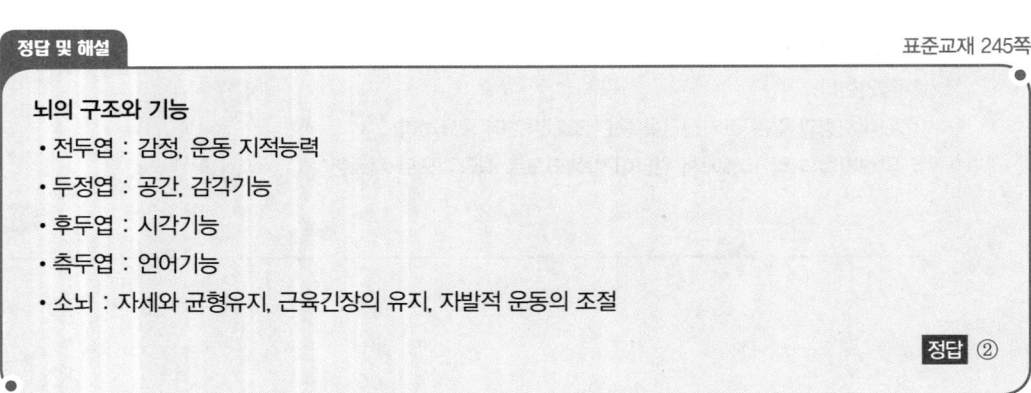

정답 및 해설　　　　　　　　　　　　　　　　표준교재 245쪽

뇌의 구조와 기능
- 전두엽 : 감정, 운동 지적능력
- 두정엽 : 공간, 감각기능
- 후두엽 : 시각기능
- 측두엽 : 언어기능
- 소뇌 : 자세와 균형유지, 근육긴장의 유지, 자발적 운동의 조절

정답 ②

26 머릿니가 있는 대상자를 돕는 방법으로 옳은 것은?

① 서캐만 확인되는 경우에도 치료가 필요하다.
② 야외활동 후에는 옷을 세탁하고 샤워를 한다.
③ 머릿니가 있는 대상자의 빗을 같이 사용한다.
④ 침구와 옷은 찬물로 세탁한다.
⑤ 방 안에 남아있는 머리카락은 그대로 둔다.

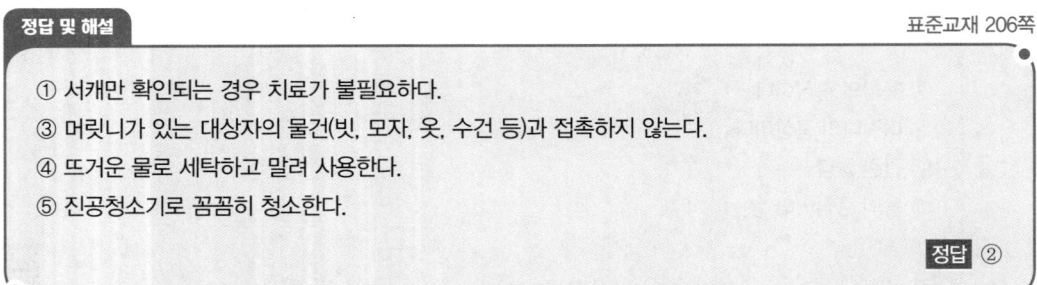

정답 및 해설　　　　　　　　　　　　　　　　표준교재 206쪽

① 서캐만 확인되는 경우 치료가 불필요하다.
③ 머릿니가 있는 대상자의 물건(빗, 모자, 옷, 수건 등)과 접촉하지 않는다.
④ 뜨거운 물로 세탁하고 말려 사용한다.
⑤ 진공청소기로 꼼꼼히 청소한다.

정답 ②

27 당뇨병 대상자의 발 관리 원칙으로 옳은 것은?

① 발톱은 둥글게 자른다.
② 양말 착용보다 맨발이 안전하다.
③ 주의 깊게 발의 상처를 관찰한다.
④ 발을 씻고 물기는 남겨둔다.
⑤ 뜨거운 곳에 노출한다.

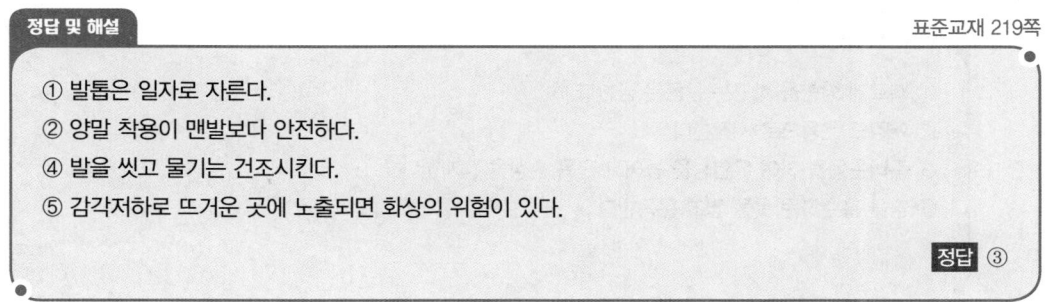

정답 및 해설   표준교재 219쪽

① 발톱은 일자로 자른다.
② 양말 착용이 맨발보다 안전하다.
④ 발을 씻고 물기는 건조시킨다.
⑤ 감각저하로 뜨거운 곳에 노출되면 화상의 위험이 있다.

정답 ③

28 우울증 대상자를 돕는 방법으로 옳은 것은?

① 실내 활동을 늘린다.
② 괜찮을 것이라는 말로 지지한다.
③ 정신과 외래를 방문하여 상담치료만 받는다.
④ 규칙적으로 운동하게 한다.
⑤ 식욕이 생길 때만 식사를 하게 한다.

정답 및 해설   표준교재 222쪽

① 모임 등 사회적 활동을 늘린다.
② 도움이 되지 않는 표현이다.
③ 상담과 약물치료를 병행한다.
⑤ 규칙적인 식사를 하게 한다.

정답 ④

29 노인의 건강증진을 위한 운동 관리법으로 옳은 것은?

① 농구, 탁구와 같은 운동을 한다.
② 고강도 운동으로 시작한다.
③ 준비운동 없이 본 운동으로 들어간다.
④ 땀이 흡수되지 않는 옷을 입는다.
⑤ 운동 중간중간에 충분히 휴식한다.

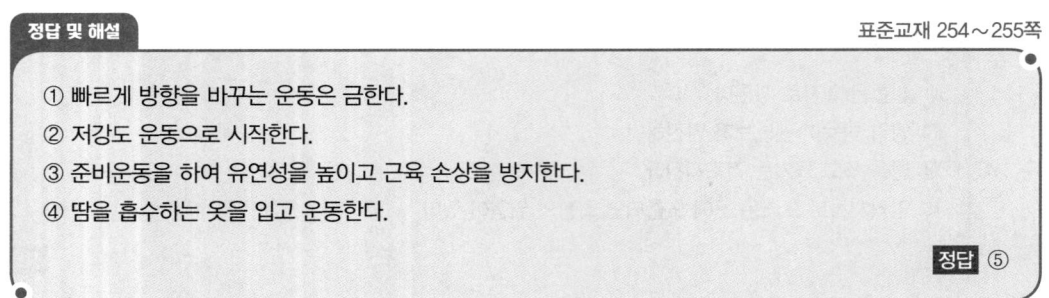

정답 및 해설 　　표준교재 254~255쪽

① 빠르게 방향을 바꾸는 운동은 금한다.
② 저강도 운동으로 시작한다.
③ 준비운동을 하여 유연성을 높이고 근육 손상을 방지한다.
④ 땀을 흡수하는 옷을 입고 운동한다.

정답 ⑤

30 노인의 건강증진을 위한 금연에 대한 설명으로 옳은 것은?

① 담배를 잠깐 끊는 것으로는 건강을 증진할 수 없다.
② 간접흡연은 질병을 유발하지 않는다.
③ 흡연은 폐암만 발생시킨다.
④ 금연 후 1년이 지나면 심장병 발병 위험이 줄어든다.
⑤ 금연을 해도 기대수명의 변화는 없다.

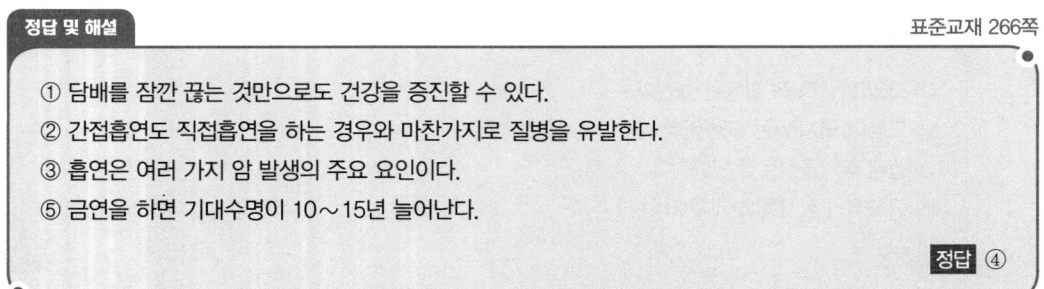

정답 및 해설 　　표준교재 266쪽

① 담배를 잠깐 끊는 것만으로도 건강을 증진할 수 있다.
② 간접흡연도 직접흡연을 하는 경우와 마찬가지로 질병을 유발한다.
③ 흡연은 여러 가지 암 발생의 주요 요인이다.
⑤ 금연을 하면 기대수명이 10~15년 늘어난다.

정답 ④

31 65세 이상 노인에게 반드시 권장하는 예방접종은?

① 폐렴구균
② 수 두
③ 말라리아
④ B형 간염
⑤ 볼거리

정답 및 해설 표준교재 270~271쪽

65세 이상 노인에게는 인플루엔자, 폐렴구균, 대상포진, 파상풍, 디프테리아 예방접종이 권장된다.

정답 ①

32 대상자에게 식사 섭취와 목욕서비스를 진행하면서 관찰한 상태를 기록하는 기록지의 종류는?

① 장기요양급여 제공기록지
② 인수인계서
③ 사고보고서
④ 상태기록지
⑤ 간호일지

정답 및 해설 표준교재 316쪽

배설, 목욕, 수분 섭취, 식사 섭취, 체위변경, 외출 등의 상태 및 제공내용을 기록하는 기록지는 상태기록지이다.

정답 ④

33 요양보호사들이 정보와 경험을 공유하고, 관리자가 기관 운영·인사·복리후생에 대한 애로사항을 듣기 위해 개최하는 회의는?

① 사례회의
② 월례회의
③ 화상회의
④ 운영회의
⑤ 연구회의

정답 및 해설　　　　　　　　　　　　　　　　　　　표준교재 343쪽

② 월례회의는 요양보호사들이 정보와 경험을 서로 공유하고, 장기요양기관이 요양보호사들에게 업무와 관련된 정보를 전달하거나 요양보호사들로부터 애로사항을 듣기 위해 개최하는 회의이다.
① 사례회의는 대상자의 상황과 제공되는 서비스를 점검하고 평가하여 대상자의 욕구에 맞는 서비스를 제공하기 위한 회의이다.

정답 ②

34 임종을 앞둔 사람들의 권리장전 내용으로 옳은 것은?

① 죽음에 대한 감정과 느낌은 절제되어야 한다.
② 돌봄을 위한 의사결정 과정에서 제외되어야 한다.
③ 고통은 당연히 참아낼 수 있어야 한다.
④ 다른 사람들의 신념에 반하는 경우 결정은 비판받을 수 있다.
⑤ 질문에는 성심껏 답변을 들어야 한다.

정답 및 해설　　　　　　　　　　　　　　　　　　　표준교재 653쪽

① 죽음에 대한 감정과 느낌은 표현할 권리가 있다.
② 돌봄을 위한 의사결정 과정에 참여할 권리가 있다.
③ 고통으로부터 자유로울 권리가 있다.
④ 다른 사람들의 신념에 반하더라도 결정을 비판받지 않을 권리가 있다.

정답 ⑤

35 사전연명의료의향서 작성 및 등록에 관한 설명으로 옳은 것은?

① 작성했더라도 의료기관에 자동으로 연동되는 것은 아니다.
② 내용 변경은 1회만 가능하다.
③ 작성하고 등록하지 않아도 효력은 발생한다.
④ 물 공급과 영양분 공급은 보류할 수 있다.
⑤ 20세 폐암 환자의 부탁으로 가족이 대리로 작성할 수 있다.

정답 및 해설 표준교재 653~654쪽

② 사전연명의료의향서는 언제든지 변경하거나 철회할 수 있다.
③ 등록기관에 등록해야만 효력이 발생한다.
④ 통증완화를 위한 의료행위와 영양분 공급, 물 공급, 산소의 단순공급은 보류하거나 중단할 수 없다.
⑤ 말기환자 또는 19세 이상 성인이 본인 스스로 작성한다.

정답 ①

36 사레를 예방하며 안전하게 식사하기 위한 자세로 옳은 것은?

① 발이 바닥에 닿지 않으면 받침대를 받쳐준다.
② 의자에 앉았을 때 식탁의 윗부분이 가슴부위에 위치하게 한다.
③ 팔걸이에 팔을 올려놓고 식사하게 한다.
④ 앉을 수 없는 경우에는 침대를 약 90° 높인다.
⑤ 마비된 경우 건강한 쪽을 베개나 쿠션으로 지지한다.

정답 및 해설 표준교재 357~358쪽

② 의자에 앉았을 때 식탁의 윗부분이 가슴과 배꼽 사이에 위치하게 한다.
③ 팔꿈치는 식탁에 올릴 수 있도록 의자를 충분히 당겨준다.
④ 앉을 수 없는 경우에는 침대를 30~60° 높인다.
⑤ 마비된 쪽을 베개나 쿠션으로 지지한다.

정답 ①

37 입으로 식사할 수 없는 대상자의 경관영양 돕기로 옳은 것은?

① 영양액은 진한 농도로 주입한다.
② 비위관이 빠지면 최대한 빨리 밀어 넣는다.
③ 영양액이 1분에 50mL 이상 주입되지 않도록 주의한다.
④ 침상머리를 낮춘 자세로 주입한다.
⑤ 영양액은 위장 높이와 같은 위치에 건다.

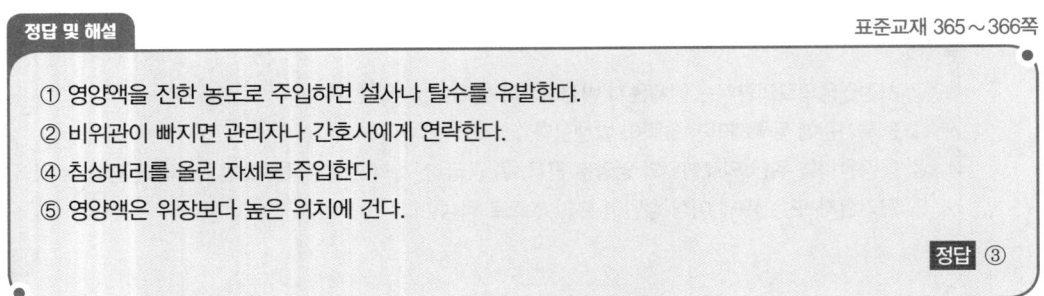

정답 및 해설 표준교재 365~366쪽

① 영양액을 진한 농도로 주입하면 설사나 탈수를 유발한다.
② 비위관이 빠지면 관리자나 간호사에게 연락한다.
④ 침상머리를 올린 자세로 주입한다.
⑤ 영양액은 위장보다 높은 위치에 건다.

정답 ③

38 오른쪽 귀의 염증을 치료하기 위해 귀약을 투여하는 방법으로 옳은 것은?

① 귀약은 뜨겁게 데운 후 점적한다.
② 면봉으로 귀지를 제거한 후 점적한다.
③ 투여 직후 왼쪽 귀를 위로 오게 하여 5분간 누워 있도록 한다.
④ 오른쪽 귀를 아래로 오게 하여 눕힌다.
⑤ 약물은 측면을 따라 정확한 방울 수를 점적한다.

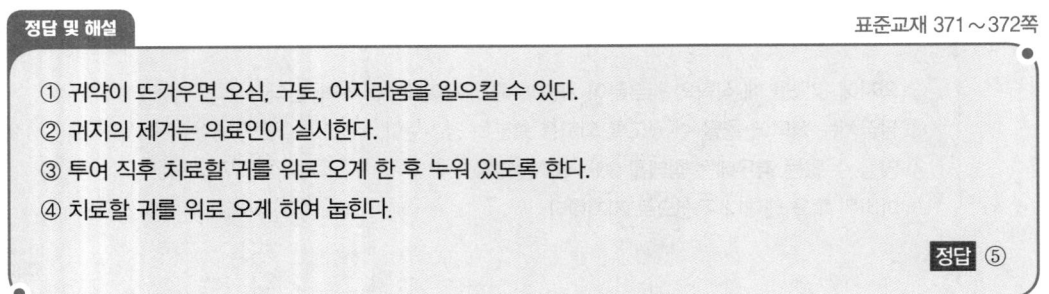

정답 및 해설 표준교재 371~372쪽

① 귀약이 뜨거우면 오심, 구토, 어지러움을 일으킬 수 있다.
② 귀지의 제거는 의료인이 실시한다.
③ 투여 직후 치료할 귀를 위로 오게 한 후 누워 있도록 한다.
④ 치료할 귀를 위로 오게 하여 눕힌다.

정답 ⑤

39 대상자가 화장실에 가기 위해 휠체어에 탑승하는 경우 대상자를 두 발이 바닥에 닿은 상태에서 잠시 침대에 걸터앉히고 상태를 살피는 이유는?

① 일어서는 동작으로 허리의 통증이 나타날 수 있기 때문에
② 움직임으로 호흡수가 상승될 수 있기 때문에
③ 복압상승으로 요실금을 유발할 수 있기 때문에
④ 심리적인 의존감을 낮추기 위해
⑤ 혈압이 저하되어 어지러울 수 있기 때문에

> **정답 및 해설** 표준교재 376쪽
> 대상자를 갑자기 침대에서 일으키면 혈압이 떨어지고 어지러울 수 있다. 대상자의 안전을 위해 잠시 침대에 앉아 있게 한다.
> **정답** ⑤

40 간이변기를 사용하여 침상에서 배설하는 대상자를 돕는 방법으로 옳은 것은?

① 스크린이나 커튼으로 가려준다.
② 변의가 사라지더라도 변기는 오래 대어준다.
③ 침상머리를 높인 상태에서 회음부나 항문을 닦는다.
④ 남아있는 물기는 피부건조를 예방하기 위해 그대로 둔다.
⑤ 배변하는 동안 피부상태를 보고 이상증상이 있으면 즉시 보고한다.

> **정답 및 해설** 표준교재 380~381쪽
> ② 변기를 오래 대고 있으면 피부가 손상될 수 있으니 변의가 생길 때 다시 시도한다.
> ③ 침대머리를 낮추고 무릎덮개를 걷어낸 후 닦아준다.
> ④ 남아있는 물기는 마른 수건으로 닦아준다.
> ⑤ 피부상태는 배변 후 살펴보며 닦는다.
> **정답** ①

41 편마비 대상자의 이동변기 사용을 돕는 방법으로 옳은 것은?

① 침대 높이보다 이동변기의 높이를 낮게 둔다.
② 마비된 쪽 손으로 변기의 팔걸이를 잡고 이동하게 한다.
③ 이동변기는 마비된 쪽으로 붙여준다.
④ 변기를 미리 차가운 물에 담가둔다.
⑤ 이동변기는 침대에 30~45° 비스듬히 붙인다.

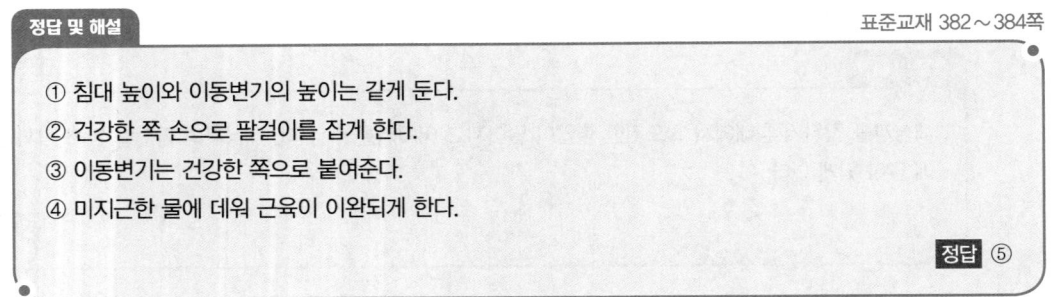

정답 및 해설 표준교재 382~384쪽

① 침대 높이와 이동변기의 높이는 같게 둔다.
② 건강한 쪽 손으로 팔걸이를 잡게 한다.
③ 이동변기는 건강한 쪽으로 붙여준다.
④ 미지근한 물에 데워 근육이 이완되게 한다.

정답 ⑤

42 대상자가 장기적으로 기저귀를 사용하는 경우 피부의 발적과 상처의 관찰이 필요한 이유는?

① 욕창이 발생할 수 있기 때문에
② 기저귀에 의존하게 될 수 있기 때문에
③ 실금 여부를 확인하기 위해서
④ 배설 욕구를 파악하기 위해서
⑤ 통증 유무를 확인하기 위해서

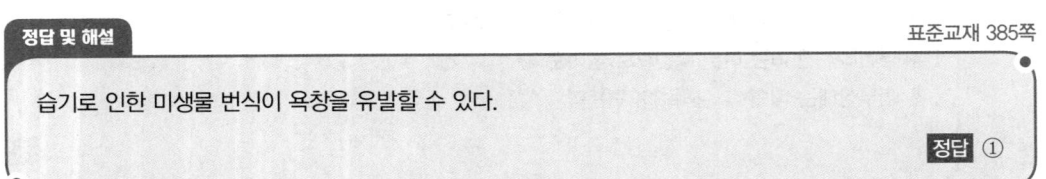

정답 및 해설 표준교재 385쪽

습기로 인한 미생물 번식이 욕창을 유발할 수 있다.

정답 ①

43 유치도뇨관을 삽입하고 있는 대상자를 돕는 방법으로 옳은 것은?

① 소변이 도뇨관 밖으로 새는 경우 교환을 해준다.
② 아랫배에 통증을 느끼는 경우 온찜질 팩을 대준다.
③ 유치도뇨관은 빠지지 않도록 자주 당겨준다.
④ 3시간마다 방광세척을 해준다.
⑤ 소변색이 탁한 경우 시설장이나 간호사에게 보고한다.

> **정답 및 해설** 표준교재 387~388쪽
>
> ① 소변이 도뇨관 밖으로 새는 경우 시설장이나 간호사에게 보고한다.
> ② 연결관이 꺾여 있거나 눌려있어서 소변이 제대로 배출되지 않는지 확인한다.
> ③ 유치도뇨관을 강제로 빼면 요도점막이 손상되므로 당겨지지 않게 주의한다.
> ④ 방광세척은 의료행위이므로 시행할 수 없다.
>
> **정답** ⑤

44 대상자의 칫솔질 돕기에 대한 설명으로 옳은 것은?

① 치약은 칫솔 위에 두툼하게 올린다.
② 칫솔을 옆으로 강하게 문지르며 닦는다.
③ 앉은 자세를 할 수 없는 경우 똑바로 눕혀 닦아준다.
④ 칫솔을 90° 각도로 치아에 대고 닦는다.
⑤ 치아뿐만 아니라 혀도 닦는다.

> **정답 및 해설** 표준교재 398~399쪽
>
> ① 칫솔모 위에서 눌러 짜서 치약이 솔 사이에 끼어 들어가게 한다.
> ② 잇몸이 닳아져 시리게 되므로 부드럽게 회전하면서 쓸어내린다.
> ③ 건강한 쪽이 아래로 향하게 옆으로 누운 자세로 칫솔질한다.
> ④ 45° 각도로 치아에 대고 닦는다.
>
> **정답** ⑤

45 의치의 변형을 예방하며 관리하는 방법으로 옳은 것은?

① 뜨거운 물로 삶는다.
② 표백제에 담가둔다.
③ 미온수로 의치를 닦는다.
④ 칫솔에 알코올을 묻혀 닦는다.
⑤ 자기 전에 의치를 삽입한다.

> **정답 및 해설** 표준교재 399~401쪽
>
> ① · ② 뜨거운 물로 삶거나 표백제에 담그면 의치가 변형될 수 있다.
> ④ 의치세정제를 묻혀 닦는다.
> ⑤ 자기 전에는 의치를 빼서 보관한다.
>
> **정답** ③

46 대상자의 세면을 돕는 방법으로 옳은 것은?

① 면봉으로 귀 입구의 귀지를 닦아낸다.
② 코 안은 상처가 날 수 있으니 닦지 않는다.
③ 눈은 바깥쪽에서 안쪽으로 닦아준다.
④ 대상자를 똑바로 눕힌다.
⑤ 안경을 사용하는 경우 알코올로 닦아준다.

> **정답 및 해설** 표준교재 409~410쪽
>
> ② 코가 막히면 비염 등이 발행하기 쉬우니 코 안과 코 볼, 둘레를 닦는다.
> ③ 눈은 안쪽에서 바깥쪽으로 닦아준다.
> ④ 침대머리를 높이거나 앉힌다.
> ⑤ 안경은 안경 닦는 천으로 닦거나 물로 씻어 깨끗하게 한다.
>
> **정답** ①

47 대상자의 통 목욕 돕기 방법으로 옳은 것은?

① 허벅지에서 발끝 쪽으로 닦는다.
② 욕조 입욕 시 대상자의 건강한 쪽 겨드랑이를 잡아 준다.
③ 목욕 직후 소변을 보게 한다.
④ 욕조 안에 미끄럼방지매트를 깔아준다.
⑤ 욕조에 있는 시간은 10분 정도로 한다.

> **정답 및 해설**　　　　　　　　　　　　　　　　표준교재 416~417쪽
>
> ① 말초에서 중심(발끝에서 허벅지 쪽)으로 닦는다.
> ② 욕조 입욕 시 대상자의 마비된 쪽 겨드랑이를 잡아 준다.
> ③ 목욕 전에 소변을 보게 한다.
> ⑤ 욕조에 있는 시간은 5분 정도로 한다.
>
> **정답** ④

48 편마비 대상자의 하의 갈아입히는 방법으로 옳은 것은?

① 바지를 벗기는 경우 스스로 둔부를 들 수 없다면 양손으로 바지를 내린다.
② 요양보호사의 무릎으로 대상자의 발을 지지한다.
③ 바지를 입을 때는 건강한 쪽부터 입는다.
④ 건강한 쪽도 요양보호사가 입혀준다.
⑤ 바지를 벗을 때는 마비된 쪽부터 벗긴다.

> **정답 및 해설**　　　　　　　　　　　　　　　　　　표준교재 428쪽
>
> ① 바지를 벗기는 경우 한 손은 둔부를 들고 한 손은 바지를 좌우로 움직이며 아래로 내린다.
> ③ 바지를 입을 때는 마비된 쪽부터 입는다.
> ④ 건강한 쪽은 대상자가 스스로 입도록 돕는다.
> ⑤ 바지를 벗을 때는 건강한 쪽부터 벗긴다.
>
> **정답** ②

49 다음 그림과 같이 협조가 불가능한 대상자가 발 쪽으로 내려가 있을 때 머리 쪽으로 이동하는 순서로 옳은 것은?

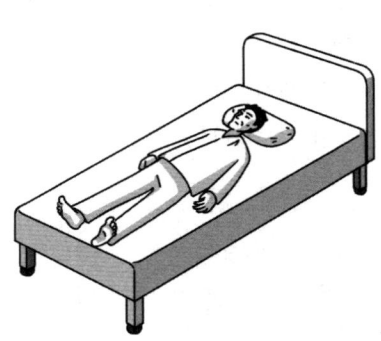

가. 침대 매트를 수평으로 한다.
나. 대상자 기호에 맞게 침대 높이를 조절한다.
다. 허리 높이로 침대를 올린 뒤, 요양보호사 쪽의 침대 난간을 내린다.
라. 침상 양편에 마주서서 어깨와 등 밑을, 둔부와 대퇴 밑을 지지하여 머리 쪽으로 이동시킨다.
마. 대상자의 무릎을 세워 발바닥이 침대 바닥에 닿게 한다.

① 가 → 나 → 다 → 라 → 마
② 가 → 다 → 마 → 라 → 나
③ 가 → 마 → 다 → 나 → 라
④ 다 → 나 → 마 → 가 → 라
⑤ 다 → 마 → 나 → 가 → 라

정답 및 해설 표준교재 437쪽

정답 ②

50 다음 그림과 같이 휠체어에 앉은 대상자와 엘리베이터에서 내릴 때 방법으로 옳은 것은?

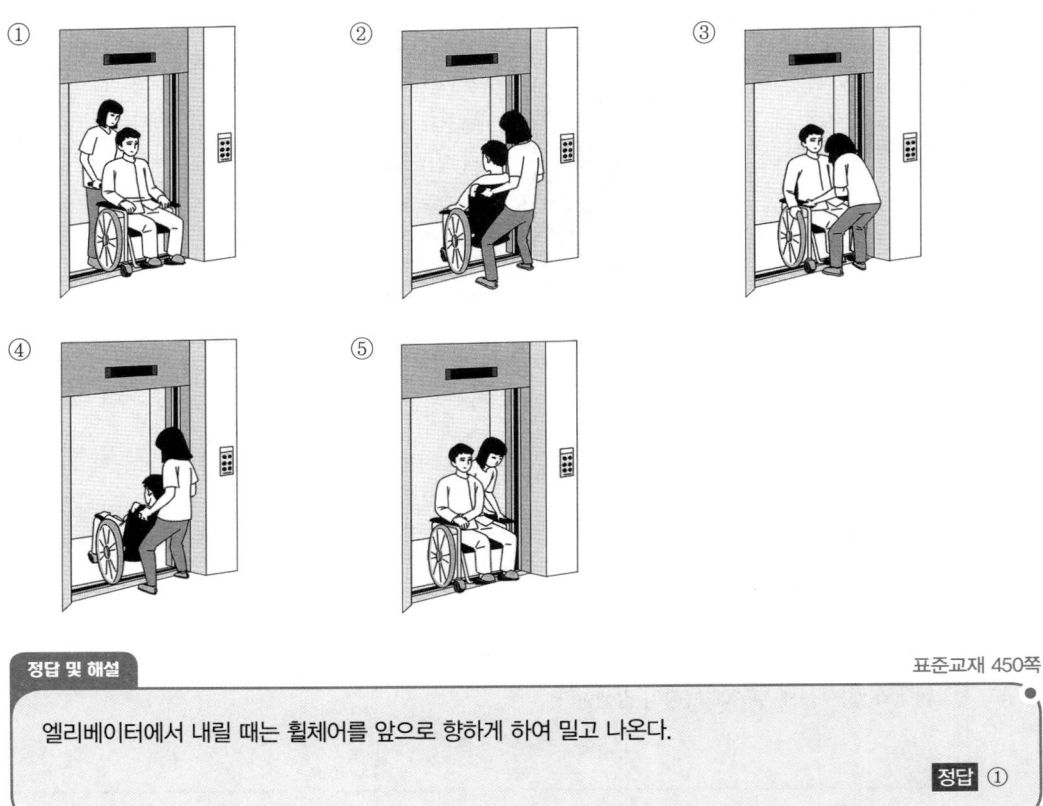

> **정답 및 해설** 표준교재 450쪽
>
> 엘리베이터에서 내릴 때는 휠체어를 앞으로 향하게 하여 밀고 나온다.
>
> 정답 ①

51 그림과 같이 침대에서 좌위로 오래 있는 경우 욕창이 잘 발생하는 부위는?

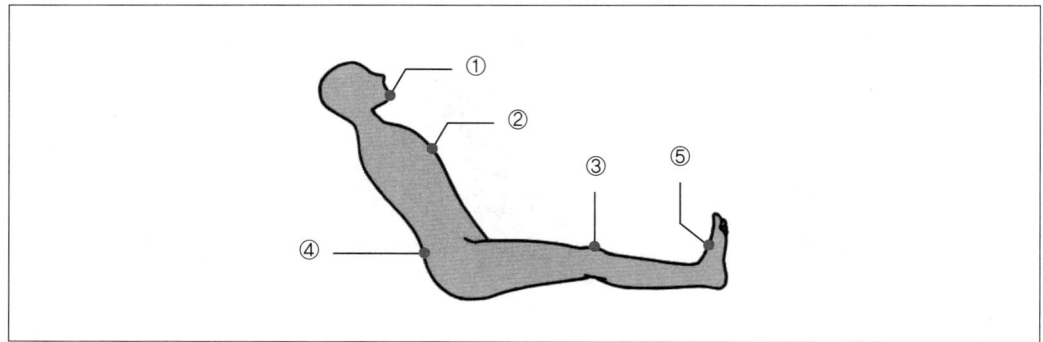

① 턱
② 가 슴
③ 무 릎
④ 천골부위
⑤ 발 등

정답 및 해설 표준교재 444쪽

침대와 닿는 신체 부위에 욕창이 발생한다.

정답 ④

52 양쪽 다리가 모두 불편한 대상자가 보행기를 사용하여 보행하는 순서로 옳은 것은?

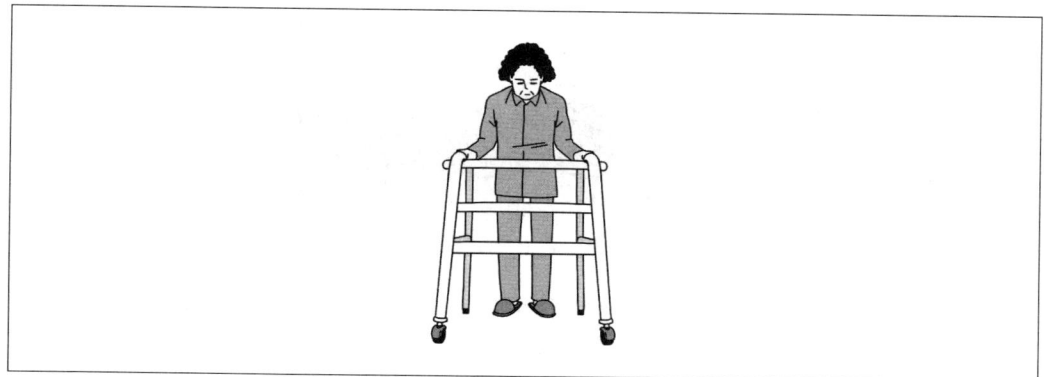

① 왼쪽 다리와 보행기 → 오른쪽 다리
② 오른쪽 다리와 보행기 → 왼쪽 다리
③ 한쪽 다리 → 보행기 → 다른 쪽 다리
④ 보행기 → 양쪽 다리 함께
⑤ 보행기 → 오른쪽 다리 → 왼쪽 다리

정답 및 해설

표준교재 467~468쪽

양쪽 다리가 불편한 경우 보행기를 한 걸음 정도 옮기고 오른쪽 발을 옮기고 왼쪽 발을 먼저 옮긴 발이 나간 지점까지 옮긴다.

정답 ⑤

53 왼쪽 편마비 대상자가 지팡이를 이용하여 계단을 내려가는 경우 보행 순서로 옳은 것은?

① 지팡이 → 왼쪽 다리 → 오른쪽 다리
② 지팡이 → 오른쪽 다리 → 왼쪽 다리
③ 왼쪽 다리 → 지팡이 → 오른쪽 다리
④ 오른쪽 다리 → 지팡이 → 왼쪽 다리
⑤ 오른쪽 다리 → 왼쪽 다리 → 지팡이

정답 및 해설

표준교재 466쪽

지팡이 잡은 쪽(오른쪽)이 건강한 쪽이다. 계단을 내려가는 경우 지팡이 → 마비된 다리 → 건강한 다리 순서로 이동한다.

정답 ①

54 다음 그림과 같은 복지용구를 선택할 때의 고려 사항으로 옳은 것은?

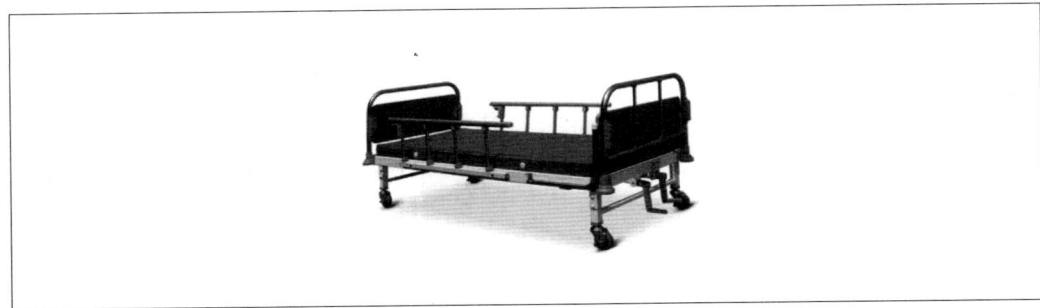

① 크랭크 손잡이는 머리판 쪽에 위치해야 한다.
② 자유로운 활동을 위해 침대난간은 없는 것이 좋다.
③ 등 부위와 다리 부분의 높이는 고정되어 있는 것이 좋다.
④ 프레임은 녹이 생기는 재질이어도 된다.
⑤ 크랭크 손잡이는 안으로 들어가는 수납 방식이어야 한다.

정답 및 해설　　　　　　　　　　　　　　　　　　　　　　　표준교재 498쪽

① 크랭크 손잡이는 다리판 쪽에 위치해야 한다.
② 낙상 방지를 위해 침대난간이 부착되어야 한다.
③ 등 부위 또는 다리 부분의 높낮이를 조절할 수 있어야 한다.
④ 프레임은 견고하고 녹이 슬지 않는 재질이어야 한다.

정답 ⑤

55 저작 및 연하곤란 대상자의 식사관리 방법으로 옳은 것은?

① 밥은 국이나 물에 말아 먹게 한다.
② 국수류는 자르지 않고 길게 섭취하게 한다.
③ 유제품류는 떠먹는 형태보다 마시는 형태로 제공한다.
④ 과일류는 숟가락으로 긁어먹게 한다.
⑤ 식사 후 바로 눕게 한다.

정답 및 해설　　　　　　　　　　　　　　　　　　　　　　　표준교재 532쪽

① 밥을 국이나 물에 말아 먹지 않는다.
② 국수류는 잘게 잘라서 먹게 한다.
③ 유제품류는 마시는 형태보다 떠먹는 형태로 제공한다.
⑤ 식사 후 30분 정도 똑바로 앉게 한다.

정답 ④

56 다음 중 냉동식품을 올바른 방법으로 해동한 경우는?

① 급하게 해동할 경우 재료에 물이 직접 닿도록 흐르는 찬물에서 해동한다.
② 따뜻한 물로 헹구어 해동한다.
③ 해동한 식품이 남은 경우 다시 얼린다.
④ 냉동채소나 만두는 상온에서 해동한다.
⑤ 미리 냉장실로 옮겨서 천천히 해동한다.

> **정답 및 해설**　　　　　　　　　　　　　　　　　　　　표준교재 542쪽
>
> ① 급하게 해동할 경우 재료에 물이 닿지 않도록 밀봉한 후 흐르는 찬물에서 해동한다.
> ② 따뜻한 물에서 해동하지 않는다.
> ③ 세균이 증식하기 쉬우므로 다시 얼리지 않는다.
> ④ 냉동상태로 조리와 해동을 함께 한다.
>
> **정답** ⑤

57 대상자의 의복을 세탁한 후 관리 방법으로 옳은 것은?

① 옷장에는 내의나 수건을 정리하여 이름표를 붙여둔다.
② 다리미가 앞으로 나갈 때는 앞에 힘을 준다.
③ 사용빈도가 적은 의복도 진열해 둔다.
④ 스프레이식 풀을 사용하여 다림질할 때는 천을 깔지 않고 다린다.
⑤ 다리미를 뒤로 보낼 때는 뒤에 힘을 준다.

> **정답 및 해설**　　　　　　　　　　　　　　　　　　　　표준교재 553~554쪽
>
> ② 다리미가 앞으로 나갈 때는 뒤에 힘을 준다.
> ③ 사용빈도가 적은 의복은 수납해 두는 것이 좋다.
> ④ 스프레이식 풀을 사용하여 다림질할 때는 천을 깔고 다린다.
> ⑤ 다리미를 뒤로 보낼 때는 앞에 힘을 준다.
>
> **정답** ①

58 치매 대상자의 배설을 돕는 방법으로 옳은 것은?

① 화장실에 가고 싶을 때 보이는 비언어적 신호를 관찰한다.
② 바퀴가 달린 이동변기는 잠금을 열고 사용한다.
③ 벨트나 단추가 있는 옷을 입혀준다.
④ 배뇨곤란이 있는 경우 야간에 수분 섭취를 권장한다.
⑤ 뒤처리 후에는 실금에 대해 민감하게 반응해야 한다.

정답 및 해설 표준교재 585~586쪽

② 바퀴가 달린 이동변기는 사용 시 반드시 잠금이 되어 있어야 한다.
③ 쉽게 벗을 수 있도록 조이지 않는 고무줄 바지를 입히도록 한다.
④ 배뇨곤란이 있는 경우 야간에 수분 섭취를 제한한다.
⑤ 뒤처리 후에는 아무 일도 없었던 것처럼 행동한다.

정답 ①

59 치매 대상자의 운동 돕기 방법으로 옳은 것은?

① 준비운동은 생략한다.
② 고강도 운동으로 시작한다.
③ 걷는 시간을 서서히 늘려간다.
④ 빠르게 방향을 바꾸는 운동을 하게 한다.
⑤ 친숙해지기 전에 운동을 시켜야 한다.

정답 및 해설 표준교재 589쪽

① 준비운동으로 유연성을 높인다.
② 저강도 운동으로 시작하여 운동 강도를 서서히 높인다.
④ 빠르게 방향을 바꾸는 운동은 금기이다.
⑤ 친숙해진 뒤 운동을 시킨다.

정답 ③

60 시설 치매 대상자가 "나 애들 밥 주러 가야 해. 여기 나가는 문이 어디야?"라고 반복적으로 물을 때 요양보호사의 적절할 반응은?

① "어르신이 좋아하는 갈비찜 나왔으니 드시고 가시지요."
② "애들은 알아서 밥 찾아 먹을 수 있으니 걱정하지 마세요."
③ "여기 문은 허락 없이 열어줄 수 없습니다."
④ "혼자 가신다고 일어서다 넘어지시면 다칠 수 있어요."
⑤ "딸이 온다고 했으니 기다려 보시죠?"

정답 및 해설 표준교재 593쪽

반복 질문이나 반복 행동을 하는 경우 주의 환기법을 적용해 본다. 치매 대상자가 좋아하는 음식을 준다.

정답 ①

61 치매 대상자가 음식이 아닌 것을 먹는 이식증을 보일 때 대처 방법은?

① 식사한 후에 달력에 표시하게 한다.
② 음식을 큰 그릇에 담아 많이 제공한다.
③ 손으로 집어 먹을 수 있는 식사를 만들어 준다.
④ 위험한 물건을 먹지 못하도록 모두 치운다.
⑤ 먹고 난 식기를 그대로 둔다.

정답 및 해설 표준교재 594~595쪽

대상자가 음식물인지 아닌지 구별하지 못해 입에 넣을 수 있으니 위험한 물건은 보이지 않는 곳으로 치운다.

정답 ④

62 대상자가 침대 옆에 매달린 옷가지를 보며 누가 잡으러 왔다고 여기저기 돌아다니며 배회할 때 대처 방법으로 옳은 것은?

① 창문을 열어 신선한 공기를 접하게 한다.
② 옷이니 걱정하지 않아도 된다고 말해준다.
③ 좋아하는 바나나를 먹자고 한다.
④ 돌아다니지 못하도록 제지한다.
⑤ 누가 왔는지 물어본다.

> **정답 및 해설** 표준교재 596~597쪽
> 관심을 다른 곳으로 돌리는 주의 환기법을 적용해 본다.
> **정답** ③

63 다음 상황에서 요양보호사가 적절하게 반응한 것은?

> 치매 대상자 : "지금 빨리 무덤으로 가자. 남편이 알몸으로 춥다고 옷 가지고 오라고 했어."
> 요양보호사 : (   )

① "어르신, 죽은 사람이 어떻게 살아나요."
② "지금은 시간이 늦어서 안 되고 내일 낮에 가요."
③ "무슨 말씀이세요. 저는 못 들었는데요."
④ "어제도 그러시더니 오늘 또 그러시네요. 이제 그만하셔요."
⑤ "남편이 옷 가지고 오라고 했어요? 많이 걱정되시죠?"

> **정답 및 해설** 표준교재 597~598쪽
> 치매 대상자가 보고 들은 것에 대해 아니라고 부정하거나 다투지 않는다. 대상자의 감정을 이해하고 수용한다.
> **정답** ⑤

64 치매 대상자가 파괴적 행동을 할 때 대처 방법으로 옳은 것은?

① 화를 내는 이유를 물어본다.
② 위험성을 줄이기 위해서 신체적 구속을 한다.
③ 자극을 주지 말고 조용한 장소에서 쉬게 한다.
④ 중단하라고 큰 소리로 지시한다.
⑤ 공격적인 행동이 사라지기 전 접촉을 한다.

> **정답 및 해설**   표준교재 598~599쪽
>
> ① 질문하거나 이상행동에 대해 상기시키지 않는다.
> ② 신체적 구속은 하지 않는다. 구속이 불가피한 경우 신체 일부만 구속한다.
> ④ 모든 언어는 위협적으로 느끼지 않게 전달한다.
> ⑤ 공격적인 행동이 사라질 때까지 접촉을 줄인다.
>
> **정답** ③

65 치매 대상자가 다음과 같은 정신행동증상을 보일 때 적절한 돌봄 방법으로 옳은 것은?

> "목걸이가 없어졌어. 며느리가 가져간 게 분명해. 내가 아까 지나가는 것 봤거든."

① 같은 것을 사두었다가 없어졌다고 할 때 가져다준다.
② 며느리는 그런 사람이 아니니 오해하면 안 된다고 알려준다.
③ 없어진 것을 인정하고 함께 찾아보자고 한다.
④ 다른 사람을 의심하는 것은 나쁜 행동이라고 훈계한다.
⑤ 언제, 어떻게 없어졌는지 시시비비를 따져보자고 한다.

> **정답 및 해설**   표준교재 704쪽
>
> 자신의 물건을 훔쳐 갔다는 치매 대상자를 돌볼 때는 부정하거나 설득하지 않는다. 시시비비를 따져 감정이 손상되지 않도록 하며 없어진 것을 인정하고 함께 찾아보도록 한다. 없어진 물건은 대상자가 직접 찾을 수 있도록 돌봄자는 물건에 손을 대지 않아야 한다. 평소 돌봄자와 신뢰관계를 쌓아두는 것도 중요하다.
>
> **정답** ③

66 치매 말기 대상자와 의사소통하는 방법으로 옳은 것은?

① 대상자가 모든 것을 듣고 있다고 가정한다.
② 대상자가 응답하지 않으면 이야기를 중단한다.
③ 높은 톤으로 분명하게 말한다.
④ 신체적 접촉은 활용하지 않는다.
⑤ 대화가 끝난 뒤 마무리 인사는 생략한다.

> **정답 및 해설** 　　　　　　　　　　　　　　　　　표준교재 613쪽
> ② 대상자가 응답하지 않더라도 계속해서 이야기한다.
> ③ 낮은 톤으로 다정하고 차분하며 천천히 분명하게 말한다.
> ④ 신체적 접촉을 적절히 활용한다.
> ⑤ 대화가 끝난 뒤 항상 마무리 인사를 한다.
>
> **정답** ①

67 치매 대상자와 언어적 의사소통의 기본원칙을 준수하며 소통한 경우는?

① "또 소변 보시게요?"
② "점심에 반찬이 뭐였지요?"
③ "산책 가려는데요. 어디가 좋으시겠어요?"
④ "어르신, 완전 대박."
⑤ "어르신, 여기 의자에 앉으세요."

> **정답 및 해설** 　　　　　　　　　　　　　　　　표준교재 605~610쪽
> ① 어린아이 대하듯 하지 않고 정중하게 대한다. → "화장실 가고 싶으세요?"
> ②·③ "네", "아니요"로 답할 수 있도록 질문한다. → "오늘 점심 맛있으셨나요?", "집 앞 공원으로 산책 가려고 하는데 괜찮으세요?"
> ④ 일상적인 어휘를 사용해야 한다.
>
> **정답** ⑤

68 치매 대상자에게 다음과 같은 질문을 할 때 향상될 수 있는 인지기능은?

- "지금 하고 싶은 일은 어떤 것이 있나요?"
- "저에게 이야기해 주실 만한 뉴스나 소식은 있나요?"
- "제일 즐거웠던 일이 있으면 이야기해 주세요."

① 의사표현력
② 지남력
③ 공감능력
④ 창의력
⑤ 계산력

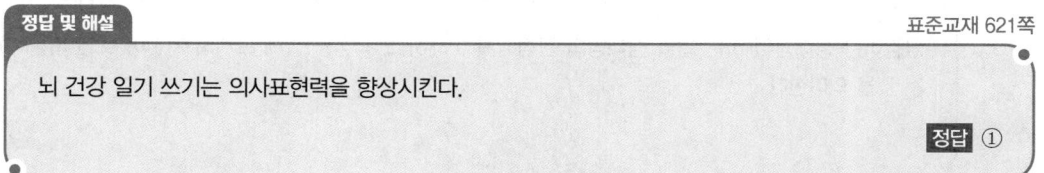

뇌 건강 일기 쓰기는 의사표현력을 향상시킨다.

정답 ①

69 비언어적 의사소통 기법으로 바람직한 태도는?

① 입술을 깨물거나 꼭 다문 입
② 대상자를 향해 약간 기울인 자세
③ 대상자로부터 비껴 앉은 자세
④ 한 곳에 고정한 시선
⑤ 주저하는 어조

①·③·④·⑤ 바람직하지 않은 태도이다.

정답 ②

70 다음 대화에서 요양보호사의 공감 반응으로 옳은 것은?

> 대 상 자 : "그림 같이 그리던 할매랑 싸웠어. 내가 쓰려고 하는 색연필을 계속 가져가잖아."
> 요양보호사 : (   )

① "그러게요. 그 어르신이 욕심쟁이네요."
② "그럴 때는 얼른 저한테 이야기하세요. 가서 제가 혼내드릴게요."
③ "어르신이 쓰려고 하는 색연필을 가져가셔서 속상하셨군요."
④ "서로 양보하면서 하셔야지. 싸우시면 안 돼요."
⑤ "색연필이 많으니 더 달라고 하시면 됩니다."

정답 및 해설　　　　　　　　　　　　　　　　　　　　　표준교재 286~287쪽

공감이란 상대방이 하는 말을 상대방의 관점에서 이해하고, 감정을 함께 느끼며 자신이 느낀 바를 전달하는 것을 의미한다.

정답 ③

---

71 대상자에게 좋은 말벗이 되어주기 위한 방법으로 옳은 것은?

① 대상자의 삶을 '옳고 그름'으로 판단한다.
② 대상자의 기분이나 감정에 주의를 기울인다.
③ 대상자와 의존 관계를 형성한다.
④ 대상자와의 친밀감을 나타내기 위해 반말을 사용한다.
⑤ 대상자의 신체적 특성을 제외한 심리적·사회적 특성은 이해하지 않아도 된다.

정답 및 해설　　　　　　　　　　　　　　　　　　　　　표준교재 290쪽

① '차이와 다양성'으로 수용하는 마음이 필요하다.
③ 과도한 의존 관계를 형성하지 않도록 한다.
④ 반말이나 명령조의 언어를 사용해서는 안 된다.
⑤ 신체적·심리적·사회적 특성을 이해한다.

정답 ②

72 노인성 난청이 있는 대상자와 의사소통하는 방법으로 옳은 것은?

① 이미지를 전달하기 어려운 사물은 촉각으로 이해시킨다.
② 입을 작게 벌리고 조용히 이야기한다.
③ 밝은 방에서 입 모양을 볼 수 있도록 한다.
④ 대상자와 보행할 때는 요양보호사가 반보 앞으로 나온다.
⑤ 보청기를 사용할 때 출력과 입력은 같게 맞춘다.

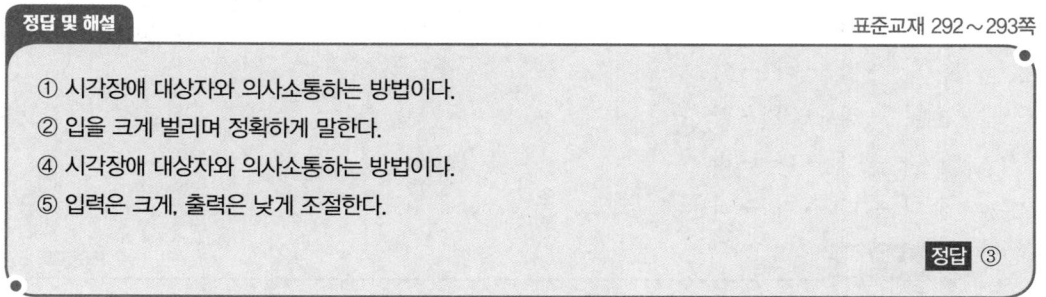

표준교재 292~293쪽

① 시각장애 대상자와 의사소통하는 방법이다.
② 입을 크게 벌리며 정확하게 말한다.
④ 시각장애 대상자와 의사소통하는 방법이다.
⑤ 입력은 크게, 출력은 낮게 조절한다.

정답 ③

73 다음과 같은 방법으로 의사소통해야 하는 대상자는?

- 소음이 있는 곳은 피한다.
- 질문에 대한 답변이 끝나기 전에 다음 질문을 하지 않는다.
- 알아듣고 이해가 된 경우에는 "예", "아니요" 등으로 짧게 대답한다.

① 언어장애 대상자
② 노인성 난청 대상자
③ 지남력장애 대상자
④ 판단력장애 대상자
⑤ 시각장애 대상자

표준교재 294쪽

정답 ①

74 일반적인 위기상황에 대한 대처 단계로 옳은 것은?

> 가. 대상자를 살펴보라
> 나. 상황을 판단하라
> 다. 가족 또는 기관장에 보고하라
> 라. 응급처치를 실시하라

① 나 → 가 → 라 → 다
② 나 → 다 → 라 → 가
③ 나 → 라 → 가 → 다
④ 나 → 가 → 다 → 라
⑤ 나 → 다 → 가 → 라

표준교재 656~658쪽

정답 ①

75 지진 발생 시 대처 방법으로 옳은 것은?

① 탁자 위로 올라가 몸을 보호한다.
② 창문 근처 등 무언가가 깨지거나 떨어지기 쉬운 곳은 피한다.
③ 탁자가 없을 경우 선 자세로 대기한다.
④ 전기와 가스 밸브는 열어둔다.
⑤ 건물 주변으로 신속히 이동한다.

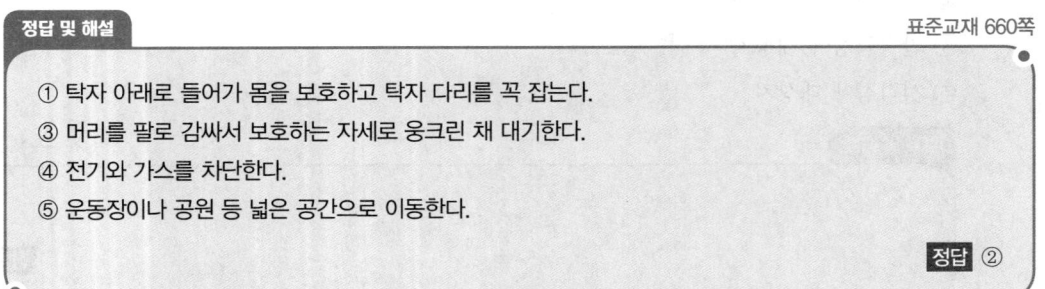

표준교재 660쪽

① 탁자 아래로 들어가 몸을 보호하고 탁자 다리를 꼭 잡는다.
③ 머리를 팔로 감싸서 보호하는 자세로 웅크린 채 대기한다.
④ 전기와 가스를 차단한다.
⑤ 운동장이나 공원 등 넓은 공간으로 이동한다.

정답 ②

76 감염성 질환인 이 관리에 대한 설명으로 옳은 것은?

① 바닥이나 소파 등에 남아있을 수도 있으므로 진공청소기를 이용하여 청소한다.
② 사면발이는 두피 주위 머리카락을 잡고 산다.
③ 머리빗을 공동으로 사용하는 경우에는 감염되지 않는다.
④ 여름철에만 발생한다.
⑤ 살충 성분이 함유된 샴푸제를 2주일 간격으로 재사용한다.

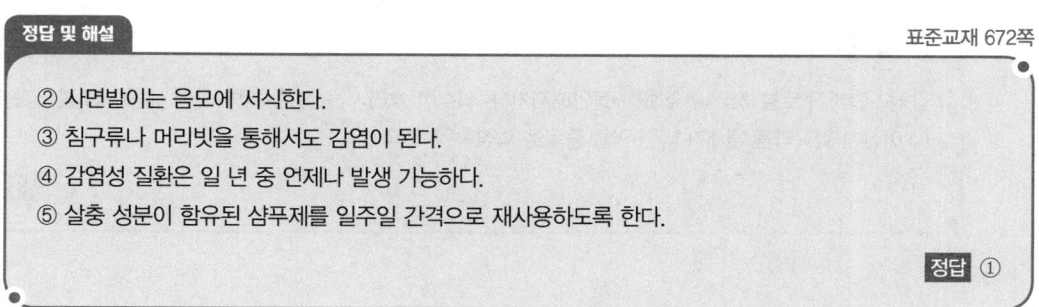

② 사면발이는 음모에 서식한다.
③ 침구류나 머리빗을 통해서도 감염이 된다.
④ 감염성 질환은 일 년 중 언제나 발생 가능하다.
⑤ 살충 성분이 함유된 샴푸제를 일주일 간격으로 재사용하도록 한다.

정답 ①

77 편마비 대상자가 식사 도중 호흡곤란을 보이며 기도폐색이 의심되는 경우 하임리히법을 실시하는 순서로 옳은 것은?

가. 양손으로 복부의 윗부분을 후상방으로 힘차게 밀어 올린다.
나. 대상자의 등 뒤에 선다.
다. 배꼽과 명치 중간에 주먹 쥔 손을 감싼다.
라. "숨이 안 쉬어지세요?"라고 묻는다.

① 라 → 나 → 다 → 가
② 라 → 나 → 가 → 다
③ 라 → 가 → 나 → 다
④ 라 → 가 → 다 → 나
⑤ 라 → 다 → 가 → 나

정답 ①

78 다음 중에서 약물 중독을 의심할 수 있는 상황으로 옳은 것은?

① 의식이 분명한 경우
② 호흡이 안정된 경우
③ 피부색이 파랗게 변한 경우
④ 약병 안에 내용물이 쏟아져 있는 경우
⑤ 혈압이 120/80mmHg인 경우

> **정답 및 해설**　　　　　　　　　　　　　　　　　　　　　표준교재 676쪽
>
> 갑작스럽게 구토를 하거나 호흡이 불안해지거나, 의식이 흐려지는 경우, 약병 안에 내용물이 쏟아져 있거나 이상한 화학약품 냄새가 나면 약물 중독을 의심할 수 있다.
>
> **정답** ④

79 심정지 대상자에게 심폐소생술을 시행하는 방법으로 옳은 것은?

① 흉골의 가장 하단에 위치한 칼돌기를 압박한다.
② 교통사고 현장에 있는 대상자에게는 그 자리에서 심폐소생술을 시행한다.
③ 119에 신고 후 전화는 끊어도 된다.
④ 환자의 얼굴과 가슴에서 호흡이 있는지 10초 이내로 관찰한다.
⑤ 환자의 반응과 정상적인 호흡이 없어졌다면 사망으로 생각하고 심폐소생술도 멈춘다.

> **정답 및 해설**　　　　　　　　　　　　　　　　　　　표준교재 679~681쪽
>
> ① 칼돌기를 압박하면 복강 내 장기가 손상된다.
> ② 교통사고 현장에 있는 대상자는 안전한 장소로 이동시켜야 한다.
> ③ 119 신고 후 전화를 끊지 않고 상담요원의 지시에 따르는 것이 중요하다.
> ⑤ 심정지가 재발한 것이므로 신속히 가슴압박과 인공호흡을 다시 시작한다.
>
> **정답** ④

80 자동심장충격기를 사용할 수 있는 대상자로 옳은 것은?

① 의식이 없는 대상자
② 움직이지 못하고 누워 있는 대상자
③ 반응과 정상적인 호흡이 없는 심정지 대상자
④ 어깨를 두드릴 때 반응을 보이는 대상자
⑤ 반응은 없으나 정상적인 호흡과 순환을 보이는 대상자

> **정답 및 해설**　　　　　　　　　　　　　　　　　표준교재 682쪽
> 자동심장충격기는 반응과 정상적인 호흡이 없는 심정지 환자에게만 사용해야 한다.
> **정답** ③

너울샘 요양보호사 10회 모의고사

01 인간다움 케어를 위한 4가지 원칙(대면하기, 말하기, 접촉하기, 서기)을 옳은 방법으로 실천한 경우는?

① 대상자를 위에서 내려다본다.
② 항상 긍정형 문장으로 이야기한다.
③ 대상자의 팔을 붙잡는 경우 손가락만으로 잡는다.
④ 아무 말도 안 하는 대상자에게는 상황을 설명하지 않아도 된다.
⑤ 걸을 수 있어도 낙상의 위험성이 있으니 휠체어를 태워 이동한다.

> **정답 및 해설** 표준교재 31~34쪽
> ① 대상자의 정면에서 같은 눈높이로 바라본다.
> ③ 손바닥 전체를 이용해 접촉한다.
> ④ 듣고 있을 가능성이 높으므로 말하지 않아도 말을 건다.
> ⑤ 대상자에게 서 있는 시간이 중요하므로 이동을 보조해서 걷게 한다.
>
> **정답** ②

02 노인부양 해결방안으로 옳게 설명한 것은?

① 세대 간의 갈등 유지
② 노인의 의존성 강화
③ 노인복지 정책 축소
④ 사회와 가족의 협력
⑤ 국가나 사회만의 전적 지원

> **정답 및 해설** 표준교재 27~28쪽
> ① 세대 간의 갈등 조절
> ② 노인의 개인적 대처
> ③ 노인복지 정책 강화
> ⑤ 공적·사적 부양 모두 필요함
>
> **정답** ④

03 노인학대 행위자에 대한 상담 및 교육, 학대받은 노인의 발견·상담·보호, 노인학대 예방 및 방지를 위한 홍보를 담당하는 기관은?

① 노인일자리전담기관
② 노인보호전문기관
③ 학대피해노인 전용쉼터
④ 노인공동생활가정
⑤ 양로시설

정답 및 해설 표준교재 45~48쪽

① 노인일자리전담기관은 노인의 능력과 적성에 맞는 일자리 지원 사업을 전문적·체계적으로 수행하기 위한 전담기관이다.
③ 학대피해노인 전용쉼터는 노인학대로 인하여 피해를 입은 노인을 일정기간 보호하고 심신 치유프로그램을 제공하기 위한 전담기관이다.
④ 노인공동생활가정은 노인들에게 가정과 같은 주거여건과 급식·요양, 그 밖에 일상생활에 필요한 편의를 제공하는 시설이다.
⑤ 양로시설은 노인을 입소시켜 급식과 그 밖에 일상생활에 필요한 편의를 제공하는 시설이다.

정답 ②

04 다음 중 노인장기요양급여 대상자에 대한 설명으로 옳은 것은?

① 천식으로 신체활동이 어려운 62세 남자는 대상자이다.
② 위암으로 병원에서 항암 치료 중인 70세 남자는 대상자이다.
③ 지주막하출혈로 신체활동이 어려운 60세 여자는 대상자이다.
④ 요실금으로 사회생활이 어려운 56세 여자는 대상자이다.
⑤ 노인성 난청이 있으나 신체활동이 가능한 74세 남자는 대상자이다.

정답 및 해설 표준교재 50~51쪽

①·④ 65세 미만인 경우 노인성 질환(치매, 뇌혈관성질환, 파킨슨병)으로 신체활동이 어렵거나 인지기능이 저하된 자이어야 하는데 해당되지 않는다.
② 병원 입원 중인 경우 급여 대상에서 제외된다.
⑤ 65세 이상인 경우 질환으로 신체활동이 어렵거나 인지기능이 저하된 자이어야 하는데 해당되지 않는다.

정답 ③

05 노인장기요양보험제도의 재원조달에 대한 설명으로 옳은 것은?

① 비급여 항목은 전액을 본인이 부담한다.
② 급여대상자가 재가급여를 이용하면 20%를 본인이 부담한다.
③ 일반의 경우 의사소견서 발급비용은 10%를 본인이 부담한다.
④ 국민기초생활수급권자는 의사소견서 발급비용의 10%를 본인이 부담한다.
⑤ 건강보험료를 내는 사람은 장기요양보험료를 내지 않아도 된다.

정답 및 해설 표준교재 57~58쪽

② 급여대상자가 재가급여를 이용하면 15%를 본인이 부담한다.
③ 일반의 경우 의사소견서 발급비용은 20%를 본인이 부담한다.
④ 국민기초생활수급권자는 의사소견서 발급비용이 면제된다.
⑤ 건강보험료를 내는 사람은 건강보험료액에 장기요양보험료율을 곱하여 산정하고 내야 한다.

정답 ①

06 요양보호사의 업무에서 제한된 서비스에 해당하는 것은?

① 통증간호
② 외출 시 동행
③ 이동 도움
④ 말벗 및 격려
⑤ 입욕 시 이동 보조

정답 및 해설 표준교재 66쪽

간호처치 서비스 및 기능회복 훈련서비스는 교육과 훈련을 받고 자격을 갖춘 자가 제공해야 하므로 요양보호사의 업무에서 단독이나 전적으로 수행하는 것은 제외된다.

정답 ①

07 시설에서 학대를 당하거나 소외되는 대상자를 위해 대상자의 입장에서 편을 들어주고 지지해주는 요양보호사의 역할은?

① 말벗과 상담자
② 정보전달자
③ 관찰자
④ 옹호자
⑤ 동기 유발자

정답 및 해설 표준교재 80~81쪽

① 효율적인 의사소통 기법을 활용하여 대상자와 관계를 형성하고 필요한 서비스를 제공한다.
② 대상자의 신체, 심리적 정보를 가족과 시설장에게 전달한다.
③ 맥박, 호흡, 혈압 등의 변화와 투약 여부, 질병의 변화에 대한 증상뿐만 아니라 심리적인 변화까지 관찰한다.
⑤ 대상자가 능력을 최대한 발휘하도록 동기를 유발하며 지지한다.

정답 ④

08 다음 상황에서 시설대상자가 침해받은 권리는?

- 노인과 보호자의 고충을 표현할 제도적 장치가 없다.
- 노인이 불만을 요구했다는 이유로 부당한 처우를 받았다.

① 개인 소유의 재산과 소유물을 스스로 관리할 권리
② 노인 스스로 퇴소를 결정하고 퇴소 후 거주지를 선택할 권리
③ 차별 및 노인학대를 받지 않을 권리
④ 신체구속을 받지 않을 권리
⑤ 시설운영과 서비스에 대한 개인적 견해를 표현하고 해결을 요구할 권리

정답 및 해설 표준교재 98쪽

노인과 보호자의 불만 및 고충을 처리하기 위한 규정을 마련하고 그 방법과 절차를 안내해야 한다. 또한, 노인과 보호자의 불평을 즉각적으로 해결하기 위한 조치를 취해야 한다.

정답 ⑤

09 노인학대 유형 중 유기에 해당하는 것은?

① 노인이 자살을 시도한다.
② 시설에 입소시키고 연락을 두절한다.
③ 희망하는 재산 사용을 이유 없이 제한한다.
④ 노인의 말을 지속적으로 무시하고 반응을 보이지 않는다.
⑤ 의료적으로 불필요한 약물을 강제로 복용하게 한다.

> **정답 및 해설** 표준교재 111쪽
> ① 자기방임 : 노인이 자살을 시도한다.
> ③ 경제적 학대 : 희망하는 재산 사용을 이유 없이 제한한다.
> ④ 정서적 학대 : 노인의 말을 지속적으로 무시하고 반응을 보이지 않는다.
> ⑤ 신체적 학대 : 의료적으로 불필요한 약물을 강제로 복용하게 한다.
>
> 정답 ②

10 노인학대 예방을 위한 유관기관인 의료기관의 역할로 옳은 것은?

① 노인보호업무와 관련한 법·제도적 정책 수립
② 노인학대 판정을 위한 의학적 증언 진술
③ 노인학대 신고사례에 대한 현장조사
④ 신고된 시설학대 사례에 확인 개입
⑤ 후견인의 지정

> **정답 및 해설** 표준교재 113쪽
> ① 보건복지부의 역할이다.
> ③ 사법경찰의 역할이다.
> ④ 노인보호전문기관의 역할이다.
> ⑤ 법률기관의 역할이다.
>
> 정답 ②

11 다음과 같은 상황에서 요양보호사의 권리를 보장하는 법은?

> 대상자의 욕설과 폭행으로 인해 업무를 중단했을 때, 기관장은 요양보호사에게 불리한 처우를 해서는 안 된다.

① 산업재해보상보험법
② 산업안전보건법
③ 성폭력방지법
④ 국민건강보험법
⑤ 근로기준법

정답 및 해설 표준교재 118쪽

장기요양기관의 장은 산업안전보건법에 의해 요양보호사가 안전, 보건상의 이유로 작업을 중지했을 때 처벌할 수 없다.

정답 ②

12 시각적 성희롱에 해당하는 행위는?

① 음란출판물을 보여주는 행위
② 신체일부를 잡아당기는 행위
③ 외모에 대한 성적인 비유를 하는 행위
④ 성적 사실관계를 물어보는 행위
⑤ 신체일부를 밀착시키는 행위

정답 및 해설 표준교재 120쪽

②·⑤ 육체적 행위
③·④ 언어적 행위

정답 ①

13 다음 사례에서 요양보호사가 준수한 직업윤리는?

> 자신의 업무활동을 점검하고 일의 경과를 기록하여 자가 평가, 지도받는 내용, 앞으로의 발전 등을 자료로 보관한다.

① 협력하려는 태도
② 자기계발을 하려는 태도
③ 인권을 옹호하는 태도
④ 전문상담가로서의 태도
⑤ 규정에 따라 업무를 수행하려는 태도

정답 및 해설 　　　　　　　　　　　　　　　　　　　　　표준교재 125쪽

요양보호사는 요양보호 업무 수행에 필요한 교육훈련 프로그램에 적극적으로 참여하는 등 지속적으로 학습하고 자신을 계발해야 한다.

정답 ②

14 요양보호사의 직업윤리 원칙에 맞는 행동은?

① 계획된 것보다 시간을 늘려 서비스를 제공한다.
② 보호자의 결정을 우선시한다.
③ 요양보호사의 판단대로 서비스를 제공한다.
④ 가족으로부터 팁을 받는다.
⑤ 서비스 방법이 확실하지 않을 때는 도움을 청한다.

정답 및 해설 　　　　　　　　　　　　　　　　　　　표준교재 123~126쪽

① 계획된 서비스대로 제공한다.
② 대상자의 결정을 우선시한다.
③ 판단이 필요한 경우 전문가와 상담할 수 있도록 연계한다.
④ 가족으로부터 팁을 받는 행위는 위법행위이다.

정답 ⑤

15 다음 상황에서 요양보호사의 대처 방법은?

> 대상자의 아들 : "어머니가 화장실까지 이동하기 어려워서 이동변기가 필요한데 구입할 돈이 없어서 어떻게 해야 할지 고민입니다."

① 본인부담금을 할인해 준다.
② 지인이 운영하는 복지용구점을 알선한다.
③ 이용할 수 있는 서비스를 알려준다.
④ 이동변기 대신 침상변기를 구매해 준다.
⑤ 못 들은 척 넘어간다.

정답 및 해설 표준교재 126쪽

대상자가 복지용구가 필요하다고 할 때는 대상자의 상태 등을 판단하여 신중하게 선택할 수 있도록 정보를 제공하는 것은 바람직한 일이나 '유인, 알선'에 의한 부당한 수익을 목적으로 했다면 윤리원칙에 어긋나며, 법적 처벌을 받게 된다.

정답 ③

16 팔꿈치의 통증이 발생한 경우 초기 관리 방법으로 옳은 것은?

① 스테로이드 주사 투여
② 손상 부위 물리치료
③ 손상 부위 온열치료
④ 손상 부위 냉찜질
⑤ 손상 부위 내리기

정답 및 해설 표준교재 144~145쪽

④ 세포의 대사과정을 늦춰 손상과 부종을 감소시킨다.
①·②·③ 급성기 이후 치료법이다.
⑤ 손상 부위를 심장보다 높게 올려야 혈액을 심장으로 되돌리는 데 도움을 주어 부종이 줄어든다.

정답 ④

17 옴에 걸린 대상자의 관리법으로 옳은 것은?

① 옴벌레들이 가장 활동적인 낮에 약을 바른다.
② 심한 가려움증은 참아도 된다.
③ 감염력이 약해서 전염되지 않는다.
④ 내의 및 침구류는 세탁 후 바로 사용한다.
⑤ 세탁이 어려운 것은 다리미로 다린 후 사용한다.

정답 및 해설 표준교재 150~151쪽

① 옴벌레들이 가장 활동적인 밤에 약을 바른다.
② 알레르기와 혼동하기 쉬우니 병원에 방문한다.
③ 감염력이 매우 강하여 잘 옮는다.
④ 세탁 후 3일 이상 사용하지 않는다.

정답 ⑤

18 노인성 질환의 특성으로 옳은 것은?

① 위험요인에 노출되었을 때 질병에 쉽게 걸리지 않는다.
② 하나의 질병에 걸리면 다른 질병은 동반되지 않는다.
③ 초기 진단이 매우 쉽다.
④ 경과가 길고, 합병증이 생기기 쉽다.
⑤ 증상이 뚜렷하여 정상 노화와 구분이 쉽다.

정답 및 해설 표준교재 162~163쪽

① 위험요인에 노출되었을 때 질병에 쉽게 걸린다.
② 단독으로 발생하는 경우는 드물다.
③ 초기 진단이 매우 어렵다.
⑤ 증상이 거의 없거나 애매하여 정상 노화 과정과 구분하기 어렵다.

정답 ④

19 노화에 따른 소화기계 특성으로 옳은 것은?

① 간 기능이 향상된다.
② 당내성이 증가한다.
③ 쓴맛과 신맛에 둔해진다.
④ 소화능력의 저하로 가스가 찬다.
⑤ 지방의 흡수력이 증가한다.

① 간 기능이 저하한다.
② 당내성이 저하한다.
③ 쓴맛과 신맛을 잘 느낀다.
⑤ 지방의 흡수력이 떨어진다.

정답 ④

20 노화에 따른 심혈관계의 특성으로 옳은 것은?

① 최대 심박출량이 증가한다.
② 심장 근육의 탄력성이 증가한다.
③ 정맥의 약화로 항문에 치질이 생긴다.
④ 심장 근육이 얇아진다.
⑤ 누워있다가 갑자기 일어나도 혈압의 변화는 없다.

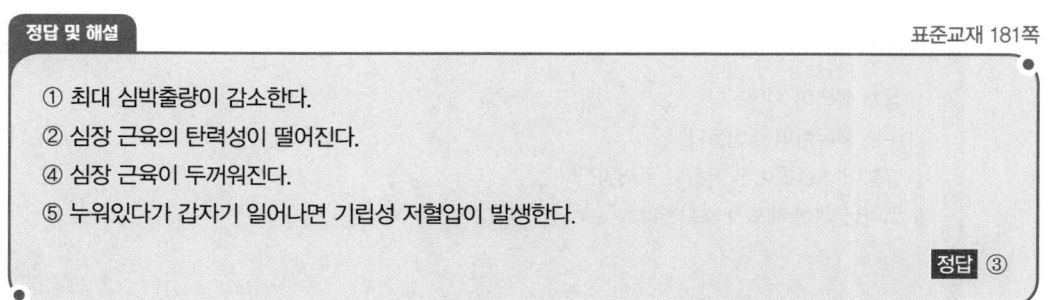

① 최대 심박출량이 감소한다.
② 심장 근육의 탄력성이 떨어진다.
④ 심장 근육이 두꺼워진다.
⑤ 누워있다가 갑자기 일어나면 기립성 저혈압이 발생한다.

정답 ③

21 노화에 따른 근골격계의 변화로 옳은 것은?

① 근긴장도가 증가한다.
② 근육경련과 근육피로를 자주 느낀다.
③ 신체적 활동과 운동능력이 증가한다.
④ 골격이 커지고 강해진다.
⑤ 하악골이 튼튼해진다.

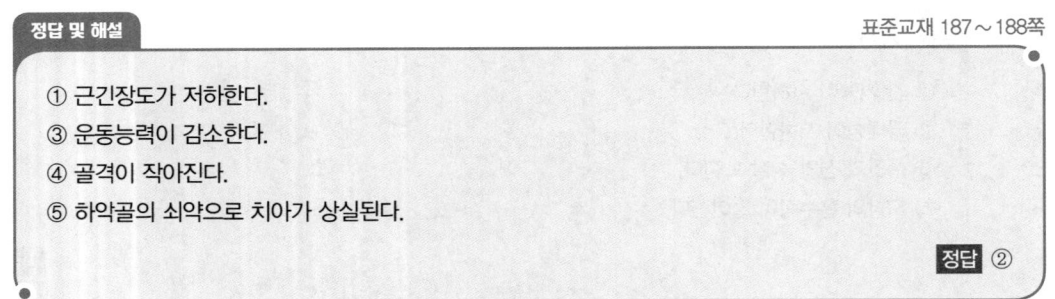

정답 및 해설 표준교재 187~188쪽
① 근긴장도가 저하한다.
③ 운동능력이 감소한다.
④ 골격이 작아진다.
⑤ 하악골의 쇠약으로 치아가 상실된다.

정답 ②

22 노화에 따른 피부계의 변화로 옳은 것은?

① 빠른 상처 회복
② 수분 함유량 증가
③ 표피가 얇아져서 탄력성 감소
④ 발톱이나 손톱의 두께 감소
⑤ 멜라닌 생성 세포 증가

정답 및 해설 표준교재 199쪽
① 상처 회복이 지연된다.
② 수분 함유량이 줄어든다.
④ 발톱이나 손톱이 딱딱하고 두꺼워진다.
⑤ 멜라닌 생성 세포가 소실된다.

정답 ③

23 우울증의 발생과 관련된 요인으로 옳은 것은?

① 규칙적인 운동
② 적극적인 사회활동 참여
③ 주변의 긍정적 지지
④ 뇌의 신경전달 물질의 변화
⑤ 규칙적인 식사

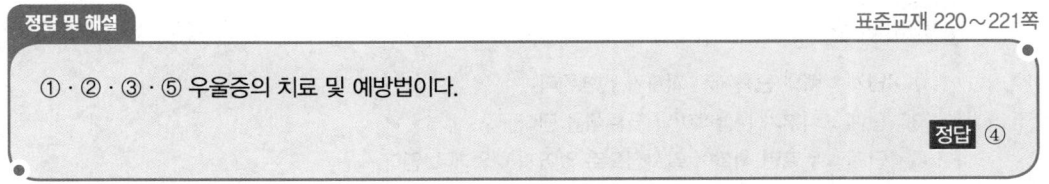

표준교재 220~221쪽

①·②·③·⑤ 우울증의 치료 및 예방법이다.

정답 ④

24 녹내장의 증상으로 옳은 것은?

① 뿌옇게 혼탁한 각막
② 불빛 주변에 무지개가 보임
③ 동공의 백색 혼탁
④ 밝은 불빛에서의 눈부심
⑤ 통증 없는 시력 감퇴

표준교재 213쪽

②·③·④·⑤ 백내장의 증상이다.

정답 ①

25 욕창의 단계별 증상으로 옳은 것은?

① 1단계 : 뼈와 근육까지 괴사가 진행된다.
② 2단계 : 피부가 분홍색이나 푸른색을 띤다.
③ 3단계 : 누르면 색깔이 일시적으로 없어져 하얗게 보인다.
④ 4단계 : 깊은 욕창이 생기고 괴사조직이 발생한다.
⑤ 2단계 : 피부가 벗겨지고 물집이 생긴다.

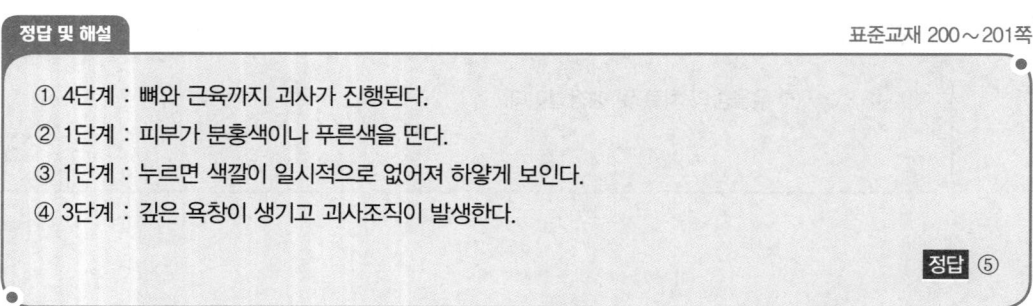

26 폐결핵 대상자를 돕는 방법으로 옳은 것은?

① 기침할 때는 입을 손으로 가리고 하게 한다.
② 주기적으로 간 기능 검사를 받는다.
③ 증상이 호전되면 약의 복용은 중단하게 한다.
④ 감염성이 있으므로 혈액검사를 해서 조기 발견한다.
⑤ 항결핵제는 부작용이 없으므로 관찰하지 않아도 된다.

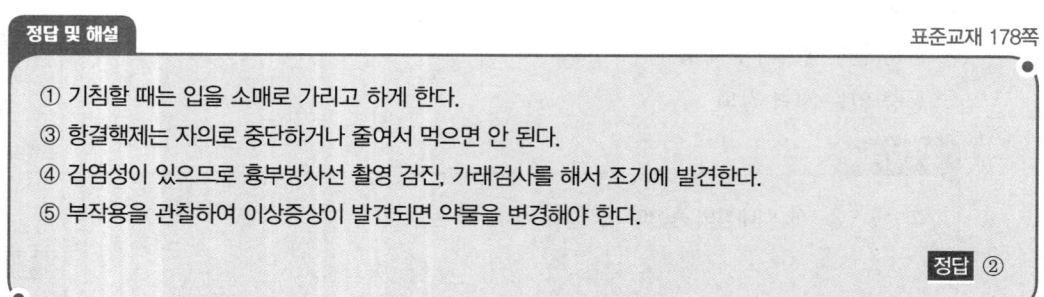

27 대상포진 대상자를 돕는 방법으로 옳은 것은?

① 가려움이 발생하는 부위는 긁어도 된다.
② 예방접종은 도움이 안 된다.
③ 통증 부위에 온찜질을 시행한다.
④ 충분한 휴식과 안정을 취한다.
⑤ 항생제 치료를 한다.

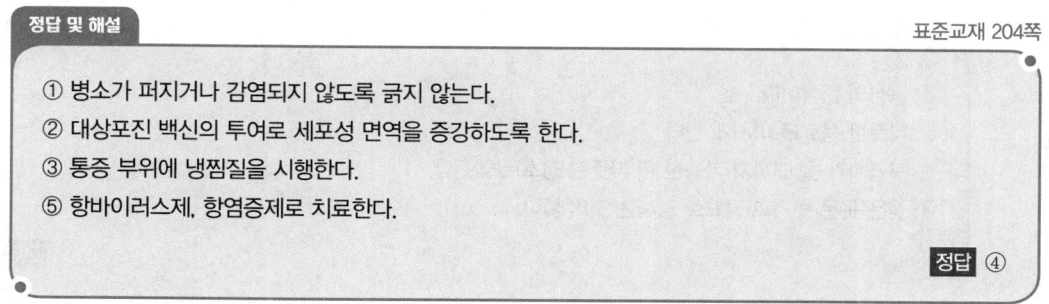

표준교재 204쪽

① 병소가 퍼지거나 감염되지 않도록 긁지 않는다.
② 대상포진 백신의 투여로 세포성 면역을 증강하도록 한다.
③ 통증 부위에 냉찜질을 시행한다.
⑤ 항바이러스제, 항염증제로 치료한다.

정답 ④

28 섬망 대상자의 지남력을 유지하기 위한 방법으로 옳은 것은?

① 낮에는 창문이나 커튼을 열어둔다.
② 목욕과 마사지를 제공한다.
③ 가족 구성원이 자주 방문하도록 격려한다.
④ 항상 단호하고 부드러운 목소리로 말한다.
⑤ 밤에는 창문을 닫고 불을 켜둔다.

표준교재 224~225쪽

② 신체 통합성 유지
③ 개인의 정체성 유지
④ 초조의 관리
⑤ 야간의 혼돈 방지

정답 ①

29 한랭질환인 저체온증에 관한 설명으로 옳은 것은?

① 피부색이 창백해지거나 누런 회색으로 변한다.
② 시원한 음료를 제공한다.
③ 구급차가 올 때까지 시원한 곳으로 옮긴다.
④ 젖은 옷은 입고 있는다.
⑤ 의식이 있으면 초콜릿 같은 단 음식을 섭취하게 한다.

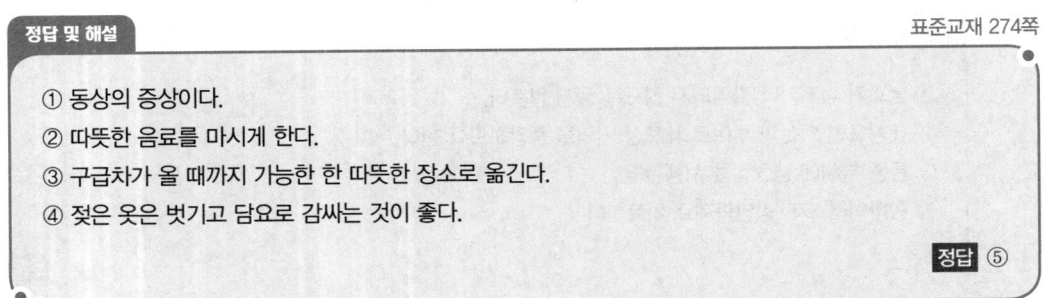

표준교재 274쪽

정답 및 해설
① 동상의 증상이다.
② 따뜻한 음료를 마시게 한다.
③ 구급차가 올 때까지 가능한 한 따뜻한 장소로 옮긴다.
④ 젖은 옷은 벗기고 담요로 감싸는 것이 좋다.

정답 ⑤

30 노인이 고지혈증약, 혈압약, 수면제 등을 복용하는 경우 약물과 상호작용이 있어 부작용을 일으킬 수 있는 음식은?

① 커 피
② 시금치
③ 자몽주스
④ 홍 삼
⑤ 유제품

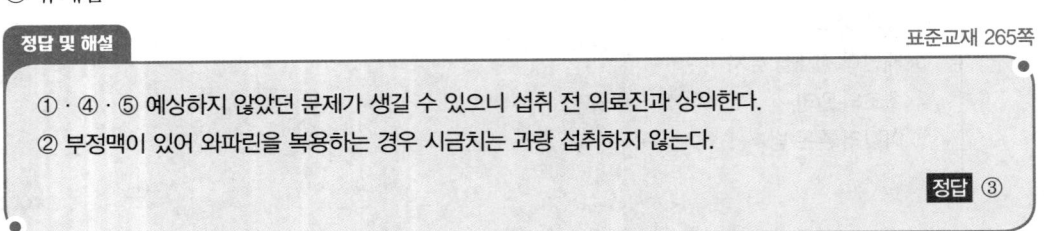

표준교재 265쪽

정답 및 해설
①·④·⑤ 예상하지 않았던 문제가 생길 수 있으니 섭취 전 의료진과 상의한다.
② 부정맥이 있어 와파린을 복용하는 경우 시금치는 과량 섭취하지 않는다.

정답 ③

31 65세 이상 노인에게 권장하는 예방접종에 관한 설명으로 옳은 것은?

① 디프테리아는 매년 1회 접종한다.
② 과거에 수두를 앓았다면 대상포진을 접종할 필요가 없다.
③ 인플루엔자는 10년마다 추가접종한다.
④ 백일해는 매년 3회 접종한다.
⑤ 파상풍은 10년마다 접종한다.

> **정답 및 해설**　　　　　　　　　　　　　　　　표준교재 270~271쪽
> ① 디프테리아 백신은 10년마다 접종한다.
> ② 수두를 앓았다면 세포성 면역을 위해 접종을 권장한다.
> ③ 인플루엔자 백신은 매년 접종한다.
> ④ 백일해 백신은 1차 접종만 한다.
>
> **정답** ⑤

32 요양보호 서비스 제공 후 원칙에 맞게 기록한 경우는?

① "아침 식사를 평소보다 적게 하심"
② "최근에 다녀간 자녀 이야기를 했음"
③ "오전에 책을 많이 읽었음"
④ "오랜만에 산책을 다녀옴"
⑤ "오후 2시에 스트레칭을 30분 동안 실시함"

> **정답 및 해설**　　　　　　　　　　　　　　　　표준교재 318쪽
> '적게', '최근', '많이', '오랜만에'와 같은 애매한 표현은 피하고, 숫자를 활용하여 구체적으로 기록해야 한다.
>
> **정답** ⑤

33 요양보호 서비스 제공 시 기관에 반드시 보고해야 하는 경우는?

① 대상자가 머리를 감지 않으려고 한다.
② 대상자가 뜨거운 물로만 목욕을 하려고 한다.
③ 대상자 팔에 있는 심한 타박상을 보았다.
④ 대상자가 식사를 급하게 하려고 한다.
⑤ 대상자가 외출 시 요양보호사의 차량을 이용하려고 한다.

정답 및 해설 　　　　　　　　　　　　　　　　　　　　　표준교재 337~338쪽

사고가 발생했거나 발생할 뻔했을 때, 업무를 잘못 수행했을 때, 새로운 업무방법을 찾았을 때, 새로운 정보를 파악했을 때, 서비스를 추가하거나 변경할 필요가 있을 때, 대상자의 상태에 변화가 있을 때 반드시 기관에 보고해야 한다.

정답 ③

34 임종 적응단계 중 타협 단계에서 나타나는 특징은?

① 사람들과 떨어진 채 고립을 선택한다.
② 삶이 얼마간이라도 연장되길 바란다.
③ 마지막 정리의 시간을 갖는다.
④ 돌봄을 제공하는 사람에게 화를 낸다.
⑤ 건강이 회복될 수 있다고 믿는다.

정답 및 해설 　　　　　　　　　　　　　　　　　　　　　표준교재 644~645쪽

① 우울 단계
③ 수용 단계
④ 분노 단계
⑤ 부정 단계

정답 ②

35 입원형 호스피스·완화의료 서비스를 이용할 수 있는 대상자는?

① 후천성면역결핍증 대상자
② 치매 대상자
③ 만성 간경화 환자
④ 말기 암 대상자
⑤ 만성폐쇄성 호흡기 질환자

정답 및 해설 표준교재 654쪽

④ 입원형의 경우 암 질환에 한하여 이용 가능하다.
①·③·⑤ 자문형·가정형 호스피스·완화의료 대상자이다.
② 해당자가 아니다.

정답 ④

36 입맛이 없는 대상자의 식욕을 증진시키는 방법으로 옳은 것은?

① 식사 전에 몸을 움직이거나 가벼운 산보를 한다.
② 음식을 잘게 썰어서 제공한다.
③ 좋아하는 한 가지 반찬만 제공한다.
④ 혼자서 식사하게 한다.
⑤ 감칠맛 나는 짠 음식을 제공한다.

정답 및 해설 표준교재 359쪽

식사 전에 몸을 움직이거나 산보를 하면 기분이 좋아지고 식욕이 증진된다. 다양한 음식을 조금씩 준비하여 반찬의 색깔을 보기 좋게 담아내는 것 또한 대상자의 식욕을 돋울 수 있는 방법이다.

정답 ①

37 의식이 없는 대상자의 경관영양 돕기로 옳은 것은?

① 식사의 시작과 끝을 알린다.
② 영양액을 천천히 주입해서 탈수를 방지한다.
③ 영양액 주입 중 구토가 나타나면 잠시 중단 후 재시도한다.
④ 영양주머니는 1일 1회 이상 씻는다.
⑤ 영양액을 빠르게 주입해서 통증을 줄여준다.

> **정답 및 해설** 표준교재 365~366쪽
>
> ② 영양액을 천천히 주입하면 음식이 상할 수 있으니 중력에 의해 흘러 내려오게 한다.
> ③ 영양액 주입 중 구토가 나타나면 비위관을 잠근 후 보고한다.
> ④ 영양주머니는 매번 씻어 말려 사용한다.
> ⑤ 영양액을 빠르게 주입하면 설사나 탈수를 유발한다.
>
> **정답** ①

38 알약을 복용하는 대상자를 돕는 방법으로 옳은 것은?

① 약 삼키는 것이 힘든 경우 약을 쪼개서 복용한다.
② 약 복용 시간을 놓쳤다면 2배로 복용한다.
③ 대상자가 손을 떠는 경우 입에 직접 넣어준다.
④ 약의 흡수가 잘 되도록 우유와 함께 복용한다.
⑤ 손으로 만진 약은 약병에 다시 넣어도 된다.

> **정답 및 해설** 표준교재 368쪽
>
> ① 임의로 약을 갈거나 쪼개지 말고 약사나 의사에게 문의한다.
> ② 약 복용 시간을 놓쳤다면 생각난 즉시 복용한다.
> ④ 우유는 약의 흡수에 방해되므로 약은 미지근한 물과 함께 복용한다.
> ⑤ 손으로 만진 약은 오염될 가능성이 높으니 약병에 다시 넣지 않는다.
>
> **정답** ③

39 오른쪽 편마비 대상자가 휠체어를 이용하여 화장실로 이동하는 경우 돕는 방법으로 옳은 것은?

① 휠체어는 오른쪽에 놓는다.
② 대상자의 오른쪽 손으로 휠체어 팔걸이를 잡게 한다.
③ 대상자의 왼쪽에 휠체어를 30~45° 비스듬히 붙인다.
④ 휠체어에 걸터앉도록 한 후 이동한다.
⑤ 밖에서 기다려 주기를 원하는 경우 호출기는 요양보호사가 들고나온다.

정답 및 해설 표준교재 376~378쪽

① 휠체어는 건강한 쪽(왼쪽)에 놓는다.
② 대상자의 건강한 쪽(왼쪽) 손으로 휠체어 팔걸이를 잡게 한다.
④ 휠체어에 깊숙이 앉게 한다.
⑤ 밖에서 기다려 주기를 원하는 경우 호출기는 대상자 옆에 두고 나온다.

정답 ③

40 화장실까지 가지 못하는 대상자의 침상배설 돕기 방법으로 옳은 것은?

① 변기는 차가운 물로 닦아 준비한다.
② 심리적 안정을 위해 주변을 조용히 만든다.
③ 침상머리를 낮추어 배에 힘을 주기 쉽게 한다.
④ 섬유질 섭취를 적절히 해서 장운동을 활발하게 해준다.
⑤ 바지를 내린 후 무릎덮개로 덮어준다.

정답 및 해설 표준교재 379~381쪽

① 차가운 변기는 변의를 감소시키므로 따뜻한 물로 데워준다.
② 배설 시 대상자가 소리 나는 것에 부담을 느끼지 않도록 변기 안에 화장지를 깔고 텔레비전을 켜거나 음악을 틀어 놓는다.
③ 침상머리를 올려준다.
⑤ 무릎덮개로 덮고 바지를 내린다.

정답 ④

41 화장실까지 걷기 어려운 대상자의 이동변기 사용 돕기 방법으로 옳은 것은?

① 편마비인 경우 대상자의 건강한 쪽으로 이동변기를 30~45° 비스듬히 붙인다.
② 주변 환경을 조용하게 만들어준다.
③ 이동변기를 하루에 한 번 세척한다.
④ 대상자 손에 변이 묻은 경우 물티슈로 닦아준다.
⑤ 배설이 어려운 경우 찬물을 요도에 끼얹어 준다.

> **정답 및 해설**   표준교재 382~384쪽
>
> ② 음악을 틀어주어 배설 시 나는 소리가 잘 들리지 않게 한다.
> ③ 매번 깨끗이 씻어 배설물이 남아있거나 냄새가 나지 않게 한다.
> ④ 대상자 손에 변이 묻은 경우 물과 비누로 손을 씻게 한다.
> ⑤ 찬물은 피부와 근육을 수축하게 하고, 변의를 감소시킨다.
>
> **정답** ①

42 대상자의 기저귀 사용 돕기 방법으로 옳은 것은?

① 감기에 노출될 우려가 있으니 환기는 시키지 않는다.
② 몇 번 실금한 경우 기저귀를 바로 사용하게 한다.
③ 하루에 세 번 기저귀를 교환한다.
④ 마른 수건으로 물기는 닦아 말려준다.
⑤ 둔부 주변에 상처가 생긴 경우 연고를 발라준다.

> **정답 및 해설**   표준교재 384~386쪽
>
> ① 냄새가 불쾌감을 주므로 환기를 한다.
> ② 기저귀를 사용하면 대상자가 기저귀에 의존하게 되므로 부득이한 경우에만 사용한다.
> ③ 배뇨, 배변 시간에 맞추어 자주 살펴본다.
> ⑤ 둔부 주변에 상처가 생긴 경우 보고한다.
>
> **정답** ④

43 유치도뇨관을 가지고 있는 대상자의 소변주머니 관리 방법으로 옳은 것은?

① 소변을 지정된 장소에 버린다.
② 소변주머니를 비우고 배출구는 바닥에 닿게 둔다.
③ 보행 시 소변주머니는 방광보다 높게 둔다.
④ 수분 섭취는 제한한다.
⑤ 소변주머니는 하루에 한 번 비워준다.

> **정답 및 해설**
> 표준교재 387~388쪽
>
> ② 소변주머니를 비우고 배출구는 제자리에 꽂는다.
> ③ 방광보다 낮게 두어 역류로 인한 감염을 예방한다.
> ④ 금기 사항이 없는 한 수분 섭취를 권장한다.
> ⑤ 소변주머니는 2~3시간마다 양과 색을 확인하고 비운다.
>
> **정답** ①

44 칫솔질을 잇몸에서 치아 쪽 방향으로 닦아주어야 하는 이유는?

① 구강점막이나 잇몸이 손상될 수 있기 때문에
② 구강 출혈을 예방하기 위해
③ 구강 건조를 예방하기 위해
④ 청량감을 높이기 위해
⑤ 통증을 줄이기 위해

> **정답 및 해설**
> 표준교재 399쪽
>
> 칫솔질의 방향이 잘못되면 치아 표면이 마모되거나 구강점막 및 잇몸이 손상될 수 있고, 칫솔질의 자극에 의해 구토나 질식이 일어날 수 있다.
>
> **정답** ①

45 하루에 최소 8시간 의치를 빼서 보관하는 이유는?

① 의치의 변형을 막기 위해
② 잇몸에 대한 압박자극을 해소하기 위해
③ 구강점막의 염증을 막기 위해
④ 구강의 건조를 막기 위해
⑤ 타액 분비를 촉진하기 위해

정답 및 해설 표준교재 399쪽

최소한 하루에 8시간은 의치를 빼놓아 잇몸의 압박을 줄인다.

정답 ②

46 대상자의 회음부 청결 돕기 방법으로 옳은 것은?

① 젖은 수건으로 물기를 닦아낸다.
② 여성은 항문 → 질 → 요도 순서로 닦는다.
③ 남성은 음경을 수건으로 잡고, 겹치는 부분도 잘 닦는다.
④ 피부 손상을 예방하기 위해 장갑은 착용하지 않는다.
⑤ 회음부에서 악취가 나는 경우 베타딘으로 소독한다.

정답 및 해설 표준교재 408~409쪽

① 마른 수건으로 물기를 닦아낸다.
② 여성은 요도 → 질 → 항문 순서로 닦는다.
④ 피부 손상을 예방하기 위해 일회용 장갑을 착용한다.
⑤ 회음부에서 악취가 나는 경우 시설장이나 간호사 등에게 보고한다.

정답 ③

47 누워 지내는 대상자의 세면 돕기 방법으로 옳은 것은?

① 뺨 → 코 → 입 → 눈 → 이마 → 귀 → 목 순으로 닦아준다.
② 이마는 코 쪽으로 내려 닦는다.
③ 한쪽 눈을 닦은 수건으로 다른 쪽 눈도 닦는다.
④ 귀이개로 귓속 깊이 있는 귀지도 제거한다.
⑤ 안경을 사용하는 경우 하루에 한 번 안경 닦는 천으로 안경을 닦아준다.

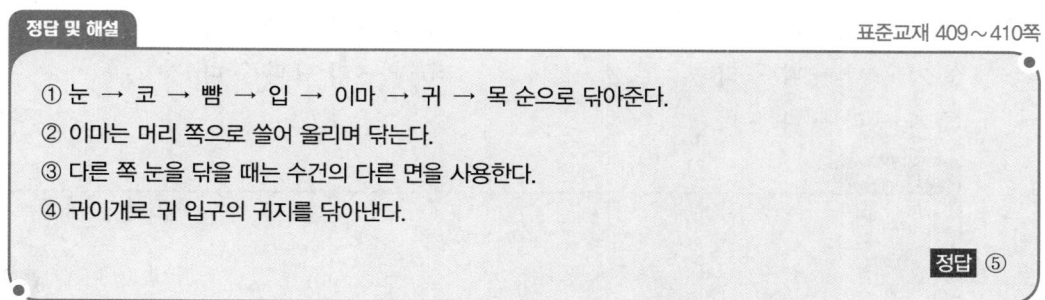

정답 및 해설　　　　　　　　　　　　　　　　표준교재 409~410쪽

① 눈 → 코 → 뺨 → 입 → 이마 → 귀 → 목 순으로 닦아준다.
② 이마는 머리 쪽으로 쓸어 올리며 닦는다.
③ 다른 쪽 눈을 닦을 때는 수건의 다른 면을 사용한다.
④ 귀이개로 귀 입구의 귀지를 닦아낸다.

정답 ⑤

48 대상자의 침상목욕 돕기 방법으로 옳은 것은?

① 장운동을 촉진하기 위해 배꼽을 중심으로 시계 반대 방향으로 닦는다.
② 눈은 바깥에서 안쪽으로 닦아준다.
③ 등이나 둔부 주변에는 욕창이 생기기 쉬우므로 피부 상태를 관찰한다.
④ 둔부 마사지는 위아래 방향으로 닦는다.
⑤ 몸 닦기는 음부부터 시작한다.

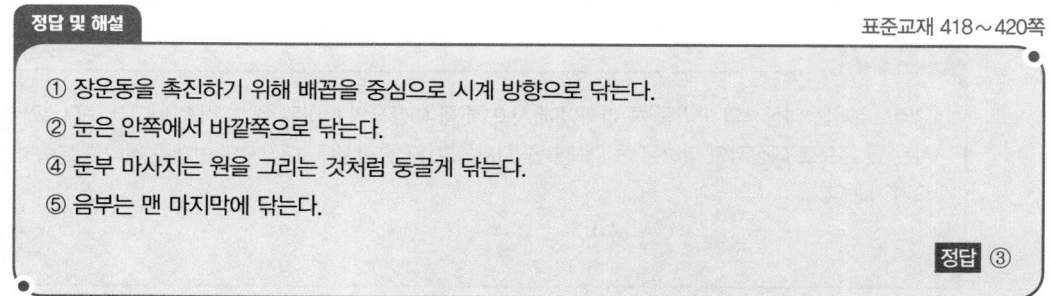

정답 및 해설　　　　　　　　　　　　　　　　표준교재 418~420쪽

① 장운동을 촉진하기 위해 배꼽을 중심으로 시계 방향으로 닦는다.
② 눈은 안쪽에서 바깥쪽으로 닦는다.
④ 둔부 마사지는 원을 그리는 것처럼 둥글게 닦는다.
⑤ 음부는 맨 마지막에 닦는다.

정답 ③

49 침대에서 머리를 감기기 위해 대상자를 중앙에서 왼쪽으로 이동시키는 순서로 옳은 것은?

> 가. 대상자의 왼쪽에 선다.
> 나. 상반신과 하반신을 차례로 이동시킨다.
> 다. 대상자의 두 팔을 가슴 위에 올려놓는다.
> 라. 대상자의 머리에 베개를 받쳐 안락한 자세를 취하게 한다.

① 가 → 나 → 다 → 라
② 가 → 나 → 라 → 다
③ 가 → 다 → 나 → 라
④ 가 → 라 → 나 → 다
⑤ 가 → 라 → 다 → 나

정답 및 해설

표준교재 438쪽

정답 ③

50 왼쪽 편마비 대상자를 옆에서 보조하여 침대에서 일으켜 세우는 방법으로 옳은 것은?

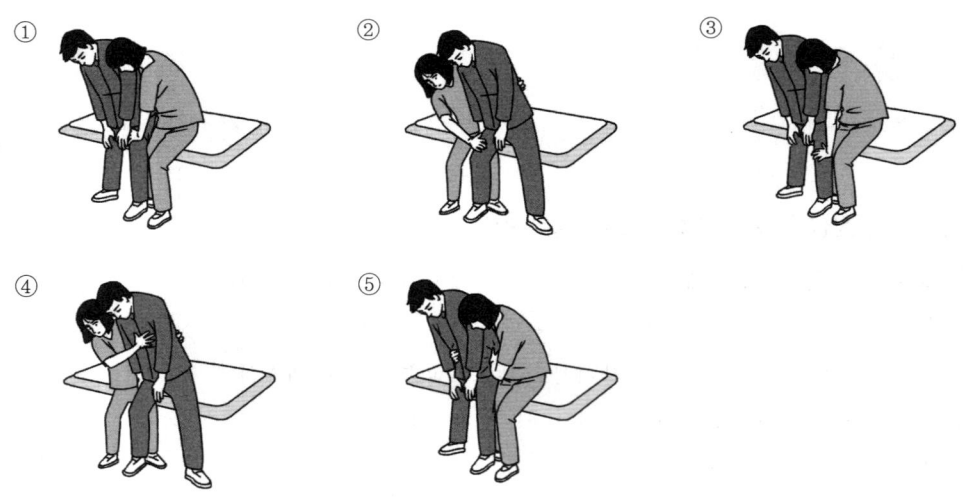

정답 및 해설

표준교재 441쪽

요양보호사는 대상자의 마비된 쪽 가까이에 서고, 발을 대상자의 마비된 쪽 발 바로 뒤에 놓는다. 요양보호사는 한 손으로 대상자의 마비된 쪽 대퇴부를 지지하고, 다른 한 손은 대상자의 반대쪽 허리를 부축하여 일으켜 세운다.

정답 ①

51 오른쪽 편마비 대상자를 휠체어에서 이동변기로 이동시키는 방법으로 옳은 것은?

① 휠체어의 잠금장치는 열어 둔다.
② 이동변기는 대상자의 왼쪽에 둔다.
③ 이동변기는 휠체어와 90°로 비스듬히 놓는다.
④ 대상자의 오른쪽 손으로 변기의 먼 쪽 손잡이를 잡게 한다.
⑤ 요양보호사는 대상자의 뒤에서 서서 허리를 지지한다.

> **정답 및 해설** 표준교재 456쪽
> ① 휠체어의 잠금장치는 잠근다.
> ③ 이동변기는 휠체어와 약 30~45°로 비스듬히 놓는다.
> ④ 대상자의 건강한 쪽(왼쪽) 손으로 변기의 먼 쪽 손잡이를 잡게 한다.
> ⑤ 요양보호사는 대상자의 앞에 선다.
>
> **정답** ②

52 왼쪽 편마비 대상자를 앞에서 보조하여 침대에서 일으켜 세우는 방법으로 옳은 것은?

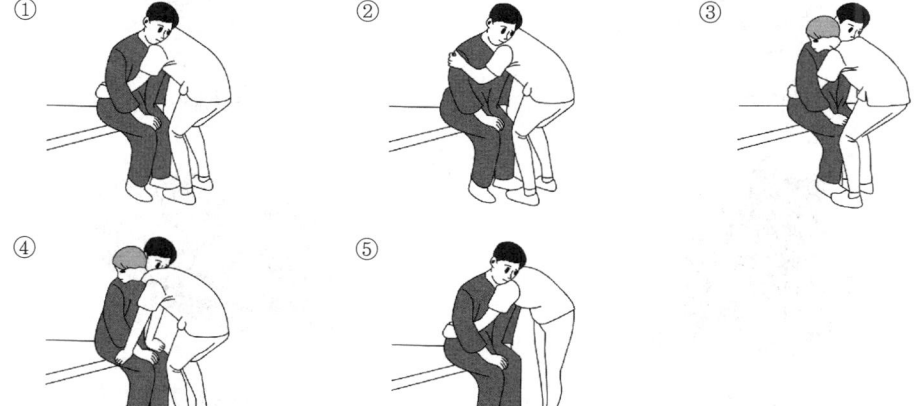

> **정답 및 해설** 표준교재 440~441쪽
> 요양보호사는 자신의 무릎을 대상자의 마비된 쪽 무릎 앞쪽에 대고 지지해 준다. 그다음 요양보호사의 양손으로 대상자의 허리를 잡아 지지하고, 대상자의 상체를 앞으로 숙이며 천천히 일으켜 세운다.
>
> **정답** ①

53 휠체어 사용 시 올바른 기본 조작법은?

① 고정 시 휠체어 옆 손잡이를 바퀴 반대쪽으로 밀어 푼다.
② 움직이지 않을 때는 반드시 브레이크를 잠근다.
③ 휠체어를 펼 때 '잠금장치를 잠근다 → 시트를 편다 → 팔걸이를 펼친다' 순으로 조작한다.
④ 휠체어를 접을 때 잠금장치를 열어 둔다.
⑤ 이동 시 휠체어 옆 손잡이를 바퀴 쪽으로 밀어 잠근다.

> **정답 및 해설** 표준교재 449쪽
>
> ① 고정 시 바퀴 쪽으로 밀어 잠근다.
> ③ '잠금장치를 잠근다 → 팔걸이를 펼친다 → 시트를 편다' 순으로 조작한다.
> ④ 접을 때도 잠금장치는 잠근다.
> ⑤ 이동 시 바퀴 반대쪽으로 밀어 푼다.
>
> **정답** ②

54 노인장기요양보험 급여 복지용구 중 구입품목에 해당하는 것은?

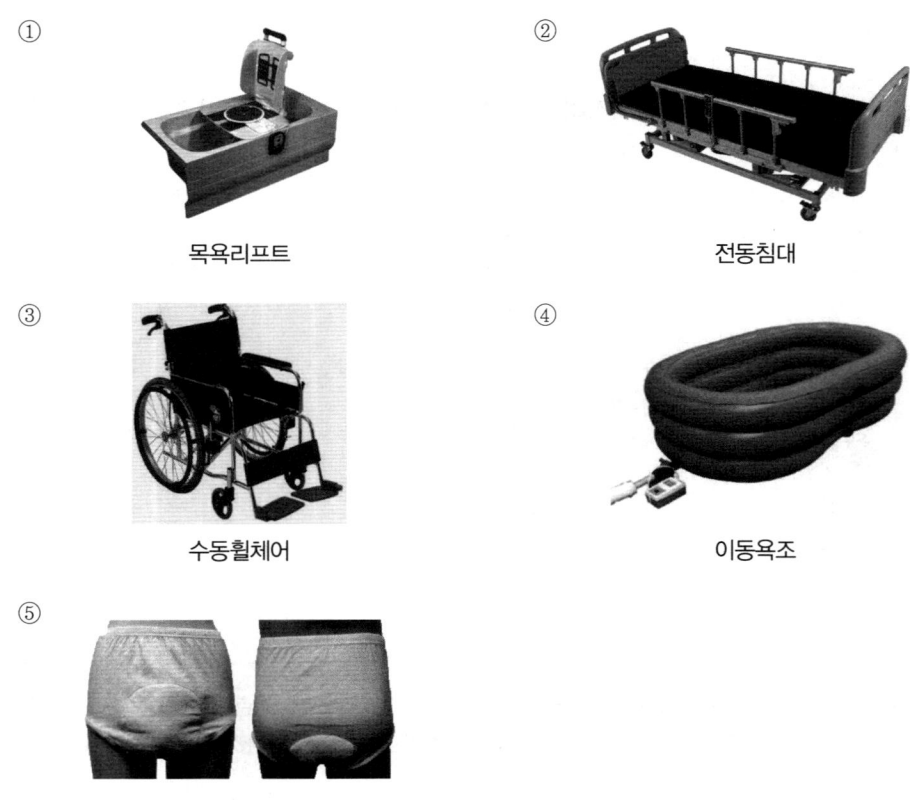

① 목욕리프트
② 전동침대
③ 수동휠체어
④ 이동욕조
⑤ 요실금팬티

> **정답 및 해설** 표준교재 471쪽
>
> **복지용구의 종류**
> - 구입품목 : 이동변기, 목욕의자, 성인용 보행기, 안전손잡이, 미끄럼방지용품(미끄럼방지매트, 미끄럼방지액, 미끄럼방지양말), 간이변기(간이대변기·소변기), 지팡이, 욕창예방방석, 자세변환용구, 요실금팬티
> - 대여품목 : 수동휠체어, 전동침대, 수동침대, 이동욕조, 목욕리프트, 배회감지기
> - 구입 또는 대여품목 : 욕창예방매트리스, 경사로(실내용, 실외용)
>
> **정답** ⑤

55 영양소 손실을 최소화하는 적절한 조리방법으로 옳은 것은?

① 생채나 겉절이보다는 소금에 절이는 배추김치를 이용한다.
② 국은 건더기보다 국물 위주로 제공해야 나트륨을 줄일 수 있다.
③ 육류는 결과 같은 방향으로 자른다.
④ 쌈장에 데쳐서 으깬 두부를 넣으면 저염 쌈장을 만들 수 있다.
⑤ 생선조림에 콜라를 활용하면 칼슘을 강화시켜 비린내를 줄인다.

> **정답 및 해설** 표준교재 527~529쪽
>
> ① 소금에 절이는 배추김치는 나트륨 함량이 높다.
> ② 국물보다 건더기 위주로 제공한다.
> ③ 육류는 결의 반대 방향으로 자른다.
> ⑤ 생선조림에 우유를 활용하면 칼슘을 강화하면서 비린내를 줄이고 염도를 낮출 수 있다.
>
> **정답** ④

56 변비 대상자의 식사관리 방법으로 옳은 것은?

① 하루 5잔 이하로 수분 섭취를 줄인다.
② 생과일 섭취 대신 과일 통조림 섭취를 권장한다.
③ 도정과정을 많이 거친 저잔여식이를 섭취하게 한다.
④ 우유나 요구르트와 같은 유제품은 제한한다.
⑤ 호두, 땅콩, 해바라기씨 등 견과류 섭취를 증가시킨다.

정답 및 해설 표준교재 534쪽

① 하루 6~8잔 이상의 수분을 섭취하게 한다.
② 생과일 섭취를 권장한다.
③ 도정과정을 많이 거치지 않은 통곡류를 섭취하게 한다.
④ 우유나 유제품은 장의 연동운동을 증가시키므로 함께 먹으면 도움이 된다.

정답 ⑤

57 대상자의 의복을 세탁 후 보관하는 방법으로 옳은 것은?

① 비가 막 그친 맑은 날은 의류나 침구에 바람 쏘이기에 적합하다.
② 면섬유를 보관할 때는 방충제를 넣어둔다.
③ 서랍장에 방습제를 넣으면 습기 차는 것을 방지할 수 있다.
④ 방충제는 공기보다 무거우므로 보관용기의 아래에 둔다.
⑤ 방충제는 종류가 다른 방충제와 함께 사용한다.

정답 및 해설 표준교재 553~554쪽

① 비가 막 그친 날은 지면에서 습기가 올라오므로 의류나 침구에 바람을 쏘이는 데에 적합하지 않다.
② 모섬유나 견섬유와 같은 천연섬유는 해충의 피해를 입기 쉬우므로 방충제를 넣어둔다.
④ 공기보다 무거우므로 위쪽 구석에 넣어둔다.
⑤ 종류가 다른 방충제를 함께 넣으면 화학변화를 일으켜 옷감이 변색·변질되므로 한 가지씩만 사용한다.

정답 ③

58 대상자의 청결한 주거환경 조성으로 옳은 것은?

① 대상자 물건의 위치 변경은 요양보호사가 임의로 한다.
② 화장실 배수구에는 락스를 부어준다.
③ 화장실 바닥의 물때는 한 달에 한 번 솔을 이용하여 닦는다.
④ 침상 시트나 침구는 자기 전에 정리하게 한다.
⑤ 침실에 쓰레기가 많은 경우 빗자루에 물을 묻혀 쓸어낸다.

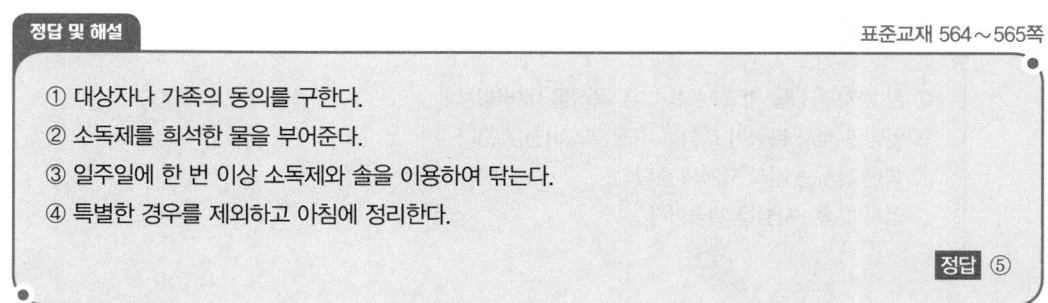

정답 및 해설　　　　　　　　　　　　　　　표준교재 564~565쪽

① 대상자나 가족의 동의를 구한다.
② 소독제를 희석한 물을 부어준다.
③ 일주일에 한 번 이상 소독제와 솔을 이용하여 닦는다.
④ 특별한 경우를 제외하고 아침에 정리한다.

정답 ⑤

59 치매 대상자의 일상생활을 지원하는 원칙으로 옳은 것은?

① 위험이 될 만한 물건은 없앤다.
② 약물을 복용해도 증상이 완화되지 않으면 중단하게 한다.
③ 새로운 환경을 제공하여 변화를 준다.
④ 습관적으로 해오던 일들도 요양보호사가 도와준다.
⑤ 요양보호사의 시간에 맞는 일정을 만들어 규칙적인 생활을 하게 한다.

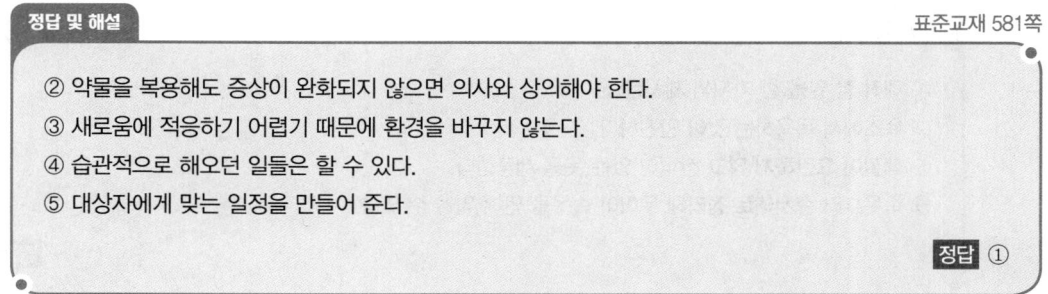

정답 및 해설　　　　　　　　　　　　　　　　표준교재 581쪽

② 약물을 복용해도 증상이 완화되지 않으면 의사와 상의해야 한다.
③ 새로움에 적응하기 어렵기 때문에 환경을 바꾸지 않는다.
④ 습관적으로 해오던 일들은 할 수 있다.
⑤ 대상자에게 맞는 일정을 만들어 준다.

정답 ①

60 치매 대상자의 식사 돕기 방법으로 옳은 것은?

① 묽은 음식에 사레가 걸리면 걸쭉한 음식을 제공한다.
② 여러 가지 음식을 함께 내어놓는다.
③ 텔레비전을 켜고 식사하게 한다.
④ 식탁에 앉으면 생선 가시를 제거해 준다.
⑤ 사발보다는 접시를 이용한다.

정답 및 해설 표준교재 582~583쪽

② 한 가지 음식을 먹고 난 후 다른 음식을 내어놓는다.
③ 안정된 식사 분위기 조성을 위해 텔레비전은 끈다.
④ 생선 가시는 미리 제거해 준다.
⑤ 접시보다는 사발을 제공한다.

정답 ①

61 치매 대상자의 개인위생 돕기 방법으로 옳은 것은?

① 해야 할 일을 두세 가지씩 제시한다.
② 운동실조증이 있는 치매 대상자는 샤워가 안전하다.
③ 색깔이 요란하고 장식이 있는 옷을 제공한다.
④ 물에 거부반응을 보이면 작은 그릇에 물을 떠서 만져보게 한다.
⑤ 옷을 순서대로 입지 못하면 겉옷부터 순서대로 정리해 놓는다.

정답 및 해설 표준교재 586~588쪽

① 해야 할 일을 한 가지씩 제시한다.
② 욕조에서 목욕하는 것이 안전하다.
③ 색깔이 요란하지 않고 장식이 없는 옷을 제공한다.
⑤ 속옷부터 순서대로 정리해 두어야 속옷을 안에 입을 수 있다.

정답 ④

62 치매 대상자의 안전한 환경 조성을 위한 방법으로 옳은 것은?

① 약은 쉽게 찾을 수 있도록 눈에 띄는 곳에 보관한다.
② 화장실 문은 안에서만 열 수 있는 것으로 설치한다.
③ 온수가 나오는 수도꼭지는 빨간색으로 표시한다.
④ 채소 모양의 자석을 냉장고에 부착시켜 놓는다.
⑤ 유리로 된 물건은 대상자가 쉽게 닿을 수 있는 곳에 보관한다.

정답 및 해설　　　　　　　　　　　　　　　표준교재 590～592쪽

① 약은 위험성이 있으므로 대상자가 발견할 수 없는 곳에 보관한다.
② 화장실 문은 밖에서도 열 수 있는 것으로 설치한다.
④ 냉장고에 부착하는 과일이나 채소 모양의 자석은 치매 대상자가 먹을 수 있으므로 사용하지 않는다.
⑤ 유리로 된 물건은 대상자가 닿을 수 없는 곳에 보관한다.

정답 ③

63 치매 대상자의 수면장애를 돕는 방법으로 옳은 것은?

① 산책과 같은 운동을 하도록 돕는다.
② 저녁식사 후 커피 한 잔을 제공한다.
③ 낮에 조는 경우 낮잠을 충분히 자게 한다.
④ 공복감으로 잠이 안 오면 식사를 제공한다.
⑤ 집중해야 할 일은 취침 전에 하도록 한다.

정답 및 해설　　　　　　　　　　　　　　　표준교재 595～596쪽

② 저녁식사 후 커피나 술은 제한한다.
③ 낮에 조는 경우 말을 걸어 자극을 준다.
④ 공복감으로 잠이 안 오면 따뜻한 우유를 제공한다.
⑤ 취침 전에 집중하는 일은 하지 않도록 한다.

정답 ①

64 치매 대상자가 갑자기 흥분하여 요양보호사를 꼬집고, 주먹으로 치려고 할 때 대처 방법은?

① 치매 대상자가 흥분되어 있음을 이해한다는 표현을 한다.
② 흥분한 이유가 무엇인지 물어본다.
③ 신체적 구속을 통해 멈추게 하다.
④ 중단하라고 큰 소리로 지시한다.
⑤ 일을 그만하겠다고 경고한다.

정답 및 해설   표준교재 598~599쪽

② 질문하거나 일을 시키지 않는다.
③ 신체적인 구속은 사용하지 않는다.
④·⑤ 온화하게 이야기한다.

정답 ①

65 치매 대상자가 이곳저곳을 배회할 때 대처 방법은?

① 라디오를 크게 틀어준다.
② 낙상 방지를 위해 움직이지 못하게 제지한다.
③ 치매 대상자가 좋아하는 종이접기를 함께 한다.
④ 정신적 욕구를 우선적으로 해결해 준다.
⑤ 취침 전에 포만감을 느낄 수 있도록 식사를 제공한다.

정답 및 해설   표준교재 596~597쪽

관심을 다른 곳으로 돌리는 주의 환기법을 적용해 본다.

정답 ③

66 치매 대상자가 다음과 같은 정신행동증상을 보일 때 돌봄 방법으로 옳은 것은?

> 대상자가 막대기를 들고 휘두르며 "저리 가."라고 소리를 친다. 왜 그러냐고 돌봄자가 묻는 말에 "검은 옷 입은 사람이 자꾸 나를 쳐다봐."라고 대답한다.

① 아무도 없는데 무엇이 보이냐며 정신 차리라고 말한다.
② 조명을 어둡게 해서 아무것도 보이지 않는 환경을 조성해 준다.
③ 왜 찾아왔는지 생각해 보라고 말한다.
④ 다시 찾아오지 않게 하려면 어떻게 해야 되는지 물어본다.
⑤ 감정을 수용하며 인정해주고 대상자가 좋아하는 간식을 같이 먹자고 한다.

정답 및 해설 표준교재 705쪽

헛것을 보는 치매 대상자를 돌볼 때는 대상자의 주장을 인정해 주어야 한다. 또한, 대상자가 착각을 일으킬 수 있는 환경인지 점검하고 그렇다면 환경을 개선해 주어야 하며, 대상자가 관심이 있는 것으로 주의를 환기한다.

정답 ⑤

67 치매 중기 대상자와 의사소통하는 방법으로 옳은 것은?

① 대화 주제를 바꾸어 가며 이야기한다.
② '그' 혹은 '그 사람'과 같은 불특정 인칭대명사를 사용한다.
③ 대상자의 행동을 개인적인 의미로 받아들인다.
④ 길고 복잡한 문장으로 이야기한다.
⑤ 대상자에게 친숙한 물건을 활용한다.

정답 및 해설 표준교재 612쪽

① 대화 주제를 갑자기 바꾸지 않는다.
② 인칭대명사보다는 명사나 대상자의 이름을 사용한다.
③ 개인적인 의미로 받아들이지 않는다.
④ 길고 복잡한 문장 사용은 피한다.

정답 ⑤

68 핸드폰, 달력, 노트에 약속, 일정, 기억해야 할 목록을 작성하고 매일 확인하는 습관을 만들어 건망증을 예방하고 일상생활 활동을 지속해 나갈 수 있도록 하는 인지자극훈련은?

① 손가락 낭독회
② 물건 보며 회상하기
③ 날짜 계산하기
④ 환경 수정
⑤ 인사말 따라하기

정답 및 해설 표준교재 627쪽

대상자 중심의 가정환경 수정을 통해서 독립성과 활동 수행 능력을 증진시킬 수 있다.

정답 ④

69 중증 인지기능 장애 대상자와 인지자극훈련을 할 때의 주의사항으로 옳은 것은?

① 주방 일을 한 번도 해본 적이 없으니 요리 관련 활동을 제안한다.
② 점심을 먹고 오후에 기분이 좋으면 활동을 오후로 배치한다.
③ 대상자가 익숙해하는 물건은 버리고 인테리어를 새롭게 한다.
④ 어려운 전문 용어를 자주 사용한다.
⑤ 실수를 하는 경우 즉시 그 자리에서 책망한다.

정답 및 해설 표준교재 634~635쪽

① 과거의 환경, 직업을 고려하여 활동을 제안한다.
③ 환경이 변화하면 대상자가 불안을 느끼고 수행력이 저하되니 주의한다.
④ 간결한 말로 상황을 설명한다.
⑤ 따뜻한 말로 위로해야 한다.

정답 ②

70 상대방이 하는 말을 상대방의 관점에서 이해하고, 감정을 함께 느끼며, 자신이 느낀 바를 전달하는 의사소통 기법은?

① 경청
② 라포형성
③ 침묵
④ 공감
⑤ 말하기

> **정답 및 해설**
> 표준교재 286~287쪽
>
> 공감능력은 '나는 당신의 상황을 알고, 당신의 기분을 이해한다.'와 같이 다른 사람의 상황이나 기분을 함께 느낄 수 있는 능력을 말한다.
>
> **정답** ④

71 다음 상황에서 요양보호사가 '나 – 전달법'으로 반응한 것은?

| 대 상 자 : "오늘 아침 죽은 맛이 없어. 나는 죽을 싫어하는데 언제까지 먹어야 되는 거야."
| 요양보호사 : ( ) |

① "치아가 안 좋으셔서 당분간은 드셔야 합니다."
② "죽이 입맛에 안 맞아서 못 드셨다니 걱정이 되네요."
③ "맛이 없어도 건강 생각하셔서 드세요."
④ "배가 고프실 텐데 괜찮으세요?"
⑤ "제가 다른 음식 찾아볼게요."

> **정답 및 해설**
> 표준교재 288쪽
>
> '나 – 전달법'은 상대방을 비난하지 않고 상대방의 행동이 나에게 미치는 영향에 초점을 맞추어 이야기하는 표현법이다. '상황 → 영향 → 느낌 → 바람'의 순서로 표현하도록 한다.
>
> **정답** ②

72 시각장애 대상자와 의사소통하는 방법으로 옳은 것은?

① 요양보호사를 중심으로 오른쪽, 왼쪽을 정해둔다.
② 눈짓으로 신호를 주면서 이야기를 시작한다.
③ 이미지가 전달하기 어려운 형태는 반복 설명한다.
④ 신체접촉을 하기 전에 말을 먼저 건네어 알게 한다.
⑤ '여기', '저기' 등 지시대명사를 사용한다.

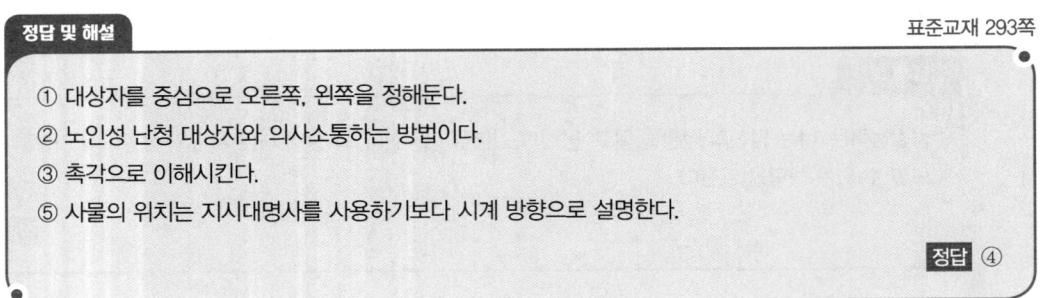

정답 및 해설   표준교재 293쪽
① 대상자를 중심으로 오른쪽, 왼쪽을 정해둔다.
② 노인성 난청 대상자와 의사소통하는 방법이다.
③ 촉각으로 이해시킨다.
⑤ 사물의 위치는 지시대명사를 사용하기보다 시계 방향으로 설명한다.

정답 ④

73 다음과 같은 방법으로 의사소통해야 하는 대상자는?

- 정면에서 다가가 노인의 시야에 들어간 다음 말을 건다.
- 대화 및 표현의 이유를 찾아내도록 노력한다.
- 부정적 명령어, 모멸감, 질책 등은 하지 않는다.

① 언어장애 대상자
② 노인성 난청 대상자
③ 치매로 인한 장애 대상자
④ 의사소통 장애가 없는 대상자
⑤ 시각장애 대상자

정답 및 해설   표준교재 294~295쪽

정답 ③

74 다음과 같은 대처와 의사소통을 해야 하는 치매 대상자의 상황으로 옳은 것은?

- 잘못을 직접적으로 지적하지 않기
- 야단치거나 외면하지 않고 관심 가지기
- 좋아하는 활동을 증가시켜 우울한 생각을 전환하기

① 초조행동
② 배설행동
③ 우 울
④ 배 회
⑤ 공격성

정답 및 해설　　　　　　　　　　　　　　　　표준교재 296~297쪽

치매 관련 혈관장애로 우울증을 유발한 경우, 신경 퇴행적 변화로 나타나는 기분증상, 치매 증세를 자각한 경우가 원인이 되어 나타나는 우울 상황이다.

정답 ③

75 재난 상황에 대처하는 요양보호사의 태도로 옳은 것은?

① 핸드폰이나 텔레비전은 꺼두어야 한다.
② 소화기 사용방법은 익히지 않아도 된다.
③ 요양보호 대상자는 재난 상황에 가장 취약한 집단임을 이해한다.
④ 재난 상황은 예측이 가능한 상황이다.
⑤ 요양보호사는 자신의 안전보다 대상자의 안전을 최우선으로 한다.

정답 및 해설　　　　　　　　　　　　　　　　표준교재 658쪽

① 핸드폰이나 텔레비전은 켜두어 최신 정보를 계속 수집한다.
② 사용방법을 익혀 두어야 소화기를 신속하게 사용할 수 있다.
④ 재난 상황은 뜻하지 않게 발생한 긴급 상황을 뜻한다.
⑤ 요양보호사는 대상자뿐 아니라 자신의 안전도 함께 지킬 수 있도록 노력해야 한다.

정답 ③

76 감염 예방의 일반적인 원칙으로 옳은 것은?

① 기침, 콧물, 인후통 등의 증상이 있을 경우 면역저하자와 접촉해도 상관없다.
② 감염이 의심되는 물건은 깨끗이 세척한 후 사용한다.
③ 질병관리청의 방역지침은 상황에 따라 융통성 있게 지킨다.
④ 상처는 완전히 멸균된 방식으로 드레싱한다.
⑤ 몸의 탈출구(코, 입, 눈, 피부, 비뇨생식기, 항문)는 미생물이 빠져나오는 곳으로 청결하지 않아도 된다.

정답 및 해설 표준교재 663쪽

① 기침, 콧물, 인후통 등의 증상이 있을 경우 최대한 민감한 대상자(복합만성질환자, 면역저하자)와의 접촉을 삼간다.
② 감염이 의심되는 물건은 소독을 해야 한다.
③ 질병관리청의 방역지침을 성실히 따른다.
⑤ 몸의 탈출구(코, 입, 눈, 피부, 비뇨생식기, 항문)를 청결하게 관리하는 것이 중요하다.

정답 ④

77 항경련제를 복용하는 대상자가 경련을 할 때 돕는 방법으로 옳은 것은?

① 빨리 항경련제를 먹인다.
② 입을 벌리고 손수건을 물려준다.
③ 경련이 발생한 시각을 기록해둔다.
④ 대상자의 팔과 다리를 붙잡아 준다.
⑤ 이마를 뒤로 젖히고 턱을 들어 기도를 유지한다.

정답 및 해설 표준교재 675~676쪽

① 경련 중에는 먹을 것을 주면 안 된다.
② 혀나 입에 상처가 날 수 있으니 손수건을 물리지 않는다.
④ 대상자의 팔과 다리를 붙잡지 않고 경련이 멈추기를 조용히 기다리며 관찰한다.
⑤ 기도 유지를 위해 얼굴을 옆으로 돌려준다.

정답 ③

78 산책을 하던 중 넘어져서 손목 골절이 의심될 때 나타날 수 있는 증상으로 옳은 것은?

① 양쪽 손목의 모양이 같다.
② 통증 부위에 부종이 나타난다.
③ 손목을 움직이는 데 있어 불편함이 없다.
④ 외형상 변형이 보이지 않는다.
⑤ 스스로 움직일 때 불편함이나 통증이 없다.

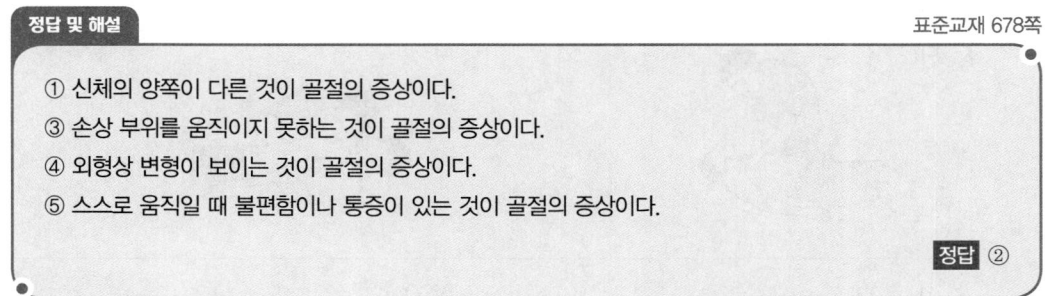

79 대상자가 통증이 심하다며 진통제를 과다복용한 후 구토를 할 때 대처 방법으로 옳은 것은?

① 차가운 음료수를 마시게 한다.
② 천장을 보도록 똑바로 눕는 자세를 취해준다.
③ 먹다 남은 약은 폐기한다.
④ 복용한 물질의 약을 가지고 병원으로 간다.
⑤ 우유를 마시게 한다.

80 의식을 잃고 쓰러진 대상자에게 심폐소생술을 하는 순서로 옳은 것은?

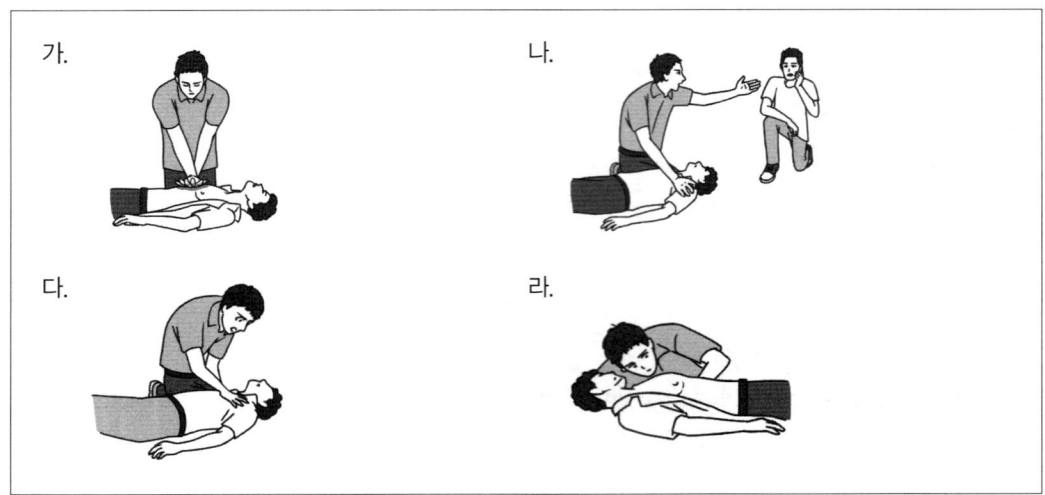

① 다 → 나 → 라 → 가
② 다 → 나 → 가 → 라
③ 다 → 가 → 나 → 라
④ 나 → 가 → 라 → 다
⑤ 다 → 라 → 가 → 나

> **정답 및 해설** 표준교재 679~681쪽
>
> **심폐소생술을 하는 순서**
> 반응확인 → 도움요청과 119 신고 → 호흡확인 → 가슴압박 시행
>
> 정답 ①

교육은 우리 자신의 무지를 점차 발견해 가는 과정이다.

– 월 듀란트 –

행운이란 100%의 노력 뒤에 남는 것이다.

– 랭스턴 콜먼 –

좋은 책을 만드는 길, 독자님과 함께 하겠습니다.

2026 시대에듀 유선배 너울샘의 요양보호사 **합격모의고사 10회 + 핵심요약** 합격노트

개정2판1쇄 발행	2025년 09월 15일 (인쇄 2025년 07월 23일)
초 판 발 행	2024년 03월 15일 (인쇄 2024년 01월 31일)
발 행 인	박영일
책 임 편 집	이해욱
저　　　 자	김옥수
편 집 진 행	노윤재 · 장다원
표지디자인	김도연
편집디자인	장성복 · 김예슬
발 행 처	(주)시대고시기획
출 판 등 록	제10-1521호
주　　 소	서울시 마포구 큰우물로 75 [도화동 538 성지 B/D] 9F
전　　 화	1600-3600
팩　　 스	02-701-8823
홈 페 이 지	www.sdedu.co.kr
I S B N	979-11-383-9691-2 (13510)
정 　 가	23,000원

※ 이 책은 저작권법의 보호를 받는 저작물이므로 동영상 제작 및 무단전재와 배포를 금합니다.
※ 잘못된 책은 구입하신 서점에서 바꾸어 드립니다.

합격생 후기 언급량 1위
수험생들이 가장 많이 검색한 시대에듀

전과목 전강좌 0원

전 교수진 최신 강의 — 100% 무료

지금 바로 1위 강의 100% 무료 수강하기 GO »

*노무사 합격후기 / 수강후기 게시판 김희향 언급량 기준
*네이버 DataLab 검색어 트렌드 조회 결과(주제어: 업체명+법무사 / 3개 업체 비교 / 2016.05.~2025.05.)

사회복지사 1급
합격 ROADMAP

1단계

기본부터 탄탄히!

다양한 이론이 나오는 사회복지사 1급 시험을 확실하게 합격할 수 있도록 최신 기출문제, 영역별 핵심이론, 적중문제, 바로암기 OX 등 합격에 필요한 것들을 한 권에 모두 담았습니다!

2단계

핵심만 쏙쏙!

방대한 사회복지사 이론을 핵심만 쏙쏙 골라 구성했습니다. 합격에 필요한 핵심이론, 최신 기출문제로 구성된 실제기출, 출제경향을 반영한 개념쏙쏙 등을 담은 핵심요약집으로 효율·효과적으로 학습해 보세요!

사회복지사 1급 시험 어떻게 준비하세요?

핵심만 쏙쏙 담은 알찬 교재!
시대에듀의 사회복지사 1급 기본서와 문제집 시리즈,
최종 마무리 시리즈로 합격을 준비하세요.

3단계

기출문제를 풀어야 합격이 풀린다!

최근 6년 동안의 기출문제와 더없이 상세하고 꼼꼼한 해설을 통해 반복해서 출제되는 핵심 내용들을 반드시 짚고 넘어가세요!

4단계

실전감각 200% 충전하기!

최신 출제경향을 반영하여 실제 시험과 유사하게 구성한 실전동형모의고사 5회분을 수록했습니다. 핵심이론만을 넣어 구성한 핵심암기노트도 놓치지 마세요!

※ 본 도서의 세부구성 및 이미지는 변동될 수 있습니다.

90.1%

제41차 요양보호사 합격률

CBT 모의고사, 이제 선택이 아닌 필수!

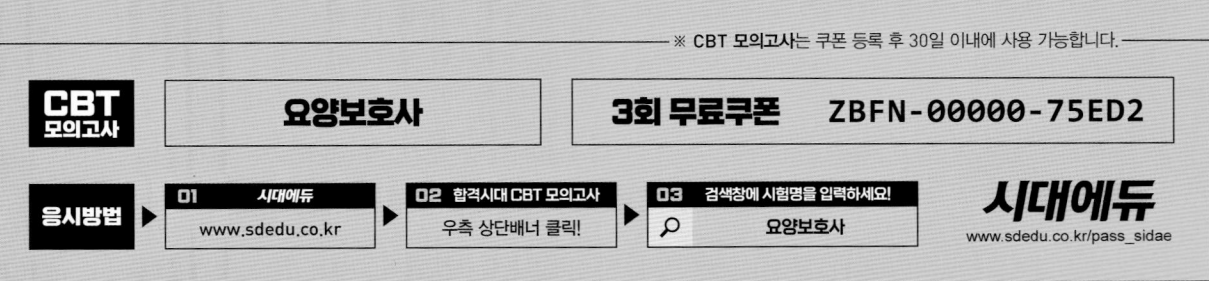